경영분석 2nd Edition

| 민성기 지음 |

BUSINESS ANALYSIS

창 민 사

머리말

현대의 기업경영은 매우 다양한 형태를 띤다. 각국의 기업들은 국민경제적 상황에 따라 직면하는 정치경제적 환경이 다르다. 뿐만 아니라 현대의 기업들은 일률적으로 정의하기 어려울 정도로 매우 다양한 분야로 분포되어 있다. 경영분석을 집필하는 입장에서 어려운 것은 서로 다른 기업들을 분석하는데 적절한 공통분모를 찾아내는 일이었다. 경영분석은 일반화하기 어려운 부분이 상대적으로 많기 때문이다.

경영분석은 경영학의 여러 과목 중에서도 경영에 대한 종합적인 이해를 필요로 한다. 경영분석이 경영학 공부의 후반에 배치되는 이유이다. 경영분석은 회계적인 측면과 재무적인 측면을 많이 다루기는 하지만, 기업경영이나 그의 분석은 회계나 재무 부문에 국한되는 것이 아니다. 기업의 재무 · 투자 · 영업 등의 모든 활동은 종합적인 시각에서 살펴보아야 한다. 저자가 생각하는 본서의 특징은 다음과 같다.

첫째, 본서는 경영분석을 처음 접하는 학생들에게 경영분석의 관점을 제공하는 안내서로서의 역할을 하려고 하였다. 현실이 복잡할수록 좋은 안내서가 필요하다. 매우 다양하고 복잡하게 보이는 경영을 분석하기 위해서는 관점에 대한 확고한 기반이 필요하다. 전체적인 관점이 분명하다면 현실에서 나타나는 복잡한 현상들을 풀어서 살펴보는 지혜를 스스로 터득할 수 있으리라 믿는다.

둘째, 본서는 경영분석을 쉽게 접근하도록 전반적인 이해를 중심으로 하려고 하였다. 전반적인 개념들을 가능한 한 쉬운 방법으로 개념적인 이해가 가능하도록 안내하고자 하는 것이다. 구체적이고 심도 있는 경영분석은 전반적인 개념의 이해로부터 스스로 발전될 수 있을 것으로 생각한다. 실무적으로 경영분석을 이용하고자 하는 경우에도 같은 논리가 적용될 수 있을 것이라 믿는다.

셋째, 현실에 부합하는 경영분석 안내를 시도하려고 하였다. 우리나라의 기업들은 고도성장의 기간을 지나면서 구조적인 특성을 갖는 측면이 있다. 본서는 이러한 부분을 감안하여 우리나라 국민경제의 상황과 산업적 특성들을 소개하고 있다. 항상 경영분석이 현실적인 상황과 기업을 대상으로 한다는 사실을 염두에 두고 있다.

저자는 경영분석을 강의해 오면서 학생들에게 항상 현실적인 감각을 갖도록 촉구해 왔다. 저자의 생각에 경영분석은 이론적인 측면도 있지만, 현실적인 측면을 많이 포함하고 있는데 경영분석 과목이 교실 안에서 끝나는 탁상공론이 되어서는 안 된다는 믿음이다. 이 자리를 빌어서 본서를 이용하는 여러분들이 기업의 경영을 이해하고 분석하는데 조금의 도움이 된다면 더 이상 바랄 것이 없을 것이다.

본서가 나오기까지 많은 분들의 도움을 받았다. 그리고 같이 근무하시는 여러 선후배 교수님들의 따뜻한 배려를 잊을 수가 없다. 또한 묵묵히 어려움을 참아준 식구들에게도 평소에 하지 못했던 감사의 마음을 전하고자 한다. 끝으로 창민사 윤동구 사장의 도움에 감사드리고 창민사의 번창을 기원한다.

2020년 2월

저 자

차 례

| 제1편 | 경영분석 입문

제1장 경영분석의 개요

제2장 기업환경과 국민경제

제3장 기업환경과 산업분석

| 제2편 | 재무분석과 응용

제4장 회계자료의 이해

제5장 재무비율분석

제6장 현금흐름분석

제7장 레버리지분석

제8장 재무비율의 관계성

제9장 재무분석 응용 및 사례

| 제3편 | 증권분석과 신용분석

제10장 증권분석과 가치평가

제11장 기본적 분석과 기술적 분석

| 제4편 | 경영분석 응용 분야

제13장 기업부실의 원인과 예측

제14장 기업인수 및 합병

제1편

경영분석 입문

제 1 장

경영분석의 개요

경영분석은 기업과 경영에 대한 이해가 우선되어야 한다. 기업이 경제주체로서 가치창출에 기여하고 있는지, 기업은 경영의 요소들을 적절히 배치하고 활용하고 있는지 살펴보아야 한다. 하지만 경영분석의 결과는 이해관계자의 다양성에 따라 다양하게 해석될 수 있다는 것도 인식할 필요가 있다.

경영분석은 사례연구의 형태로 공부하는 경우가 많기 때문에, 현실적인 사례를 통한 실용적인 측면이 강조된다. 경영분석이 실용적인 의미를 갖기 위해서는 현실적 측면에 대한 구체적인 이해와 분석이 동반되어야 한다. 결국 경영분석은 이론적 부분을 기초로 하지만, 현실적으로 변화하는 상황에 적용하고 응용되어야 구체적인 의미가 살아나게 되기 때문이다.

1.1 기업과 경영

경제성 원칙

기업을 분석하기 전에 기업에 대한 기본적인 개념을 정리할 필요가 있다. 분명한 것은 기업은 경제주체(economic entity) 중의 하나라는 점이다. 그러므로 기업은 경제주체이기 때문에 **경제성 원칙**(economic principle)에 의해서 운영되고 평가될 것이다.

경제성의 원칙은 일명 합리적인 선택을 의미하기도 한다. 합리적인 선택은 주어진 여건하에서 최선의 선택을 한다는 말이다. 기업의 선택은 주어진 여건에 따라 달라질 것이고, 그러한 선택이 주어진 여건하에서 최선의 것이었는지를 평가해야 한다. 기업의 경영은 절대적인 선과 악의 선택이 아니고, 좀 더 나은 결과를 위한 최선의 선택을 찾는 것이 목표이기 때문이다.

기업은 국민경제의 원동력이다. 기업은 생산의 주체이며 또한 고용의 주체이기도 하다. 기업의 활동이 왕성하면 생산이 증가하고, 생산의 증가는 국민소득의 증가를 가져오며, 재정과 가계의 수입을 증가시킨다. 이러한 국민소득의 증가는 수요의 증가를 통하여 생산증가로 이어지고, 생산증가 또한 소득의 증가로 이어지기 때문에, 기업은 국민경제 활성화를 위한 원동력이 되는 것이다. 뿐만 아니라 기업은 가계의 구성원들에게 직장을 제공하는 역할도 수행한다.

모든 나라의 국민경제는 기업, 가계, 정부 등의 경제주체들이 상호의존적이며 순환적인 관계를 가지고 경제활동을 영위한다. 그중에서 기업은 생산주체이며, 생산주체의 경제성은 투입(input)과 산출(output)의 관계에서 살펴볼 수 있을 것이다. 즉 기업의 경제성은 투입보다 가능한 많은 산출을 만들어내는 **부**(wealth)**의 창출**에 의해서 결정될 것이다.

기업에는 다양한 이해관계자들이 존재한다. 각각의 이해관계자들은 그들 나름의 목적이 있고, 그러한 목적들은 이해관계자들이 다양한 만큼 다양하다. 하지만 기업이 비록 다양한 이해관계자를 갖는다 하더라도, 재화와 용역의 생산활동을 통하여 부를 창출해야 한다는 점에서는 모든 이해관계자들이 동의할 것이다.

기업은 사회적 존재이다. 기업은 홀로 존재하는 것이 아니다. 기업은 사회의 다른 구성 요소들, 즉 경제적 차원에서는 다른 경제주체들(가계, 다른 기업들, 정부)과 함께 살아간다. 기업은 법적인 차원에서 법인격(법인)을 가지며, 사람과 마찬가지로 사회시스템의 한 구성원으로서 외부 집단과 상호작용하며 활동한다.

경영요소

경영은 생산요소들을 이용하여 재화와 용역을 생산하는 활동이다. 재화와 서비스의 생산을 위해서 사용되는 생산의 3요소는 전통적으로 **노동**, **자본**, 그리고 **토지**가 언급된다. 생산요소는 물적자원과 인적자원으로 나누어 볼 수도 있다. 인적자원은 노동을 포함하며, 물적자원은 자본과 토지를 포함하는 개념이다.

물적자원은 자본으로 요약된다. 자본은 투자의 재원이다. 투자는 기업활동의 원천이다. 기업의 존재는 투자로부터 시작된다. 투자를 위한 자본에는 자기자본과 타인자본이 있는데, 그러한 자본을 조달하여 토지, 건물, 기계 및 장비 등을 구입할 수 있다. 기업에 다양한 이해관계자가 존재하지만 자본을 제공한 투자자들이 중시되는 이유는, 자본이 기업존재의 시작이며 존재이유이기 때문이다.

인적자원은 기업의 필수 요소이다. 아무리 자동화가 진행되어 있다 하더라도, 그것을 개발하고 관리하는 것은 인적자원이다. 경제발전의 초기에는 상대적으로 인적자원의 양(quantity)이 중요하지만, 경제가 발전하고 기업의 생산이 점차 고부가가치 산업으로 옮겨가면서 인적자원의 질(quality)이 더 중요하게 된다.

현대기업에 있어서는 제4의 생산요소인 **지식과 기술**의 중요성이 증가하고 있다. 단순한 형태의 노동력만을 가지고는 고부가가치 산업에서 경쟁력을 확보하기 어렵다. 특히 현대와 같이 기술이 급격히 변화하는 시대에는 기술의 정도가 제품의 품질을 결정하는 성격을 갖기 때문에 지식 및 기술의 중요성은 증가하는 경향이다.

경영은 생산요소를, 즉 물적자원, 인적자원, 그리고 지식 및 기술을 결합하여 생산하도록 운영 및 관리하는 활동이다. 그러한 활동을 효율적으로 운영하는 것은 경영의 궁극적인 목표이다. 경영분석은 기업이 그러한 활동을 얼마나 효율적으로 수행했느냐를 분석적으로 살펴보는 과정이라고 할 수 있다.

기업의 목적

기업의 목적은 기업가치의 극대화로 정의된다. 기업가치를 구성하는 것은 **수익과 위험**이라는 두 가지 요인으로 나누어 볼 수 있다. 기업의 경영성과는 수익성과 연결되어 있다. 매출의 증가, 시장점유율의 확대, 비용절감과 같은 요인들은 기업의 성과와 연결된다.

그러므로 현대의 경영은 가치경영이라고 할 수 있다. 기업에 투자한 투자자들은 기업의 가치가 얼마나 증가하는가에 대하여 관심을 갖는다. 자본주의 경제에 있어서 기업은 자본을 제공한 사람의 이익에 충실해야 한다. 만약 기업이 자본을 제공한 사람들의 이익에 충실하지 않으면, 기업은 존재할 수 없는 것이기 때문이다.

한편, 기업이 가치를 증가시키기 위해서는 적절한 위험관리가 필수적이다. 위험관리는 경영분석의 용어를 사용한다면 건전한 재무상태를 유지하는 것이다. 기업은 건전한 재무상태를 유지하여 파산의 방지, 신용등급의 유지, 그리고 원리금의 상환과 같은 위험관리를 가치의 차원에서 수행해야 한다.

그런데 수익성의 추구와 위험관리는 서로 상반되는 관계를 갖는 경우가 많다. 바람직하기는 수익성을 증대시키고 동시에 위험을 줄일 수 있다면 좋겠지만, 그것은 서로 반대 방향으로 달아나는 두 마리 토끼를 동시에 추적하겠다는 것과 마찬가지이다. 왜냐하면 수익을 증가시키려 한다면 어떤 형태든 위험도 동반되는 것이기 때문이다. 우리는 이러한 두 가지 요인을 동시에 고려하는 관점에서 경영분석을 실시해야만 한다.

1.2 경영분석의 의의

경영분석의 의의

경영분석은 경영활동에 대한 종합적인 분석이다. 경영활동은 투자활동, 영업활동, 그리고 재무적 활동으로 나누어 볼 수 있다. 투자활동은 업종의 선정부터 생산방식에 관한 전반적인 틀을 결정하고, 영업활동은 통상적이고 전반적인 기업의 활동이다. 물론 투자와 영업활동들은 기업의 자원인 인적 · 물적 자원들의 활용방식인 경영정책들과 연결된다.

기업의 재무적 활동도 경영분석의 대상이다. 재무적 활동은 투자재원인 자본의 조달과 배분에 관한 사항들이다. 기업이 안정적인 재원으로 자본을 조달하고 있는지, 그리고 자본의 제공자들에게 적절한 보상을 하고 있는지 등을 살펴볼 것이다. 이러한 모든 활동들의 결합으로 기업이 운영되고 경영되기 때문에 경영분석도 이들을 살펴보아야 한다.

본서에서 다루는 경영분석은 재무적 측면을 우선적으로 다루게 될 것이다. 경영분석을 재무적 측면에서 다룬다는 것은 기업의 활동을 금전적인 차원을 중심으로 살펴본다는 말이다. 기업은 본질적으로 부의 증가를 목적으로 운영되는 경제주체이며, 금전적인 차원의 이기적 동기에서 운영되고 있기 때문이다.

재무적 측면은 경영분석 자체의 경제성 혹은 합리성도 포함한다. 합리성의 개념은 선택의 기준으로서 비용과 이득(cost and benefit)을 고려해야 한다는 의미이다. 즉 유용성, 경제성, 신뢰성, 간편성 등의 경영분석에 의한 한계혜택(marginal benefit)이 직접비용 및 간접비용을 포함한 한계비용(marginal cost)보다 큰 경우에만 선택할 가치가 있다는 의미이다. 경영분석은 경제적이어야 한다는 말이다.

경영분석은 그 자체가 목표가 아니고 의사결정을 도와주는 도구로서의 성격을 갖는다. 다시 말하면 경영분석은 이해관계자들이 합리적 의사결정을 하도록 도와주는 기업에 대한 분석체계를 의미하는 것이며, 경영분석의 결과에 대한 해석 및 활용은 이해관계자에 따라서 달라질 것이다.

그림 1-1 **경영분석의 다면성**

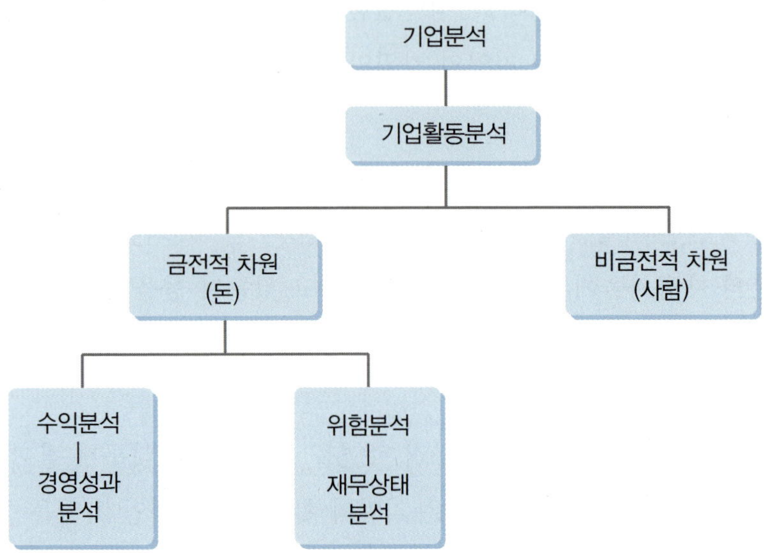

종합적이고 실용적인 경영분석

[그림 1-1]을 보면서 경영분석의 종합적인 성격을 간단히 살펴보도록 하자. 기업을 분석하는 것은 결국 기업의 활동을 분석하는 것을 의미한다. 기업의 활동은 금전적 차원의 활동과 비금전적 차원의 활동으로 나누어 볼 수 있다.

앞에서 살펴보았듯이 기업의 활동은 본질적으로 경제적 차원의 것이고, 그런 의미에서 금전적 차원의 활동이다. 하지만 금전적 차원의 활동을 구체적으로 실현하는 것은 개인들인데, 사람이 항상 금전적 차원에 따라 활동하는 것은 아니다. 뿐만 아니라 사람의 활동을 금전적 차원에서만 측정하고 분석하는 것은 충분하지 않으므로 사람, 즉 인적자원의 활동을 비금전적 차원으로 구분한 것이다.

물론 금전적 차원, 즉 경제적 관점이 기업경영의 핵심임은 분명하다. 금전적 차원의 기업활동은 수익성과 위험이라는 두 요소를 포함하고 있는데, 각각의 측면도 기업의 성격에 따라 매우 다양하다. 포괄적으로 정리하면 기업의 수익성은 경영성과라고 볼 수 있고 위험에 관한 성격은 재무상태에 나타나는 경우가 일반적이다.

본서는 기본적으로 경제적 차원의 기업활동에 중심을 두지만, 비금전적 차원을 포함한 종합적인 측면을 늘 염두에 둔다. 특히 서비스 위주의 기업이나 신생 벤처기업과 같은 경우에는 비금전적 차원이 중요한 요소가 될 가능성이 많다.

경영분석은 이론적일 뿐만 아니라 실용적이다. 경영학은 전체적으로 실용학문이며, 다른 어떤 학문 분야보다도 구체적이다. 그중에서도 경영분석은 상대적으로 실용적인 측면이 강조되는 분야이다. 경영분석은 구체적인 기업을 대상으로 사례연구(case study)를 하는 경우가 많은데, 이론적인 차원에만 머무를 수는 없다.

그러므로 경영분석은 현실적인 상황에 바탕을 두고 절대적인 개념보다는 상대적이고 현실적인 관점을 유지할 필요가 있다. 예를 들어 기업의 자본구조에서 차지하는 부채의 비중은 절대적인 의미를 갖기보다는 경제환경에 따라 다르게 해석되어야 할 경우가 많다. 경제환경 전반이 불안한 경우에는 부채의 비중이 높다는 것은 기업의 안정성을 약화시킬 가능성이 크지만, 경제환경이 우호적인 경우에는 부채는 성장의 밑거름 역할을 할 수도 있다. 그러므로 자본구조에 대한 판단은 경제환경에 따라 상대적으로 분석되어야 하는 것이다.

1.3 경영분석의 발전과 특징

경영분석은 전통적인 단계부터 현대적인 단계까지 연계되어 발달해 왔다. 다시 말하면 경영분석은 과거의 방법론을 변경시키기보다는 과거의 방법론을 수용하고 확장하면서 발달되어 왔다고 할 수 있다.

전통적 경영분석은 초기에는 은행과 같은 금융가들이 거래기업의 신용상태를 파악하기 위해서 재무제표를 수집하고 분석한 신용분석에서 출발하였다. 그 후 경영분석은 점점 투자결정과 경영결정을 위한 의사결정시스템으로서의 성격이 강조되는 방향으로 발달되어 왔다. 즉 경영분석은 과거의 재무제표분석 내용을 포함하면서 영역을 점차 확장하는 방향으로 발달해 왔다.

재무제표분석은 19세기 후반에 미국에서 시작된 것으로 알려지고 있는데, 당시의 시대적 상황은 기업과 관련된 제도적 측면에서 두 가지 주목할 만한 변화가 있었다. 첫째는 주식회사제도의 출현으로 소유와 경영이 분리되기 시작한 것이고, 둘째는 금융기관이 자금공급자가 되면서 차입자인 기업에 대한 신용평가의 필요성이 제기되었다는 점이다.

소유와 경영의 분리는 현대기업의 특징 중의 하나이다. 소유와 경영의 분리는 다른 한편 회계보고의 중요성을 강조하게 되는 측면도 있었다. 전문경영인은 주주들을 포함한 투자자들에게 기업의 성과와 재무상태에 대하여 객관적이고 검증 가능한 형태로 보고할 필요가 있었다. 이것은 결국 회계자료의 내용과 형식을 더욱 충실하게 하는 계기가 되었다.

한편, 금융기관은 기업에 자금을 공급하면서 기업의 원리금 상환능력을 분석할

그림 1-2 경영분석의 발전

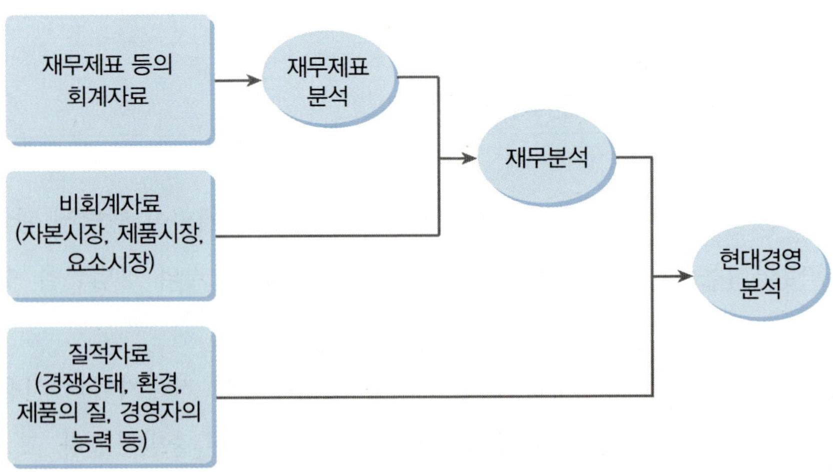

필요가 생겼다. 재무제표분석은 미국의 금융기관들이 대출기업의 신용상태나 지급능력을 분석하기 위하여 신용분석을 한 것에서 비롯된다. 당시의 상업은행(commercial banks)들은 단기적인 금융에 중점을 두고 있었기 때문에, 단기 지급능력을 파악하는 신용분석이 주된 내용이었다. 그러므로 초기의 재무제표분석은 재무상태표를 중심으로 하는 유동성분석에 중점을 두었다.

그 후 재무제표분석은 비율분석을 중심으로 좀 더 정교화되고, 동시에 분석의 중심이 기업의 재무상태에서 경영성과를 중심으로 변화하였다. 재무상태의 파악은 금융기관의 신용분석을 중심으로 발달하였는데, 점차 계속기업을 전제로 기업의 수익력을 중시하는 개념적인 변화가 생긴 것이다. 즉 투자자 중심의 경영성과를 바탕으로 하는 증권분석 개념이 발달한 것이다.

이처럼 재무분석은 유동성 중심의 신용분석에서 **수익성 중심**의 증권분석으로 변화하였으며, 재무제표분석도 재무상태표 위주의 정태적 분석에서 포괄손익계산서 위주의 **동태적 분석**으로 이행되었다. 현재 우리가 사용하는 재무제표분석은 포괄손익계산서를 중심으로 수익성과 동태적 분석을 강조하며 가치평가를 핵심적인 개념으로 삼고 있다. 동시에 단기적인 차원에서는 유동성 분석과 신용분석을 위한 정태적 분석도 활용한다.

현대적 경영분석은 전통적인 기법을 바탕으로 해서 점차 **의사결정시스템**으로 발달하여 왔다. 기업의 이해관계자가 다양해지고, 의사결정자들의 정보욕구가 다양해지면서 경영분석의 범위와 기법도 다양해지고 응용분야도 점차 확대되고 있는 추세이다.

현대적 경영분석은 재무관리 분야의 이론과 방법론을 도입하게 된다. 재무관리에서는 가치를 기준으로 한 의사결정을 중시하는데, 경영분석도 정보이용자들을 위한 가치평가와 의사결정모델로서의 역할이 강조된다. 과거와 현재에 대한 평가에서, 미래를 예측하고 분석하는 의사결정과정이 도입된 것이다.

의사결정 중심의 경영분석은 우선 다양한 기업 관련 정보들을 분석한다. 세계화된 경제에서 세계경제의 흐름을 이해해야 하고, 국민경제 전반의 흐름도 분석적으로 살펴보아야 하며, 해당 산업의 방향과 전망 등에 대한 전반적인 분석이 선행되어야 하는 과제이다. 물론 이러한 기업 관련 정보들은 분석주체, 분석목표에 따라 다양한 형태의 분석방법이 이용된다.

근래에는 인터넷과 모바일을 활용한 방대한 정보의 수집과 분석이 가능해지면서 경영분석의 방법과 범위도 확장되는 경향이 있다. 과거의 경영분석이 신용분석 중심의 분석이었다면, 현대의 경영분석은 증권분석, 신용분석, 이익과 부실에 대한 예측, 그리고 기업의 인수와 합병이라는 영역까지 확대되었다.

1.4 경영정보의 수요

기업에는 다양한 이해관계자들이 존재한다. 기업의 이해관계자들은 각자의 입장이 다르기 때문에 경영분석의 목적이나 방법도 달라질 수 있다. 경영분석은 이해관계자들에게 유용한 정보를 제공하여 합리적인 의사결정을 내리도록 도와주는 도구의 의미를 갖는다.

경영정보를 필요로 하는 사람들에는 경영자를 포함하여 투자자, 채권자, 정부 및 감독기관, 신용평가기관, 그리고 소비자 및 거래처들이 포함된다. 여기서는 경영분석에 관심을 갖는 각각의 이해관계자들과 그들의 주요 관심사들에 대하여 살펴보고자 한다.

채권자 및 금융기관

채권자 및 금융기관들의 가장 중요한 관심사는 채권에 대한 원리금의 회수일 것이다. 그러므로 채권자와 금융기관들은 기업의 원리금 상환능력, 즉 기업의 **신용분석**

을 중요시한다. 특히 근래에는 신용대출을 강조하는 경향이기 때문에 신용분석은 더욱 중요하게 취급되고 있다.

채권자의 신용분석은 대출조건을 결정하는 데 사용되기도 한다. 채권자가 대출을 하는 경우에는 대출 규모, 기간, 이자율 등과 같은 여러 조건들을 결정하게 되는데, 기업의 안정성, 수익성, 그리고 유동성과 같은 재무지표들은 이러한 조건들을 결정하는 중요한 변수로 이용된다.

신용분석도 장단기에 따라 차이가 있다. 단기대출의 경우에는 통상 유동성이 강조되며, 장기대출의 경우에는 안정성과 수익성이 중시되는 것이 일반적이다. 대출이 결정된 후에도 대출의 회수나 유지 등과 같은 사후관리를 위해서 경영분석 정보는 필요하다.

투자자

투자자들의 경영분석에 대한 중심적인 관심은 **증권분석**이다. 투자자들은 투자하려는 기업의 실제 가치가 현재의 가격보다 상승할 것으로 예상되는 경우에 투자하려고 한다. 투자자들에게 기업가치에 대한 평가가 절실한 까닭이다. 투자자들은 기업이 창출할 미래 현금흐름의 크기, 시기, 그리고 불확실성의 정도를 추정하고, 그것들을 근거로 가치를 평가하게 된다.

투자자 집단에는 기관투자자, 개인투자자, 그리고 외국인투자자들이 포함되는데, 각 투자주체들의 주요 의사결정 사항은 증권 종류의 선택과 매수/매도의 타이밍에 관한 사항일 것이다. 투자자들의 의사결정은 경우에 따라서는 경영자들에 대한 압력수단으로 사용되기도 한다.

투자에 관한 의사결정은 개인적인 차원에서 직접 행해질 수도 있고, 증권분석가(security analysts)나 투자자문업자(investment advisors)와 같은 전문가들에게 간접적으로 맡겨질 수도 있다. 증권분석가나 투자자문업자와 같은 전문가들의 경영분석은 그들의 투자결정에 이용될 뿐만 아니라, 일반투자자들에게도 중요한 참고 자료로서의 역할을 한다.

경영자

경영자의 경영분석은 기업 내부에서 필요로 하는 분석이기 때문에 **내부 분석**이라고도 한다. 경영자의 내부 분석은 기업의 합리적인 계획과 전략 및 통제를 위해서 이용된다. 경영자의 경영분석은 채권자의 신용분석이나 투자자의 증권분석보다 심도 있고 광범위하게 이루어진다.

경영자의 내부 분석의 목적은 경영성과나 재무상태에 대한 단순한 측정에 그치는 것이 아니고, 미래의 경영활동에 대한 심층적인 방안을 마련하고자 하는 경우가 많다. 경영자의 경영분석은 다양한 자료와 방법이 이용되는 특징이 있다. 경영자의 내부 분석은 공개된 자료만을 사용하는 것이 아니고, 외부적으로 공개되지 않은 내부 정보도 포함되는 등 자료의 성격도 다양하다.

경영자는 외부에 경영정보를 제공할 필요가 생기는 경우도 있다. 경영자가 거래처나 금융기관 등과 협약을 맺을 때에 재무자료와 연관된 사항들을 제공해야 하는 경우가 많다. 다른 기업과 공동사업을 추진하는 경우에도 경영에 관한 구체적인 사항들이 협의되는 것이 일반적이다. 예를 들어 업무분담, 수익과 비용의 계산, 이익의 배분 등에 대한 구체적인 경영분석 정보들이 협의대상이 되는 경우가 많다.

이 외에도 경영자에 대한 보상이 기업의 경영성과와 연결되는 경우도 많아서 경영성과와 재무상태를 분석한 경영분석 자료에 경영자들이 관심을 갖는 것은 당연한 일이다. 주로 매출액, 당기순이익, 주당순이익(*EPS*) 또는 자기자본이익률과 같은 재무변수들이 명시적이거나 묵시적으로 연계되어 있다.

정부 및 감독기관

정부 및 감독기관은 기업의 직접적인 이해관계자는 아니다. 하지만 정부 및 감독기관은 시장을 감시하는 기능을 수행하고, 필요한 경우 경제정책에 이용하는 기능이 있다. 정부의 **시장감시** 기능의 핵심은 공정경쟁의 확보이다. 공정경쟁을 통해서 어느 특정 기업이나 집단이 독과점적 이익을 얻지 못하도록 시장을 조성하려는 것이다. 정부 및 감독기관은 공정경쟁 환경을 제공하기 위해서 기업들에게 독과점과 관련된 자료들을 포함한 정보들을 요구할 수 있다.

또한 정부는 **경제정책**과 **산업정책**의 기본자료로 경영분석 정보를 이용할 수 있다. 경제정책 중에서도 근래에 중요한 이슈로 등장한 것 중의 하나가 고용 관련 정책이다. 기업은 투자와 생산의 주체로서 생산요소들을 고용하는 고용의 주체이기도 하다. 경제정책에서 고용문제가 차지하는 비중은 점점 증가하고 있는데, 기업의 건전한 경영은 안정적인 고용문제의 해결을 위해서도 중요하다.

정부는 **조세정책**의 일환으로도 경영정보를 알고자 한다. 기업은 법인세 등을 통하여 정부 재정에 기여하는데, 정부는 경영정보를 이용하여 조세징수를 결정하게 된다. 기업으로부터의 조세수입은 재정의 중요한 원천 중의 하나이다.

금융감독기관은 **금융의 건전성**을 지도감독하기 위해 경영정보를 요구한다. 금융시스템의 안정성은 건전한 대출에 의해서 이루어지기 때문에 건전한 대출관행을 지도감독하는 것이다. 또한 감독기관은 투자자를 보호하고, 건전한 증권거래 질서를 유지하기 위해서 상장기업들과 증권회사들에 대한 경영정보를 분석하고 감독업무를 수행한다.

정부는 **공공요금**을 산정하는 경우에도 공공성을 지닌 기업의 경영자료를 분석한다. 예를 들어 전력요금의 산정이나 지하철 혹은 시내버스의 요금결정을 위해서는 해당 기업의 재무적 자료를 포함한 경영정보의 제공을 요구하는 것이 일반적이다. 또한 정부와 물품공급 계약을 하는 경우에도 정부는 기업의 원가정보와 같은 재무정는 상태를 의미할 수도 있기 때문이다.

둘째, 경영분석은 회계자료를 사용하기 때문에 **회계자료의 한계점**도 동시에 갖게 된다는 사실에 유의하여야 한다. 회계자료는 상당히 유용한 자료이다. 하지만 회계자료는 여러 가지 유용성에도 불구하고 나름의 문제점도 갖고 있다. 간단히 예를 들면 회계원칙의 문제를 생각해 볼 수 있는데, 회계원칙에 포함되는 발생주의와 역사적 원가주의는 현금흐름이나 시장가치를 제대로 반영하지 못하는 문제점들을 갖고 있는 것이다.

셋째, 경영분석을 통한 의사결정과정에서는 **정성적**(qualitative)**인 부분**도 유의하여야 한다. 경영분석은 재무자료를 비롯해서 여러 정량적(quantitative)인 분석을 중심으로 이루어진다. 정량적인 숫자들을 이용한다는 것은 분석이나 평가가 객관적이고 명확하다는 장점이 있기 때문에 현대의 경영분석은 점차 더 많은 정량적인 자료를 이용하여 분석을 하는 경향이 있다.

그러나 경영진의 능력이나 사고방식 등과 같은 정성적인 측면도 경영분석에 있어서 무시할 수 없는 부분이다. 정성적인 자료인 경영진과 종업원들의 능력이나 사고방식 등은 기업의 흥망에 중요한 역할을 하는 경우가 많다. 기술이나 브랜드가치처럼 정성적 부분이 중요한 요인이 될 수도 있다.

넷째, 경영분석을 통한 의사결정과정에는 **미래의 불확실성**을 감안해야 한다는 것을 유의하여야 한다. 경영분석을 통한 의사결정이 영향을 미치는 영역은 기업의 미래이고, 미래는 본질적으로 불확실성을 내포하고 있는 것이다. 그러므로 미래에 대한 의사결정과정으로서의 경영분석은 불확실성을 감안하는 것이 필요하다.

다섯째, 경영분석은 그 과정 자체도 **합리적인 관점**에서 수행되도록 유의하여야 한다. 합리적 관점이라고 하는 것은 경영분석에 투입되는 여러 형태의 자원과 문제의 중요도에 대한 우선 순위를 가리키는 말이다. 예를 들어 심층적인 분석을 한다고 하더라도 당연한 결론이 나올 가능성이 크다거나, 불가능한 결론에 도달할 가능성이 높은 경우에는 그 부분에 자원을 낭비할 필요가 없는 것이다.

위에서 열거한 바와 마찬가지로 경영분석은 여러 가지의 한계점과 유의해야 될 사항들을 가지고 있는 것이 사실이다. 그러나 이러한 문제점 때문에 경영분석의 유용성이 감소되는 것은 아니다. 하지만 한계점들과 유의점들을 감안하면서 경영분석을 진행한다면 좀 더 가치 있는 과정이 될 것이다.

1.8 본서의 구성

본서는 전체적으로 4편으로 구성되었다. 제1편은 경영분석 입문, 제2편은 재무분석과 응용, 제3편은 증권분석과 신용분석, 그리고 제4편은 경영분석의 응용분야들로 구성되었다. 이러한 구성은 기본적인 경영분석을 우선으로 하고, 경영분석의 응용분야들을 추가적으로 고려하는 차원에서 배열된 것이다.

제1편의 경영분석 입문에서는 제1장 경영분석의 개요, 제2장 기업환경과 국민경제, 제3장 기업환경과 산업분석 등을 다루고 있다. 이처럼 경영분석 입문에서 경영분석의 개요를 포함하여 국민경제와 산업분석을 다루는 이유는 기업의 경영에 대한 전반적인 분석을 위해서는 이러한 사항들에 대한 이해가 선결적인 과제라고 생각하기 때문이다.

제1장의 경영분석의 개요에서는 기업과 경영에 대한 개념을 재정립하는 동시에 경영분석의 의의에 대해서 설명하고 있다. 경영분석은 기업이 본래의 목적에 맞는 경영활동을 하는지에 대한 점검이라고도 할 수 있기 때문에 기업의 개념과 목적을 점검할 필요가 있는 것이다. 우리는 일반적인 기업의 목적과 함께 기업의 다양한 관계자들이 갖는 이해관계의 구조를 이해할 필요가 있다.

제2장은 기업환경과 국민경제를 다루고 있다. 정치, 경제, 사회와 관련된 다양하고 복잡한 환경들이 기업과 연관되어 있다. 그중에서도 국민경제의 움직임은 기업경영의 성과와 상태에 중요한 영향을 미치는 외부 환경이다. 기업은 국민경제라는 외

경영정보의 공급은 자발적인 측면과 규제적인 측면으로 나눌 수 있다. 규제적 경영정보의 공급은 각종 법률이나 규제에 의해서 강제되는 부분이고, 자발적 공급은 기업의 여러 가지 필요에 의해서 자발적으로 제공되는 부분이다. 대체로 자발적 공급은 자본시장, 제품시장, 그리고 요소시장과 같은 시장의 압력, 혹은 기업이 외부의 이해관계자들과의 관계를 개선하려는 과정에서 제공된다.

본 장에서는 그 외에도 경영분석의 방법과 절차에 대하여 개략적인 설명을 하고 있다. 그러한 경영분석의 방법과 절차는 실질적인 경영분석을 사례연구의 방법에 의해서 실시하는 경우에 유용한 길잡이가 될 것이다. 본문에서도 언급하고 있지만 현대적 경영분석의 특징은 다양한 자료를 이용한 의사결정시스템으로서 역할이 강조되고 있다. 뿐만 아니라 현대적 경영분석은 다양한 계량모형과 통계기법을 사용하여 경영의 여러 분야에 현실적으로 응용되고 있다.

본 장에서는 마지막으로 경영분석의 유의점을 설명하고 있다. 경영분석이 이해관계자들의 의사결정에 도움을 주는 것은 사실이지만, 나름대로의 한계점도 동시에 갖고 있기 때문에 유의점들을 설명한 것이다. 이러한 유의점들은 경영분석을 하는 과정에서 간과되기 쉬운 부분들을 열거하고 있으므로 되돌아볼 가치가 있을 것이다.

연습문제

1. 기업이 사회적 존재라는 의미는 무엇인지 생각해 보시오.
2. 기업의 경영과 분석에서 경제성 원칙은 어떻게 구현되는지 토론하시오.
3. 기업경영에 필요한 경영요소들을 설명하시오.
4. 현재 경영에 있어서 기업가치가 차지하는 위치를 설명하시오.
5. 경영분석 개념의 발전을 설명하시오.
6. 현대의 경영분석은 재무분석과는 차이가 있는데 어떠한 측면에서 그러한 차이들이 있는지 설명하시오.
7. 기업의 경영정보는 다양한 이해관계자들에게 관심의 대상이 된다. 그중에서 투자자 및 투자분석가들이 중요하게 생각하는 정보들은 무엇인지 설명하시오.
8. 기업의 이해관계자에는 금융기관도 포함되는데, 금융기관이 수행하는 경영분석의 주요 목적과 대상들은 무엇인지 설명하시오.
9. 경영정보의 공급은 규제적 요인과 자발적 요인에 의해서 이루어진다. 자본시장이 경영정보를 공급하게 하는 자발적 요인을 설명하시오.
10. 경영분석이 정량적인 분석에만 의존할 수 없는 이유가 있는데, 경영분석에서 정성적인 분석이 필요한 이유를 설명하시오.
11. 현대적 경영분석의 특징을 설명하시오.
12. 경영분석은 수단을 제공하는 것이지 결과를 제공하는 것은 아니라는 말이 있는데, 그 의미는 무엇인지 설명하시오.

제 **2** 장

기업환경과 국민경제

경영분석은 국민경제에 대한 이해를 전제로 한다. 경영분석뿐만 아니라 경영활동도 국민경제에 대한 전반적인 이해가 없이는 불가능하다. 국민경제의 각 부문들은 기업을 포함한 경제주체들의 경제활동의 결과이기도 하지만, 반면에 기업활동에 영향을 미치는 외부 환경이기도 하다.

본 장에서 다루는 국민경제에 대한 설명은 경제전문가들을 위한 설명과는 차이가 있을 것이다. 경제전문가들은 경제를 분석적으로 탐구한다면, 본 장에서는 기존의 경제자료들을 이해하고 경영분석에 접목시킨다는 측면에서 접근한다. 그러므로 본 장에서는 주로 경제지표들을 이해하기 위해 설명하고, 우리나라 경제의 현실적인 상황을 이해하는 것을 목표로 한다.

2.1 국민소득 지표

국민소득 지표들은 국가경제를 전체적으로 보여주는 중요한 정보를 제공한다. 국내총생산으로 대표되는 국민소득 지표들은 한 국가에서 발생하는 재화와 서비스의 생산, 분배, 지출의 순환 과정을 보여주기 때문에, 전체적으로 국민경제의 활력을

그림 2-1

생산액(부가가치) = 산출액 − 중간투입액

나타내고 경제정책의 기초가 되는 중요한 정보이다.

한 국가의 경제활동은 전체적으로 생산, 분배, 지출의 순환과정을 보인다. 국민소득은 경제주체들의 생산활동의 결과이며, 생산의 결과는 생산요소인 노동과 자본에 분배된다. 노동에 분배되는 부분이 임금인데, 이것은 임금수준과 고용의 결과이다. 국민소득이 증가하면 임금이 올라가거나 고용이 증가하는 것이고, 반대의 경우에는 임금이 하락하거나 고용이 감소하는 것이다. 자본에 대한 분배는 자본이득, 즉 이자와 배당으로 나타난다.

분배된 국민소득은 지출된다. 국민소득의 지출은 소비와 투자이다. 소비는 가계경제의 최종목표인데, 경제주체들은 미래의 소비를 확보하기 위해서 기업을 통한 투자를 하는 것이다. 전체적으로 국민경제는 재화와 서비스를 생산하고, 그 결과를 분배하고, 결과적으로 소비와 투자를 통해서 지출하는 순환하는 과정을 나타내고, 이것을 국민소득 3면 등가의 원칙이라고 하는 것이다.

국내총생산

국내총생산(GDP: Gross Domestic Product)은 국내에 거주하는 모든 경제주체가 생산한 부가가치의 총합으로 집계된다. 한 국가의 경제활동을 나타내는 지표들은 여러 가지가 있겠지만, 국내총생산은 모든 경제주체들의 총체적인 결과로서 세계 각국이 중요시하는 국민소득 지표이다. 우리나라의 경우 국내총생산은 분기마다 계산되고 공표된다. 국민경제 활동을 나타내는 국내총생산이 분기별 혹은 연간으로 공표되기 때문에, 단기간의 경제활동을 파악하기 위해서는 월별로 발표되는 산업활동동행 통계를 보조적으로 활용할 수도 있다.

GDP로 계산되는 '생산'은 부가가치를 의미한다. 여기서 부가가치는 기업이 발생시킨 매출의 총합에서 중간투입액을 제외한 부가가치를 의미하고, 이것이 진정한 생산인 것이다. 그러므로 부가가치는 총산출이라기보다는 순산출이라고 볼 수 있다.

GDP는 명목GDP와 실질GDP로 나누어 계산된다. 명목GDP는 당해 기간 동안의 생산물을 당해 기간 동안의 가격, 즉 경상가격으로 계산되는 GDP이다. 실질GDP는 기준연도 가격으로 생산량을 곱하여 계산되는데, 실질GDP의 증가가 경제성장의 결과라고 볼 수 있다. 실질GDP의 현실적인 계산은 명목GDP를 계산한 후에, 물가수준의 변화를 나타내는 GDP 디플레이터를 적용하여 계산된다. 실질GDP의 변화는 경제성장 및 경기변동을 나타내는 대표적인 지표이다.

GDP와 유사한 개념으로 **국민총소득**(GNI)이 있다. GDP는 국내총생산으로서 국

그림 2-2 경제규모 및 1인당 GNI의 국제비교(2016)

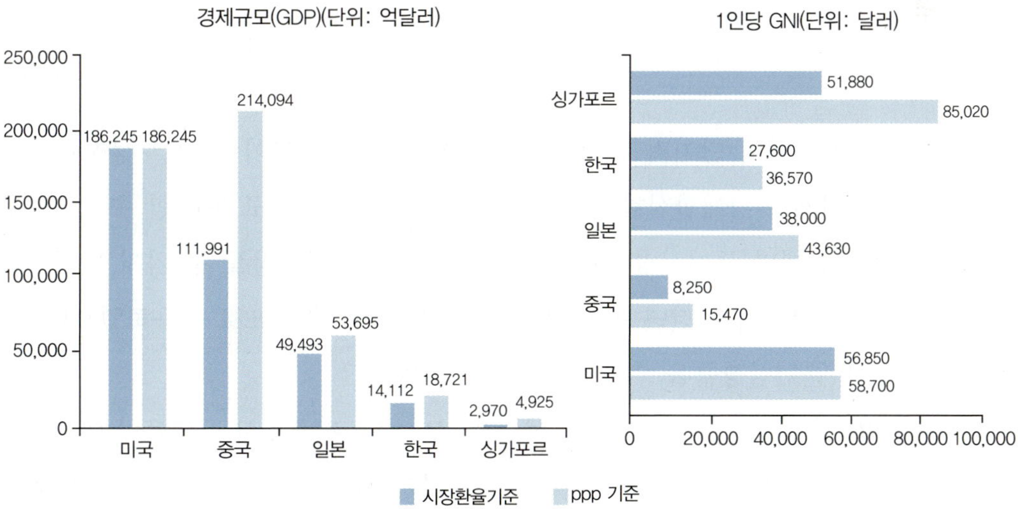

자료: 세계은행(WORLD BANK)

내에서 생산한 것을 의미하지만, GNI는 우리나라 국민이 벌어들인 소득(외국에서 벌어들인 것 포함)을 의미한다. 그러므로 GNI는 우리 국민들의 총소득, 즉 총구매력이라고 할 수 있다. 통상 1인당 국민소득을 계산할 때는 GNI를 기준으로 인구수로 나누어서 계산하게 된다.

GDP는 한 나라의 경제규모를 파악하는 데 유용하나, 국민들의 생활수준을 알아보는 데는 전체 국민소득의 크기보다는 1인당 국민소득의 크기가 적합하다. 1인당 국민소득은 명목GNI를 인구수로 나누어 구하며 국제 비교를 위하여 보통 시장환율로 환산하여 미 달러화(U$)로 표시하고 있다.

경제성장률

경제성장률은 일정 기간 동안에 한 나라 경제가 이룩한 성과를 측정하는 중요한 척도의 하나이다. 일반적으로 경제성장률은 물가요인을 제거한 **실질GDP 성장률**을 의미한다. 실질 GDP성장률은 다음과 같이 계산된다.

$$\text{GDP성장률}(\%) = \frac{\text{금년도 실질GDP} - \text{전년도 실질GDP}}{\text{전년도 실질GDP}} \times 100$$

경제성장률 중에서 단기적인 차원에서 많이 사용되는 것이 분기별 성장률이다. 분기성장률은 현재의 경제활성화 정도를 가장 잘 나타내는 지표라고 할 수 있다. 분기성장률은 전기 대비 분기성장률과, 전년 동기 대비 분기성장률 두 가지 방법으로 계산할 수 있다. 과거에는 전년 동기 대비 분기성장률을 주지표로 사용하였으나, 현재는 전기 대비 분기성장률을 주지표로 사용하고 있다.

전년 동기 대비 성장률은 1년간의 성장을 보여주는 지표로서 국민들이 이해하기 쉽고 익숙한 지표이지만, 1년 전의 시점과 비교하기 때문에 단기적인 경기변동 파악이 쉽지 않은 단점이 있었다. 전기 대비 성장률은 경기흐름을 신속하게 포착할 수 있는 장점이 있으며 미국, 일본, 영국, 독일, 프랑스, 캐나다 등 주요 선진국은 전기 대비 성장률을 주지표로 발표하고 있고 OECD도 경제지표 보도시 전기 대비 성장률을 중심으로 발표토록 권장하고 있다

경제구조

경제구조는 국내총생산에 대한 각 경제부문의 구성비를 의미한다. 경제부문들은 여러 방식으로 분류할 수 있겠지만, 크게 나누어 농림어업, 광공업, 전기 · 가스 및 수도사업, 건설업, 서비스업의 5개 부문으로 통합적으로 분류하는 방법이 사용된다. 경제구조는 지출측면에서 소비, 투자, 수출 및 수입 등으로 분류될 수도 있다.

우리나라의 생산구조는 [그림 2-3]에서 보는 바와 같이 농림어업이 2.2%, 광공업이 30.6%, 전기 · 가스 및 수도사업이 3.6%, 건설업이 5.9%, 서비스업이 58.3%를 각각 차지하고 있다. 지출구조는 민간소비가 48.1%, 정부소비가 15.3%, 총고정자본형성이 31.1%, 순수출(수출 43.1%, 수입 37.7%)이 5.5%를 각각 차지하고 있다.

그림 2-3 2017년(잠정) 우리나라의 경제구조

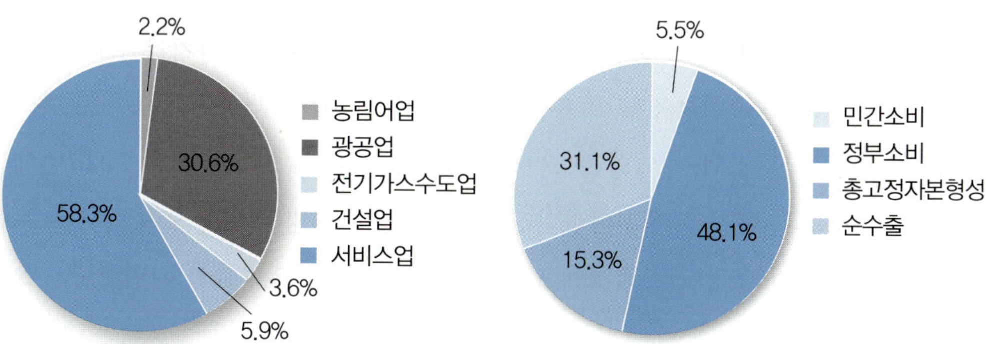

자료: 한국은행

저축률과 투자율

국민총소득(GNI)에서 이전소득을 가감하면 **국민총처분가능소득**(Gross National Disposable Income)이 얻어지는데, 국민총처분가능소득 중에서 소비한 부분과 저축한 부분을 각각 백분율로 나타낸 값을 **소비율**과 **저축률**이라고 한다.

저축한 부분은 미래의 생산을 위하여 투자될 것이다. 하지만 **투자율**이 저축률과 항상 동일한 것은 아니다. 투자를 위한 자금의 대부분은 저축에 의하여 조달되기는 하지만, 국외투자가 존재하기 때문에, 일치하는 것은 아니다. 저축의 증가와 그에 따른 투자의 증가는 경제성장의 중요한 원동력이다.

저축이 국내총투자보다 크면 국내 저축이 외국에 투자된 부분이 존재한다는 의미이다. 대부분의 선진국들은 국외투자가 플러스(+)이며, 개발도상국의 경우는 투자자금을 외국에서 조달해야 하기 때문에 국외투자가 마이너스(−) 값을 갖게 된다. 우리나라는 국외투자율이 약 5% 정도로서 총저축 중에서 일정 부분 외국에 투자되고 있는 실정이다.

대외의존도

국가의 대외의존도는 수출입(수출+수입)이 국민총소득에서 차지하는 비중을 의미한다. 수출입의 대국민총소득 비율은 한 나라 경제에서 무역의 중요성을 나타내는 지표이다. 우리나라의 대외의존도는 1970년에는 40.0%이던 것이 2017년에는 84.0%로 높아졌다. 이것은 우리나라의 경제가 상당히 개방되어 있으며, 한편으로는 대외 여건의 변화가 우리나라 경제에 심각한 영향을 미칠 수 있음을 의미한다.

그림 2-4 수출입의 대GNI 비율의 국제비교(2016년)

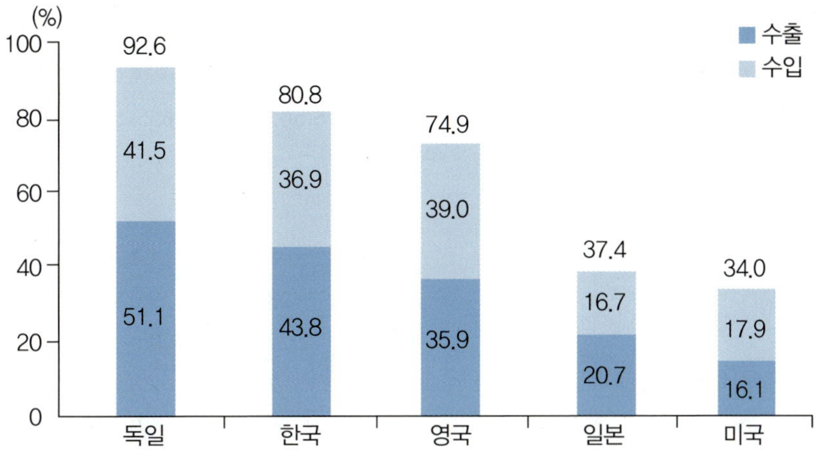

자료: OECD

GDP디플레이터와 잠재GDP

명목GDP를 실질GDP로 나누어 사후적으로 얻어지는 값을 GDP디플레이터라 한다. GDP디플레이터는 국민소득에 영향을 주는 모든 물가 요인을 포괄하는 종합적인 물가지수를 나타낸다고 할 수 있다. 따라서 GDP디플레이터는 생산자물가지수나 소비자물가지수와 함께 국민경제 전체의 물가 수준을 나타내는 지표로 사용되기도 한다.

잠재GDP(Potential GDP)란 실제GDP(Actual GDP)에 대응되는 개념으로서 노동과 자본 등의 생산요소를 완전 고용하여 달성할 수 있는 최대GDP 또는 자연실업률 상태하에서의 GDP로 정의된다. 잠재GDP가 실제GDP보다 크면 한 경제가 최대한 생산할 수 있는 수준 이하에서 운영되고 있다는 의미이다. 반면에 실제GDP가 잠재GDP보다 크면 경기가 과열되어 인플레이션을 유발할 가능성이 높아진다.

표 2-1 국민소득 관련 주요 경제지표 추이

	단 위	1970	1990	2000	2010	2014
국내총생산(명목)	억 달러	82	2,793	5,618	10,943	14,100
1인당 국민총생산	달러	257.0	6,505.0	11,865.3	22,169.7	28,180.4
국내총생산(실질성장률)	%	10.0	9.8	8.9	6.5	3.3
〈경제구조〉						
농림어업(생산구조-명목)	%	28.9	8.4	4.4	2.5	2.3
광공업	%	20.4	28.0	29.3	30.9	30.5
(제조업)	%	18.8	27.3	29.0	30.7	30.3
전기,가스 및 수도사업	%	1.4	2.2	2.8	2.2	2.8
건설업	%	5.0	9.5	6.0	5.1	4.9
서비스업	%	44.3	51.9	57.5	59.3	59.4
노동소득분배율	%	40.1	56.8	57.8	59.4	62.6
총저축률	%	18.4	39.3	34.4	35.0	34.7
국내총투자율	%	25.7	39.5	33.2	32.1	29.0
(국내총고정투자율)	%	25.2	37.7	31.9	30.6	29.0
투자재원자립도	%	71.7	99.3	103.7	108.7	119.6
(가계순저축률)	%	2.7	21.7	8.4	4.1	6.1
수출입의 대 GNI비율(명목)	%	35.5	53.6	71.7	99.8	99.5
총수출	%	13.8	26.5	36.6	51.6	52.8
총수입	%	21.7	27.2	35.2	48.3	46.7
GDP 디플레이터	2010=100	4.131	47.128	77.400	100.000	104.100

자료: 통계청

2.2 물가지수

물가지수란 종합적인 가격수준을 말한다. 개별 상품의 가격이 해당 상품에 대한 수요와 공급에 의해서 결정되듯이, 물가지수도 경제 전체의 총수요와 총공급에 의해

표 2-2 우리나라 주요 물가지수 비교

구 분	소비자물가지수	생산자물가지수	수출입물가지수
작성기관	통계청	한국은행	한국은행
작성목적	일반가계가 소비하는 재화가격과 서비스요금의 변동 측정	국내생산자가 생산 · 출하하는 상품 및 서비스의 가격 변동 측정	수출입상품의 가격변동 측정
대상품목	가계소비지출비중이 큰 소비재와 개인서비스 516개 품목	국내 거래규모가 큰 923개 품목	수출 및 수입 규모가 큰 수출 227개, 수입 222개 품목
대상품목 선정기준	2000년 도시가계조사의 품목별 소비지출액 기준 1/10,000 이상 거래품목	2000년 개별품목의 국내거래액이 상품은 1/10,000 이상, 서비스는 1/2,000 이상인 품목	2000년 상품별 수출입액기준 1/2,000 이상 거래품목
기준연도	2000년(5년마다 변경)	좌 동	좌 동
조사가격	소비자구입가격	생산자판매가격	수출입계약가격 (수출은 FOB, 수입은 CIF 기준)
지수산식	라스파이레스식	좌 동	좌 동
이용범위	소비자의 생계비 변동파악, 노사간 임금조정 기초자료 등	시장동향분석, 구매 및 판매계약, 예산편성 및 심의, 자산재평가 등	수출입상품의 가격변동이 국내물가에 미치는 영향의 측정

결정되고 변동된다. 따라서 물가의 변동은 공급측의 생산이나 수요측의 소비, 투자 등 전반적인 경제활동 결과를 반영하게 된다.

물가가 지속적으로 오르는 현상을 인플레이션이라고 한다. 일반적으로 인플레이션은 소득분배 및 자원배분을 왜곡시키고, 민간의 저축과 투자를 위축시키며, 국제경쟁력을 약화시킴으로써 국민경제의 건전한 성장에 걸림돌이 되는 것으로 인식되고 있다. 물가가 떨어지는 현상인 디플레이션도 인플레이션과 마찬가지로 경제의 활성화에 걸림돌이 될 수 있다. 물가안정은 국민경제에서 매우 중요한 과제 중의 하나이다.

우리나라에서 작성되고 있는 물가지수로는 통계청에서 작성하는 소비자물가지수, 한국은행에서 작성하는 생산자물가지수, 수출입물가지수 및 GDP디플레이터, 농협중앙회에서 작성하는 농가 판매 및 구입가격지수 등이 있다.

소비자물가지수(CPI: Consumer Price Index)는 대표적인 인플레이션지표로서 소비자가 일상생활에서 구입하는 재화와 서비스의 가격 변동을 조사함으로써 평균적인 생계비나 화폐의 구매력 변동을 측정한다. 생산자물가지수(PPI: Producer Price Index)는 국내생산자가 국내시장에 판매하는 상품과 서비스의 가격수준을 종합화한 수치이다. 생산자물가지수는 소비재는 물론 자본재와 원재료 및 중간재도 포함하기 때문에 전반적인 상품의 수급동향을 파악하기에 유리한 측면이 있다.

개별 상품의 가격이 수요와 공급의 관계에 의해 결정되고 변동되는 것과 마찬가지로 물가 또한 국민경제 전체의 총수요와 총공급의 관계에 의해 결정되고 변동된다. 총수요에 영향을 주는 요인으로는 **통화량**, **소득**, **인플레이션 기대심리** 등이 있다. 통화량은 그중에서도 가장 중요한 요소이다. 통화량, 즉 돈이 많이 풀리면 상품에 대한 수요가 늘어나게 되는데 곧바로 물가상승으로 연결되기 쉽다. 또한 가계의 소득이 증가하면 소비수준도 높아지게 마련이므로 상품에 대한 수요가 늘어나게 된다. 인플레이션 기대심리도 가수요를 유발하여 수요를 증가시키는 요인으로 작용할 수 있다.

총공급에 영향을 주는 요인으로는 **생산원가의 변화**, **세계화**(Globalization) 등이 있다. 생산원가는 원자재 가격, 환율, 임금, 세금, 이자, 부동산 임차료 등에 의해 좌우된다. 부존자원이 부족한 우리나라는 원자재 가격의 상승이 국내물가에 큰 영향을 미치고 있다. 그리고 환율이 변동하면 수입가격이 변동하기 때문에 환율도 국내물가에 영향을 미친다. 또한 임금은 기업의 비용을 증가시켜서 물가를 변동시키는 요인이 된다.

근래에는 세계화 또한 물가에 큰 영향을 미치고 있다. 세계화의 급속한 진전으로 교역량이 확대되면서 중국 등 외국으로부터 값싼 농산물과 공산품이 대량으로 국내에 공급되고 있는데, 이는 물가를 안정시키는 중요한 요인으로 작용하고 있다. 세계화는 총수요는 물론 총공급에도 중요한 영향을 미친다. 이 경우에는 환율도 중요한 변수로 작용한다.

지수물가와 체감물가

우리는 물가지수가 발표될 때, 그것이 체감물가와 다르다는 반론을 접하는 경우가 많다. 여기서는 지수물가와 체감물가가 차이 나는 원인에 대해 생각해보자. 첫째, 개인마다 소비하는 재화와 서비스들이 다르기 때문이다. 지수물가가 여러 가지 상품들을 종합한 평균적인 물가수준인데 비해, 체감물가는 소비생활과 밀접한 품목의 가격변동에 민감하다.

둘째, 생활수준의 향상이나 가족 구성원의 변동에 따른 소비지출 증가를 물가상승으로 착각하기도 한다. 소득이 늘어나서 지출이 늘어난 것을 물가가 올랐다고 생각하거나, 자녀수의 증가 또는 자녀의 성장에 따라 생활비가 늘어난 것을 물가가 오른 것으로 혼동할 수 있다.

셋째, 소비자의 자기중심적 심리도 주요한 요인이 된다. 소비자는 가격이 떨어지거나 적게 오른 상품보다는 가격이 많이 오른 상품을 중심으로 물가를 생각하는 경향이 있기 때문에 지수물가와 차이가 날 수 있다.

마지막으로, 물가지수 작성방법의 한계도 지수물가와 체감하는 물가의 차이를 발생시키는 요인이 될 수 있다. 물가지수는 5년마다 기준년을 개편하고 조사대상 품목과 이들 품목의 가중치를 조정하고 있다. 이에 따라 기준년에서 멀어질수록 소비지출 구조가 바뀔 가능성이 높기 때문에 지수물가와 체감물가 사이에 차이가 확대될 수 있다. 예를 들어 과거에는 통신비의 비중이 작았으나 근래 들어서는 휴대폰의 보급 확대 등으로 그 비중이 확대되고 있는데, 그것이 적절한 비중으로 반영되는 데는 시간이 걸린다.

2.3 경기지표

경기라는 말은 일반적으로 경제 형편을 나타내는 의미로 사용된다. 기업은 매출이 늘고 수익성이 좋아지면 경기가 좋다고 인식할 것이고, 가계는 임금이 인상되거나 보유한 자산들의 가격이 오르면 경기가 좋다고 느낄 것이다. 일반적으로 경기가 좋다는 것은 생산, 투자, 소비 등의 경제활동이 활발한 경우를 말하며, 경기가 나쁘다는 것은 이의 반대 현상을 의미한다.

보편적으로 사용하고 있는 경기란 국민경제의 총체적인 활동수준을 의미한다. 이 경우 총체적 경제활동은 크게 생산, 소비, 투자, 고용 등 **실물부문**과 통화의 수요와 공급 등 **금융부문**, 그리고 수출과 수입 등 **대외부문**의 활동을 망라한 거시경제변수들의 움직임이 종합(comovements of macroeconomic aggregates)된 것이라고 할 수 있다.

경기지표

경제동향과 관련된 지표들은 대체로 통계청이 월별로 작성하여 보고하고 있다. 우리나라에서 대표적인 종합경기지표는 경기종합지수(CI: Composite Index)라고 할 수 있다. 경기종합지수는 경기 대응성과 관계된 국민경제의 각 부문을 종합하여 구성된다. 경기종합지수는 경기의 선후행에 따라 선행종합지수, 동행종합지수, 후행종합지수 등으로 구분되어 발표된다.

선행종합지수는 미래의 경기동향을 예측하는 지표로서 재고순환지표, 소비자기대지수, 기계류내수출하지수, 수출입물가비율, 구인구직비율, 건설수주액, 코스피지수, 장단기금리차 등의 지표로 구성되어 있다. 동행종합지수는 당시의 경기상황을 나타내는 지표로 산업생산지수, 서비스업생산지수, 건설기성액, 소매판매액지수, 내수

표 2-3 경기종합지수(CI) 구성지표

선행종합지수	동행종합지수	후행종합지수
1. 구인구직비율	1. 비농가취업지수	1. 이직자수(제조업)
2. 재고순환지표(제조업)	2. 산업생산지수	2. 상용근로자수
3. 소비자기대지수	3. 제조업가동률지수	3. 생산자제품재고지수
4. 국내기계수주액 (선박 제외, 실질)	4. 건설기성액(실질)	4. 도시가계소비지출(전가구)
5. 자본재수입액(실질)	5. 서비스업활동지수 (도소매업 제외)	5. 소비재수입액(실질)
6. 건설수주액	6. 도 · 소매업판매액지수	6. 회사채유통수익률
7. 종합주가지수(월평균)	7. 내수출하지수	
8. 총유동성(Lf, 실질, 말잔)	8. 수입액(실질)	
9. 장단기금리차		
10. 순상품교역조건		

자료: 통계청.

출하지수, 수입액, 비농림어업취업자수 등의 지표로 구성되어 있다.

현재의 경기상황을 판단하는 데는 동행종합지수에서 추세변동을 제거한 동행종합지수 순환변동치가 주로 사용되고 있다. 후행종합지수는 경기변동을 사후에 확인하는 지표로서 생산자제품재고지수, 소비자물가지수변화율, 소비재수입액, 취업자수, CP유통수익률 등 항목으로 구성되어 있다.

생산활동을 나타내는 지표로는 전산업생산지수, 생산자출하지수 및 제품재고지수, 제조업생산능력지수, 가동률지수 등이 있다. 전산업생산지수는 산업생산 전반의 동향을 파악할 수 있는 핵심지표로서 광공업, 서비스업, 건설업, 공공행정, 농림어업 생산지수 등 5개의 지수로 구성되어 있다. 생산자출하지수는 생산자의 판매활동 수준을 나타내는 지표로서 내수와 수출로 구분하여 작성되고 있다. 생산자제품재고지수는 생산자의 재고보유 수준을 나타내는 지표이다. 제조업생산능력지수는 제조업체들의 제품 생산능력수준을, 가동률지수는 생산설비의 활용정도를 나타낸다.

경제심리지표

경제심리지표는 설문조사에 의해 수집된 정보를 바탕으로 작성되는 지수로서, 기업가를 대상으로 하는 **기업경기실사지수**(BSI; Business Survey Index)와 소비자를 대상으로 하는 소비자동향지수(CSI; Consumer Survey Index)가 대표적이다. 그 외에도 종합적인 경제심리지수 등의 다양한 경제심리지표들이 발표되는데, 이러한 경제심리지표들은 경제주체들의 경기에 대한 느낌을 반영하는 것이다. 물론 심리지표들이 실제 지표들과 완벽히 일치하는 것은 아니지만 경제주체들의 생각을 반영하기 때문에 유용한 의미를 갖는다.

기업경기실사지수는 0~200의 값을 가지며, 동 지수가 100을 초과한 경우에는 경기를 긍정적으로 보는 기업가가 부정적으로 보는 기업가보다 많다는 것을 의미한다. 기업경기실사지수가 100 미만인 경우에는 경기를 부정적으로 생각하는 기업가들이 많다는 의미이다. 기업경기실사지수는 실제로 실물경기와 높은 상관관계를 나타내기 때문에, 경기 판단 및 전망 등에 유용하게 활용되고 있다.

$$\text{BSI}(\%) = \left[\frac{(\text{긍정적 응답업체수} - \text{부정적 응답업체수})}{\text{전체 응답업체수}} \times 100\right] + 100$$

소비자동향지수는 기업경기실사지수와 유사한 방식으로 소비자를 대상으로 조사되어 발표된다. 동 지수가 100을 초과한 경우 소비자들은 경기를 긍정적으로 생각한다는 의미이고, 100 미만인 경우에는 소비자들이 경기를 부정적으로 생각한다는 의미이다. 기업경기실사지수 및 소비자동향지수와 같은 심리지표는 전통적인 경제지표가 포착하기 어려운 경제주체의 심리적 변화를 측정하는 데 유용하며, 전통적인 경제지표들보다 상대적으로 단기간의 조사에 의해 작성될 수 있다는 이점이 있다.

2.4 고용 및 임금

고 용

국민경제에서 일하기 원하는 사람들에게 적절한 일자리를 제공하는 것은 중요한 과제이다. 한 나라의 경제정책에서도 완전고용의 달성은 경제성장, 물가안정 및 국제수지균형 등과 함께 국가경제의 주요 목표가 되었다.

고용통계는 15세 이상의 인구 중에서 현역군인 등 병역의무 대상자를 제외한 인구를 대상으로 작성되고 있으며 경제활동에 참가할 의사가 있는 경제활동인구와 경제활동에 참가할 의사가 없는 비경제활동인구로 나뉘어진다. 15세 이상을 대상으로 통계를 작성하는 것은 15세 이상이 노동가능하다고 보는 것이다.

경제활동인구는 만 15세 이상으로 취업하고 있거나 취업을 하기 위하여 구직활동 중에 있는 사람을 의미하고, 경제활동에 참여할 의사가 없는 사람을 비경제활동인구로 분류한다. 비경제활동인구에는 가정주부, 학생, 일을 할 수 없는 연로자, 심신장애자, 구직단념자, 취업준비자 등이 포함된다.

경제활동인구는 다시 현재 취업하고 있는가를 기준으로 **취업자**와 실업자로 구분한다. 취업자는 기본적으로 1주일 동안에 수입을 목적으로 1시간 이상 일한 사람으로 정의되고 있다. 취업자에는 근로자뿐만 아니라 자영업자, 무급가족종사자, 그리고 일시적인 휴직자들도 포함된다. **실업자**는 조사대상 기간 중 적극적으로 일자리를 구해 보았으나 수입이 있는 일에 전혀 종사하지 못한 사람으로서 일자리가 있으면 즉시 취업이 가능한 사람이다.

고용통계에서 주의를 요하는 부분이 있는데 취업준비자와 구직단념자이다. 취업준비자와 구직단념자는 실질적 의미에서는 실업자이지만, 통계의 분류상 비경제활동인구로 처리된다. 즉 취업준비자와 구직단념자가 증가하면 실업률이 오히려 떨어

그림 2-5 우리나라의 경제활동인구 현황(2014년)

질 가능성이 있다는 점이다. 실업률 통계의 문제점을 해소하기 위해서 고용률 통계를 보완적으로 사용한다. 고용률은 분모를 15세 이상 인구로 하기 때문에 위와 같은 문제점을 보완할 수 있다. 하지만, 고용률도 단기적이고 임시적인 근로자가 포함되기 때문에 고용의 질을 나타내기에는 부족한 측면이 존재한다.

우리나라 실업률 통계의 특징 중 하나는 구미 선진국에 비하여 실업률이 상대적으로 낮게 나타난다는 점이다. 이는 실업률 통계 작성기준에서는 큰 차이가 없으나 우리나라의 취업 구조나 고용 관행이 다르기 때문에 실업률이 낮게 나타나는 경향이 있다. 첫째, 농림어업부문의 취업자 비중이 상대적으로 높다는 점이다. 둘째, 자영업주 및 무급 가족종사자가 상대적으로 많다는 점이다. 셋째, 실업보험제도 및 직업알선기관이 잘 발달되어 있지 않다는 점이다. 넷째, 여성의 경제활동참가율이 낮다는 점이다. 여성들이 적극적으로 일자리를 찾아 나선다면 실업률이 더 높아질 것이다.

임 금

임금은 근로자에게는 소득의 원천이며 기업에게는 생산비의 구성요소가 된다.

임금상승률이 노동생산성 증가율을 상회하면 물가를 올리고 기업 경쟁력을 떨어뜨리는 요인이 된다. 반면, 지나치게 임금이 낮으면 근로의욕을 해치고 국내 수요의 위축을 가져온다.

노동생산성이란 노동투입량 1단위당 산출량을 말한다. 산출량을 산업생산과 부가가치 중 어느 것으로 보느냐에 따라 각각 물적 노동생산성과 부가가치 노동생산성으로 구분된다.

$$\text{노동생산성(부가가치기준)} = \frac{\text{실질부가가치}}{\text{노동투입량}}$$

노동생산성 향상은 단위노동비용을 낮추는 역할을 한다. 노동생산성 증가율이 임금상승률과 같으면 단위노동비용은 변동이 없게 되므로, 기업의 원가부담으로 작용하지 않고 물가상승에도 영향을 미치지 않게 된다. 여기서 노동 1단위당 비용은 임금뿐만 아니라 사업주가 부담하는 노동비용(국민연금, 의료보험료 등 법정복리비 및 기타 비용)과 복리후생비 등을 포함한 고용자 총보수를 의미한다.

최저임금의 인상이 고용에 어떤 영향을 미치는가에 대한 논의도 생각해 볼 필요가 있다. 경쟁적인 노동시장에서는 최저임금의 인상은 노동의 공급을 증가시키지만 노동의 수요는 감소시켜서, 노동의 초과공급이 발생하여 실업을 증기시킬 가능성이 있다. 하지만 노동에 대한 수요가 적은 상황에서는 최저임금의 상승은 고용을 증가시킬 가능성도 있다.

2.5 통화 및 금융

우리나라의 통화지표는 통화 또는 비통화금융기관의 분류를 바탕으로 각 금융기관의 재무상태표를 연결하여 계산된다. 현재는 금융혁신과 금융자율화의 진전에 따라 비통화금융기관에서도 통화와 매우 유사한 상품들을 내놓고 있어서, 국민경제 전반의 통화 및 유동성에 대한 구분이 모호해지는 경향이 있다.

통화신용정책

통화당국, 즉 한국은행이 통화공급을 조절하는 전통적인 정책수단으로는 재할인율정책, 지급준비율정책, 공개시장운용의 세 가지를 들 수 있다. 재할인율정책이란 중앙은행이 금융기관에 빌려주는 자금의 이자율을 조절하는 정책이다. 금융통화위원회에서 결정하는 기준금리이다. 기준금리는 금융기관의 자금조달 비용에 영향을 미쳐, 금융기관들의 금리에 영향을 미치는 정책이다.

지급준비율정책은 고객의 예금인출 요구에 대비하기 위해 예금의 일정 비율을 중앙은행에 예치하는 예금자보호 제도에서 출발하였다. 오늘날에는 예금자보호 기능보다는 통화량을 조절하는 수단으로 많이 사용되고 있다. 공개시장운용은 중앙은행이 금융시장에서 유가증권을 매입하거나 매각하여 통화량을 조절하는 정책수단이다.

우리나라는 전통적으로는 통화량을 중심으로 금융정책을 사용하여 왔는데, 근래에는 이자율 정책을 중심적인 통화금융정책으로 사용하고 있다. 과거에는 자율적 금융시장이 미비하였기 때문에 시장이 자율적으로 이자율을 결정하는 기능이 미흡하여, 공개시장운용을 사용한 통화량 중심의 직접적인 통화정책을 시행했었다. 근래에는 우리나라를 포함한 대부분의 자유시장경제가 **기준금리**를 중심으로 하는 통화정책을 사용하고 있다.

금 리

자금이 거래되는 금융시장에서 자금의 수요자가 공급자에게 지불하는 대가가 이자이며 금리이다. 금리는 기본적으로 자금의 수요와 공급에 의해서 결정된다. 금리는 자금을 배분해주는 역할을 한다. 금리가 오르면 기업이 자금의 수요를 줄이려 할 것이다.

금리의 움직임은 저축, 투자, 물가수준, 국가간의 자금흐름, 경기변동에 광범위한 영향을 미친다. 금리의 움직임이 광범위한 영향을 미치기 때문에 중요한 관심의 대상이 되는 것은 당연하다 할 것이다. 각국의 중앙은행은 경기동향이나 경제실정에 맞추어 금리 수준과 자금의 배분을 조절하고 있다.

금리의 변동도 관심사이다. 금리의 변동이 너무 심하면 경제환경의 불확실성이 커져서 기업가들의 투자결정이나 가계의 소비결정도 어렵게 될 것이다. 또한 금리를 시장의 자율에만 맡긴다면 수익률이 높은 특정 부문으로 자금이 편중되어, 산업 간의 불균형을 심화시킬 가능성에 대한 우려도 있다. 그러므로 통화당국은 경기동향이나 경제사정에 맞추어 금리결정에 영향력을 행사하고 있다.

우리나라의 경우 **콜금리**, **양도성예금증서**(CD) **유통수익률**, **국고채수익률** 등이 대표적인 시장금리하고 할 수 있는데, 각각 초단기금융시장, 단기금융시장, 장기금융시장의 자금사정을 반영하고 있다.

콜금리는 금융기관 사이의 단기자금의 수요와 공급을 거래하는 콜시장에서 형성되는 이자율이다. 통상 1일물이 거래되며, 은행을 비롯한 금융기관들의 자금사정에 따라 변하는 특징을 보인다. 단기금융시장의 실세이자율을 잘 나타낸다고 할 수 있다. 콜금리가 특히 우리의 관심을 끄는 이유는 한국은행이 공개시장조작 등을 통해 콜금리를 통화정책 운용목표로 활용하기 때문이다.

그림 2-6 금리정책 파급경로

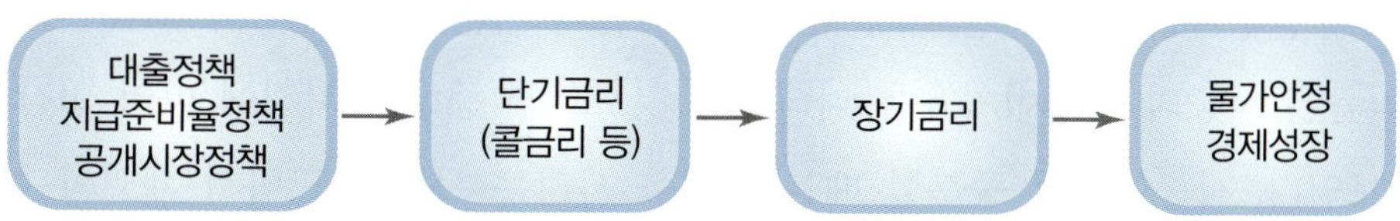

표 2-4 시장이자율 추이

(단위: %)

항목명 1	무담보콜금리 (1일물)	CD유통수익률 (91일)	국고채수익률 (3년)	회사채(장외 3년, AA-등급)
1995	12.38	14.05	13.39	13.79
1996	12.35	12.63	11.84	11.87
1997	13.20	13.38	12.26	13.39
1998	14.85	15.22	12.94	15.10
1999	4.98	6.81	7.69	8.86
2000	5.13	7.08	8.30	9.35
2001	4.68	5.32	5.68	7.05
2002	4.18	4.81	5.78	6.56
2003	3.98	4.31	4.55	5.43
2004	3.62	3.79	4.11	4.73
2005	3.32	3.65	4.27	4.68
2006	4.18	4.48	4.83	5.17
2007	4.77	5.16	5.23	5.70
2008	4.78	5.49	5.27	7.02
2009	1.98	2.63	4.04	5.81
2010	2.16	2.67	3.72	4.66
2011	3.09	3.44	3.62	4.41
2012	3.08	3.30	3.13	3.77
2013	2.59	2.72	2.79	3.19
2014	2.34	2.49	2.59	2.98
2015	1.65	1.77	1.79	2.08

CD유통수익률(91일물)은 통상 변동부이자율의 기준으로 많이 사용되고 있다. 채권수익률은 시중의 실세이자율을 나타내는 것으로 시중 자금사정에 따라 민감한 반응을 보인다. 시중자금이 풍부할 때는 채권을 사려는 사람이 많아서 채권의 가격은

올라가고, 역으로 채권수익률은 하락하게 된다. 대표적으로 국채와 회사채가 있는데, 국채는 위험이 없기 때문에 수익률의 기준점으로 종종 사용된다.

2.6 환율과 국제수지

환 율

환율은 우리 돈과 외국 돈의 교환비율이다. 환율은 현실적으로 외환시장에서 외환에 대한 수요와 공급에 의해 결정된다. 외환의 수요와 공급은 단기적으로는 외환거래자의 예상이나 중앙은행의 외환시장 개입에 의해서도 영향을 받지만 장기적으로는 **물가** 또는 내외금리차 등에 의해 영향을 받는다. 대미 달러 환율표시는 1달러당 원화로 표시되므로 환율의 하락은 원화가치의 상승을 의미하고 환율의 상승은 원화가치의 하락을 의미한다.

환율은 **이자율** 변동에도 매우 민감하게 반응한다. 만일 우리나라의 이자율이 상승하면 우리 돈으로 표시된 금융자산을 더 선호하게 된다. 이에 따라 우리 금융자산을 사기 위해 외국 돈이 들어오게 되고, 그 결과 많아진 외국 돈에 의해 우리 돈의 가치가 상대적으로 올라가게 되어 환율은 떨어진다. 그러나 이때 유의할 것은 환율에

표 2-5 환율변동의 효과

	환율하락(=원화절상)	환율상승(=원화절하)
수 출	수출상품가격 상승(수출감소)	수출상품가격 하락(수출증가)
수 입	수입상품가격 하락(수입증가)	수입상품가격 상승(수입감소)
국내물가	수입원자재가격 하락(물가안정)	수입원자재가격 상승(물가상승)
외자도입기업	원화환산 외채감소(원금상환부담 경감)	원화환산 외채증가(원금상환부담 증가)

영향을 주는 이자율은 실질이자율이라는 점이다.

환율은 국제수지에 중요한 영향을 미친다. 환율이 떨어져 원화가치가 절상되면 달러화로 표시한 수출상품의 가격이 상승하여 경쟁국 제품에 비해 가격이 비싸지게 되므로 외국으로부터의 수출주문량이 줄어들게 된다. 반면에 상품수입에 있어서는 수입품의 소비가 늘게 되어 수입이 증가하는 것이 일반적이며 이에 따라 경상수지는 악화될 것이다.

원화가치가 상승하면 일반적으로 수출은 줄어들고 수입은 늘어나 경상수지를 악화시키는 면도 있지만 한편으로는 수입물가 하락을 통해 국내 물가안정을 기할 수 있고 국내 기업의 외채상환부담이 경감되는 등의 좋은 점도 발생하게 된다. 이와 같이 환율변동은 경제 여러 분야에 이해가 상반되는 영향을 미치게 된다.

국제수지

국제수지는 일정 기간 중 국가 간에 발생한 모든 경제적 거래를 체계적으로 기록한 것이다. 우리나라에서는 한국은행이 국제수지통계를 월별 및 연별로 작성하여 발표하고 있는데, 나라에 따라서는 분기별 또는 연별로 작성하기도 한다.

국제수지는 경상수지, 자본수지, 그리고 금융계정으로 나누어 기록한다. 경상수지는 외국과의 상품 및 서비스 거래, 배당금, 이자 등의 소득거래, 그리고 이전거래를 기록한다. 자본수지는 내외국인의 자본이전과 무형자산의 취득과 처분이 기록된다. 금융계정에는 직접투자, 주식 · 채권 등 증권투자, 파생상품거래, 대출 · 차입 등 기타투자, 준비자산 증감 등의 거래가 기록된다.

경상수지는 상품수지, 서비스수지, 소득수지 및 경상이전수지의 4개 세부항목으로 나누어진다. 상품수지는 수출액과 수입액의 차액을 말한다. 서비스수지는 외국과의 서비스거래로 수취한 돈과 지급한 돈의 차이를 말한다. 선박이나 항공기 운임, 관광객이 쓴 돈, 무역대리점의 수출입 알선수수료 등이다. 소득수지는 거주자가 외국에

그림 2-7 **국제수지표의 구성**

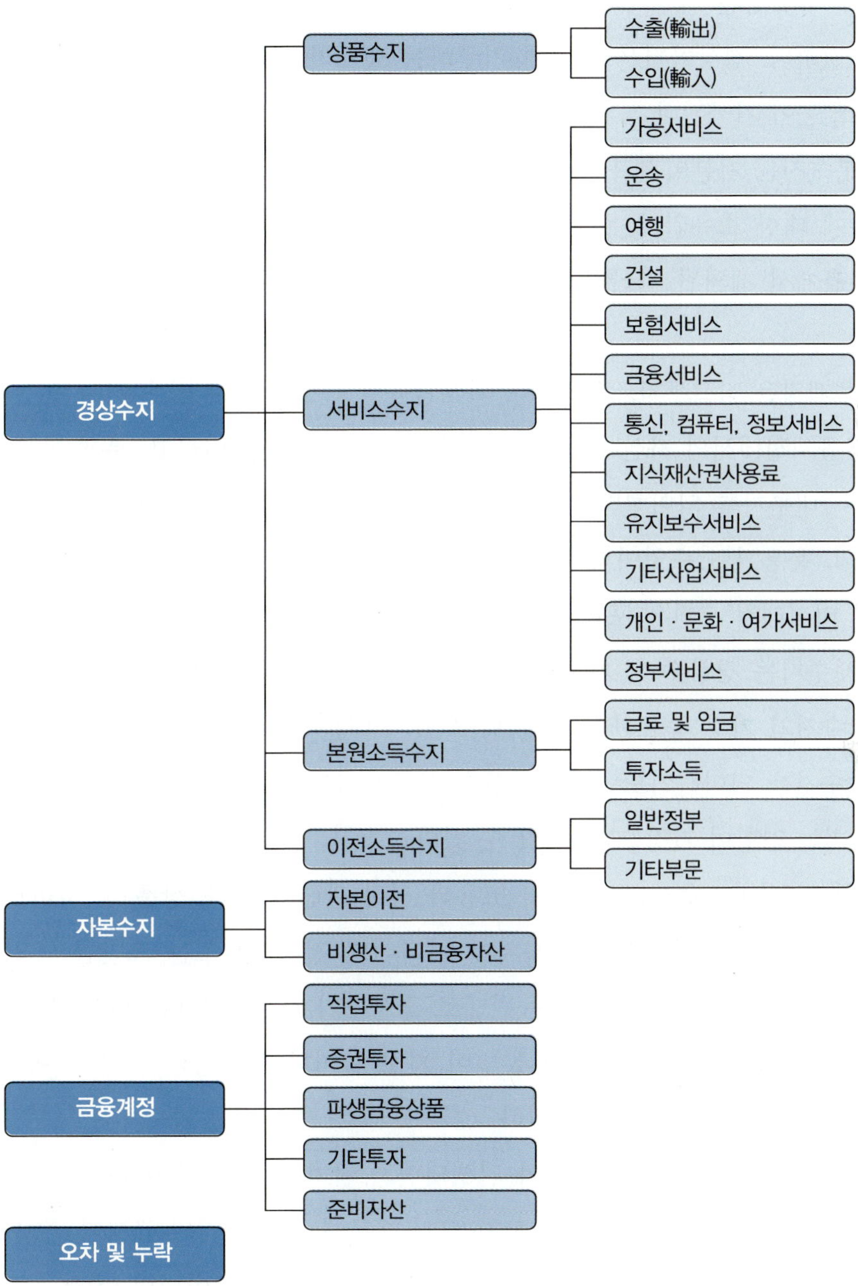

서 취득한 근로소득수지와 배당금 및 이자를 나타내는 투자소득수지로 구성된다. 경상이전수지라 함은 거주자와 비거주자 사이에 아무런 대가없이 주고받은 거래의 수지차를 말한다. 경상이전은 해외에 거주하는 교포가 보내오는 송금 혹은 정부 간의 무상원조 등이 기록된다.

자본수지는 자본이전과 생산과 금융에서 제외된 자산거래가 기록된다. 자본이전은 자산에 대한 소유권의 무상이전이나 채권자에 대한 채무면제 등이 포함된다. 생산과 금융에서 제외된 자산거래는 상표권, 영업권 등 무형자산의 취득과 처분이 기록된다.

금융계정은 직접투자, 증권투자, 파생금융상품, 기타투자 및 준비자산 등을 포함한다. 금융계정에서의 자산 항목은 거주자의 해외투자를 의미하고, 부채 항목은 비거주자의 국내투자를 의미한다. 준비자산의 증감은 중앙은행의 외환보유액 변동을 기록하는데, 운용관련 수익이나 이자 등 거래적 요인에 의한 것만 기록하고 환율변동을 통한 비거래적 요인은 포함시키지 않는다.

국제수지는 경상수지, 자본수지, 금융계정으로 구성된다고 하였는데 이 중에서도 경상수지가 가장 중요한 내용을 담고 있기 때문에 일반적으로 국제수지라 할 때는 경상수지를 의미하기도 한다. 경상수지 중에서도 상품 및 서비스수지가 우리 경제에 미치는 영향이 가장 크다고 할 수 있다.

상품 및 서비스수지는 소득 및 고용과 직접 관련이 있다. 상품 및 서비스수지를 포함한 경상수지가 전체적으로 흑자를 나타내면 전체적으로는 그만큼 국민소득이 늘어나고 고용이 확대된다. 이와는 반대로 경상수지가 적자를 나타내면 소득은 줄어들고 실업이 늘어남과 동시에 외국 빚이 자꾸 늘어나 원금상환과 이자부담이 커져 나중에는 빚을 얻기조차 힘들게 된다.

그런데 근래에는 자본자유화가 진행되면서 국가 간의 자본 이동규모가 크게 증가하였다. 즉 자본 · 금융계정의 규모가 크기 때문에, 경상수지의 규모가 흑자를 나타낸다고 하더라도 외환이나 환율의 안정성을 담보하는 것은 아니다. 자본 · 금융계정은 단기간에 크게 움직이는 경우에 국민경제에 충격을 가할 가능성도 존재한다.

2.7 한국경제의 구조

우리나라는 2차 세계대전의 종전 후에 식민지로부터의 해방, 정부의 수립, 그리고 잇따른 전쟁으로 혼돈의 시기를 겪었다. 휴전 이후의 경제는 산업 시설의 복구와 경제 안정이 핵심적인 과제였지만, 자립경제의 기틀을 마련하지 못하고 있었기 때문에 미국으로부터의 원조에 의존할 수밖에 없었다. 당시에는 소위 '삼백산업'이라는 방직, 제분, 제당 등 미국의 원조로 제공되는 원자재를 가공하는 정도가 주도적인 산업부문들이었다.

1960년대에 경제개발계획이 실시되면서 경제정책의 중심이 **수출입국**이기는 했지만, 수입대체 산업의 육성도 활발하였다. 1차 계획에서는 전력, 철도 등 사회간접자본에 주력하였으며, 2차 계획에서는 시멘트와 철강을 비롯한 기간산업과 고속도로를 포함한 사회간접자본 확충에 노력하였다. 전체적으로 1960년대의 성장산업은 비료, 시멘트, 합성섬유, 정유, 철강, 합판공업 등이었다.

1970년대는 수출주도형 **중화학공업**을 개발하여 조선, 철강, 석유화학산업이 중점적으로 발전하였다. 4차 계획이 추진되면서 기술혁신과 능률향상을 주축으로 하는 산업구조의 고도화 전략으로 기술집약적이며 노동집약적인 산업들이 전략산업으로 등장하게 되었다.

1980년대는 고도성장정책에서 탈피하여 **균형성장정책**으로 방향전환을 하였다. 기계, 전자, 자동차 등 기술집약적인 산업에 시설투자와 기술개발을 확대하고, 섬유, 의류, 신발 등 전통적인 수출주도산업에 대해서는 품질 고급화와 품목 다양화를 추진하였다. 또한 부품소재산업의 육성도 추진하였다. 기술입국을 실현하기 위하여 기술개발투자도 강화하였다.

1990년대에 들어서는 고부가가치산업, 첨단산업, 소프트웨어산업 등이 주도적으로 등장하여 **선진국형** 산업구조로 전환하게 되었다. 제조업 중에서는 자동차, 전자, 기계공업이 계속 성장하는 부문들이었다. 산업구조가 고도화되면서 BT, IT, NT 등의 미래 성장산업들이 등장하고 성장하는 양상을 나타냈다.

일반적으로 경제성장에 따라 1차 산업의 비중이 점점 감소하는 대신 2차 산업의 비중, 나아가서는 3차 산업의 비중이 높아지는 추세를 보인다. 우리나라는 다섯 차례의 5개년 계획을 통하여 1차 산업인 농림어업의 비중은 1962년의 37.0%에서 1986년에는 12.3%로 낮아지고, 2차 산업인 광공업의 비중은 16.4%에서 31.4%로 크게 확대되었다. 3차 산업인 사회간접자본과 서비스업의 비중은 1962년의 46.6%에서 56.3%로 증가하였다.

산업구조의 특징

우리나라는 경제발전 정도에 비추어 3차 산업의 비중이 높은 특징을 갖는다. 우리나라에서는 공업화의 추진과정에서 급속한 도시화와 더불어, 농업부문의 과잉인구가 유통부문이나 서비스업으로 진입하였기 때문에, 3차 산업의 비중이 과도하게 커진 측면이 있다. 특히 자영업의 비중이 확대되면서 3차 산업의 비중이 확대된 것이다.

산업구조의 고도화는 공업구조의 변화도 동반하였다. 공업구조의 추이를 보면 초기에는 음식료품, 섬유 등 경공업이 제조업의 대부분을 차지하였지만, 70년대 이후 중화학공업의 비중이 크게 확대되게 된다. 경제성장을 통하여 산업구조와 공업구조에서 뚜렷한 개선을 이루었지만, 해외의존도가 높아진 것은 한국경제의 취약점으로 지적되고 있다.

높은 대외의존도

우리나라는 경제개발 과정에서 수출 중심의 경제전략을 추구하여 왔기 때문에 대외의존도가 높은 것은 당연하다. 그런데 우리나라는 경제규모가 커짐에도 불구하고 대외의존도는 지속적으로 증가해 왔다는 점을 주목해야 한다. 대외의존도가 높다는 것은 **대외환경의 변화**에 민감할 수 있다는 의미이다.

과거 우리나라가 경제개발계획을 수립하고 수출을 장려하는 시기에는 미국을 중심으로 하는 서방국가들의 경제는 전체적으로 호황국면을 유지하고 있었다. 특히 우리나라의 주요 교역대상국인 미국과 일본의 경제는 상당 기간 상승세를 유지해 왔던 것이다. 이러한 대외환경은 높은 대외의존도를 가진 우리나라 경제에 우호적으로 작용했다.

최근에는 **세계화**의 진전에 따라 우리나라뿐만 아니라 세계 각국의 상호의존도가 심해지고 있는 추세이다. 물론 이러한 현상이 우리나라 경제의 대외의존도를 지속적으로 심화시키고 있는 주요 요인이다. 우리나라의 대외의존도는 특히 특정의 몇몇 국가들에 대한 의존도가 높다는 문제점을 가지고 있다. 과거에는 미국과 일본에 대한 비중이 매우 높았는데, 근래에는 중국에 대한 의존도가 매우 높다. 전체 수출에서 중국에 의존하는 비율이 약 1/4 정도로 **편중현상**이 심하다. 그렇게 되면 경제가 중국에 의존하는 형태를 취할 가능성이 높아지는 것이다. 다변화의 필요성이 여기 있다.

그런데 근래의 높은 대외의존도는 우호적인 방향으로 일방적으로 움직이는 것 같지는 않다. 대외여건이 불확실하고 변동성이 높은 현상이 나타나고 있다. 대외여건의 변화를 주시하고 신속히 대처할 필요가 있다.

수출품목의 집중

우리나라의 수출액의 약 80% 정도는 공산품이다. 공산품 중에서 가장 높은 비중을 차지하는 것이 **조립가공제품**이다. 조립가공제품의 수출은 전체 수출의 약 50% 수준으로 상당히 높은 비중이다. 구체적으로는 IT, 자동차, 철강제품들이 공산품 수출의 약 절반 정도를 차지하고 있다.

문제는 이러한 품목들이 일본과 중국의 주력 수출 제품들이라는 점이다. 일본은 기술력에서 경쟁력을 갖고 있으며, 중국은 중저가의 가격경쟁력을 앞세워 시장 진입을 확대하고 있다. 우리나라는 기술면에서는 일본에 밀리고, 가격면에서는 중국에 밀리는 샌드위치 같은 상태가 될지도 모른다.

그리고 이러한 제품들은 대체로 경기에 민감한 제품들이다. 경기에 민감한 IT, 자동차, 철강제품들은 세계경제가 전반적인 호황기에는 산업의 핵심으로 성장의 견인차 역할을 충실히 수행할 수 있다. 그러나 세계경제가 불안하게 되면 심각한 타격을 받을 가능성이 있다. 미래를 위한 산업을 개발해야 할 때이다.

자원의 높은 해외 의존과 서비스 수입의 증가

우리나라는 자원의 대부분을 해외에 의존하고 있다. 그중에서도 식량과 에너지의 수입은 규모면에서도 크고, 중요성에 있어서도 특별한 주의를 요한다. 우선 식량문제를 들 수 있다. 우리나라의 식량자급률은 27% 내외다. 일반적으로 쌀이 남아돌기 때문에 식량문제가 없는 것으로 오해하는 경향이 있지만, 쌀이 남아도는 것은 쌀에 대한 수요가 감소했기 때문이지 식량이 남아도는 것은 아니다.

국제곡물가격이 급등하고 있는 상황에서 식량자급률이 27%라는 것은 우려할 만한 상황이다. 국제곡물가격의 급등은 일시적인 현상이 아닐 것으로 예상된다. 곡물에 대한 소비는 지속적으로 증가하는 양상을 나타내고 있다. 곡물은 식량으로만 사용되는 것이 아니라, 육류공급을 위한 사료로도 사용되기 때문에 소비가 증가하고 있는 것이다. '식량의 무기화'라는 말이 등장하고 있는 것이 현실이다. 주의를 기울여야 할 것이다.

우리나라에서 사용하는 **에너지**의 약 97%는 수입에 의존하고 있다. 석유의 경우 80% 가량을 중동국가에서 수입한다. 수입의존도가 높은 데도 에너지의 소비는 세계적 수준이다. 원유수입 세계 4위, 유연탄 수입 2위, 석유 소비 7위다. 전체적으로 세계 10위의 에너지 소비국이다. 에너지 자원을 외국에 의존하고 있는 상황에서 국제가격의 변동은 우리 경제에 심각한 영향을 미친다.

서비스수지는 2000년부터 계속해서 적자 행진을 이어가고 있다. 서비스수지 적자는 주로 사업서비스와 여행서비스에서 비롯됐다. 고부가가치 산업이 대거 포함된 사업서비스는 제조업 등 다른 산업과의 연관성도 높은 분야로 꼽힌다. 사업서비스 가운데 법률, 회계, 경영컨설트, 홍보 서비스수지가 적자폭이 크다. 중개 및 기타 무역 관련, 광고. 시장조사. 여론조사, 운용리스, 연구개발 등 다른 항목에서도 대부분 적자를 면치 못하고 있다.

우리나라는 서비스업 중에서도 고부가가치 산업의 비중이 낮다. 고용 회복과 지속 가능한 성장이 이뤄지려면 서비스업의 경쟁력 강화가 급선무이다. 한국은행이 분석한 산업별 **취업유발계수**를 보면 서비스업은 제조업의 약 2배라고 한다.

2.8 한국경제의 환경 및 과제

세계화

세계화(globalization)는 급속히 진전되고 있다. 세계화는 실질적으로 미국적 가치의 세계화를 의미한다. 세계화 시대에는 **세계적 경쟁력**(global competitiveness)이 필요하다. 세계적 경쟁력은 국가적 차원에서 뿐만 아니라 기업과 개인의 차원에서도 필요한 요소이다.

기업경영의 세계화 추세도 이제 거스를 수 없는 대세가 되었다. 과거의 국제화 시대에는 국제간의 거래에 특화된 기업의 경우에만 국제적인 상황이 영향을 미쳤지만 이제는 국내의 영업만을 영위하는 기업의 경우에도 세계화가 영향을 미치는 것이다.

이러한 세계화의 경향에 따라 각국은 국제적인 상품과 서비스의 거래를 자유화하는 방향으로 정책을 집행하고 있다. 뿐만 아니라 고가의 품질을 저가에 구입하려는 소비자들의 욕구가 생산성과 효율성이 떨어지는 국내 제품을 보호하기보다는 국제간의 거래를 촉진시키는 역할을 수행하고 있다. 교통과 통신의 발달은 운송과 통신에 소요되는 비용을 절감시켜 국제간의 거래를 활성화하는 데 기여하고 있다.

생산의 측면에서 살펴보아도 전체적으로 제품이 고급화되면서 제품개발에 소요되는 비용이 증가하였고, 비용 증가를 만회하기 위해서는 세계적인 시장이 필요하게 되었다. 다국적기업들의 존재는 비용이 싼 지역에서 생산할 수 있는 가능성을 확대하였고, 생산의 차원에서도 세계화는 계속 진전되어 왔다. 이제 기업들은 수요와 공급의 두 가지 측면에서 모두 세계적인 관점을 수용해야 하는 입장이다.

상품을 생산하는 기업만이 아니라 **서비스**를 제공하는 기업들도 세계적인 차원으로 발전하지 않으면 안 된다. 예를 들어 은행들도 국제적인 기준의 자기자본비율을 요구받고 있다. 은행뿐만 아니라 광고업체, 회계법인, 그리고 컨설팅업체까지도 국제적인 차원에서 운영되고 있다.

양극화

양극화는 고소득층과 저소득층 사이에, 중공업과 경공업 사이에, 대기업과 중소기업 사이에, 수출기업과 내수기업 사이에, 정규직과 비정규직 사이에, 수도권과 지방 사이에 나타나는 여러 현상들을 말한다. 우리나라의 양극화 문제는 어제오늘의 문제만은 아니지만 그것이 심화되고 있으며, 별로 개선의 징후를 보이지 않는다는 데 문제가 있다.

2010년을 기준으로 조사된 논문에 따르면 성인인구 3천 800만명 중에서 상

그림 2-8 **계층별 소득점유율**

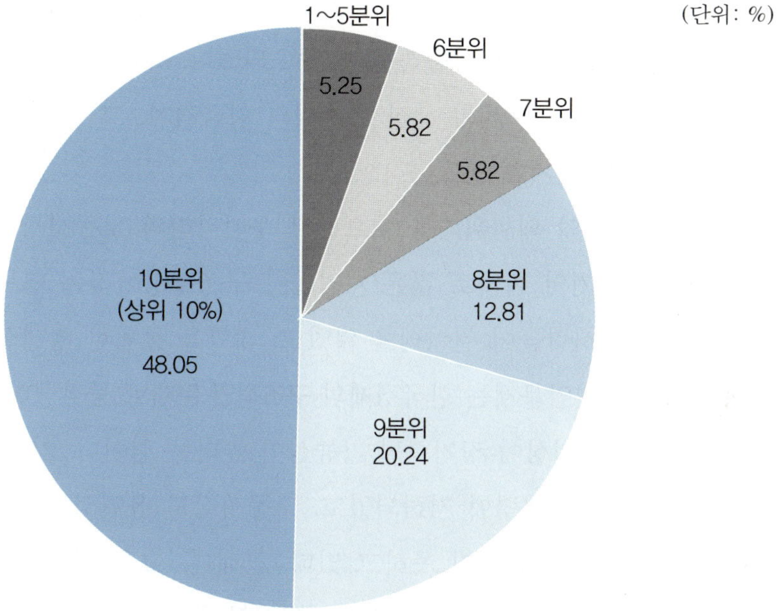

위 10%가 전체 소득의 48%를 점유한다고 한다. 상위 20%까지 확대하면 소득의 68.3%를 점유한다고 한다. 상대적으로 하위 50%의 소득점유율은 5.25%에 불과하다는 것이다.

노동시장

우리나라의 노동시장은 경제개발 이전에는 고용기회가 매우 부족했기 때문에 매우 열악할 수밖에 없었다. 초기의 열악한 노동환경은 중화학공업이 육성되기 시작하면서 기능 및 전문인력이 부족하게 되면서 개선되기 시작했다. 중화학공업은 주로 대기업을 중심으로 발전했기 때문에 해당 부문의 근로자들은 임금상승이 컸는데, 중소기업 위주의 경공업 분야 근로자들의 상대적 박탈감이 커지게 되었다.

1987년의 6.29선언 이후 노동계의 요구는 폭발하였고 임금은 급상승하게 되었다. 경제는 3저 현상에 의해 호황기를 맞고 있었고, 노동조합의 영향력은 커졌기 때문에 고용과 임금이 동시에 상승하는 기간이 되었다. 특히 이 기간 중에 대졸자와 고졸 이하의 입금격차, 사무직과 생산직 사이의 임금격차, 그리고 남성과 여성의 임금격차가 급속도로 좁혀지게 되었다.

하지만 1997년의 외환위기를 겪으면서 우리나라의 노동시장은 큰 변화를 경험하게 된다. 외환위기의 여파로 많은 기업들이 구조조정이라는 명목으로 인력조정을 실시하였다. 많은 사람들이 일자리를 잃었고, 대학을 졸업한 청년실업자가 급증하게 되었다. 이제 청년실업문제는 한국경제의 **구조적인 문제**로 등장했다.

문제는 이러한 현상이 장기화될 가능성이 높다는 점이다. 기업들의 장기적인 투자가 저조해서 성장잠재력이 저하되었고, 노동시장도 유연성이 부족하기 때문에 고용을 증가시키는 유인이 되지 못하고 있다. 근래에 '고용 없는 성장'이라는 단어가 등장하는 것은 실업문제를 구조적 문제로 인식하기 시작했다는 의미이다.

노동시장에서 대두되고 있는 또 하나의 문제는 **비정규직**의 증가이다. 비정규직의 정의는 국가별로 다르고 노동계도 입장에 따라 다른 정의를 기준으로 하기 때문에 통일된 기준은 존재하지 않는다. 통상 비정규직은 근로조건이 일정하지 않은 근로자를 말하는 것으로 통용된다.

인구의 고령화

통계청의 인구추계에 따르면 우리나라는 2000년에 이미 고령화 사회에 진입했으며, 향후 급속한 고령화가 진행됨에 따라 경제활동이 가능한 인구가 줄어들 것이라고 한다. 이런 현상은 의학의 발달로 평균수명은 길어지는데 반해 출산율은 급격히 떨어지고 있기 때문에 발생하는 현상이다.

한국이 고령화 사회에 진입하였다고는 하지만 다른 OECD 국가들과 비교하면

표 2-6 고령화 진전속도의 비교

	도달연도			소요연수	
	고령화사회	고령사회	초고령사회	7%→14%	14%→20%
한 국	2000	2019	2026	19	7
일 본	1970	1994	2006	24	12
프랑스	1864	1979	2020	115	41
미 국	1942	2013	2028	71	15
영 국	1929	1976	2021	47	45
독 일	1932	1972	2012	40	40

주: 표에서 %는 고령인구의 비중을 의미함.
자료: UN(2002), 통계청(2007).

그렇게 심각한 수준은 아니다. 일본은 이미 1970년에 고령화 사회에 진입하였고, 이미 초고령사회가 되어 있다. 그런데 우리나라의 문제는 고령사회나 초고령사회로 진입하는 속도가 매우 빠르다는 점이다. 참고로 전체 인구 중에서 고령인구의 비중이 7%를 넘으면 고령화 사회, 14%를 넘으면 고령사회, 그리고 20%를 넘으면 초고령사회로 구분한다.

2.9 요약 및 정리

본 장에서는 경제분석을 위한 기초개념들을 정리하였다. 각종 경제지표들을 설명하였고, 그것들을 이해하는 것이 경영자나 경영분석자에게 필수적으로 요구되는 사항이다. 국민소득은 국가의 경제수준을 종합적으로 나타내는 대표적인 지표이다. 국민소득을 통해서 국가의 경제력이나 국민의 생활수준을 가늠할 수 있다. 뿐만 아니라 국민소득 지표들을 이용하여 경제성장률, 투자율, 저축률, 노동소득분배율 등

경제상황에 대한 각종 분석지표를 작성할 수 있다.

물가지수란 경제생활에서 차지하는 중요도 등을 고려하여 평균한 종합적인 가격 수준을 말한다. 물가가 지속적으로 오르는 현상을 인플레이션이라고 한다. 물가지수는 한 나라의 경제동향 분석이나 경제정책 수립 등에 필요한 기초 자료가 됨은 물론 개인이나 기업의 입장에서도 매우 유용하게 활용된다.

경기란 국민경제의 총체적인 활동수준을 의미한다. 우리나라의 대표적인 종합경기지표라고 할 수 있는 경기종합지수(CI; Composite Index)는 국민경제의 각 부문을 대표하고 경기 대응성이 높은 각종 경제지표들을 선정한 후 이를 가공 종합하여 작성하고 있는데 통계청에서 매월 작성하고 있다. 뿐만 아니라 기업경기실사지수와 같은 심리지표에 대한 이해도 필요하다.

우리나라 실업률 통계의 특징 중 하나는 구미 선진국에 비하여 실업률이 상대적으로 낮게 나타난다는 점이다. 우리나라는 농림어업부문의 취업자 비중이 상대적으로 많고, 또한 자영업의 비중이 높은 것이 주된 원인이다. 우리나라 고용문제에서 청년실업과 비정규직 문제는 구조적인 문제로 쉽게 해결될 가능성이 적어 보인다.

통화신용정책의 최종목표는, 다른 경제정책의 경우도 마찬가지지만, 물가안정, 완전고용, 경제성장, 그리고 국제수지균형 등을 의미한다. 중간목표는 이러한 최종목표를 달성하기 위하여 통화당국이 직접적으로 영향을 미칠 수 있는 경제변수, 즉 통화량 또는 이자율 등을 뜻한다. 우리나라는 전통적으로는 통화량을 중간목표로 사용하여 왔는데, 근래에는 이자율 정책을 중심적인 중간목표로 채택하고 있다.

환율은 우리 돈과 외국 돈의 교환비율이다. 환율은 현실적으로 외환시장에서 외환에 대한 수요와 공급에 의해 결정된다. 외환의 수요와 공급은 단기적으로는 외환거래자의 예상이나 중앙은행의 외환시장 개입에 의해서도 영향을 받지만 장기적으로는 물가 또는 내외금리차 등에 의해 영향을 받는다.

국제수지는 일정 기간 중 국가 간에 발생한 모든 경제적 거래를 체계적으로 기록한 것이다. 국제수지표에는 경상계정과 자본 · 금융계정 및 준비자산증감계정으로 나뉘어 기록된다. 경상수지는 상품수지, 서비스수지, 소득수지 및 경상이전수지의 4개 세부항목으로 나누어진다. 자본 · 금융계정은 외국으로부터 차입 등의 방식으로 돈을 빌리거나, 이와는 반대로 외국에 신용공여 등의 방식으로 발생하는 외화의 유출입차를 나타내는데 단기적인 충격에 민감하게 반응할 가능성이 있다.

연습문제

1. 국민소득은 국가의 경제수준을 나타내는 대표적인 지표이다. 국민소득을 이용한 분석지표들을 열거하고 설명하시오.
2. 국민소득은 세 가지 측면에서 파악되며 삼면등가의 법칙이 성립된다고 한다. 설명하시오.
3. GDP와 GNI개념의 유사점과 차이점을 설명하시오.
4. 실질경제성장률과 명목성장률의 차이를 설명하시오.
5. 우리나라 경제구조를 국내총생산에 대한 구성비를 가지고 설명하시오.
6. 우리나라의 노동소득분배율은 주요 선진국들에 비해서 낮은 편이다. 그 이유를 구조적인 차원에서 설명하시오.
7. 추가적인 인플레이션을 유발하지 않으면서 달성할 수 있는 국민소득 수준을 무엇이라고 하는가? 설명하시오.
8. 국민소득의 분배상태를 측정하는 두 가지의 대표적인 방법들을 설명하시오
9. 인플레이션을 측정하는 도구로서 물가지수가 사용된다. 물가지수의 유용성을 설명하시오.
10. 정부가 물가지수를 발표하면 언론 등에서는 물가지수가 체감물가와 차이가 난다는 주장을 많이 한다. 어느 주장이 옳은가? 서술하시오.
11. 경기의 순환과정은 통상 4가지 특성을 가지고 변화한다. 4가지 특성을 열거하고 그 흐름을 설명하시오.
12. 경기종합지수에는 선행종합지수, 동행종합지수, 그리고 후행종합지수들이 포함된다. 각각의 지수에 포함되는 지표들을 설명하시오.
13. 경기지표 중에는 체감경기지표들이 있는데 이것들은 어떻게 작성되는 것인지 설명하시오.
14. 실업자 통계를 위한 취업자와 실업자의 구분을 정의하시오. 그리고 우리나라 실업률 통

계의 특성을 설명하시오.

15. 임금과 노동생산성과의 관계를 설명하시오.

16. 일반적으로 통화의 개념은 협의통화(M1), 광의통화(M2), 그리고 광의유동성(L)으로 분류된다. 각각의 개념을 설명하시오.

17. 우리나라 통화정책의 목표와 정책수단들을 설명하시오.

18. 우리나라는 전통적으로 통화량을 금융정책의 수단으로 사용해 왔는데, 근래에는 이자율을 수단으로 사용하고 있다. 그 이유는 무엇이라고 생각하는지 설명하시오.

19. 금리의 기능과 금리의 상승과 하락을 결정하는 요인들을 설명하시오.

20. 환율과 물가수준의 관계를 설명하시오.

21. 환율과 이자율의 관계를 설명하시오.

22. 환율과 국제수지와의 관계를 설명하시오.

23. 국제수지표에서 국제수지를 나타내는 각각의 계정들을 설명하시오.

24. 경상수지는 상품수지, 서비스수지, 소득수지 및 경상이전수지로 구분되는 대표적인 국제수지 지표이다. 각각을 설명하시오.

25. 자본 · 금융계정의 급격한 변화는 국민경제에 충격을 주는 경우가 있다. 우리나라 외환위기 사태와 자본 · 금융계정의 움직임을 토론하시오.

제 3 장

기업환경과 산업분석

본 장에서는 산업분석에 대하여 살펴본다. 산업의 성격은 기업의 성패를 결정하는 중요한 요소이다. 대부분의 기업은 산업동향에 영향을 받는다. 그러므로 산업의 특성과 구조변화를 이해하는 것은 기업을 이해하는 첫걸음이라고 할 수 있다. 산업과 기업의 관계는 강물과 그 위에 떠 있는 배와 같다고 할 수 있을 것이다.

산업분석에서는 수요와 공급분석, 산업의 경기 연동성, 산업의 라이프사이클, 경쟁구조, 산업요소와 대외요인, 그리고 산업전망 및 정부정책을 살펴본다. 이러한 요인들은 산업의 성격에 따라 서로 다른 양상으로 나타날 것이다. 산업분석을 통해서 기업을 거시적인 차원에서 바라보는 관점을 이해하기 바란다.

3.1 산업분석의 의의

산업동향은 기업의 장기적 수익성과 위험에 중요한 영향을 미친다. 경영분석을 위해서는 경제분석과 산업분석의 과정이 필요하다. 기업의 수익성과 위험은 경제적 환경의 영향을 받으며, 2차적으로는 산업의 영향을 받는다. 기업의 차원에서 본다면 산업은 기업을 둘러싸고 있는 가장 근거리의 환경으로서 산업환경은 기업의 성과에

그림 3-1 산업분석의 위치

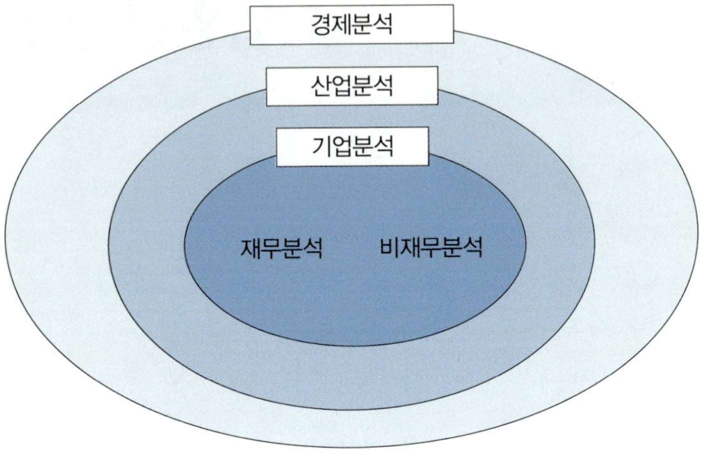

직간접적으로 영향을 미친다.

산업요인은 기업에 영향을 주는 외적요인 중에서 연관성이 가장 크다고 볼 수 있다. 산업과 기업의 관계는 강물과 그 위에 떠 있는 배와 같다고 생각해 볼 수 있다. 배는 자체적인 동력을 보유할 수는 있지만, 강물의 흐름에 영향을 받는다. 강물의 움직임이 평온할 때는 배의 운항도 순조로울 것이지만, 태풍과 홍수가 나타나면 자연히 극심한 격랑에 휩쓸리지 않을 수 없게 된다.

강위에 떠 있는 모든 배들이 일정한 방향으로만 움직이는 것은 아니듯이, 동종산업에 속한 모든 기업들이 동일한 경영성과나 재무상태를 나타내는 것은 물론 아니다. 산업이 흥해도 망하는 기업이 있으며(**흥산멸업**: 興産滅業), 산업경기가 어려워도 기업은 흥하는 경우도 있다(**멸산흥업**: 滅産興業). 하지만 기업들은 어떤 형태든 산업의 흐름에 영향을 받는 것은 사실이다.

산업분석의 과정은 **산업분류**로부터 시작한다. 산업분류에서는 동종의 산업을 정의하게 되는데, 동종의 산업은 성공과 실패에 대해 유사한 요인들의 영향을 받는다는 의미를 갖는다. 산업분석을 위해서는 산업을 적절히 분류하는 것이 중요하다.

산업분석의 다음 단계는 **수요분석**이다. 산업이 생산한 제품의 적절한 판매는 산업의 성패와 직결된다. 산업분석에서는 **공급측면**도 분석되어야 한다. 상품이나 제품의 경우에 공급이 얼마나 신축적일 수 있는지는 중요한 의미를 갖는다. 공급의 신축성이 부족하다는 것은 추가적인 수요가 있을 경우에 이에 대처하는 능력이 떨어진다는 의미이며, 추가적인 수요의 감소가 있는 경우에 구조조정이 쉽지 않음을 의미하기도 한다.

산업의 **수익성 분석**도 중요한데, 수익성은 시장의 수급구조에 영향을 받는다. 시장의 수급구조는 항상 변화하게 되는데, 수급구조의 분석을 통해서 산업의 안정성과 성장성을 분석할 수 있다. 수익성 분석에는 가격과 원가구조의 분석도 동반되어야 한다.

산업분석에 있어서는 외생변수도 중요한 영향을 미친다. 외생변수는 산업이 자체적으로 통제가 불가능하면서도 산업의 미래에 큰 영향을 미칠 가능성이 있는 요인들을 포함한다. 사회변화와 인구통계학적 특성들은 산업 전반에 영향을 미칠 것이다. 기술의 변화도 산업에 중요한 영향을 미칠 수 있으며, 정부정책의 방향도 분석되어야 한다.

표 3-1 산업분석

• 한국표준산업 분류	• 특성에 따른 분류
• 수명주기상의 위치에 의한 분류	• 경기 사이클에 의한 분류
• 최종 소비자에 대한 분석	• 수요의 실질 성장률과 명목 성장률
• 수요의 추세	• 집중의 정도
• 시장진입의 용이성	• 산업 전체의 공급능력
• 수급 균형의 분석	• 원가 요소에 대한 분석
• 가격	• 사회 변화
• 인구통계학적 특성	• 외국의 영향
• 기술	• 정부 정책

출처: Association for Investment Management and Research.

세계시장 및 **국제경쟁**도 산업분석에서 다루어야 할 요소이다. 특히 우리나라의 경우는 개방경제체제를 유지하고 있고, 대외의존도도 높기 때문에 세계적인 흐름에 큰 영향을 받는 산업들이 많다. 수출입과 관련된 산업은 물론이지만, 내수 중심의 산업이라 하더라도 원료의 공급을 해외시장에 의존하는 바가 많기 때문에 세계적 경제환경의 분석에 많은 관심을 가져야 한다.

3.2 산업의 분류와 특성

산업의 분류

산업이란 "유사한 성질을 갖는 산업활동에 주로 종사하는 생산단위의 집합"이라 정의되며, 산업활동이란 "각 생산단위가 노동, 자본, 원료 등 자원을 투입하여, 재화 또는 서비스를 생산 또는 제공하는 일련의 활동과정"이라 정의된다. 대체재의 개념으로 생각해 본다면, 산업은 대체가 가능한 재화와 용역을 생산하는 기업들의 집단을 의미한다고 정의될 수도 있을 것이다.

산업은 다양한 형태로 분류될 수 있다. 먼저 산업의 특성에 따라 분류하면, 우리가 통상 분류하듯이 1차 산업, 2차 산업, 그리고 3차 산업으로 분류해 볼 수 있을 것이다. 경우에 따라서는 농림어업, 제조업, 그리고 서비스업으로 구분하기도 한다. 또한 제조업도 기초소재산업(석탄석유, 화학, 비금속광물, 일차금속, 금속제품), 조립가공산업(일반기계, 정기전자, 정밀기기, 자동차, 조선업종), 소비재산업(음식료품, 섬유가죽, 목재종이, 가구업종) 등 다양한 형태의 분류가 가능하다.

산업의 특성을 **경기변동**과 관련하여 구분하면 경기민감산업과 경기방어적 산업으로 구분할 수도 있을 것이다. 경기민감산업은 호경기에는 매출과 이익이 크게 성장하지만, 불경기에는 매출과 이익이 동시에 크게 악화되는 양상을 나타내는 산업

표 3-2 한국 표준산업분류

A 농업, 임업 및 어업
B 광업
C 제조업
- 10 식료품 제조업
- 11 음료 제조업
- 12 담배 제조업
- 13 섬유제품 제조업; 의복 제외
- 14 의복, 의복액세서리 및 모피제품 제조업
- 15 가죽, 가방 및 신발 제조업
- 16 목재 및 나무제품 제조업; 가구 제외
- 17 펄프, 종이 및 종이제품 제조업
- 18 인쇄 및 기록매체 복제업
- 19 코크스, 연탄 및 석유정제품 제조업
- 20 화학물질 및 화학제품 제조업; 의약품 제외
- 21 의료용 물질 및 의약품 제조업
- 22 고무제품 및 플라스틱제품 제조업
- 23 비금속 광물제품 제조업
- 24 1차 금속 제조업
- 25 금속가공제품 제조업; 기계 및 가구 제외
- 26 전자부품, 컴퓨터, 영상, 음향 및 통신장비 제조업
- 27 의료, 정밀, 광학기기 및 시계 제조업
- 28 전기장비 제조업
- 29 기타 기계 및 장비 제조업
- 30 자동차 및 트레일러 제조업
- 31 기타 운송장비 제조업
- 32 가구 제조업
- 33 기타 제품 제조업

D 전기, 가스, 증기 및 수도사업(SOC)
E 하수 · 폐기물 처리, 원료재생 및 환경복원업
F 건설업
G 도매 및 소매업
H 운수업
I 숙박 및 음식점업
J 출판, 영상, 방송통신 및 정보서비스업
K 금융 및 보험업
L 부동산업 및 임대업
M 전문, 과학 및 기술 서비스업
N 사업시설관리 및 사업지원 서비스업
O 공공행정, 국방 및 사회보장 행정
P 교육 서비스업
Q 보건업 및 사회복지 서비스업
R 예술, 스포츠 및 여가관련 서비스업
S 협회 및 단체, 수리 및 기타 개인 서비스업
T 가구내 고용활동 및 달리 분류되지 않은 자가소비 생산활동
U 국제 및 외국기관

으로 자동차, 에어컨 등과 같은 고가의 내구소비재와 산업기계와 같은 내구생산재를 만드는 산업, 그리고 건설 및 건설 관련 산업 등이 포함될 것이다. 경기방어적 산업은 경기 침체기에도 큰 영향을 받지 않는 산업으로 음식료 등 생활필수품과 관련된 산업들과 전력 및 가스 등과 같은 산업들이 포함될 것이다.

경기변동과 관련하여 반응하는 **시간상의 차이**로 산업을 분류하는 방법도 있다. 경기변동보다 먼저 반응하는 경기선행산업, 호경기와 함께 산업의 성장도 함께하는 경기동행산업, 그리고 경기의 변동 후반에 반응하는 경기후행산업으로 나누어 보는 것도 분류방식이 될 수 있다.

통계적으로 산업을 분류하는 대표적인 분류법이 **한국표준산업분류**(KSIC: Korean Standard Industrial Classification)이다. 한국표준산업분류에서는 주로 경제의 생산단위가 수행하는 경제활동의 특성이나 일반적 양상과 관련된 분류기준 또는 정의에 따라 산업을 구분하고 있으며, 현재 우리나라의 증권거래소에서 분류하는 상장기업의 산업분류도 이를 바탕으로 하고 있다. 한국표준산업분류는 산출물의 특성, 투입물의 특성, 그리고 생산활동의 일반적인 결합형태에 따라 분류되고 있다.

한국표준산업분류는 대분류, 중분류, 세분류, 세세분류로 단계별로 구분하여 분류한다. 대분류는 알파벳 A부터 U까지 21가지로 분류되고 있다. A에는 농업, 임업, 어업 등이 포함되며, B에는 광업, 그리고 C에는 제조업이 포함된다. 중분류는 대분류를 좀 더 세분화한 것으로, 제조업의 경우에 24개의 중분류된 산업들이 존재한다.

산업특성의 이해

산업분석을 위해서는 우선 산업이 생산하는 제품이나 서비스에 대한 이해가 선행되어야 한다. 제품이나 서비스에 대한 기초적인 이해가 없는 상태에서 산업분석을 수행한다는 것은, 코끼리를 보지 않고 코끼리 그림을 그리는 것처럼 구체성이 떨어지는 것이다. 즉, 제품이나 서비스의 용도, 기능, 특성과 생산과정이나 관련 기술에

표 3-3 산업의 일반 특성

구 분	주요 내용
제품특성	생산재 vs. 소비재/내구재 vs. 비내구재/생필품 vs. 사치품
생산구조	수주생산 vs. 시장생산/노동집약 vs. 자본집약 vs. 기술집약
산업형태	독과점 vs. 완전경쟁/성장산업 vs. 사양산업
주요시장	수출산업 vs. 내수산업/민간수요 vs. 공공기관 수요

대한 이해가 기본적으로 필요하다.

또한 산업의 특성은 어떤 산업에서 나타나는 독특한 현상을 말하는데, 각 산업마다 다르고 매우 광범위하여 모두 열거하기는 어렵다. 산업의 일반적인 특성은 다양한 형태로 구분해 볼 수 있는데 여기서 몇 가지 예를 들면, 제품의 특성, 생산구조 특성, 산업형태 특성, 산업의 주요 시장 특성 등으로 생각해 볼 수 있다.

산업분석에 있어서 산업의 특성을 잘 찾아내는 것은 중요하다. 산업의 특성은 해당 산업 내에서 활동하는 기업의 강점이나 약점으로 작용하는 경우가 많으며, 궁극적으로는 기업의 경영성과나 재무상태에도 영향을 미치기 때문이다.

예를 들어, 기업을 대상으로 생산재를 생산하는 기업은 최종소비재를 생산하는 기업과 다른 특성을 보일 것이다. 생산재를 공급하는 기업들은 광고에 의존하는 비중이 적고, 품질과 가격에 집중하는 경향을 보인다. 왜냐하면 구매자인 상대방이 제품의 품질과 가격을 충분히 평가할 능력을 갖고 있는 전문기업이기 때문이다.

수주생산을 하는 기업들은 수주의 양과 질이 경쟁력을 결정하는 중요한 요인들이다. 대형플랜트 위주의 건설, 조선업 등은 수주생산의 대표적인 예인데, 수주량은 기업의 일감이고 수주의 질은 수익성과 직결된다. 수주량이 떨어지면 기업의 매출이 줄고, 수주의 질이 떨어져서 너무 저가에 수주하게 되면 기업의 수익성에 심각한 영향을 미칠 수 있다. 결국 산업의 특성은 기업의 재무상태와 경영성과에 영향을 미치게 된다.

3.3 산업구조 변화의 이해

한 나라의 산업구조는 경제가 발전함에 따라 지속적으로 변하는 동태성을 지닌다. 일반적으로는 경제발전에 따라 산업구조가 1차 산업, 2차 산업, 그리고 다시 3차 산업으로 변한다는 **클라크**(Clark)**법칙**이 있다. 그리고 2차 산업 내에서 소비재 부문보다 생산재 부문의 비중이 높아진다는 **호프만**(Hoffman)**의 법칙** 등이 있다.

산업구조의 동태적 변화는 수요와 공급의 두 가지 측면에 기인한다. 세계화되고 정보화된 경제상황에서 상대적으로 중요한 요인은 공급 측면의 변화라고 할 수 있다. 세계적으로 개방된 시장에서는 수요는 매우 크며 탄력적이다. 그러므로 공급 측면의 경쟁력이 시장에서의 성패를 결정하는 요인이 되며, 공급 측면의 경쟁력의 변화가 산업구조 변화의 원천이 될 가능성이 높다.

산업구조 변화는 경쟁력을 결정하는 요소들이 어떻게 변화하느냐에 따라 달라질 것이다. **고부가가치산업**에서는 상대적으로 고급요소의 중요도가 강조되고, **저부가가치산업**에서는 상대적으로 단순요소의 중요성이 높아질 것이다. 여기서 고급요소는 기술수준, 인적자본, 광통신망과 같은 고급의 사회간접자본, 그리고 잘 발달된 유통업과 금융업 등이 포함된다. 상대적으로 단순요소는 노동력, 임금수준, 천연자원, 그리고 토지 및 기초적인 사회간접자본 등이 포함된다.

경제발전 초기에는 상대적으로 단순요소의 경쟁력이 중요한 경쟁력 결정요인이 된다. 즉 저임금의 풍부한 노동력이 경쟁력의 원천이 되겠지만, 경제가 일정 수준에 도달하면 임금이 상승하게 되어 단순요소의 경쟁력은 하락하게 된다. 경제발전 과정에서 임금수준은 처음에는 천천히 상승하다가 단기간의 급격한 상승을 거치고, 그 후 완만히 조정되는 과정을 보이는 것이 일반적인 양상이다.

고급요소의 경쟁력은 경제가 발전함에 따라 꾸준히 상승하게 된다. 경제발전의 초기에는 기술개발이나 인적자원개발에 많은 투자를 하지 못하다가, 경제발전에 따라 점차 고급요소에 대한 투자가 증가하게 된다. 고급요소들은 규모의 경제와 외부효과가 존재하기 때문에 투자가 증가함에 따라 체증적으로 증가하는 양상을 나타낸다. 이러한 현상이 얼마나 빠르게 나타날 것인가는 해당 국가의 국민경제적 상황에 따라 달라질 것이다.

우리나라의 경우도 경제발전에 따라 농림어업에서 제조업으로, 그리고 서비스업으로 산업의 구조가 변해왔다. 앞으로의 산업구조 변화는 중국의 영향 때문에 상당히 급변할 가능성이 높다. 중국경제의 부상과 가격경쟁력으로 노동집약적인 부문의 비중은 하락할 수밖에 없을 것이다. 앞으로도 제조업에서 전자, 자동차, 철강, 기계 등 기존의 주력산업이 차지하는 중요성은 계속되겠지만, 인터넷기반 기술(IT), 바이오산업(BT), 초미세정밀기기산업(NT), 그리고 환경산업(ET) 등 지식기반 산업들의 발전과, 이들 신기술을 접목한 기존 산업들의 기술화로 산업구조가 변할 것으로 예상된다.

우리나라 산업의 경쟁력 수준도 상당한 변화를 경험하고 있다. 우리나라 산업의 기술력이나 브랜드 이미지 등 품질 차원의 경쟁력은 지속적으로 향상되고 있다. 또한 생산 측면에서 오랜 경험으로 주요 산업에서 생산기술을 축적하고 있다는 것도 장점이다.

하지만 앞으로 개선되어야 할 부분도 많이 있다. 그중의 하나가 **완제품 위주**의 생산체제이다. 예를 들어 자동차, 전자, 기계, 조선 등 완제품 위주의 조립산업은 크게 성장하였지만, 관련 부문의 부품이나 소재산업에서는 독자 기술력이 취약한 것으로 지적되고 있다.

우리나라 산업구조의 또 하나의 과제는 **대기업**에 지나치게 의존하고 있다는 점이다. 우리나라는 경제발전 과정에서 자본과 노동의 투입에 의한 표준화된 제품의 대량 생산체제를 갖추게 되었다. 즉 단순요소의 투입에 의한 경제발전은 성공적이었지만, 앞으로 기술혁신과 지식기반 산업이 중심이 되어야 하는 환경에서는 대기업 위주의 생산방식은 상대적인 한계에 봉착하게 될 가능성이 있다.

미래의 산업발전

우리나라의 미래 산업발전은 기존의 우수한 전통산업들의 역량을 지키면서, 새로운 산업의 경쟁력을 확보해야 하는 구조적 문제를 해결해야 한다. 이를 위해서는 우선 신기술산업의 비중을 확대하면서 전통산업과 신기술산업의 산업간 구조 고도화를 달성해야 한다.

신기술산업은 정보기술(IT), 바이오기술(BT), 나노기술(NT), 환경기술(ET) 등을 기반으로 하는 산업이라고 할 수 있다. IT기술의 발전이 BT, NT 기술발전의 토대가 되고, BT기술의 발전은 ET기술의 발전을 촉진시키는 형태의 선순환적 구조를 확보해야 할 것이다. 이들 신기술산업들은 대체로 도입기 내지는 성장기 초입에 들어선 산업들로서 기술혁신을 통한 고성장이 예상되는 부문들이다.

또한 **전통산업** 내에서도 집중과 선택을 통하여 핵심 분야의 발전과 주변 분야의 해외 이전 등을 포함한 구조조정을 통하여, 전통산업 내에서의 산업구조 고도화를 달성해야 한다. 우리나라는 IT산업을 기준으로 세계적인 경쟁력을 보유하고 있는데, 이것을 이용한 전통산업들의 경쟁력 강화가 우선적으로 시행되어야 할 것이다.

전통산업 분야는 우리나라에서 이미 성숙기에 접어든 산업으로서, 개도국의 빠른 추격으로 글로벌 가격경쟁이 예상되고 있다. 성숙기 산업은 신기술산업들이 완전히 성장하기까지 자금을 공급하는 현금젖소(cash cow)의 역할을 수행해야 할 것이다. 전통산업들은 기술 및 품질을 고급화하고 고부가가치 제품을 생산하는 방향으로 구조 고도화를 추진해야 할 것이다.

우리나라의 미래 산업발전은 지식기반을 위해서는 **서비스산업**의 발전에도 노력해야 한다. 중국의 급속한 경제발전을 생각하면, 우리나라의 제조업 경쟁력은 일정한 한계에 봉착할 가능성이 높다. 물류, 유통, 전자상거래, 통신서비스 등은 제조업과 연관된 서비스 분야로서 제조업의 경쟁력을 강화하는 수단으로 활용될 수 있을 것이다.

지식기반 서비스산업은 산업의 수명주기로 볼 때 도입단계 내지는 성장기의 초기단계에 위치하기 때문에, 빠른 성장과 동시에 다양한 불확실성이 동시에 존재한다. 서비스산업에서는 소비시장과의 접근성이 중요한 요소인데, 해외 투자와 현지화를 통한 시장에의 접근이 필요할 것으로 생각된다.

지식기반 서비스산업은 제조업을 보완하여 산업발전의 새로운 동력으로 활용될 것이지만, 동시에 우리나라가 외부의 충격으로부터 받는 영향을 완충시키는 역할도 수행해야 하는 부문이다. 제조업은 세계경제의 변화에 큰 영향을 받지만, 서비스산업은 국지적인 수요에 기반을 두기 때문에 외부 여건의 변화에 상대적으로 덜 민감하다. 즉 서비스산업은 세계화된 시장경제에서 외부 충격을 완충시키는 기능을 수행할 수 있기 때문에 더욱 중요한 의미를 갖는다.

3.4 수요와 공급 분석

수요와 공급은 산업의 활동을 결정하는 가장 중요한 경제적 요소들이다. 수요분석에 있어서는 **수요의 방향성**과 **변동성**을 동시에 분석해야 한다. 산업에 대한 수요가 전반적인 상승추세인지 아니면 정체 혹은 하락추세인지를 분석해야 한다. 추세의 방향성을 확인한 다음에는 추세의 변동성도 검토하여야 한다. 산업의 성장은 지속적인 경우도 있지만, 많은 경우에 산업의 성숙도 등에 따라 성장이 정체되는 경우도 있다. 또한 경우에 따라서는 일시적인 유행을 계속적인 추세로 오해할 가능성도 있으므로 주의하여야 한다.

수요분석을 위해서는 최종수요자의 성격과 변화도 관찰해야 한다. 최종수요자들의 성향이나 욕구 등에 대한 분석이 필요하며, 최종수요자 계층에 대한 인구통계학적 변화도 관찰해야 한다. 우리나라의 경우에 인구의 고령화가 진행되면서 건강 및 복지에 대한 수요가 큰 폭으로 증가하는 경향을 보이고 있는데, 이것이 산업의 수요와 공급에 상당한 영향을 미칠 가능성이 크므로 충분히 분석할 필요가 있다.

성격을 갖고 있는 경우가 많다.

다음은 경기변동과 관련된 산업의 반응 방향에 대하여 살펴보기로 하자. 산업의 반응 방향은 **경기순행**, **경기역행**, **경기독립**으로 구분해 볼 수 있다. 대부분의 반응 방향은 물론 경기순행이지만 항상 그런 것은 아니다. 경기순행 산업은 전반적인 경기변동과 같은 방향으로 움직이는 산업을 말한다. 경기역행 산업은 일반적인 경기의 방향과 반대방향으로 움직이는 산업을 말한다. 경기역행은 라면이나 소주처럼 상대적인 열등재의 경우에 나타나는 경향이 있다. 예를 들면 경기가 후퇴하는 국면에서 소주의 소비가 증가하는 등의 경우를 말한다.

경기독립적인 산업은 경기변동에 크게 영향을 받지 않는 산업을 말한다. 예를 들면 생필품 등의 산업은 경기의 변화와 큰 연관이 없이 독립적인 움직임을 갖는 경향이 있다. 담배와 같은 기호품의 경우도 경기독립적인 성격을 갖는다. 전기, 가스 등의 산업도 이에 해당하는 경향이 있다.

산업의 반응 민감도

전반적인 경기변동과 산업과의 반응형태는 경기와 순행하면서 동시에 진행되는 동행의 성격을 갖는 경우가 많다. 그런데 산업에 따라서 반응하는 정도를 나타내는 민감도는 각각의 산업이 서로 다른 특징을 갖는다.

경기변동에 민감한 산업은 경기가 호황일 때에는 크게 좋아지지만, 경기가 후퇴하는 국면에서는 침체의 강도가 상대적으로 커지는 경향을 보인다. 이러한 산업에는 미래형 **성장산업**들이 포함될 것이다. 신기술 혹은 신제품 산업의 경우 경기가 호황국면에서는 성장성이 두드러지지만, 경기가 후퇴하면 상당한 어려움에 직면할 가능성이 있다. 자동차산업을 포함한 내구소비재도 이러한 성격을 갖는 측면이 있다.

경기변동에 민감하지 않은 산업에는 경기독립적인 성격을 갖는 산업들이 포함될 것이다. 경기가 호황국면에 진입하거나 후퇴하는 경우에 경기독립적인 산업은 민감하게 반응하지 않는 성격을 갖는다.

경기와 연관된 정도를 나타내는 척도 중의 하나로 산업의 **베타**(β)를 생각해 볼 수 있다. 베타의 크기는 시장의 변동과 기업의 민감도를 나타내는 수치이다. 즉 베타가 높은 산업은 시장의 변화에 민감하게 반응하는 산업이고, 베타가 낮은 산업은 시장의 반응에 상대적으로 덜 민감하게 반응하는 산업이다.

3.6 산업의 라이프사이클 분석

산업의 라이프사이클 분석이란 산업도 생명체의 수명과 같이 생성, 성장, 쇠퇴, 소멸해 간다는 제품수명주기 이론을 산업분석에 응용한 것이다. 제품수명주기 이론은 버논(R. Vernon) 등에 의해 개발된 이론으로 신제품이 나오면 S자형의 성장곡선을 따라 확산 · 보급되고 그것보다 더 나은 신제품이 출현하면 쇠퇴 · 소멸된다는 이론이다.

라이프사이클 분석에서는 산업의 수명을 도입기, 고속성장기, 성장기, 성숙기 등 네 단계로 나누어 분석하는데, 각 단계별로 산업에 속한 기업들의 매출 증가, 이익률, 이익규모, 경쟁형태와 강도, 사업위험, 경영관리기능이 달라지므로 산업의 라이프사이클 단계를 파악하여 기업분석에 활용할 수 있는 것이다.

산업이 초기단계에 있을수록 그 산업에 대한 투자는 위험한 것으로 간주되고 있

표 3-4 산업의 라이프사이클과 위험수준

단계(stage)	위험수준(risk level)
도입기(development)	높음(high)
고속성장기(aggressive growth)	높음(high)
성장기(growth)	중간(medium)
성숙기(mature)	낮음(low)

으며, 따라서 그러한 산업에 투자를 유도하기 위해서는 보다 높은 수익률이 제공되어야 할 것이다. 산업이 원숙단계에 접어들수록 위험도는 낮아지며 투자를 유도하기 위한 수익률은 그에 따라 낮아지게 된다.

성장단계의 산업에 속한 기업들은 이익금을 주주들에게 배당금이라는 이름으로 분배하는 것보다 기업에 유보시켜 재투자하는 것이 주주들의 이해관계와도 맞아떨어진다. 그러므로 초기단계의 기업들은 대개 이익금을 분배하지 않고 재투자하게 된다. 성장기회가 많지 않거나 재투자하기에 너무 많은 이익금이 발생하는 오래된 기업들은 통상 배당금의 명목으로 이익금을 분배하게 된다.

산업의 이익성장률(earnings growth rate)이 하락함에 따라 배당수익률(dividend yield)은 상승하게 되고, 따라서 산업의 성장기회와 기업의 배당수익률은 역의 관계를 갖는 경우가 많다. 반면에 성장가능성이 매우 큰 기업들은 높은 성장률을 뒷받침할 수 있는 자금이 필요하기 때문에 가능한 한 이익금 중에서 많은 부분을 기업 내에 유보하고 낮은 배당을 지급하는 것이 일반적이다.

도입단계

도입단계(development stage)의 초기에는 사업체를 제대로 운영하기 위한 기초자금(start-up money 또는 seed money)이 필요하다. 일반적으로 이 단계에 있는 기업의 유가증권들은 상당히 위험한 것으로 간주되고 있는데, 그 이유는 수많은 창업회사들이 출발한 지 얼마 안 되어 곧 실패해버리기 때문이다. 보통 기초자금은 사업을 처음 시작한 사람들이 직접 출자한 돈이다.

산업이 성장해 나갈수록 확장을 위한 추가자금이 필요하게 되는데, 이 과정에서 기업은 통상 **모험자본**(venture capital)을 구하려고 한다. 이때 필요 자금은 때때로 내부에서 조달되기도 하지만 흔히 사모(private placement), 즉 상당한 재력가나 소규모 금융기관 또는 창업투자회사(venture capitalist)를 통해 조달하는 경우가 대부분이다.

그림 3-2 산업의 라이프사이클

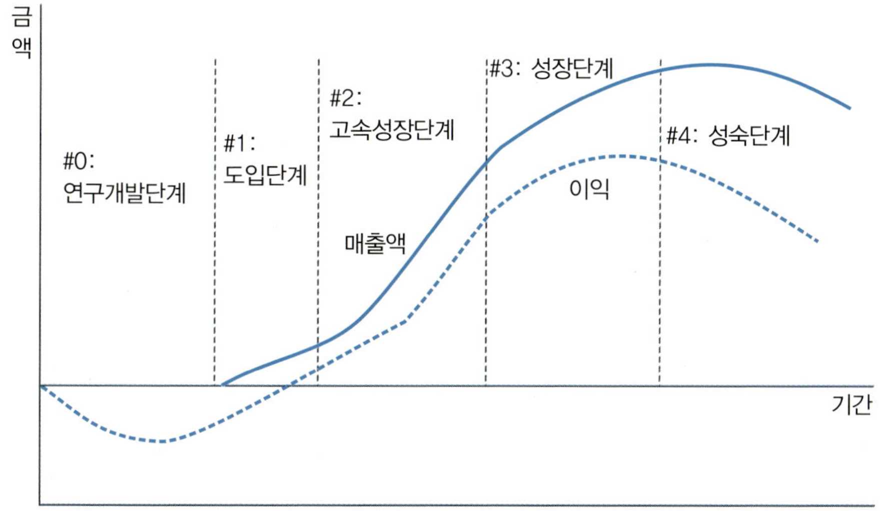

고속성장단계

산업이 어느 정도의 안정성을 찾게 되면 곧 고속성장단계(aggressive growth stage)로 접어들게 되고 **기업공개**(initial public offering: IPO)를 통해서 필요한 자금을 조달하게 된다. IPO를 실시하게 되면 기업의 소유권은 창업자 개인의 수중을 떠나게 되며 공개기업으로 재탄생하게 된다.

기업들은 IPO를 통해서 조달된 자본을 사용하여 사업의 영역을 확장하려는 모습을 보인다. 만일 기업의 이러한 노력이 성공적으로 이루어진다면 이익금은 급속도로 늘어나게 될 것이다. 이러한 이유로 증권의 가격은 상승하게 되고, 동시에 해당 기업의 **주가수익률**(price-earning ratio: PER)도 올라갈 것이다.

성장단계

고속성장단계를 거친 산업은 라이프사이클에서 어느 정도 안정적인 성장단계(growth stage)로 진입하게 된다. 이 단계에 접어든 산업에 포함한 기업들은 통상 연구개발(research and development: R&D)에 집중해서 경쟁력을 강화하려는 경향을 보인다.

이러한 경영전략으로 신규 상품을 개발하거나 새로운 생산방식을 창안하고, 다시 한 번 고속성장단계로 재진입하기도 한다. 어떤 경우에는 성장기업을 인수하는 전략을 택하여 다시 한 번 저돌적인 경영행태로 회귀하려고 하거나, 아니면 안정상태를 그냥 유지하면서 과거보다는 덜 공격적인 방식으로 기업을 경영하는 경우도 있다.

성숙단계

라이프사이클의 성숙단계(mature stage)에서는 기업의 상품이 시장에서 자리를 잡아가게 된다. 이 단계에 있는 산업은 완전히 새로운 제품을 생산하기보다는 기존의 제품을 개량한 '**신상품**(new and improved)'들을 출시하는 경향을 보인다. 매출액은 계속 늘어나 초과현금흐름을 발생시키고, 기업은 새로운 시장과 내부 경영의 효율화를 통하여 배당금을 증가시키게 된다. 이익성장률은 둔화되겠지만 절대액수로 따진 명목이익금은 기존보다 커진 성숙단계를 보일 가능성이 높다.

산업의 성숙단계에서는 이익성장률의 예측가능성이 높고 배당수익률(dividend yield: DY)도 높아진다. 기업에서는 이익금이 뒷받침되는 한 배당금을 증액시키고 성숙기업으로서 투자자들의 기대에 부응하려고 노력할 것이다. 성숙기업의 경우에는 상당한 정도의 안정성과 높은 배당수익률로 인하여 상대적으로 안정적인 수익을 원하는 투자자들에게 매력적인 기업이 될 것이다.

성숙단계에서는 기업의 경영진은 기업의 미래를 위한 장기적인 전략을 구상해야 할 필요를 느낄 것이다. 언젠가는 성장이 정체될 것이고, 미래의 수익성을 확보할 수 있는 새로운 산업을 구상해야 하기 때문이다. 경우에 따라서는 동종 산업 내에 있는 다른 기업들을 인수함으로써 시장점유율을 증가시키는 **성장매수전략**(buying growth strategy)을 구사할 수도 있다.

3.7 산업의 경쟁구조

산업의 경쟁구조에서는 5가지 요소, 즉 진입장벽, 기업간의 경쟁강도, 대체품의 위협, 수요자의 교섭력, 그리고 공급자의 교섭력을 중심으로 살펴보고자 한다. 이러한 형태의 경쟁구조 분석은 미국의 **포터**(M. E. Porter) 교수가 제시한 것으로 실무적으로도 많이 응용되고 있는 개념적인 틀이다.

그림 3-3 산업의 경쟁구조

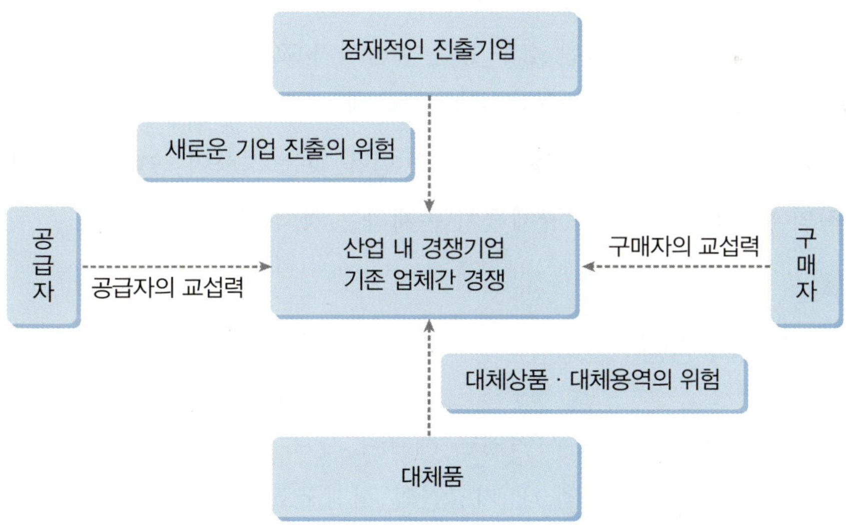

수요자와 공급자의 교섭력

특정 산업을 분석할 때 간과해서는 안되는 요소가 수요자의 교섭력에 대한 분석이다. 교섭력은 제품의 가격과 결제조건 등에 영향을 미치는 요인으로 산업의 안정성과 연결된다. 현대는 수요자의 시대라고 할 만큼 수요자들이 갑(甲)의 입장에서 교섭력을 행사하는 경우가 많다.

그 외에도 교섭력을 결정하는 요인들에는 대체재의 존재, 상품의 인지도, 수요자의 정보력 등이 영향을 미친다. 예를 들어 소수의 대형 유통업체와 다수의 상품공급자를 살펴보면, 유통업체들이 교섭력을 가지고 가격과 결제조건을 포함한 거래조건의 결정에서 우위를 점하는 경향을 보인다. 하지만 과거에 군소유통업체들이 난립했던 시기에는 제조업체들이 교섭력에서 우위를 보인적도 많다.

공급자의 교섭력은 수요자의 교섭력과 상반된 위치에 있다. 공급자가 교섭력을 갖는 경우는 공급자가 소수이면서 수요자는 다수인 경우, 공급하는 제품의 대체품이 별로 없는 경우, 공급자의 매출이 일부의 수요자에게 편중되지 않는 경우, 공급자의 기술력이 특정한 제품과 연결된 경우 등은 공급자가 교섭력을 갖는 경우 들이다.

예를 들어 독과점 업체들이 영업하는 분야에는 기업들이 교섭력 우위를 갖는 경향이 있으며, 가격 및 결제조건을 결정하는 힘을 갖는 경향이 높다. 물론 이 경우에는 독과점의 횡포를 막기 위한 규제들이 존재하는 것이 일반적이다.

산업 내 기업간의 경쟁

동종 산업 내에서 기업들 사이에는 제품의 가격, 질, 고객에 대한 서비스 등을 가지고 경쟁을 하고 있다. 산업 내 기업간의 경쟁구조는 ① 경쟁기업의 수와 규모, ② 산업의 성장률, ③ 고정비용과 과잉 생산능력, ④ 다양성의 정도, 그리고 ⑤ 철수비용의 정도에 따라 영향을 받는 것이 일반적이다.

산업 내에서 기업간의 경쟁은 경쟁기업의 수와 규모에 영향을 받는다. 산업 내에 경쟁기업의 수가 점점 많아져서 소위 자유경쟁에 이르게 되면 기업들이 얻을 수 있는 수익은 한정적일 수밖에 없다. 경쟁기업의 수가 적다 하더라도 기업의 규모가 서로 비슷한 경우에는 경쟁이 치열해질 수 있다. 이런 경우에는 시장점유율을 향한 쟁탈전이 발생할 가능성이 높기 때문이다.

산업의 성장률이 낮으면 일반적으로 기존 기업들간에 경쟁이 심해지는 경향을 나타낸다. 산업의 성장률이 낮으면 제한된 시장규모 안에서 경쟁해야 하기 때문이다. 반면에 산업의 성장률이 높으면 기존 기업들 사이의 경쟁은 완화된다. 산업의 성장률이 기업간의 경쟁을 다소 흡수하기 때문이다.

산업의 성격이 높은 고정비용을 필요로 하거나, 산업 전반에 과잉 생산능력이 있는 경우에는 기존 기업들 사이에 경쟁을 심화시킬 것이다. 높은 고정비용이 있는 경우에는 단위당 고정비용을 낮추기 위해서 대규모의 매출이 필요하기 때문이다. 뿐만 아니라 과잉 생산능력이 있는 경우에도 가격전쟁이 일어날 가능성이 높다.

산업 내에서 제품의 다양성의 정도도 기업들 사이의 경쟁에 영향을 미친다. 제품의 다양성이 떨어지면, 경쟁은 기존의 상태를 유지하는 것이 될 가능성이 많다. 즉 작년의 경쟁양상을 올해도 이어갈 가능성이 높아서, 상대적으로 안정적인 상태를 유지할 것이다. 하지만 기업 중에서 새로운 제품이나 서비스를 도입하는 다양성을 시도하면, 새로운 경쟁상태로 전환되는 양상을 나타낼 것이다.

진입장벽과 경쟁

진입장벽은 잠재적으로 진입이 예상되는 기업들의 존재와 그것들의 진입 가능성에 관한 문제이다. 기존 기업 입장에서는 그들이 속한 산업에 진입장벽이 높으면, 높은 수익성을 지속적으로 유지할 가능성이 크다. 따라서 진입장벽이 높은 산업에 대해서는 시장의 위협이 상대적으로 작다.

신규 진입에 따른 진입장벽을 결정짓는 요소로는 ① 규모의 경제, ② 제품 차별화 정도, ③ 투자자본의 규모, ④ 교체비용의 부담, ⑤ 유통경로에의 접근성, ⑥ 추가적인 비용장벽, 그리고 ⑦ 정부정책 등을 들 수 있다.

규모의 경제는 경제적인 요인에 의해 발생하는 자연적인 진입장벽을 의미한다. 규모의 경제는 규모가 커짐에 따라 단위당 비용이 감소하는 성격을 말하는데, 작은 규모로는 경쟁력을 확보할 수 없기 때문에 진입이 어려워지는 효과가 있는 것이다. 규모의 경제가 작용하는 산업에는 대규모 자본과 설비가 필요한 자동차, 철강, 정유 및 석유화학 산업 등을 생각해 볼 수 있다.

제품 차별화의 정도도 진입장벽으로 작용할 수 있다. 제품 차별화는 기술이나 디자인 등에 따라 자연적인 차별화가 작용하는 경우도 있고, 특허권과 같은 지적재산권에 의해 제품 차별화가 작용하는 경우도 있다. 투자자본의 규모가 큰 경우에도 신규 진입을 억제하는 효과가 있다. 앞에서 규모의 경제와 비슷한 개념인데, 단위당 규모가 큰 경우에는 쉽게 진입하지 못하는 효과가 있는 것은 물론이다.

교체비용이 크거나 유통경로가 복잡한 경우도 진입장벽이 될 수 있다. 복잡한 유통경로를 갖는 경우에는 유통경로에의 접근 자체가 어려울 수 있기 때문이다. 새로 진입하려는 기업도 어떤 형태든 판매망을 확보해야 하는데, 기존의 판매망에 편입되기 어렵거나, 새로운 판매망을 구축해야 한다면 상당한 자금과 비용이 동반될 것이다.

추가비용의 장벽이나 정부정책도 진입장벽으로 작용하는 경우가 많다. 추가비용은 기존 업체들이 원가우위를 점유할 가능성을 의미한다. 또한 정부는 산업정책적 차원 혹은 기타의 이유로 진입장벽을 설치하는 경우가 있다, 담배제조와 같은 경우는 정부가 세금징수를 위하여 독과점으로 운영하는 경우이다. 그 외에도 정부는 과당경쟁이 산업의 건전한 발전에 저해된다고 판단하는 경우에 인허가 등을 통하여 진입장벽을 설치하는 경우도 있다.

대체품의 위협

대체품의 존재도 잠재적인 위협이 될 수 있다. 대체품의 출현은 기존 산업에 있어서 가격상승을 제한하는 효과가 있다. 수요자들은 제품의 질에 큰 문제가 없다면 가격이 낮은 대체품으로 선택을 바꿀 가능성이 있기 때문이다.

경우에 따라서는 대체품이 기존의 제품을 위협하는 경우도 종종 나타난다. 식물성 원료인 마가린은 원래 버터의 대체품이었으나 건강의 중요성이 강조되면서 버터를 시장에서 축출하는 역할을 하게 되었다. 근래에는 유통시장에서 인터넷을 이용한 쇼핑몰 등이 기존의 유통업체들을 상당히 대체하는 역량을 나타내고 있다. 대체품의 위협은 가격, 기술, 그리고 효용성 측면을 주요 요소로 분석해야 할 것이다.

3.8 산업요소와 대외요인

대외요인도 산업의 성패에 상당한 영향을 미칠 수 있다. 세계화가 진전되면서 대외요인의 중요성은 더욱 강화되는 양상이다. 자유무역협정(FTA) 같은 대외적인 요소들이 산업에 큰 영향을 미칠 가능성은 농후하다.

대외요인의 중요성

우리나라 경제는 대외의존도가 높다. 그리고 특정 산업이 수입이나 수출과 연관된 경우와 내수 위주의 산업과는 여러 차원에서 다른 특성을 갖는 경우가 많다. 우리나라의 경우 내수산업은 상당한 어려움을 겪고 있는데도, 수출산업은 나름의 활황을 경험하는 경우가 종종 나타나곤 한다.

우리나라는 세계적인 차원에서 볼 때 작은 규모이다. 여기서 작은 규모의 의미는 경제적인 차원에서 어떤 결정력이 있는 행위를 할 수 없다는 의미이다. 작은 규모와 큰 규모를 비교하기를 원한다면, 미국 혹은 중국과 다른 나라들의 관계를 설펴보면 알 수 있다. 경제적 의미에서 세계시장의 가격형성에 영향을 미치는 국가는 미국이나 중국 밖에 없다고 할 수 있다. 작은 규모는 세계경제에 영향을 미치는 부분보다는 영향을 받는 부분이 크다는 의미이다.

기업의 경우도 마찬가지이다. 세계시장은 매우 크기 때문에 아주 특이한 경우를 제외하면 어떤 특정 기업이 독과점적 지위를 갖는 것은 힘들다. 세계시장에는 상당히 많은 기업들이 수요와 공급에 참여하는 것이 일반적이다. 세계시장에서 수요와 공급에 참여하는 기업들이 많다는 것은 특정 기업의 입장에서는 세계시장의 가격을 주어진 조건으로 받아들여야 한다는 말이다.

우리나라 기업들은 대외여건의 변화에 민감한 기업들이 상당히 많다. 좀 더 엄격히 말하면 우리나라는 원자재의 대부분을 수입에 의존하고 있기 때문에 대외여건의 변화에 영향받지 않는 기업이 드물다고 할 수 있을 정도이다.

대외요인 중에서 가장 중요한 두 가지 요인은 가격과 환율이다. 수출입품들의 가격은 통상 U$ 가격으로 표시되는데, 세계시장의 수급불안 가능성이 높은 경우에는 가격의 변동성에 특히 주의해야 한다. 또한 환율도 가격 혹은 경쟁력과 매우 밀접한 관계를 갖는 변수이다. 이러한 변수들의 영향에 대해서는 아래에서 좀 더 다루기로 하자.

수입과 수출

대외여건이 산업에 미치는 영향은 수입을 주로 하는 부문인지 수출을 위주로 하는 부문인지에 따라 다른 양상을 나타낼 것이다. 우리나라는 원자재 수입국이다. 원자재를 수입에 의존하기 때문에 국제 원자재 가격의 등락에 민감한 영향을 받는다. 대표적인 예가 정유산업의 경우이다.

정유산업에서 가장 높은 원가비중을 차지하는 것은 물론 원유가격이다. 원유가격은 늘 변동하는데, 특히 원유가격의 변동이 심한 경우에는 해당 산업에 종사하는 기업들은 심각한 위험에 노출될 가능성이 있다. 이제까지는 정유산업의 경우에 원유가격의 변동이 제품가격에 반영되었기 때문에 해당 산업에 속하는 기업들의 수익성이나 위험에 큰 문제는 없었다.

하지만 만약 원자재의 가격변화를 제품가격에 반영할 수 없거나, 제품가격에 반영하는 경우에도 그에 따라 수요가 급격히 변동한다면 해당 산업의 기업들은 심각한 위기에 처할 수도 있는 것이다. 국제 원자재 가격은 상당 기간 동안 안정적인 수준을 유지하여 왔으나, 세계경제의 급격한 변동에 따라 안정성을 잃을 가능성이 얼마든지 있다.

수출산업의 경우에는 세계적인 경기상황과 가격경쟁력이 중요한 변수들이다. 세계적인 경기가 호황국면에 있다면, 우리나라 수출에 대한 수요가 좋을 것이기 때문에 수출을 위주로 하는 산업의 경우에는 기회가 될 수 있다. 반면에 세계적으로 경기가 위축되거나, 자국 산업을 보호하려는 경향이 강해지면 수출은 위축될 것이다.

세계시장은 앞에서 설명한 바와 같이 넓고 크다. 그리고 세계화가 진전되면서 거래와 진입을 제한하는 특별한 규제는 줄어들고 있다. 그러한 시장에서는 가격이 경쟁력의 핵심적인 요건이다. 중국의 수출품이 세계시장에서 범람하는 이유는 바로 가격경쟁력 때문인 것이다. 가격경쟁력에는 환율도 중요한 역할을 한다.

원자재 가격과 환율

세계시장에서 원자재 가격의 등락은 두 가지 측면을 동시에 보유하고 있다. 하나는 원자재의 수요와 공급의 영향이며, 다른 하나는 달러화 가치의 등락이다. 원자재는 특성상 공급의 변화가 별로 없다. 그러므로 가격의 변화는 주로 수요의 변화에 기인한다고 볼 수 있다. 원자재 수요는 각국의 경기상황에 따라 달라지게 된다. 경기가 위축되면 가격이 하락할 것이고, 경기가 활성화되면 가격은 상승할 것이다. 특히 미국이나 중국과 같은 큰 나라들의 경기는 국제 원자재 가격에 미치는 영향이 크다.

환율은 국제시장에서 가격에 영향을 미치는 중요한 요소이다. 우리나라의 경우 환율은 주로 미국의 달러와 연결된 비율을 말하는데 수입품과 수출품의 가격에 결정적인 영향을 미친다. 환율의 상승(즉 원화의 평가절하)은 수출품의 달러 가격을 낮출 수 있으므로 수출품의 가격경쟁력을 향상시키는 효과가 있다. 동시에 수입품의 원화 가격을 상승시켜서 국내의 소비자 물가를 상승시키는 효과가 있다.

환율은 수출입 품목 이외에도 다양한 측면에서 국민경제에 영향을 미친다. 외화표시 자산과 부채의 가치에도 직접적인 영향을 미치는데, 그 규모가 크고 영향력이 즉각적으로 파급되는 효과가 있기 때문에 주시하여야 할 변수이다. 특히 우리나라의 기업들의 경우에는 말할 필요가 없을 것이다.

3.9 산업전망 및 정부정책

산업에 대한 장단기 전망은 산업분석에서 가장 중요하게 취급될 필요가 있다. 산업전망에서는 산업의 미래 성장성과 수익성을 분석해야 하는데, 그것의 핵심은 수요와 공급에 대한 분석일 것이다. 산업전망은 직접적인 시장조사를 통해서도 가능하며, 협회나 연구기관 등의 예측자료를 이용할 수도 있다. 주의할 것은 특정 기관의 자료에 지나치게 의존하는 것은 바람직하지 않다는 점이다.

산업전망 분석에서는 기존의 산업구조에 변화를 유발하는 요인을 관찰해야 한다. 해당 산업에 핵심적인 기술이 변화하는 방향이나 수준 등을 살펴보아야 한다. 현대와 같이 기술이 경쟁력을 결정하는 중요한 요인이 되는 경우에는, 기술의 변화는 산업의 방향을 결정짓는 요인이 될 가능성이 높은 것이다.

정부의 정책은 해당 산업의 진입장벽, 경쟁구조, 그리고 위험과 수익성 등에 광범위한 영향을 미친다. 특히 근래에는 세계적으로 환경 관련 규제들이 강화되고 있는 추세이므로, 각 산업은 환경정책과 연관된 부분을 면밀히 검토할 필요가 있다. 정부정책에 대한 검토는 우리나라의 정책에만 국한되는 말은 아니다. 우리나라 기업 중에서는 수출을 위주로 하는 기업들도 많이 있는데, 그런 기업이나 산업의 경우에는 세계시장이나 수출 대상 국가들의 정부정책도 검토되어야 할 것이다.

정부정책은 규제와 지원의 두 가지 측면에서 바라볼 수 있다. 많은 경우 정부는 규제를 중심으로 정책을 입안하는 경우가 많으나, 국내 산업이 취약하지만 육성의 필요성이 있는 경우에는 지원정책을 실행하기도 한다. 예를 들면 세계적으로 농업부문에 대한 지원은 각국 정부의 기본적인 정책이 되고 있다.

3.10 요약 및 정리

산업동향은 기업의 장기적 수익성과 위험에 중요한 영향을 미친다. 기업의 차원에서 본다면 산업은 기업을 둘러싸고 있는 가장 근거리의 환경으로서 산업환경은 기업의 성과에 직간접적으로 영향을 미친다. 산업과 기업의 관계는 강물과 그 위에 떠 있는 배와 같다고 생각해 볼 수 있다.

한 나라의 산업구조는 경제가 발전함에 따라 지속적으로 변하는 동태성을 지닌다. 체계적인 변화의 법칙으로는 경제발전에 따라 산업구조가 1차 산업에서 2차 산업으로, 그리고 다시 3차 산업으로 변한다는 클라크(Clark)법칙, 그리고 2차 산업 내에서 소비재 부문보다 생산재 부문의 비중이 높아진다는 호프만(Hoffman)의 법칙 등이 있다.

산업구조 변화는 경쟁력을 결정하는 요소들이 어떻게 변화하느냐에 따라 달라질 것이다. 고부가가치산업에서는 상대적으로 고급요소의 중요도가 강조되고, 저부가가치산업에서는 상대적으로 단순요소의 중요성이 높아질 것이다. 경제발전 초기에는 상대적으로 단순요소의 경쟁력이 중요한 경쟁력 창출요인이 될 것이다. 고급요소의 경쟁력은 경제가 발전함에 따라 꾸준히 상승할 것이다.

우리나라 산업의 경쟁력 수준도 상당한 변화를 경험하고 있다. 우리나라 산업의 기술력이나 브랜드 이미지 등 품질 차원의 경쟁력은 지속적으로 향상되고 있다. 또한 생산 측면에서 오랜 경험으로 주요 산업에서 생산기술을 축적하고 있다는 것도 장점이다. 하지만 앞으로 개선되어야 할 부분도 많이 있다. 그중의 하나가 완제품 위주의 생산체제이다.

우리나라의 미래 산업발전은 기존의 우수한 전통적 산업들의 역량을 지키면서, 새로운 산업의 경쟁력을 확보해야 하는 구조적 문제를 해결해야 한다. 이를 위해서는 우선 신기술산업의 비중을 확대하면서 전통산업과 신기술산업의 산업간 구조 고도화를 달성해야 한다.

지식기반 서비스산업은 산업의 수명주기로 볼 때 도입단계 내지는 성장기의 초기단계에 위치하기 때문에, 빠른 성장과 동시에 다양한 불확실성이 동시에 존재한다. 서비스산업의 특징 중의 하나는 소비시장과의 접근이 중요한 요소인데, 해외 투자와 현지화를 통한 시장의 접근이 필요할 것으로 생각된다.

산업의 경쟁구조에서는 5가지 요소, 즉 진입장벽, 기업간의 경쟁강도, 대체품의 위협, 수요자의 교섭력, 그리고 공급자의 교섭력을 중심으로 실무적으로도 많이 응용되고 있는 개념적인 틀이다. 산업에 따라 기업의 성패를 결정짓는 요인들이 상당히 다를 수 있다. 우리나라 경제는 대외의존도가 높다. 그리고 특정 산업이 수입이나 수출과 연관된 경우와 내수 위주의 산업과는 여러 차원에서 다른 특성을 갖는 경우가 많다.

산업전망에서는 산업의 미래 성장성과 수익성을 분석해야 하는데, 그것의 핵심은 수요와 공급에 대한 분석일 것이다. 산업전망 분석에서는 기존의 산업구조에 변화를 유발하는 요인을 관찰해야 한다. 정부의 정책은 해당 산업의 진입장벽, 경쟁구조, 그리고 위험과 수익성 등에 광범위한 영향을 미친다. 그러므로 대외 환경의 변화뿐만 아니라 정부정책도 주의해서 살펴보아야 한다.

연습문제

1. 기업분석에서 차지하는 산업분석의 위치를 경제분석과 더불어 설명하시오.
2. 산업분석에서 산업의 적정한 분류는 중요한 의미를 갖는다. 산업분류에 대해서 설명하시오.
3. 산업구조의 변화는 경쟁력을 결정하는 요소들의 변화에 따라 달라질 것이다. 경제발전과 경쟁요소들의 변화를 설명하시오.
4. 우리나라의 미래의 산업발전에 대해 토론하시오.
5. 지식기반 서비스산업과 우리나라의 선진국화의 관계를 설명해 보시오.
6. 산업분석에서 수요와 공급분석에 대해 설명하시오.
7. 경기와 산업의 연관 정도를 반응시차와 방향을 가지고 설명하시오.
8. 산업의 라이프사이클을 도입기, 고속성장기, 성장기, 그리고 성숙기의 네 단계로 나누어 분석하고 설명하시오.
9. 산업의 경쟁구조를 포터 교수의 5가지 요소를 가지고 설명하시오.
10. 산업의 진입장벽과 경쟁이 기업의 경쟁력에 미치는 영향을 설명하시오.
11. 산업 내 기업간의 경쟁구조를 설명하시오.
12. 우리나라의 경우에 산업의 경쟁력이 대외요인에 큰 영향을 받는다. 대외요인 중에서 가장 중요한 요인인 가격과 환율의 영향을 설명하시오.

제2편

재무분석과 응용

제 4 장

회계자료의 이해

회계자료는 경영분석을 위한 기본 자료이다. 회계자료는 기업의 활동을 화폐단위로 수집하여 기록한 보고서이며, 기업의 경영성과나 재무상태를 표현하는 중요한 자료이다. 기업의 경영을 평가하는 경우에 회계자료를 이용하는 것은 일반인뿐만 아니라 전문가들에게도 필수적이다.

회계자료는 기업의 언어이다. 기업의 언어인 회계자료는 그것에 대한 적절한 이해가 선행되어야 올바로 이용할 수 있다. 회계자료는 일정한 원칙과 기준에 의해 작성된다. 회계자료를 제대로 이용하기 위해서는 회계자료가 작성되는 원칙과 기준에 대한 이해가 필요하다. 본 장은 회계자료의 올바른 이용을 위한 안내자의 역할을 하고자 한다.

4.1 회계자료의 의의

경영분석에서 회계자료를 적절히 이해하고 이용하는 것은 필수적인 과정이다. 그러므로 본 장에서는 회계자료를 이용하기 위한 기초 지식을 설명하고자 한다. 경외부이용자들이 경영분석을 위해 주로 이용하는 것은 재무회계자료이다. 재무회계자료는 작성과 공시에 관하여 일정한 규칙을 따라야 하는데, 그 이유는 주로 외부이용자를 보호하기 위한 조치이다. 만일 일정한 규칙이 없다면 기업은 정보를 자신들의 뜻대로 작성하여 외부이용자에게 혼선을 줄 가능성이 있기 때문이다. 즉 재무회계자료는 일정한 규칙인 기업회계기준에 따라 작성되어야 하며, 독립적인 외부감사인의 회계감사를 받아서 신뢰성을 확보해야 한다.

4.2 회계자료의 성격과 작성원칙

회계자료의 성격

회계자료의 작성 목적은 의사결정에 유용한 정보(decision usefulness)를 제공하는 것이다. 유용한 회계정보는 기업의 자원과 그 자원에 대한 청구권 및 이들의 변동에 관한 정보를 제공해야 한다. 유용한 회계정보는 다음의 세 가지 속성을 평가하는 정보를 제공해야 한다.

첫째, 회계자료는 기업의 **재무상태**의 건전성을 평가하는 데 유용해야 한다. 재무상태의 건전성은 유동성과 지급능력을 중심으로 평가된다. 그러므로 회계자료는 기업의 유동성과 지급능력에 대한 정보를 제공해야 한다는 의미이다. 여기서 유동성은 자산의 현금화 가능성을 말하며, 지급능력은 부채에 대한 대응능력을 말한다.

둘째, 회계자료는 기업의 **경영성과**에 대한 정보를 제공해야 한다. 기업은 금전적인 이익을 목적으로 하고 있으며, 기업의 경영성과인 이익창출능력은 기업 존재의 기본이 된다. 특히 현대의 경영분석은 경영성과인 이익창출능력을 중시하는 경향이다. 현대기업에 있어서 재무건전성과 경영성과는 경영의 핵심적인 두 축이라고 말할 수 있다.

셋째, 회계자료는 경영자의 **경영정책**에 관한 정보를 제공해야 한다. 현대의 경영은 전문경영자에 의해서 이루어지는 경우가 많은데, 회계자료는 기업이 보유한 자원의 규모와 그 변동을 통해서 경영자의 의사결정인 경영정책에 대한 정보를 제공해야 한다.

회계자료는 유용한 회계정보를 제공하기 위해서 목적적합성(relevance)과 신뢰성(reliability)이라는 두 가지 성격을 보유해야 한다. 목적적합성이란 회계정보가 의사결정에 적합해야 함을 의미한다. 회계정보가 적합하다는 말은 의사결정과 관련되어 영향력 있는 정보를 제공한다는 말이다. 즉 회계자료가 과거의 결과를 확인하고 수정하는 데 유용한 정보(피드백 가치), 시의적절한 정보(적시성), 그리고 미래를 예측하는 데 도움을 주는 정보(예측가치)를 제공해야 한다는 의미이다.

신뢰성이란 정보가 객관적이고 믿을 만한 것이어야 한다는 의미이다. 신뢰성을 확보하기 위해서는 회계자료가 사실에 충실한 표현을 하는 정보(표현충실성), 검증할 수 있는 객관적인 증거가 있는 정보(검증가능성), 그리고 특정인 혹은 특정 기업에게 유리하거나 불리하도록 작성되지 않은 정보(중립성)를 제공해야 한다는 의미이다.

회계자료를 기록하는 과정에서 목적적합성과 신뢰성 사이에 상충관계가 발생할 수 있다. 예를 들어 기업이 보유하고 있는 비유동자산의 가치를 취득원가(acquisition cost)로 기록할 것이냐, 아니면 현재의 시장가격(market price)으로 기록할 것이냐를

그림 4-1

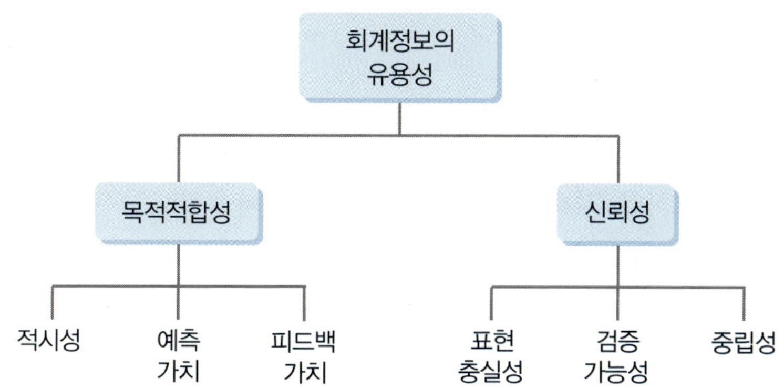

생각해 보자.

취득원가로 기록하면 취득 당시의 가격이 객관적으로 증명될 수 있다. 하지만 거래가 발생하지 않은 상태에서 현재의 시장가치로 기록하려 한다면 모두가 수긍할 수 있는 객관성은 떨어지게 된다. 즉 목적적합성을 위해서는 시장가치로 평가할 필요가 있지만, 신뢰성 측면에서는 취득원가가 우수하다.

다시 말하면, 취득원가에 의하면 정보의 신뢰성은 높지만 정보의 적합성은 떨어지게 되는데, 회계자료는 객관적인 신뢰성을 중시하기 때문에 취득원가로 기록한다. 이렇게 회계자료는 신뢰성과 적합성이 상충되는 경우에는 객관적인 정보의 신뢰성을 중요시하는 경향이 있다.

추가적으로 회계자료에 요구되는 질적 특성에는 비교가능성(comparability)이 있다. 비교가능성이란 유사점과 차이점을 구별할 수 있는 정보의 속성을 말한다. 즉 회계정보는 기간별 혹은 기업간 비교가 가능하도록 일관성(consistency)을 유지할 것을 요구한다.

회계자료의 비교가능성을 높일 수 있는 방법은 모든 기업이 동일한 회계처리방식을 사용하는 것이지만, 업종의 특성과 거래의 다양성이 희생될 수도 있다. 비교가능성은 중요하기는 하지만, 그것이 너무 엄격히 적용되면 득보다 실이 더 클 수 있기 때문에 비교가능성을 강조하기 위해서 단순한 획일성을 요구할 수는 없다.

회계자료의 작성 원칙

회계자료는 위에서 언급한 신뢰성, 목적적합성, 그리고 비교가능성 등을 확보하기 위해서 회계원칙을 정하고 있다. 일반적으로 회계자료들은 다음의 회계원칙(accounting principles)들에 의하여 작성된다. 회계원칙들은 기업회계기준의 기본원리로서 구체화된다.

발생주의: 발생주의 원칙은 발생한 시점을 기준으로 수익과 비용을 인식한다. 예를 들어 상품을 판매하는 경우에 판매한 시점에서 거래가 성사되었고 상품의 소유권이 이전되었으므로, 수익창출의 조건이 완성됐다고 인식해서 그 시점에서 수익의 발생을 기록하는 것이다. 비록 판매가 외상으로 이루어졌다 하더라도, 즉 현금의 수취가 없다고 하더라도, 발생주의 회계에 따라 수익은 기록되는 것이다.

재무제표가 발생주의 회계방법에 의해 작성되는 것은 기업이 기간별 회계자료를 보고해야 한다는 점과 연결된다. 정기적으로 회계보고를 하기 위해서는 기간별로 재무상태와 경영성과를 보고하여야 하는데, 기간별 성과를 잘 나타내는 것이 현금주의보다는 발생주의 회계라는 인식이다.

발생주의의 채택은 물론 기업의 재무상태나 경영성과를 적절히 나타내고자 하는 노력의 일환이지만, 발생주의에 의해서 회계처리가 복잡해지고, 경우에 따라서는 회계처리의 임의성이나 조작가능성에 대한 폐단이 생길 가능성도 있다. 발생주의 회계의 성격은 3가지로 요약된다.

첫째, 수익과 비용을 발생(accrual)한 시점에서 인식한다. 수익과 비용의 발생은 현금의 유출입과 일치할 필요는 없다. 예를 들어 사과장수가 10만원의 매출을 올리고 그중에서 7만원을 현금으로 받고 나머지 3만원은 외상이라 하더라도 전체 매출액은 7만원이 아닌 10만원으로 인식하는 것이다. 또한 5만원의 이자를 받을 기한이 되었으면 비록 받지 못했다 하더라도, 이자를 받기 위한 수익창출 행위는 완결된 것이므로, 수익으로 인식하는 것이다.

둘째, 수익과 비용을 발생시키는 행위가 없으면 현금의 유출입이 있다 하더라도 수익과 비용의 인식은 수익창출의 시점으로 이연(deferral)시킨다. 예를 들어 앞으로 1년 동안의 건물임대료를 현금으로 미리 받은 경우에 그것을 수익으로 인식하지 않는다. 회계적으로는 부채의 성격을 가진 선수수익으로 인식했다가 1년이 경과한 시점, 즉 수익창출이 완성된 시점에서 임대료수익을 인식하는 것이다.

셋째, 자산을 구입하였을 때 비용으로 처리하지 않고 자산의 사용기간과 비례하여 비용을 배분(allocation)한다. 예를 들어 기계장치를 1억에 구입하여 5년간 사용한다면, 구입하는 시점에서 1억에 대하여 비용으로 인식하는 것이 아니라 앞으로 5년간 매년 2천만원을 비용을 배분하여 처리하는 것이다. 왜냐하면 기계는 5년 동안에 걸쳐서 수익창출에 사용됨으로, 비용을 해당 기간 동안에 비례적으로 배분하는 것이 발생주의 회계이다.

역사적 원가주의: 기업의 자산과 부채는 역사적 원가로 기록한다. 그리고 그것들을 보유하고 있는 동안에는 감가상각도 취득원가를 기준으로 평가하고 기록하는 것이다. 예를 들어 2000년 1월에 1억에 구입한 토지는 현재의 시장가격과는 상관없이 구입가격으로 기록되어야 한다. 역사적 원가주의에 의한 자산 가격은 현재의 시장가격과 차이가 있을 수 있지만, 객관적인 신뢰성을 중시하기 때문에 역사적 원가주의를 채택하는 것이다.

경영정보의 유용성이라는 측면에서 보면 자산이나 부채의 가격이 시장가격으로 기록된다면 훨씬 가치 있는 정보가 될 것이다. 그런데 회계자료는 왜 역사적 원가주의를 채택하여 정보가치를 떨어뜨리는 것일까. 회계자료의 바람직한 성격으로는 정보의 적합성과 신뢰성이라는 두 가지 측면이 있는데, 재무회계에서는 정보의 적합성과 신뢰성이 서로 상충하는 경우에는 신뢰성을 중시하는 경향이 있기 때문이다.

수익과 비용의 대응: 수익과 비용의 대응원칙은 수익을 창출하는 데 지출된 비용은 수익에 대응하여 동일 회계기간에 인식함을 뜻한다. 예를 들어 상품을 매출한 경우에 그에 해당하는 상품매출원가를 직접적인 비용으로 인식한다는 것이다. 어떤 자동차회사가 5년 동안의 무상보증서비스를 제공하는 경우에, 5년 동안의 무상보증서비스 비용을 자동차의 매출이 발생한 시점에서 인식하는 것을 의미한다. 왜냐하면 무상보증서비스는 자동차의 판매에 따라서 발생한 것이고, 그에 따르는 비용은 판매가 발생한 연도에 인식하는 것이다. 그런데 여기서는 미래에 발생할 것으로 예

상되는 무상보증서비스 비용을 추정하는 문제가 대두될 가능성이 있다.

4.3 IFRS와 재무제표

기업회계기준

기업회계기준은 회계자료가 기업의 정보를 왜곡하지 않도록 일정한 기준을 정한 것으로, 기업은 재무제표를 작성함에 있어 기업회계기준을 준수할 의무를 갖는다. IFRS, 즉 기업회계기준은 회계원칙을 구현하는 구체적인 회계처리방법을 규정한 지침이라고 할 수 있다.

기업회계기준은 기업의 경제적 활동을 적절히 표시하도록 제정되었다. 하지만 회계원칙이 나름의 한계를 갖는 것처럼 회계기준도 나름의 한계를 가지고 있다. 다시 말하면 회계기준은 완벽한 것이 아니기 때문에 재무제표를 이용하는 입장에서는 그것을 이해하고 목적에 맞게 분석할 수 있어야 한다.

우리나라는 2011년부터 IFRS를 기업회계기준으로 사용하고 있다. 특히 상장기업들은 IFRS를 기준으로 재무제표를 작성하여 공시하여야 한다. IFRS를 우리나라 기업회계기준으로 채택한 것은 국제적으로 통일된 회계처리기준을 적용한다는 의미가 크다. 세계화 시대에 회계처리기준도 단일화되는 추세인데, IFRS는 주요국을 포함한 100여 개 국가에서 적용하는 회계기준이다.

과거 우리나라는 일반회계원칙(GAAP: Generally Accepted Accounting Principles)에 따른 회계기준을 채택하고 있었다. 즉 GAAP 회계기준이 IFRS 회계기준으로 전환된 것이다. IFRS 회계기준은 세계 많은 국가들이 사용하는 회계기준이기 때문에 우리나라도 채택하여 사용하는 것인데, 한 가지 주목할 점은 미국은 아직도 GAAP 회계기준을 사용하고 있다는 점이다. 즉 미국 기업들의 회계기준은 우리가 사용하는 회계기준과 약간 차이가 있다는 점을 알아야 한다. IFRS와 GAAP는 회계원칙을 지키려 한다는 점에서는 차이가 없고, 회계원칙을 구체적으로 표현하는데 약간의 차이가 있다고 볼 수 있다.

IFRS의 특징

IFRS는 기존의 회계기준(GAAP)과 다음과 같은 측면에서 차이가 있다. 첫째, IFRS에서는 개별재무제표 중심에서 **연결재무제표** 중심으로 공시체계가 바뀌었다. 즉 IFRS에서는 상장기업의 주된 재무제표로서 연결재무제표가 사용된다는 말이다. 연결재무제표는 법적인 독립성과 관계없이 실질적인 지배와 종속관계에 있는 회사들을 하나의 경제실체로 보고 연결재무제표를 작성하는 것이다.

연결재무제표는 지배회사와 종속회사 간의 내부거래를 제거한 후 각각의 개별재무제표를 결합하여 만들어진다. 그러므로 연결재무제표는 지배회사와 종속회사를 포함한 전체의 자산, 부채, 자본, 수익, 비용 등을 총액으로 기록한다. 연결재무제표를 작성하는 이유는 그것이 기업의 외부 투자자들에게 기업의 경영성과와 재무상태를 잘 나타낸다고 여겨지기 때문이다.

둘째, IFRS의 성격은 경제적 실질에 따라 합리적으로 회계처리를 할 수 있도록, 기업에게 **회계처리방법을 선택**할 수 있도록 하였다. IFRS는 기존의 회계기준이 구체적인 회계처리방법과 절차를 상세하게 규정하고 있는데 비해서, 회계처리의 기본원칙을 제시하고 기업이 합리적으로 적절히 선택할 수 있는 여지를 둔 것이다. IFRS는 경제적 실질을 중시하여 기업의 특성에 따른 회계처리방법을 선택할 것을 제시한다.

셋째, IFRS는 **재무제표**를 재무상태표, 포괄손익계산서, 자본변동표, 현금흐름표, 그리고 주석으로 정의한다. 재무상태표는 기존의 대차대조표와 거의 유사한데, 자산, 부채 및 자본 항목을 구분하여 분류하는 것이 특징이다. 포괄손익계산서는 기존의 손익계산서에서 기타포괄손익을 구분하여 표시하는 것이 차이점이다. 기존의 이익잉여금처분계산서는 재무제표에 포함되지 않았는데, 그 내용은 주석에 포함되게 되었다.

재무제표의 종류

IFRS에서의 재무제표는 **재무상태표**, **포괄손익계산서**, **자본변동표**, **현금흐름표**, 그리고 **주석**의 5종류로 구성된다. 재무상태표는 종전의 대차대조표가 명칭이 바뀐 것인데, 항목들의 표시 및 분류 방법도 약간 바뀌었다. 재무상태표는 왼쪽에 자산을, 그리고 오른쪽에는 부채와 자본을 회계기간 말을 기준으로 작성한 것이다.

포괄손익계산서는 기존의 손익계산서에 기타포괄손익을 분리하여 작성한 것이다. 기존의 손익계산서는 최종 결과가 당기순이익이었는데, 포괄손익계산서는 해당 기간에 발생한 것을 기준으로 당기순이익을 계산하고, 유형자산의 재평가손익 등과 같은 항목들을 기타포괄손익으로 따로 분리한 것이다. 포괄손익계산서의 최종 결과는 포괄이익이라고 불린다.

현금흐름표는 회계기간 동안에 발생한 현금의 유입과 유출을 영업활동, 투자활동, 재무활동으로 분류하여 작성한 자료이다. 자본변동표는 기업의 소유지분인 자본의 변동을 보고한 재무자료이다. 주석도 재무제표에 포함되는데, 재무제표 본문의 내용을 보충 설명하는 부분이다.

4.4 재무상태표

재무상태표(statement of financial position)는 **일정 시점**에 있어서의 기업의 **재무상태**를 나타내는 재무제표이다. 즉 '2019년 12월 31일 현재'와 같이 어떤 일정 시점에 있어서의 기업의 재무상태를 자산, 부채 및 자본의 형태로 표시한 것이다. 여기서 나

그림 4-2 재무상태표

2019년 12월 31일 현재

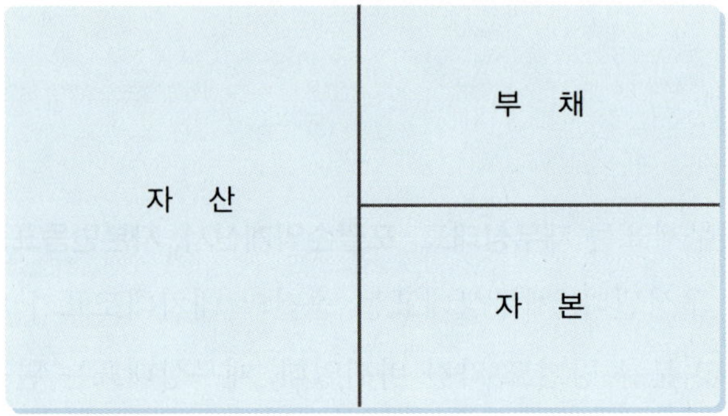

타나는 일정 시점은 통상 회계기간의 말 현재를 의미한다.

재무상태표의 왼쪽에는 기업이 가지고 있는 모든 자산(assets)을 나열한다. 자산은 기업이 경영활동을 하는데 필요한 자원이며 '자금의 사용'(use of funds)을 나타낸다. 기업은 보유한 자산을 사용하여 생산활동, 판매활동 등에 투여하고 가치를 창조하는 것이다. 대부분의 자산은 실체가 있으며 존재를 확인할 수 있다.

부채(debt)와 자본(equity)은 투자재원으로서 그 합계를 총자본이라고도 하는데, 자산을 구입하는데 사용된 '자금의 원천'(source of funds)으로서 통상 물리적 실체가 존재하는 것은 아니다. 부채와 자본은 투자에 사용된 자금의 조달형태를 나타내는 것이다. 다시 말하면 부채와 자본은 원인이고, 자산은 그것들을 사용한 결과인 것이다.

재무상태표는 전에는 대차대조표(Balance Sheet)라고 했는데 여기서 균형(혹은 balance)라는 말은 재무상태표의 왼쪽인 자산과 오른쪽인 부채와 자본의 합이 서로 균형을 이루는 것을 의미한다. 자금의 원천과 사용은 항상 같아야 하고, 그러므로 부채와 자본의 합계는 자산과 항상 일치하는 것이다. 이것이 재무상태표의 항등관계이다.

그림 4-3 자산, 부채, 그리고 자본의 정의

자 산	부 채	자 본
경영자원 미래의 경제적 이득	채권자 지분 미래의 경제적 희생	주주 지분 잔여지분(순자산)

총자산 = 총자본(부채 + 자본)

총자본 중에서 부채는 경제적인 의미에서 채권자의 지분(creditors' equity)이며, 자본은 주주들의 지분(shareholders' equity)이다. 또한 부채와 자본은 타인자본과 자기자본으로 불리기도 한다. 총자본 중에서 차지하는 부채와 자본의 구성은 투자재원의 조달형태를 나타내게 되는데, 결과적으로 기업의 자본구조를 보여준다.

부채는 기업이 채권자에게 갚아야 할 의무가 있는 금액이다. 그런 의미에서 부채는 기업에게 미래의 경제적 희생을 요구한다고도 말할 수 있다. 기업이 정해진 조건하에서 제때에 부채에 대한 원금과 이자를 갚지 못한다면, 그것이 기업의 부도이고 결국 파산에 이르게 되는 것이다.

자본은 주주들이 투자한 금액과, 기업의 경영성과 중에서 회사 내에 유보되어 있는 부분을 합한 것이다. 주주들은 기업에 대하여 최종적인 책임을 지며 기업성과의 최종적인 수혜자이기 때문에 자본은 궁극적으로 주주들의 몫이다. 자본은 부채와 달리 원금이나 이자를 상환할 의무가 없다.

자본의 출자자인 주주는 기업과 운명을 같이 한다. 기업이 채권자에게 원금과 이자를 지불하고 남는 것은 주주의 몫이 되며 만약 손실이 발생한다 하더라도 그 책임은 주주의 몫이다. 그러므로 자본은 총자산에서 부채를 뺀 부분이 되고 그런 의미에서 때로는 순자산(net asset)이라고 불리기도 한다. 결과적으로 자본은 최종적인 잔여지분(residual claim)의 의미를 갖게 된다.

재무상태표의 구성요소

자 산: 자산(Assets)은 미래에 경제적 혜택을 가져다 줄 것으로 기대되는 자원을 말한다. 기업은 자산을 운용해서 기업활동을 수행하고, 그것의 결과로 부를 창출하는 경제주체이다. 자산은 유동자산과 비유동자산으로 분류된다. 자산은 통상 유동성의 순서로 배열되기 때문에 유동자산을 먼저 배열하고 그 다음으로 비유동자산을 표시한다.

유동자산은 1년 이내에 현금화되거나 사용될 자산들을 가리킨다. 유동자산에는 현금 및 현금성자산, 단기금융자산, 매출채권, 재고자산 등의 항목들이 포함된다. 단기금융자산은 단기예금이나 단기대여금, 단기성 금융자산 등을 통합해서 표시한 것이다. 재고자산은 상품, 제품, 재공품 등이 포함된다. 그 외에도 미수금, 미수수익, 선급금, 선급비용 등이 유동자산에 포함된다.

비유동자산은 유동자산에 포함되지 않는 항목들을 말하는데, 장기금융자산, 유형자산, 무형자산 등이 비유동자산에 포함된다. 장기금융자산은 장기투자를 목적으로 보유하는 금융자산들을 말하는데, 장기예금, 장기대여금, 장기투자채권, 장기투자주식 등이 포함된다.

유형자산은 장기간 사용하기 위해서 보유하는 구체적인 실물자산들을 말한다. 유형자산에는 토지, 건물, 기계장치, 차량운반구, 비품, 건설 중인 건물 등이 포함된다. 유형자산은 구입원가에서 감가상각을 제외한 금액으로 표시된다. 무형자산은 영업권이나 상표권과 같이 실물은 없으나 투자에 이용되는 자산들이다.

부 채: 부채(liabilities)란 기업이 미래의 경제적인 희생, 즉 미래에 현금 등 자원의 유출이 예상되는 의무이다. 자산의 경우와 마찬가지로 부채 역시 유동성, 즉 만기일에 따라 크게 유동부채와 비유동부채로 구분된다. 유동부채(current liabilities)는 통상 1년 이내에 갚아야 하거나 소멸될 부채인데, 단기차입금, 매입채무, 미지급금,

미지급비용, 선수금, 선수수익 등이 포함된다.

비유동부채(noncurrent liabilities)는 만기일이 통상 1년 이후에 나타나는 부채인데, 장기차입부채와 장기충당부채 등이 포함된다. 장기차입부채는 갚아야 할 부채로서 만기가 1년 이상인 부채들인데, 사채와 장기차입금 등이 포함된다. 사채는 회사가 직접 발행한 회사채를 의미하며, 장기차입금은 금융기관으로부터 차입된 부채를 의미한다.

장기충당부채는 기존에 이미 발생한 사건으로부터 미래에 갚아야 될 것으로 예상되는 금액이 불확실한 비유동부채를 말한다. 장기충당부채의 대표적인 예로는 퇴직급여충당부채와 장기제품보증충당부채 등이 있다. 퇴직급여충당부채는 종업원들의 퇴직시에 지급하는 퇴직급여를 미리 예상하여 적립한 것이고, 장기제품보증충당부채는 판매한 제품의 보증을 이행하기 위해서 적립해 놓은 잠정적인 부채이다.

자 본: 자본은 기업의 소유주지분에 해당하는데, 자산에서 부채를 차감한 잔액을 의미하고 순자산(net assets)으로 불리기도 한다. IFRS의 회계처리방식은 연결재무제표를 기본으로 하기 때문에, 종속기업이 있는 경우에는 지배기업 소유주지분과 비지배지분으로 구분하여 표시한다. 비지배지분은 종속회사의 소수주주들의 지분을 의미한다. 물론 종속기업이 없는 경우에는 비지배지분을 구분할 필요가 없다.

자본은 자본금, 주식발행초과금, 이익잉여금, 기타포괄손익누계액 등으로 구분표시된다. 자본금은 발행주식들의 액면가를 나타내는데 보통주자본금과 우선주자본금이 포함된다. 보통주는 통상 의결권이 있는 주식을 말하고 우선주는 의결권은 없으나 배당에 있어서 우선권을 갖는 지분이다.

주식발행초과금은 주식 발행시에 납입한 금액과 액면가와의 차이이다. 통상 주식을 발행하는 경우에 액면가 이상으로 판매되는 경우가 많은데, 판매가와 액면가의 차이를 주식발행초과금이라고 한다. 이익잉여금은 기업의 순이익 중에서 배당되지 않고, 추가적인 투자를 위해서 유보된 금액이다. 기타포괄손익누계액은 자산재평가손익이나 장기투자주식평가손익과 같은 기타포괄손익들의 누계액을 의미한다.

재무상태표 분석의 요점

재무상태표는 차변에 자산을, 그리고 대변에 부채와 자본을 기록하고 있다. 즉 차변에는 자산구조(asset structure)에 관한 사항을 표시하고 있으며, 대변에는 자본구조(capital structure)를 표시하고 있다고 볼 수 있다.

자산구조의 이해: 재무상태표를 통하여 기업의 자산구조를 이해할 수 있다. 기업의 자산구조는 각 자산들의 비중과 성격을 분석하는 것으로 시작한다. 우선 유동자산과 비유동자산의 상대적 비중을 살펴보아야 한다. 비유동자산의 비중 및 규모는 업종의 성격에 따라 영향을 받는 부분이 크지만, 개별 기업의 투자정책에 의해서도 영향을 받는다.

기업의 자산구조은 경영정책에 따라 달라질 수도 있다. 신용정책은 경영자가 외상판매와 현금판매의 비중을 결정하는 것인데, 어떤 신용정책을 선택하느냐에 따라서 매출채권과 관련된 자산의 구성이 달라질 수 있다.

생산정책도 직접생산이냐, 아니면 하청생산을 통한 간접생산이냐에 따라 자산구조가 달라질 수 있다. 직접생산을 하는 경우에는 재고자산의 비중이 높을 것이고, 간접생산을 하는 경우에는 재고자산의 비중이 상대적으로 낮을 것이다.

투자정책도 기업의 자산구성에 영향을 미치는 또 하나의 요인이다. 예를 들어 기계장치를 직접 구입할 것인지, 아니면 리스나 렌트를 통하여 이용할 것인지에 따라서 자산구성이 달라질 수 있다. 기계장치를 구입하는 경우에는 비유동자산의 비중이 상대적으로 증가하게 될 것이다.

유동자산을 분석하는 경우에는 매출채권과 재고자산이 과다한 것이 아닌지 유

표 4-1 (연결)재무상태표 예시

(연결)재무상태표

제×기 20××년 ×월 ×일 현재
제×기 20××년 ×월 ×일 현재

회사명: (단위: 원)

과 목	제×(당)기	제×(전)기	과 목	제×(당)기	제×(전)기
자 산			부 채		
I. 유동자산			I. 유동부채		
1. 현금및현금성자산			1. 매입채무 및 기타채무		
2. 매출채권및기타채권			2. 단기차입금		
3. 기타유동금융자산			3.		
4. 재고자산			II. 비유동부채		
5.			1. 사 채		
			2. 기타비유동금융부채		
II. 비유동자산			3.		
1. 관계기업투자			부채총계		
2. 기타비유동금융자산					
3. 유형자산			자 본		
4. 무형자산			I. 지배기업 소유주지분		
5. 투자부동산			1. 자본금		
6. 이연법인세자산			2. 자본잉여금		
7.			3. 이익잉여금		
			4. 기타포괄손익누계액		
			5. 기타자본항목		
			II. 비지배지분		
			자본총계		
자산총계			부채와 자본총계		

* 계정과목 중 금액이 중요하지 아니한 것은 기재를 생략할 수 있음.

분리하는 것이다. 기존의 손익계산서와 포괄손익계산서의 가장 큰 차이는 기타포괄손익을 분리하여 보고한다는 점인데, 기타포괄손익에는 자산재평가차익과 같은 항목들이 포함된다.

수익의 총액
− 비용의 총액
당기순이익

± 기타포괄손익
총포괄이익

포괄손익계산서는 일정 기간의 경영성과를 동태적(flow)으로 표시하는 기록영화와 같다고 할 수 있다. 상대적으로 재무상태표는 기업의 재무상태를 일정 시점에서 정태적(static)으로 표시한 것이어서 재무상태표는 스냅사진과 같다고 할 수 있다.

재무상태표는 좌우대칭이지만, 포괄손익계산서는 좌우대칭이 아니다. 수익이 비용보다 크다면 이익이 발생한 것이고, 수익이 비용보다 적다면 손실이 발생한 것이다. 수익과 비용의 차이는 최종적으로 포괄이익으로 표기된다.

수익(revenue)은 기업의 경영활동으로 인하여 자산을 증가시킨 부분들을 나타낸다. 기업의 대표적인 수익 항목은 매출액이다. 기업의 매출활동은 수익이 발생함과 동시에 현금이나 외상매출금과 같은 자산의 증가를 가져온다. 여기서 수익은 비용을 공제하기 이전의 수입을 의미한다.

비용(expense)은 수익을 창출하기 위해서 자산을 소비시키거나 부채를 증가시킨 항목들이 포함된다. 대표적인 비용 항목은 매출원가이다. 매출원가는 기업의 중심적인 수입원인 매출활동을 하기 위해서 소비한 자산들을 의미한다. 또한 영업과 일반관리를 위해서 사용되는 판매비 및 관리비도 중요한 비용 항목이다.

이익은 수익에서 비용을 차감한 부분이다. 그러나 손익계산서상의 이익이나 손실이 현금의 증가나 감소와 항상 일치하는 것은 아니다. 앞에서 살펴본 바와 마찬가지로 회계원칙은 현금의 움직임을 중심으로 하는 것은 아니기 때문이다. 수익 중에는 현금의 유입이 동반되지 않는 것이 있으며, 비용 중에서도 현금의 유출을 동반하지 않는 것들도 존재한다.

포괄손익계산서의 구성

포괄손익계산서는 당기순이익과 총포괄이익으로 구성된다. 당기순이익은 해당 기간 동안에 발생한 이익을 표시하는데, 다양한 형태의 수익과 비용으로부터 발생한다. 당기순이익은 이용자들의 편의를 위하여 수익과 비용을 기능별 혹은 성격별로 구분하여 표시될 수 있다. 당기순이익에 포함되지 않는 손익인 '기타포괄손익'은 구분하여 표시된다.

포괄손익계산서를 **기능별로 분류**해서 표시하면 기존의 손익계산서와 유사하게 다단계 형태로 작성된다. 기업의 수익 중에서 가장 중심이 되고 비중이 큰 항목은 매출액이다. 매출액은 상품 및 제품의 판매, 그리고 용역의 제공 등으로 구성된다. 매출액에서 매출원가를 차감하면 매출총이익이 된다. 매출총이익은 생산 및 판매의 성과를 나타내며, 기업의 생산효율성을 평가하는 기초자료이다.

기업에 있어서 가장 원초적이고 중요한 수익은 매출액이고, 매출을 실현시키기 위한 기본적 비용이 매출원가이다. 매출원가는 매출액에 대응하는 직접비용을 나타내는데, 매출총이익은 매출활동의 결과이다. 제조업의 경우 매출원가의 상세한 내역은 제조원가명세서에 표시된다.

영업이익은 매출총이익에서 판매비와 관리비를 차감하여 계산한다. 판매비와 관리비는 매출활동을 수행하기 위해서 발생한 비용들이다. 판매비는 판매활동에서 발생한 영업비용을 말하는데, 판매를 담당하는 종업원의 급여, 판매수수료, 광고비, 운송비, 접대비, 매출채권의 대손상각비 등이 포함된다. 관리비는 일반관리활동에서 발생한 영업비용을 말하는데, 일반관리 직원들의 급여, 보험료, 임차료, 소모품비 등 전반적인 관리활동의 제비용이 포함된다. 영업이익은 기업의 핵심적인 영업활동(core business)의 성과를 평가하는 기초자료가 된다. 즉 영업효율성을 측정하는 근거가 되는 것이다.

영업이익에서 기타수익을 더하고, 기타비용과 금융비용을 빼면 법인세차감전 순이익이 된다. 기타수익과 기타비용은 기업의 중심적 영업활동 이외의 부문에서 발생한 수익과 비용을 의미한다. 각 비용의 내용에 대한 세부항목들은 주석에 공시된다. 기타수익 및 기타비용의 예로는 임대료, 기부금 등이 있다.

당기순이익은 법인세차감전 순이익에서 법인세비용을 차감한 결과이다. 당기순이익은 해당 기간 동안의 기업의 총괄적이고 최종적인 수익력을 나타낸다. 이처럼 기업이 기능별 분류를 채택하는 경우에, 비용의 성격에 대한 정보도 재무제표 주석에 추가적으로 공시하도록 한국채택국제회계기준(K-IFRS)은 규정하고 있다.

마지막으로 당기순이익에서 기타포괄손익을 가감하여 총포괄이익을 계산한다. 기타포괄손익은 합산해서 표시하지 않고 항목별로 구분하여 표시한다. 기타포괄손익에는 자산재평가차익, 장기투자주식평가손익 등이 포함될 수 있다. 기타포괄손익은 해당 회계기간 동안의 경영성과는 아니지만, 기업의 자산, 부채, 그리고 자본에 영향을 미친다. 그러므로 포괄손익계산서는 해당 기간의 경영성과와 기타포괄손익을 구분한다는 의미를 갖는다.

기존의 당기순이익은 기업의 최종적인 성과로 인식되었지만, 자본의 변동원인을 구분하여 보여주지 못하는 한계를 가지고 있었다. 즉 기존의 당기순이익이 실제로 해당 기간에 발생한 손익과 해당 기간에 발생한 경영성과가 아닌 '기타포괄손익'을 구분하지 않았기 때문에, 실제로 당기의 이익이라고 말하기는 어려운 부분이 있었던 것이다.

포괄손익계산서 분석의 요점

재무상태표를 분석하기 위해서는 자산과 자본의 구성과 변화를 살펴보는 것이 중점이 되지만, 포괄손익계산서를 분석하고자 하는 경우에는 수익과 비용구조(cost structure)의 구성과 변화를 살펴보는 것이 중요하다. 포괄손익계산서를 분석하는 경우에는 다음 항목들을 주의해 살펴볼 필요가 있다.

포괄손익계산서는 매출액으로부터 시작한다. 매출액은 총매출에서 매출에누리 환입 및 매출할인을 차감한 순매출을 의미하며 흔히 기업의 외형 혹은 규모로 일컬어지는 경우가 많다. 순매출액에서 매출원가를 차감하면 매출총이익이 되는데 통상 이를 총마진(gross margin)이라고도 한다.

매출액과 매출원가는 통상 수익과 비용에서 차지하는 비중이 가장 큰 항목들이다. 그러므로 매출액의 구성과 변화가 중요한 분석의 대상이 되는 것은 당연하다. 매출액의 변화는 기업활동에 결정적인 영향을 미치는 경우가 많으므로 매출액의 변화를 시계열적으로 면밀히 살펴볼 필요가 있다. 매출액의 증가는 기업의 성과에 긍정적으로, 그리고 매출액의 감소는 기업의 성과에 부정적인 방향으로 직접적인 영향을 미칠 가능성이 매우 높다.

기업들은 단일 품목을 생산 또는 판매하는 경우도 있지만 여러 종류의 상품과 제품을 생산하는 경우도 많은데, 어떤 품목의 매출액이 증감했는지도 주의 깊게 살펴보아야 한다. 특히 기업의 주력상품과 전략상품의 매출액 변화는 앞으로 기업의 성과에 중요한 변수로 작용할 가능성이 높다.

매출액 다음으로 중요한 항목은 역시 매출원가이다. 우선 매출액에서 차지하는 매출원가 비중의 증감이 주목해야 할 항목이다. 매출원가의 증감은 기업의 영업성과에 결정적인 영향을 미치는 경우가 많다. 매출원가의 비중과 더불어 살펴보아야 할 요소는 매출원가의 구성이다. 매출원가에서 차지하는 고정비와 변동비 비율의 변화, 임금 등을 포함한 인건비의 변화, 원재료 가격의 변화에 따른 매출원가에의 영향 등

표 4-2 포괄손익계산서의 예

(연결)포괄손익계산서

제×기 20××년 ×월 ×일부터 20××년 ×월 ×일까지
제×기 20××년 ×월 ×일부터 20××년 ×월 ×일까지

회사명: (단위: 원)

과 목	제×(당)기		제×(전)기	
I. 매 출 액				
II. 매출원가				
III. 매출총이익				
IV. 판매비와 관리비				
V. 영업이익				
VI. 기타수익				
VII. 기타비용				
VIII. 금융수익				
IX. 금융비용				
X. 지분법손익				
XI. 법인세비용차감전순이익				
XII. 법인세비용				
XIII. 당기순이익				
XIV. 기타포괄손익				
매도가능금융자산평가손익				
……				
XV. 총포괄이익				
XVI. 당기순이익의 귀속				
지배기업 소유주지분				
비지배지분				
XVII. 총포괄이익의 귀속				
지배기업 소유지분				
비지배지분				
XVIII. 주당손익				
기본 및 희석주당이익				

* 각 계정과목 중 금액이 중요하지 아니한 것은 기재를 생략할 수 있음.

을 분석해야 할 것이다.

매출원가 다음으로 큰 비중을 차지하는 비용 항목이 판매비와 관리비이다. 판매비와 관리비는 주된 영업활동과 관련된 영업비용이다. 급여, 임차료, 대손상각비, 감가상각비, 접대비, 교통통신비, 광고선전비, 세금과공과 등이 이에 해당된다. 판매비와 관리비의 분석에서도 고정비용의 성격을 갖는 비용들의 크기와 변동적인 성격을 갖는 비용들의 성격을 주의해서 살펴보아야 할 것이다.

기타수익과 비용, 그리고 금융비용도 기업의 성과에 결정적인 영향을 미치는 경우가 많다. 기타수익과 비용, 그리고 금융비용은 부수적인 영업활동과 관련된 수익과 비용을 포함한다. 기타수익과 비용, 그리고 금융비용에서 많은 부분을 차지하는 것이 금융과 관련된 항목들이다. 현대 기업에 있어서 금융의 비중은 단순히 부수적인 활동으로 치부하기에는 중요도가 크다. 현대 기업에 있어서 금융은 그 자체가 기업의 성과에 직접적인 영향을 미치는 경향이 두드러지기 때문에 특히 주목해야 할 항목들이다.

또한 일반적으로 포괄손익계산서를 분석하는 경우에는 다음과 같은 항목들도 눈여겨 볼 필요가 있다. 첫째, 회계처리방법이 어떤 것인지 살펴보아야 한다. 회계원칙은 경우에 따라 복수의 회계처리방법을 인정하고 있다. 그러므로 회계처리 방식에 따라 비용이 과대하게 혹은 과소하게 계산될 수 있고, 이익이 다르게 보고될 수도 있는 것이다.

둘째, 포괄손익계산서의 항목들을 살펴보는 경우에는 비현금성 비용과 이익에 유의할 필요가 있다. 예를 들어 감가상각비는 현금유출이 없는 데도 비용으로 기록된 항목이다. 즉 감가상각비는 회계적으로는 비용이지만 기업의 입장에서 구체적으로 현금이 지출된 것은 없는 것이다.

4.6 현금흐름표 등

현금흐름표

현금흐름표는 재무상태표, 포괄손익계산서와 함께 대표적인 재무제표로 꼽힌다. 앞에서 설명하였듯이 재무상태표는 한 시점의 재무상태를 나타내는 정태적(stock) 개념이며, 포괄손익계산서는 한 기간 동안의 경영성과를 나타내는 동태적(flow) 개념이다. 현금흐름표도 일정 기간 동안의 현금흐름을 나타내는 동태적 개념이다.

현금흐름표는 재무상태표와 포괄손익계산서의 한계점을 보완한다는 의미가 있다. 재무상태표와 포괄손익계산서는 현금흐름을 기준으로 작성된 것이 아니기 때문에 기업의 유동성에 관한 정보를 제공하는 데 한계가 있을 수밖에 없다. 즉 순이익이 발생했다는 것과 지급능력이 증가했다는 것은 다른 의미일 수도 있는 것이다.

현금흐름표는 기업이 현금을 어디서 창출해 냈는지, 어디에 사용했는지, 그리고 그 결과로 현금의 증감이 얼마인지를 보여준다. 현금흐름표에 나타나는 현금흐름은 세 가지로 구분된다. 즉 영업활동으로 인한 현금흐름, 투자활동으로 인한 현금흐름, 그리고 재무활동으로 인한 현금흐름들이 전체적인 현금흐름을 구성한다. 현금흐름표에서 '현금'은 재무상태표에서 나타나는 '현금 및 현금성자산'이다. 현금성자산은 만기가 3개월 미만의 유동성을 가진 증권을 포함한다.

영업활동으로 인한 현금흐름은 영업활동 중에서 현금흐름이 동반되는 수익과 비용만을 기록한 것이다. 투자활동으로 인한 현금흐름은 기계, 건물 등 비유동자산에 대한 투자로 인한 현금지출과 비유동자산의 처분으로 인한 현금수입이 보고된다. 재무활동으로 인한 현금흐름에는 주식이나 채권을 발행하거나 금융기관에서 차입한 현금의 유입과 배당금이나 차입금의 상환에 따른 현금의 지출이 보고된다.

표 4-3 현금흐름표의 예

(연결)현금흐름표

제×기 20××년 ×월 ×일부터 20××년 ×월 ×일까지
제×기 20××년 ×월 ×일부터 20××년 ×월 ×일까지

회사명: (단위: 원)

과 목	제×(당)기		제×(전)기	
	금 액		금 액	
I. 영업활동 현금흐름				
1. 영업에서 창출된 현금				
(1) 당기순이익				
(2) 조정				
감가상각비				
……				
(3) 자산 및 부채의 증감				
매출채권의 감소(증가)				
……				
2. 이자의 수취				
3. 이자의 지급				
4. 배당금의 수취				
5. 법인세의 지급				
II. 투자활동 현금흐름				
1. 투자활동으로 인한 현금유입				
유형자산의 처분				
……				
2. 투자활동으로 인한 현금유출				
유형자산의 취득				
……				
III. 재무활동 현금흐름				
1. 재무활동으로 인한 현금유입				
단기차입금의 차입				
사채의 발행				
……				
2. 재무활동으로 인한 현금유출				
단기차입금의 상환				
배당금의 지급				
……				
IV. 현금의 증가(감소)(I + II + III)				
V. 기초의 현금				
VI. 환율변동으로 인한 현금흐름				
VII. 기말의 현금				

현금흐름은 기업의 가치를 결정하는 중요한 요소이기도 하지만, 기업의 유동성과 도산 위험성을 파악하는 데 유용한 정보를 제공한다. 기업은 회계적으로 이익이 발생하는 경우에도 현금흐름이 부족하여 흑자도산의 경우와 같이 파산에 이르는 경우가 있다. 흑자도산이 발생하는 이유는 기업의 회계적 수익이 현금흐름으로 연결되지 않는 경우에 발생한다. 그러므로 현금흐름표는 기업의 안정성을 파악하는 주요 도구로 사용된다.

자본변동표

자본은 소유주의 청구권이다. 자본의 변동은 기업 소유주지분의 변동이므로 중요한 재무정보이다. 자본의 변동을 보고하는 재무제표가 자본변동표(statement of changes in equity)이다. 자본변동표는 기초와 기말의 자본의 각 항목들이 어떻게 변동되었는지를 보여준다.

자본은 소유주가 출자한 자본금, 이익 중에서 배당되지 않고 남아있는 미처분이익잉여금, 기타포괄손익누계액을 포함한 지배기업의 소유주에게 귀속되는 자본과 비지배지분을 구분하여 표시한다. 자본변동표는 각 항목들의 회계기간 동안의 변동을 보여준다.

주 석

재무제표에는 주석(notes)이 포함된다. 주석은 중요한 정보나 효과를 재무제표상의 수치로 나타내기 어려운 경우에 기술하는 것을 말한다. 즉 주석은 재무제표의 내용을 이해하는 데 유용한 정보를 기재하는 것이다. 예를 들어 재무상태표에는 숫자만을 표시하고 있는데, 그것의 처리방법을 이해해야 숫자의 의미가 살아나는 경우에

표 4-4 자본변동표 예

(연결)자본변동표

제×기 20××년 ×월 ×일부터 20××년 ×월 ×일까지
제×기 20××년 ×월 ×일부터 20××년 ×월 ×일까지

회사명: (단위: 원)

과 목	지배기업 소유주지분					비지배 지분	총자본
	자본금	주식발행 초과금	이익 잉여금	기타 자본항목	합 계		
20××. ×. × (전기초)							
······							
20××. ×. × (당기초)							
총포괄이익							
당기순이익							
매도가능금융자산평가손익							
······							
소유주와의 거래							
현금배당							
······							
20××. ×. ×(당기말)							

주석에 표기한다.

주석은 다른 재무제표와는 별도로 표시되기 때문에 계량적인 숫자뿐만 아니라 비계량적인 기술도 공시할 수 있다. 기업회계기준에서 예시하는 주석의 공시사항들은 다음과 같다. 기업의 영업과 주요 활동의 내용에 대한 설명, K-IFRS를 준수하였다는 사실, 재무제표 작성시 사용한 주요 회계정책(예: 자산, 부채의 측정기준, 감가상각법 등), 재무제표 본문에 표시된 항목에 대한 보충정보 등이 공시된다.

4.7 회계자료의 감사

등록법인 이상의 주식회사는 회계감사(audit)를 받도록 법률로 정해져 있다. 주식회사의 외부감사에 관한 법률은 '주식회사로부터 독립된 외부의 감사인이 그 주식회사에 대한 회계감사를 실시하여 회계처리를 적정하게 하도록 함으로써 이해관계인의 보호와 기업의 건전한 발전에 이바지함을 목적'으로 제정되었다.

외부감사에 관한 법률 시행령 제2조는 외부감사의 대상이 되는 기업들을 다음과 같이 열거하고 있다.

1. 직전 사업연도 말의 자산총액이 120억원 이상인 주식회사
2. 주권상장법인과 해당 사업연도 또는 다음 사업연도 중에 주권상장이 되려는 주식회사
3. 직전 사업연도 말의 부채총액이 70억원 이상이고 자산총액이 70억원 이상인 주식회사
4. 직전 사업연도 말의 종업원 수가 300명 이상이고 자산총액이 70억원 이상인 주식회사

독립적인 공인회계사는 재무제표가 기업회계기준에 따라 작성되었는지를 감사한 후 감사의견을 나타내야 한다. 감사의견은 적정의견과 비적정의견으로 나누어진다.

'적정의견'은 기업이 작성한 재무제표가 기업회계기준에 따라 작성되었음을 확인하는 것이며, 비적정의견은 그렇지 않음을 나타낸다. 비적정의견은 다시 '한정의견', '부적정의견', '의견거절'로 나뉜다. 한정의견은 기업이 작성한 재무제표에 대하여 기업회계기준의 준수 여부를 부분적으로 확인하기 어려운 경우에 표현되는 의견이다.

그림 4-4 감사의견의 종류

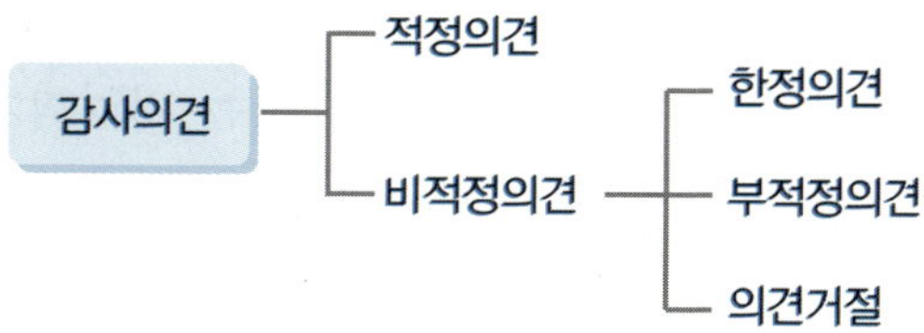

부적정의견이나 의견거절은 기업이 작성한 재무제표에 대하여 전체적으로 기업회계기준에 어긋나거나, 감사에 관한 증거를 확보하지 못하여 재무제표의 적정성에 대한 판단이 어려운 경우에 나타내는 의견들이다.

재무제표에 대한 감사결과가 비적정의견인 경우에는 해당 기업은 자본시장에서 주가의 하락이나 차입금 이자율의 상승과 같은 악영향을 받을 뿐만 아니라 제도적으로도 규제를 받게 된다. 또한 새로 상장을 원하는 기업들은 적정의견을 받아야 한다는 규정도 있다.

뿐만 아니라 기존에 상장된 기업들의 경우에도 '한정'의견을 받으면 관리종목으로 지정되고 다음 사업연도에도 한정의견을 받으면 상장이 폐지된다. 더욱이 '부적정' 혹은 '의견거절'을 받게 되면 관리종목으로 지정되는 과정 없이 곧바로 상장폐지가 된다.

회계자료의 분식 가능성

기업의 재무상태와 경영성과를 나타내는 재무제표는 기업회계기준과 관계법규에 의거 적정하게 작성되고 표시되어야 하나, 재무결산과 재무제표 작성의 주체가 기업 자신인 관계로 고의 또는 과실로 재무적 실체가 변형되거나 가공되는 경우가 있다. 이것을 회계자료의 분식이라고 한다.

재무제표를 분석할 때에는 분식된 내용을 찾아내고 그 내용을 적절히 수정하여 분석의 오류를 최소화하는 것이 올바른 재무분석을 위한 선결 조건이다. 분식된 내용을 용이하게 찾아내고 적절한 수정을 하기 위해서는 기업회계에 대한 기본지식 외에 일반적인 분식의 목적과 유형 등에 대한 이해가 전제되어야 한다.

기업의 재무제표나 각종 결산장부는 기업의 경영활동을 단순히 금전적으로 표현해 놓은 것일 뿐 아니라, 회사의 전반적인 활동을 결과적으로 나타낸 것이다. 만약 어떤 목적을 가지고 재무자료를 분식했다면 거기에는 반드시 그 동기가 숨어있을 것이다. 따라서 분식내용을 용이하게 발견하기 위해서는 재무제표를 보기 전에 이러한 분식동기의 단서를 찾는 작업이 필수적이다.

회계자료의 분식은 건전한 금융시장의 발전에는 암적인 존재이다. 그런데 그것의 발견이 쉽지 않은 경우가 많다. 왜냐하면 분식방법이 정례적인 수법 혹은 결정적인 이론으로 이루어진 것이 아니기 때문이다. 따라서 분석자는 회계자료와 여러 가지 정보에 대해서도 계속해서 문제의식을 가지고 수집, 평가, 분석하는 태도가 무엇보다도 중요한 일이다. 그리고 이상한 수치를 발견하거나 의심스러운 정보를 입수하면 철저히 파악해야 한다.

4.8 회계자료와 경영분석

회계원칙과 경영분석

회계원칙은 회계자료가 목적적합성과 신뢰성을 확보하기 위해서 세워진 원칙이다. 하지만 목적적합성과 신뢰성을 동시에 확보하는 것이 쉬운 일은 아니다. 경우에 따라서는 정보의 적합성과 신뢰성이 서로 상충되는 경우도 발생하게 되는데, 그럴 경우 회계원칙은 신뢰성을 중시하는 경향을 보인다. 상대적으로 재무적 관점은 정보의 목적적합성을 강조하는 경향이다.

발생주의 회계처리원칙은 현금흐름을 기본으로 하는 재무관리적 관점과 상당한 차이가 있다. 발생주의는 손익의 인식을 발생시점에서 인식하는데, 그것이 현금흐름과 일치하지 않는 경우도 종종 나타나게 된다. 재무관리적 측면에서는 모든 기업의 활동을 현금흐름으로 파악하고 있는데, 회계자료에는 현금흐름을 동반하지 않는 수익과 비용이 존재하는 것이다.

역사적 원가의 개념도 시장가치를 중시하는 재무관리적 개념과는 상당한 차이가 있다. 우리나라의 경우 특히 부동산 가격의 변화가 기업의 전체적인 가치에 영향을 미치는 경우가 많은데, 부동산 가격을 시장가치로 기록하지 않고 역사적 원가인 취득원가를 기준으로 기록한다는 것은 회계자료의 유용성을 약화시키는 중요한 요인이 될 가능성이 있는 것이다.

회계원칙들에 의해서 발생하는 또 하나의 문제 가능성은 회계자료가 여러 가지 추정자료들을 포함하고 있다는 사실이다. 예를 들어 무상보증서비스에 대한 비용을 추정하는 문제라든지, 대금의 회수 불가능에 대한 추정인 대손충당금을 설정하는 문제는 객관적인 회계자료에 약간은 주관적인 여러 가지 추정자료들을 포함하는 문제점이 있는 것이다. 물론 회계자료를 작성하는 데 사용되는 추정자료들이 임의대로 작성되는 것은 아니지만, 그렇다고 해서 추정으로부터 발생하는 기본적인 문제점이 사라지는 것은 아니다.

회계자료 이용시 유의점

회계자료를 이용하는 것은 경영분석에 있어서 필수적인 부분이다. 왜냐하면 기업의 회계자료는 그 기업의 경영에 대한 정보를 요약한 것이고, 회계자료를 이해하는 것이 해당 기업을 이해하는 핵심이 되기 때문이다. 그러나 회계자료는 나름대로의 가정과 한계를 가지고 있기 때문에 그것을 효과적으로 이용하기 위해서는 다음과

가치는 급격히 떨어질 수밖에 없게 된다.

여러 종류의 분식회계 방법들이 재무제표의 신뢰성에 심각한 타격을 입힌다. 회계자료의 신뢰성을 확보하기 위해서 기업과는 독립적인 외부 공인회계사가 재무제표를 감사하도록 제도화되어 있기는 하다. 하지만 공인회계사의 입장에서는 감사를 의뢰한 기업이 고객이기 때문에 완전히 독립적인 입장에서 감사업무를 수행하기가 쉬운 일이 아닐 것이다.

우리나라에서는 아직도 비자금 등의 용어가 통용되고 있으며, 전반적인 투명성이 확보되어 있다고 말하기 어려운 면이 있다. 하지만 외환위기를 겪으면서 많은 부분 국제적 기준에 의해서 투명성을 높이는 노력을 해왔다. 전반적인 투명성이 만족할만한 수준은 아닐지 모르나, 재무제표 정보만큼 함축적이고 일목요연하게 기업의 재무상태나 경영성과를 나타내는 기록도 흔치 않다. 그러므로 투명성과 신뢰성을 확보해서 점진적인 개선을 이루도록 노력할 일이다.

4.9 요약 및 정리

본 장에서는 경영분석에 필수적으로 포함되는 회계자료를 설명하였다. 회계자료는 기업의 재무상태와 경영성과를 요약하고 정리한 보고서로서 기업을 이해하는 데는 매우 유용한 자료이다.

회계자료가 매우 유용한 자료이기는 하지만 회계자료는 일정한 원칙과 규칙에 의해서 요약된 자료이기 때문에 그것을 이해하기 위해서는 회계에 대한 상당한 기본지식이 선행되어야 한다. 회계자료가 작성된 원칙과 규칙을 이해해야만 회계자료를 적절히 이용할 수 있기 때문이다.

회계자료 중에서 가장 대표적인 것이 재무제표이다. 재무제표는 통상 재무상태표, 포괄손익계산서, 현금흐름표, 자본변동표, 그리고 주석이 포함한다. 재무상태표는 기업의 재무상태를 회계연도를 기준으로 나타낸다. 재무상태표에 나타나는 기업의 재무상태는 자산, 부채 및 자본으로 기록된다.

포괄손익계산서는 회계연도 동안의 기업의 성과를 수익과 비용으로 나누어서 보고한다. 기업의 경영성과는 수익과 비용의 차이인 이익으로 계산되는데, 수익과 비용을 당기순이익과 기타포괄손익으로 나누어서 보고한다. 손익계산의 결과는 각 영역별 활동에 따라 매출총이익, 영업이익, 당기순이익, 그리고 총포괄이익 등과 같은 형태로 구분된다.

현금흐름표도 중요한 재무제표에 포함된다. 현금흐름표는 재무상태표와 포괄손익계산서가 나타내지 못하는 현금흐름에 대한 정보를 제공한다. 현금은 최종적인 결제수단으로서 기업의 진정한 가치는 결국 현금흐름에 의해서 결정되는 것이다.

회계자료는 기업의 경영을 분석하는 데 매우 유용한 자료임에는 틀림없으나 그것을 제대로 이해하고 해석하기 위해서는 회계자료가 갖는 문제점도 동시에 인식하여야 한다. 회계자료는 발생주의와 역사적 원가주의에 의해서 작성된다.

발생주의와 역사적 원가주의는 현금흐름을 기준으로 하는 재무적 개념과 차이가 나는 경우가 있다. 즉 현금흐름을 동반하지 않는 손익과 비용이 존재하며, 실제의 시장가치와 차이가 나는 장부가치가 있을 수 있다. 또한 회계자료의 일부 항목들은 대손충당금과 같이 추정에 근거한 자료들도 있는 것이다. 그러므로 재무자료를 이용하는 경우에는 이러한 요인들을 주의하여 살펴보아야 한다.

연습문제

1. 재무회계자료가 제공하는 정보는 어떠한 것인가?

2. 재무회계가 기업의 경영에 대하여 자본시장에 정보를 제공함으로써 얻는 사회적 이득은 무엇인가?

3. 기업회계기준에서 규정하고 있는 재무제표에는 재무상태표, 포괄손익계산서, 현금흐름표, 그리고 자본변동표가 있다. 재무제표 중에는 정태적인 것이 있고 동태적인 것이 있는데, 각 재무제표를 정태적 보고서와 동태적 보고서로 분류하시오.

4. 외부감사인인 공인회계사가 나타내는 감사의견의 종류와 각 의견이 의미하는 바를 설명하시오.

5. 회계자료는 형식보다는 실질내용을 우선한다고 한다. 그것을 설명하시오.

6. 재무제표정보의 질적특성으로 동일한 경제적 사건이나 거래에 대해 동일한 측정방법을 적용할 경우 다수의 서로 다른 측정자료들은 유사한 결론에 도달해야 한다고 주장한다. 이것은 회계자료의 어떤 특성을 의미하는가?

7. A기업은 빌딩의 임대료 명목으로 돈을 받았지만 임대료 기간이 경과하지 않았기 때문에 포괄손익계산서에 임대료로 기록하지 않고 선수임대료로 부채로 기록하였다. 이것은 회계자료 작성의 어떤 원칙 때문인가?

8. 경영분석에서는 재무상태표와 포괄손익계산서를 중심으로 재무제표들을 분석한다. 재무상태표 분석의 중점 사항들을 설명하시오.

9. 경영분석을 하는 경우에 감가상각비는 늘 주목의 대상이 된다. 그 이유는 무엇인가?

10. 어떤 건설회사가 4년간에 걸쳐서 공사를 진행하고 대금은 공사가 끝난 시점에서 일시에 받았다. 해당 건설회사는 어떻게 수익을 인식하는 것이 적절하다고 생각하는가? 이유는?

11. 회계자료가 나타내는 현금흐름표상의 현금흐름과 재무관리에서 말하는 현금흐름 사이에

는 어떤 차이가 있는가 설명하시오.

12. 재무상태표의 구성에 대하여 설명하시오. 재무상태표의 구성과 유동성과는 어떤 관계에 있는지 설명하시오.

13. 포괄손익계산서에 나타난 각 이익항목들의 의미를 설명하시오. 그리고 각각의 이익이 나타내는 경영활동의 성과들도 설명하시오.

14. 회계자료의 신뢰성에 심각한 타격을 가하는 최근의 사건들을 언급하시오.

15. 재무상태표에 표시되는 주주의 지분인 자기자본이 시장에서 결정되는 자기자본의 가치를 나타내지 못하는 이유가 무엇인지 설명하시오.

16. 포괄손익계산서에 나타나는 당기순이익과 현금흐름표에 나타나는 영업활동 현금흐름이 서로 다른 이유는 무엇인지 설명하시오.

제 5 장

재무비율분석

비율분석은 재무자료를 분석하는 방법으로서 오랫동안 이용되어 왔고, 지금도 경영분석에서 필수적으로 이용되고 있는 방법이다. 비율분석은 재무자료를 경제적 의미를 가진 비율들로 간단히 요약하여 기업의 복잡한 재무자료들을 일목요연하게 살펴볼 수 있게 도와준다.

본 장에서는 재무비율들에 대해서 설명할 것이다. 재무비율들은 경제적 의미에 따라서 수익적인 측면과 위험요소의 측면으로 구분해 볼 수 있는데, 본 장에서는 두 가지 측면을 6개의 항목으로 구분하여 살펴볼 것이다. 여기서는 유동성 비율, 레버리지 비율, 안정성 비율, 수익성 비율, 활동성 비율, 그리고 성장성 비율들에 대하여 살펴볼 것이다.

5.1 비율분석의 의의

비율분석은 재무비율을 이용하여 기업의 재무상태나 경영성과를 분석하는 유용한 방법이다. 재무자료는 상당히 복잡한 구성을 가지고 있으므로, 가공되지 않은 본래의 재무자료를 가지고 기업을 분석하는 것은 간단한 일이 아니다. 재무비율은 이러한 복잡한 재무자료들을 간단한 수치로 정리하여 경영분석의 시발점을 제공하는 것이다.

유용한 재무비율이 되기 위해서는 나름대로의 분명한 **경제적 의미**를 담고 있어야 한다. 기업의 재무제표나 재무자료들을 구성하는 항목들은 매우 다양하고, 그것들로부터 만들어질 수 있는 재무비율 역시 상당히 다양할 수 있다. 비율분석은 경제적 의미를 담고 있는 재무변수들을 결합하여 재무비율들을 구성하게 되는 것이다.

예를 들어 유동자산을 유동부채로 나누어 계산되는 유동비율은 기업의 단기채무 지급능력, 즉 유동성이라는 분명한 경제적 의미를 담고 있다. 단기채무인 유동부채를 상환하기 위해 단기적으로 동원할 수 있는 자원은 유동자산이다. 그러므로 유동자산과 유동부채의 상대적인 비율인 유동비율로 기업의 단기채무 지급능력을 평가하는 것은 경제적으로 의미 있는 것이다. 하지만 비유동자산과 유동부채의 상대적인 비율을 계산한다면 뚜렷한 경제적 의미를 찾기는 쉽지 않을 것이다.

재무비율들은 재무항목들의 **상대적인 비율**로 나타내기 때문에 규모의 차이 때문에 나타나는 문제점을 제거하는 이점이 있다. 예를 들어 유동성을 분석하는 경우에 유동자산이 100만원이라고 한다면 해당 기업의 유동성이 풍부한 것인지 부족한 것인지를 파악하기가 어렵다. 그런데 해당 기업의 유동부채가 10만원이라면 그 기업의 유동성이 풍부한 것으로 평가될 것이다. 즉 유동성을 분석하는 경우에 유동자산의 절대적 크기만을 가지고 분석을 한다면 유동성을 평가하기가 어렵지만, 유동자산에 상대적인 유동부채를 가지고 비율을 구성하면 절대적 규모의 크기가 설명하지 못하는 부분을 설명할 수 있는 것이다.

재무비율들이 규모의 차이를 제거하여 경제적 의미를 제공하는 것은 의미 있는 것이다. 그러나 그것이 절대적 규모의 크기나 차이를 무시해도 된다는 의미는 아니다. 규모는 그 자체가 갖는 경제적 의미가 있는 것이다. 예를 들어 대기업이 소규모의 기업에 비해서 안정성이 높다는 것은 많은 경우에 사실일 것이다. 비율분석은 규모의 차이를 무시하지 않으면서도, 규모의 차이 때문에 발생할 수 있는 해석상의 모호함을 회피할 수 있다.

금융기관들이 기업의 단기채무 지급능력을 평가하기 위하여 유동비율을 사용하기 시작한 이래 비율분석은 경영분석의 발달에 중요한 영향을 끼쳤다. 오늘날에도 비율분석이 경영분석에서 차지하는 위치는 여전히 중요하다. 하지만 재무비율의 이용방법과 해석에 있어서는 시대에 따라 차이가 있다.

근래의 비율분석에서 나타나는 새로운 흐름은 재무비율의 경제적 의미와 재무비율의 유용성을 실증적으로 판단하고자 하는 것이다. 다시 말하면 재무비율의 경제적 의미를 이론적 측면에 의해서 뿐만 아니라 많은 실증적 연구에 의해서 실제적으로 검증된 재무비율들로 정리하게 된 것이다.

5.2 재무비율의 분류

재무비율들을 분류하는 방법에는 여러 가지가 있을 수 있다. 예를 들어 어떤 자료로부터 얻어졌는가에 따라 재무상태표 비율(balance sheet ratios), 손익계산서 비율(income statement ratios), 현금흐름표 비율(cash flow statement ratios), 혼합 비율(mixed ratios) 등으로 분류할 수도 있다. 또한 일정 시점에서의 재무상태를 나타내는 정태적 비율과 일정 기간의 재무성과를 나타내는 동태적 비율로 나누어 볼 수도 있을 것이다.

기업은 수익성과 위험의 결합을 통하여 기업가치를 창출한다. 기업가치의 증대는 최종적인 기업의 목표이며, 기업 평가의 궁극적인 결과인 것이다. 즉 기업가치가 증가하는 기업은 경영의 성과가 좋은 기업으로 평가될 수 있으며, 반대로 기업가치가 감소하는 기업은 경영이 부진하거나 문제가 있는 기업일 가능성이 많은 것이다.

그런데 기업가치는 결국 기업의 수익성과 위험의 정도에 의해서 결정되는 것이다. 기업이 경영을 잘한다는 것은 위험이 낮고 수익성이 높은 경영을 의미하는 것이다. 모든 경영자들이 낮은 위험과 높은 수익성을 동시에 추구하지만, 그것을 동시에

그림 5-1

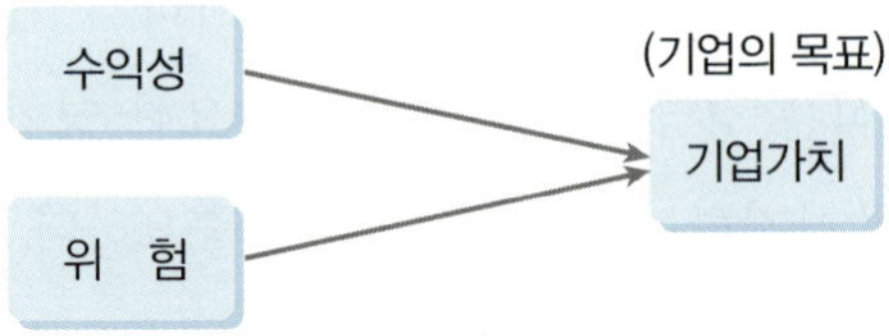

달성하는 것은 쉬운 일이 아니다. 경영분석은 기업이 이러한 핵심적인 두 요소를 어떻게 조화시키고 있는지를 살펴보아야 한다.

여기서는 재무비율의 경제적 의미에 따라 분류하는 방식을 이용하고자 한다. 재무적 의사결정의 여러 영역에서 일관성 있게 적용되는 논리는 위험 · 수익의 상반관계(risk-return trade-off)인데, 재무비율을 분류하고 체계화하는 데에도 이러한 개념을 적용할 수 있을 것이다.

즉 여러 가지 재무비율들을 위험과 연관된 재무비율, 수익력과 연관된 재무비율, 그리고 주식가치와 연관된 재무비율로 분류할 수 있을 것이다. 기업의 위험성과 연관된 재무비율들에는 유동성 비율, 레버리지 비율, 그리고 안정성 비율이 포함된다. 기업의 수익력과 연관된 재무비율에는 수익성 비율, 활동성 비율, 성장성 비율들이 포함된다. 그 외에 종합적인 평가와 연결되는 여러 가지 비율들도 소개될 것이다.

① 유동성 비율(liquidity ratios): 기업의 단기채무 지급능력을 나타내는 재무비율들로서 유동비율, 당좌비율, 순운전자본구성비율, 영업비용방어기간 등이 포함된다.

② 레버리지 비율(leverage ratios): 기업경영의 레버리지 정도와 부채 사용에 따른 원리금의 상환능력을 나타내는 재무비율들로서 부채비율, 이자보상률, 재무비용보상률, 현금흐름보상률 등이 포함된다.

③ 안정성 비율(stability ratios): 경기 변동에 대한 적응 능력을 나타내는 재무비율들로서 고정비율, 고정장기적합률 등이 포함된다. 경기변동에 대한 적응 능

력은 기업의 안정성을 나타낸다.

④ 수익성 비율(profitability ratios): 기업의 수익성을 나타내는 재무비율들이다. 수익성은 두 가지 측면에서 살펴볼 수 있는데 매출에 대한 수익성과 투자에 대한 수익성으로 측정한다. 매출에 대한 수익성은 통상 마진(margin)이라고 불리는 것이고, 투자에 대한 수익성은 투자수익률이라고 불린다. 매출액총이익률, 매출액영업이익률, 매출액순이익률, 총자산순이익률, 경영자본영업이익률, 자기자본순이익률 등이 포함된다.

⑤ 활동성 비율(activity ratios): 자산의 효율적인 이용 정도를 나타내는 재무비율들로서 총자산회전율, 비유동자산회전율, 재고자산회전율, 매출채권수금기간 등이 포함된다.

⑥ 성장성 비율(growth ratios): 기업의 성장성을 나타내는 재무비율들로서 매출액증가율, 총자산증가율 등에 의해 측정한다.

공통형 재무제표

본격적인 비율분석에 앞서서 수행되어야 할 과제는 공통형 재무제표(common-size financial statements)의 작성일 것이다. 공통형 재무제표는 백분율재무제표라고도 하는데, 재무제표를 규모의 크기를 제거한 비율로 재작성하여서 쉽게 이해할 수 있도록 도와줄 것이다. 처음에 기업의 재무제표를 대하면 우선 수많은 숫자들에 압도되어서 무엇을 어떻게 살펴보아야 하는지 난감한 느낌을 받을 가능성이 많은데, 공통형 재무제표는 간단하면서도 유용한 방법으로 이런 문제를 해결해 줄 것이다.

공통형 재무제표는 재무상태표의 경우에 자산총계 혹은 부채와자본총계를 100%로 정하고 다른 각 항목들의 상대적인 비중으로 나타내는 방법이다. 포괄손익계산서의 경우는 총매출액을 100%로 정하고 각 수익 및 비용 항목들을 매출액에 대한 상대적인 비율로 나타내게 된다. 이렇게 재무제표의 각 구성 항목들이 상대적인

표 5-1 **공통형 재무상태표**

연결재무상태표

회사명: 넥센타이어(주) (단위: 백만원, %)

과 목	2014		2013		2012	
자 산						
I. 유동자산	730,036	**28.89**	734,963	**31.96**	685,960	**33.43**
현금 및 현금성자산	53,057	**2.10**	66,266	**2.88**	46,019	**2.24**
단기금융상품	101,418	**4.01**	85,460	**3.72**	42,038	**2.05**
매출채권	284,975	**11.28**	280,779	**12.21**	291,276	**14.19**
재고자산	251,507	**9.95**	263,379	**11.45**	265,241	**12.93**
II. 비유동자산	1,797,304	**71.11**	1,564,850	**68.04**	1,366,121	**66.57**
비유동매도가능금융자산	37,954	**1.50**	38,097	**1.66**	42,120	**2.05**
유형자산	1,702,400	**67.36**	1,482,192	**64.45**	1,277,874	**62.27**
영업권 이외의 무형자산	13,144	**0.52**	7,923	**0.34**	5,523	**0.27**
투자부동산	8,651	**0.34**	10,826	**0.47**	24,437	**1.19**
이연법인세자산	23,192	**0.92**	15,575	**0.68**	6,038	**0.29**
자산총계	2,527,340	**100.00**	2,299,813	**100.00**	2,052,082	**100.00**
부 채						
I. 유동부채	579,630	**22.93**	695,131	**30.23**	641,766	**31.27**
매입채무	81,602	**3.23**	55,758	**2.42**	62,452	**3.04**
기타유동부채	122,753	**4.86**	138,551	**6.02**	141,737	**6.91**
단기차입금	321,653	**12.73**	456,214	**19.84**	399,173	**19.45**
당기법인세부채	14,908	**0.59**	17,453	**0.76**	15,422	**0.75**
기타유동비금융부채	38,675	**1.53**	27,005	**1.17**	22,982	**1.12**
II. 비유동부채	1,014,345	**40.13**	807,681	**35.12**	729,765	**35.56**
장기차입금	848,612	**33.58**	683,970	**29.74**	615,289	**29.98**
퇴직급여채무	148,306	**5.87**	111,730	**4.86**	100,443	**4.89**
비유동충당부채	5,056	**0.20**	4,038	**0.18**	3,420	**0.17**
기타비유동비금융부채	7,619	**0.30**	4,969	**0.22**	4,458	**0.22**
부채총계	1,593,975	**63.07**	1,502,812	**65.34**	1,371,531	**66.84**
자 본						
I. 납입자본	53,458	**2.12**	52,710	**2.29**	52,710	**2.57**
II. 주식발행초과금	25,961	**1.03**	5,545	**0.24**	5,545	**0.27**
III. 이익잉여금(결손금)	803,815	**31.80**	694,315	**30.19**	574,613	**28.00**
IV. 기타자본구성요소	44,747	**1.77**	40,391	**1.76**	44,976	**2.19**
기타포괄손익누계액	22,416	**0.89**	18,059	**0.79**	22,644	**1.10**
기타자본	22,331	**0.88**	22,331	**0.97**	22,331	**1.09**
V. 비지배지분	5,384	**0.21**	4,039	**0.18**	2,707	**0.13**
자본총계	933,365	**36.93**	797,001	**34.66**	680,551	**33.16**
자본과부채총계	2,527,340	**100.00**	2,299,813	**100.00**	2,052,082	**100.00**

표 5-2 공통형 연결포괄손익계산서

공통형 연결포괄손익계산서

회사명: 넥센타이어(주)

(단위: 백만원, %)

과 목	2014		2013		2012	
매출액	1,758,782	**100.00**	1,728,240	**100.00**	1,706,160	**100.00**
매출원가	1,197,754	**68.10**	1,239,242	**71.71**	1,249,359	**73.23**
매출총이익	561,028	**31.90**	488,998	**28.29**	456,801	**26.77**
물류원가	87,052	**4.95**	85,947	**4.97**	79,578	**4.66**
판매비와관리비	265,421	**15.09**	226,020	**13.08**	197,003	**11.55**
영업이익(손실)	208,555	**11.86**	177,032	**10.24**	180,221	**10.56**
기타수익	4,119	**0.23**	12,132	**0.70**	4,553	**0.27**
기타비용	7,969	**0.45**	6,011	**0.35**	5,264	**0.31**
금융수익	61,049	**3.47**	60,722	**3.51**	62,646	**3.67**
이자수익	6,265	**0.36**	7,014	**0.41**	6,616	**0.39**
외환차익	47,230	**2.69**	44,242	**2.56**	42,564	**2.49**
외화환산이익	7,283	**0.41**	9,244	**0.53**	13,465	**0.79**
기타금융수익	270	**0.02**	222	**0.01**	0	**0.00**
금융원가	101,676	**5.78**	82,465	**4.77**	84,033	**4.93**
이자비용	32,155	**1.83**	37,363	**2.16**	32,261	**1.89**
외화차손	37,098	**2.11**	31,725	**1.84**	35,937	**2.11**
외화환산손실	30,045	**1.71**	13,043	**0.75**	15,177	**0.89**
기타금융비용	2,378	**0.14**	334	**0.02**	657	**0.04**
법인세비용차감전순이익(손실)	164,077	**9.33**	161,419	**9.34**	158,123	**9.27**
법인세비용	34,239	**1.95**	37,452	**2.17**	23,832	**1.40**
계속기영업이익(손실)	129,838	**7.38**	123,968	**7.17**	134,292	**7.87**
당기순이익(손실)	129,838	**7.38**	123,968	**7.17**	134,292	**7.87**
기타포괄손익	−8,109	**−0.46**	−1,486	**−0.09**	−14,639	**−0.86**
매도가능금융상품평가이익	851	**0.05**	−5,825	**−0.34**	4,238	**0.25**
해외사업환산손익	3,505	**0.20**	1,239	**0.07**	−8,461	**−0.50**
보험수리적 손익	−12,466	**−0.71**	3,096	**0.18**	−10,393	**−0.61**
총포괄손익	121,728	**6.92**	122,481	**7,09**	119,652	**7.01**
주당이익(손실)	1,273		1,227		1,333	

비율로 표시되면, 자산구조, 자본구조, 수익구조, 그리고 비용구조들의 전체적인 윤곽이 드러나게 된다.

공통형 재무제표들을 시계열적으로 들여다보면 기업의 자산구조, 자본구조, 수익구조, 그리고 비용구조들의 시계열적 변화를 한 눈에 살펴보는 이점이 있다. 또한 공통형 재무제표들을 상호비교 기업들과 상대적으로 비교하면 위와 같은 기업의 구조적인 특징들을 쉽게 확인할 수 있다. 그러므로 공통형 재무제표의 작성은 비율분석을 시행하기 이전에 수행되어야 할 필수적인 과제이다.

5.3 유동성 비율

유동성 비율은 기업의 단기채무 지급능력에 대한 정보를 제공해 주는 재무비율이다. 기업의 단기채무에 대한 지급능력은 금융기관이나 채권자들에게 중요한 관심사이다. 금융기관들은 단기대출에 대한 상환능력에 관심이 있을 것이고, 채권자들은 원리금의 회수가 중요한 과제일 것이기 때문이다.

기업의 단기채무란 통상 1년 이내에 만기가 도래하는 채무를 의미하는데, 유동부채의 각 항목으로 표시되어 있다. 단기채무를 지급하기 위해 단기적으로 동원할 수 있는 자산은 유동자산들이다. 따라서 기업의 유동성을 평가하기 위해서는 유동부채에 비하여 어느 정도의 유동자산을 보유하고 있는가를 살펴보게 된다.

기업의 유동성을 평가하기 위해서 흔히 사용되는 재무비율에는 유동비율, 당좌비율, 순운전자본구성비율, 그리고 영업비용방어기간과 같은 재무비율들이 있다. 유동비율은 유동부채에 대한 유동자산의 비율을, 당좌비율은 유동부채에 대한 당좌자산의 비율을, 그리고 순운전자본구성비율은 총자본 중에서 순운전자본이 차지하는 비중을 나타낸다. 물론 이러한 비율들은 재무상태표의 항목들을 이용하는 정태적인 비율들이다.

하지만 기업이 단기적으로 지급해야 하는 항목들이 재무상태표상의 유동부채에만 한정되어 있는 것은 아니다. 단기적으로 예정된 지급이자나 일상적인 영업활동을 수행하는 데 필수적인 노무비, 재료비, 제세공과 등도 기업이 단기적으로 지급해야 하는 항목들이다. 영업비용방어기간과 같은 동태적인 유동성 비율은 기업이 일상적인 영업활동에 필요한 자금을 지급할 능력이 있는지를 분석하는 비율이다.

유동비율

유동비율(current ratio)은 유동부채에 대한 유동자산의 비율로서 기업의 유동성을 측정하는 대표적 재무비율이다. 유동자산은 단기채무인 유동부채를 지급하는 데 동원되는 경제적 자원이기 때문에 유동비율이 높을수록 유동성이 높은 것으로 판단하게 된다.

$$\text{유동비율}(\%) = \frac{\text{유동자산}}{\text{유동부채}} \times 100$$

유동비율은 전통적으로 은행가들이 기업의 단기적 신용도를 평가하는 데 사용해 왔으므로 은행가비율(banker's ratio)이라고도 불리는데, 과거에는 '2:1'의 원칙이라는 것을 적용하여 왔다. '2:1'의 원칙은 유동자산이 유동부채의 2배 이상이 되어야 건전한 신용도를 갖는 것으로 판단한다는 의미이다. 유동자산과 유동부채의 비율을 1:1을 기준으로 하지 않은 이유는 매출채권이나 재고자산은 상대적으로 유동성이 떨어지는 점을 감안했기 때문이다.

그러나 오늘날에는 '2:1'의 원칙을 크게 중요시하지 않는다. 왜냐하면 유동비율의 적정성은 경제상황이나 업종에 따라 다르게 평가해야 하기 때문이다. 경제상황에 따라서 매출채권의 회수 가능성이 달라질 수도 있고, 재고자산도 업종에 따라 성격이 다른 경우가 많기 때문이다. 예를 들어 유통업의 재고자산과 생산에 오랜 기간이

부채상환의 안전도가 높은 것으로 판단할 가능성이 높은 것이다. 즉 채권자들은 레버리지인 부채의 비중을 자신들의 원리금 상환에 대한 안전도(margin of safety)와 연관지어 판단하는 경향이 있다.

둘째, 주주들은 기업의 레버리지를 손익확대효과의 측면에서 인식한다. 손익확대효과란 이익이 증가하는 상황에서는 이익을 확대시키지만, 손실이 발생하는 상황에서는 손실을 확대시키는 기능을 의미한다. 즉 레버리지의 증가는 수익이 증가하는 경우에는 주주에게는 이익을 확대시키지만, 손실이 발생했을 경우에는 손실을 확대시켜서 기업의 위험을 증폭시킬 가능성이 크다.

셋째, 경영자에 있어서 적정한 재무구조를 갖는다는 것은 기업의 안정과 성장에 대한 정책도구로서의 의미를 갖는다. 안정적인 정책을 선호하는 경영자는 낮은 레버리지를 선택할 것이고, 성장을 중시하는 경영자는 높은 레버리지를 선택할 것이다. 어느 경영정책을 선정하느냐는 것은 경영자의 몫이지만, 어쨌든 기업의 미래에 중요한 영향을 미치게 되는 것이다.

기업이 높은 재무레버리지를 유지하면 높은 수익을 얻는 동안에는 이익을 확대하는 효과가 있기 때문에 기업의 성장전략으로서 바람직할 수 있다. 하지만 전반적인 경기가 하강국면으로 전환된다거나 업종이 쇠퇴기에 들어가는 경우에는 손실을 확대시켜서 기업의 생존을 위협할 가능성이 있다.

다른 여러 부문의 의사결정과 마찬가지로 레버리지 비율도 양날을 가진 칼과 같은 측면이 있다. 적정한 타인자본의 사용에 대한 결정은 타인자본 사용으로 인한 수익 증가의 가능성과, 상대적으로 위험 증가의 가능성이라는 상반관계를 동시에 고려해야 될 문제이다.

통상 레버리지 비율은 두 가지 방법으로 측정된다. 하나는 정태적 측면에서 자본구조를 나타내는 부채비율을 가지고 측정하는 방법이고, 다른 하나는 동태적 측면에서 고정적으로 발생하는 재무비용, 즉 지급이자, 우선주배당, 임차료 등과 같이 자본조달의 대가로 고정적으로 지출하여야 할 비용을 부담할 능력을 가지고 파악하는 방법이다.

부채비율

부채비율은 부채를 자기자본으로 나눈 비율을 사용하기도 하고, 경우에 따라서는 부채를 총자본으로 나눈 부채구성비율을 사용하기도 한다. 총자본의 구성이 부채와 자기자본으로 되어 있으므로, 부채비율과 부채구성비율은 계산한 숫자는 다르지만 부채가 차지하는 비중을 나타낸다는 점에서는 마찬가지 의미이다.

그러나 어떤 특정한 부채비율이 부채를 자기자본으로 나눈 값을 사용하는지, 아니면 부채를 총자본으로 나눈 값을 사용하는지는 서로간의 의사전달을 위해서 명확히 할 필요는 있다. 왜냐하면 부채비율이 50%라고 할 때, 부채의 비중이 자기자본의 50%라는 사실과 총자본의 50%라는 사실은 분명한 차이가 있기 때문이다. 우리가 통상 부채비율이라고 할 때는 부채를 자기자본으로 나눈 값을 사용하는 경우가 많고, 부채를 총자본으로 나눈 값은 부채구성비율이라고 하기 때문이다.

$$부채비율(\%) = \frac{총부채}{자기자본} \times 100$$

$$부채구성비율(\%) = \frac{총부채}{총자본} \times 100$$

부채비율의 계산과 관련하여 몇 가지 고려해야 할 것들이 있다. 첫째, 부채를 합산하는 데 있어서 이자지급채무(interest bearing debt)만을 포함시킬 것인지, 아니면 매입채무나 미지급금과 같이 이자를 지급하지 않는 부채도 포함시킬 것인가의 문제이다. 후자의 경우는 부채이기는 하지만 일상적인 영업활동의 결과로 나타나는 것이기 때문에 제외하는 것이 타당하다는 주장도 일부 있으나, 보수적인 견지에서 모든 부채를 포함시키는 것이 일반적이다.

둘째, 부채와 자기자본의 분류에 관한 문제이다. 실질적 기준을 따른다면 부채의 범위에는 리스(lease)나 자회사 채무보증과 같은 부외부채(off-balance-sheet debt)와 자기자본이지만 부채와 유사한 성격을 가진 우선주 등이 포함될 수도 있는 것이다. 즉 부채의 범위를 어디까지로 볼 것인지의 문제인데, 일반적으로는 재무상태표의 부채 항목으로 인식한다.

셋째, 자기자본과 부채의 분류가 이루어진 다음에는 이를 장부가치(book value)로 할 것인가 아니면 시장가치(market value)를 기준으로 할 것인가의 문제이다. 장부가치로 하는 경우에는 실질적인 자료 이용과 계산이 편리하다는 장점이 있지만, 실제가치를 반영하지 못한다는 단점이 있다. 특히 높은 인플레이션 상황에서는 자기자본이나 총자본은 과소평가되는 경향이 있다. 반면에 시장가치 기준으로 측정하면 실세를 반영하여 실질적인 부채비율을 구하는 이론적인 이점은 있지만, 현실적으로 시장가치를 어떻게 평가할 것인지는 그리 간단한 문제만은 아니다.

부채비율은 전통적인 유동비율처럼 두 항목이 모두 일정 시점의 재무상태표로부터 계산된 것이기 때문에 정태적인 성격을 지니고 있다. 정태적인 비율들은 그때 당시의 재무상태를 분석하는 도구로서 유용하지만 기업의 동태적인 능력을 나타내는 데는 한계가 있다.

부채비율 200%: 우리나라가 외환위기를 맞은 후에 기업들의 생존에 관하여 큰 영향을 미친 항목 중의 하나가 부채비율이다. 외환위기 이후에 우리나라의 많은 기업들은 생존투쟁에 돌입하였는데, 금융기관들에게는 소위 BIS비율이라고 불린 국제청산은행의 위험을 가중한 자기자본비율이 생존을 위한 절대적인 기준처럼 적용되었고, 일반 기업들의 경우에도 부채비율은 생존을 위한 지침으로 받아들여졌다.

특히 대기업들의 경우에는 부채비율 200%가 생존을 위한 공식이었다. 기업들이 부채비율을 200% 이하로 낮추지 못한다면 다양한 형태의 규제를 통하여 생존을 보장받기 어려운 것이 현실이었다. 당시 우리나라 기업들은 급격한 구조조정의 소용돌

이에서 살아남기 위해서 모든 노력을 경주하고 있었다. 당시의 상황에서는 여러 가지 규제 지침 중에서 조금만 어긋나도 도태될 가능성이 높았다. 그러므로 부채비율 200%가 생존을 위한 공식으로 인식되었던 것이다.

부채비율이 기업의 안정성과 관련된 중요한 비율이라는 사실을 부인할 수는 없다. 부채비율이 높으면 레버리지가 높은 것이다. 레버리지가 높다는 것은 수익력이 보장되는 상황에서는 기업의 성장성에 크게 기여할 것이지만, 경제상황이 침체기에는 파산의 가능성이 심각히 높아지는 것이다. 당시 우리나라 기업들은 부채비율이 상당히 높았으므로, 부채비율을 낮추는 것이 매우 중요한 과제였던 것은 사실이다.

하지만 어떤 특정한 부채비율이 기업의 생사를 결정할 만큼 절대적인 의미를 지녔는지는 분명하지 않다. 부채비율이 200%보다 낮다는 것이 어떤 경우에도 기업의 생존을 보장한다는 근거는 어디에도 없는 것이다. 부채비율이 어느 정도가 되어야 한다는 것은 당시의 경제상황이나 업종의 형편에 따라 다르게 평가되어야 할 것이다.

이자보상비율과 재무비용보상비율

이자보상비율(interest coverage ratio)은 기업의 이자지급 능력을 나타내는 비율이다. 앞에서 설명한 부채비율은 일정 시점의 재무상태표로부터 계산된 것이기 때문에 정태적 성격을 가지며 채무상환에 필요한 현금흐름을 고려하지 못하는 단점이 있다. 따라서 채무상환에 필요한 현금흐름에 주목하여 채무지급 능력을 평가하고자 하는 것이 보상비율들(coverage ratios)이다. 이자보상비율은 이자 및 법인세전이익(earnings before interest and taxes: EBIT)이 지급이자의 몇 배인가로 계산된다. 이자 및 법인세전이익은 당기순이익에 법인세와 이자비용을 합한 것이다. EBIT와 영업이익과의 차이는 재무활동 및 투자활동에 의한 이익도 포함된다.

$$이자보상비율(배) = \frac{이자\ 및\ 법인세전이익(EBIT)}{지급이자}$$

이자보상비율에 깔려 있는 기본적인 사고방식은 기업의 이자지급 능력을 측정하려는 것이다. 관점에 따라서는 보수적인 관점에서 이자 및 법인세전이익(EBIT)이 아니고 영업이익을 지급이자로 나누는 경우도 있다.

이자보상비율은 기업이 부담하는 고정재무비용 중에서 지급이자만을 고려하고 있다. 그러나 기업이 고정적으로 부담하는 금융비용에는 이자비용 외에도 리스료 및 임차료 등이 고정재무비용으로서 무시할 수 없는 비중을 차지하는 경우가 많다. 따라서 지급이자, 리스료 및 임차료 모두를 포함한 고정적인 재무비용의 지급능력을 평가할 필요가 있으며 이를 위해서 재무비용보상비율(fixed charge coverage)이 사용된다.

$$재무비용보상비율(배) = \frac{이자\ 및\ 법인세전이익(EBIT)}{고정재무비용}$$

현금흐름보상률

현금흐름보상률이 이자보상비율이나 재무비용보상비율과 다른 점은 현금흐름의 관점에서 보상비율들을 살펴본다는 것이다. 이자보상비율이나 재무비용보상비율은 분자가 손익계산서상의 이익의 관점이다. 하지만 현금흐름보상률의 분자는 이자 및 법인세전 영업활동 현금흐름이다. 이자 및 법인세전 영업활동 현금흐름(Earnings Before Interest, Taxes, Depreciation and Amortization: EBITDA)은 이자 및 법인세 감가상각비 차감전 영업이익을 말하는데, 이것은 이자비용, 세금, 감가상각비용 등을 빼기 전 순이익을 의미한다. 이자 및 법인세전 영업활동 현금흐름의 계산은 EBIT에 감가상각비용을 합한 것이다. 감가상각비용을 합하는 이유는 감가상각비용이 현금의 지출을 요구하지 않는 비용 항목이기 때문이다.

$$\text{현금흐름보상률(배)} = \frac{\text{이자 및 법인세전 영업활동 현금흐름}}{\text{고정재무비용}}$$

기업이 영업활동에서 얻는 현금흐름은 영업활동 현금유입에서 영업활동 현금유출을 차감한 순현금유입을 말한다. 그런데 현금흐름표에 나타나는 영업활동 현금흐름에는 고정재무비용이 정확히 나타나지 않는다. 따라서 전체적인 영업활동에 의한 현금유입을 계산하기 위해서는 고정재무비용을 합하는 것이다. 세후의 비용을 계산하는 이유는 모든 현금흐름은 세후의 관점에서 보아야 하기 때문이다.

5.5 안정성 비율

안정성 비율(stability ratios)은 경기변동에 대한 기업의 장기적인 대응 능력을 측정하는 비율이다. 기업이 비유동자산에 많이 투자하게 되면 경기변동에 대응하는 능력이 떨어지는 것이 일반적이다. 왜냐하면 비유동자산은 경기상황의 변화에 따라 단기적인 대응이 어려운 것이 대부분이기 때문이다.

통상 기업의 안정성은 장기자본 조달액에 대한 비유동자산 투자액의 비중을 가지고 분석한다. 왜냐하면 장기자본은 상대적으로 장기적이고 안정적인 자본으로 평가될 수 있는데, 장기자본으로 유동성이 떨어지는 비유동자산에 투자했다면 상대적으로 안정성이 높다고 할 것이다. 반면에, 단기적인 재원으로 비유동자산에 투자했다면 경제상황이 우호적이 아닌 경우에는 기업의 대응능력이 떨어지고 안정성이 위협받을 수 있다.

고정비율

고정비율(fixed ratio)은 안정성을 평가하는 주요 비율로서, 자기자본에 대한 비유동자산의 비율로 계산된다. 자기자본은 가장 안정적이고 장기적인 투자재원이기 때문에 장기적으로 자금이 묶이는 비유동자산 등이 얼마나 안정적이고 장기적인 자금으로 조달되었는지를 측정하는 의미가 있는 것이다.

$$고정비율(\%) = \frac{비유동자산}{자기자본} \times 100$$

전통적으로 고정비율은 낮을수록 안정성이 높으며 고정비율이 100% 이하일 때에 양호한 것으로 판단되어 왔다. 이는 비유동자산이 원칙적으로 자기자본에 의해 조달되어야 한다는 사고방식에 기초한 것이다. 그러나 거액의 설비투자를 필요로 하는 장치산업에 있어서는 소요자금을 모두 자기자본만으로 충당한다는 것은 비현실적이기 때문에, 절대적인 고정비율의 수치에 크게 제약될 필요는 없다.

고정장기적합률

고정장기적합률은 고정비율이 가지는 비현실적인 한계점을 보완하고자 하는 비율이다. 왜냐하면 현대의 기업들은 대규모의 비유동자산에 투자하는 경우가 많은데, 그것을 모두 자기자본에 의해 조달한다는 것은 비현실적이기 때문이다. 고정장기적합률(non-current assets to long-term capital ratio)은 비유동자산을 장기자본으로 나누어 계산한다. 즉 분자의 비유동자산은 고정비율의 경우와 마찬가지이고, 분모의 자기자본이 장기자본으로 바뀐 것이다. 장기자본은 일반적으로 투자에 동원되는 재원으로서 자기자본과 장기부채를 포함한다.

$$고정장기적합률(\%) = \frac{비유동자산}{장기부채 + 자기자본} \times 100$$

안정성의 측면에서 볼 때, 이 비율 역시 100% 이하일 때 양호한 것으로 해석되어 왔으며 낮을수록 안정성이 높은 것으로 인식된다. 이러한 해석은 비유동자산의 취득에 필요한 모든 자금이 자기자본에 의하여 조달되는 것이 사실상 불가능한 경우가 많기 때문에, 부족한 자금의 일부가 비교적 안정성이 높은 장기부채에 의해 조달되는 것이 안정적이라는 의미이다.

안정성과 상대적인 개념은 수익성과 성장성이다. 기업이 안정성을 과도하게 추구하다보면 수익성과 성장성을 희생시키는 경우가 있다. 즉 안정적인 경영만을 추구한다면 성장의 이익을 얻지 못하는 경우가 발생할 수 있다. 그러므로 안정성을 분석하는 경우에도 안정성이 수익성 혹은 성장성과 어떤 관계에 있는지 파악하고 여러 상황을 종합적으로 분석해서 판단해야 할 것이다.

5.6 수익성 비율

기업은 수익성을 추구하여 기업가치를 증가시키려는 경제주체이다. 수익성은 경영성과를 나타내는 대표적인 지표로서 투자자, 경영자, 채권자 등 이해관계자들이 중요한 정보로 사용한다. 기업의 장기적인 성장과 생존 가능성은 기본적으로 수익성으로 뒷받침되지 않으면 안 된다. 수익성을 측정하는 재무비율들은 경영의 유효성(effectiveness)을 나타낸다고 볼 수 있다.

기업의 수익성은 두 가지 관점에서 살펴볼 수 있다. 하나는 매출액에 대비하여 이익의 정도를 측정하는 매출액 대비 이익률이다. 매출액 대비 이익률은 분모를 매출액으로 놓고, 분자에 각 이익 항목을 놓아서 계산한다. 이 비율들은 모두 매출에 대한 마진(profit margin)이라는 의미를 가진다.

다른 하나는 투입 자산과 대비하여 이익을 측정하는 투자액 대비 이익률이다. 투자액 대비 이익률의 비율들은 통상 투자수익률(ROI: return on investment)로 불리는데, 투자자산을 어떻게 정의하느냐에 따라 여러 가지 수익성 비율들이 계산된다. 투자자산으로는 총자산, 자기자본, 경영자본, 장기자본 등을 생각해 볼 수 있고, 투자성과의 측정치로는 당기순이익, 영업이익과 매출총이익을 사용할 수 있다. 이들 중에서 경제적으로 의미가 있는 것들의 조합이 수익성 비율로서 사용된다.

수익성 비율을 이용하는 경우에 유의할 점은 각종 이익지표들이 기업의 실질적인 현금흐름과 차이가 있을 수 있다는 점이다. 경우에 따라서는 회계적 이익이 크더라도 자금 사정은 나쁠 수도 있기 때문에, 수익성을 평가하는 경우에는 유동성 분석이나 현금흐름 분석으로 보완하는 것이 좋을 것이다.

매출액총이익률, 매출액영업이익률 및 매출액순이익률

이 세 가지 비율들은 매출액으로부터 각종 비용을 차감한 후의 이익이 어느 정도인가를 나타내주는 비율로서, 흔히 말하는 마진(margin)과 동일한 의미를 갖는다. 매출액총이익률(gross margin on sales)은 매출액에서 매출원가를 차감한 후의 이익인 매출총이익과 매출액을 대비하여 계산한다. 매출총이익은 기업의 생산활동에 대한 성과이고, 기업의 입장에서는 가장 원천적인 수입이기 때문에 수익성에 결정적인 영향을 미치는 경우가 많다.

$$\text{매출액총이익률}(\%) = \frac{\text{매출총이익}}{\text{매출액}} \times 100$$

매출액영업이익률(operating margin on sales)은 영업이익을 매출액으로 나누어 계산한다. 영업이익은 기업의 핵심적 활동인 생산, 판매, 영업, 그리고 관리활동에서 발생하는 비용을 매출액에서 차감하여 구한 것이다. 즉 매출총이익에서 판매비와 관리비를 차감한 금액이 영업이익인데, 이는 기업의 영업활동의 성과이다.

매출액영업이익률은 전체적으로 영업효율성을 나타내는 비율인데 영업효율성은 생산효율성과 관리효율성으로 구분할 수 있다. 생산효율성은 매출총이익률에 의해 표시되고, 그것과 매출액영업이익률의 차이가 관리효율성을 나타낸다. 따라서 마진 변화가 어느 부문의 효율성에 기인한 것인지를 평가해서 효율성을 높일 수 있을 것이다.

$$\text{매출액영업이익률}(\%) = \frac{\text{영업이익}}{\text{매출액}} \times 100$$

매출액순이익률(net profit on sales)은 당기순이익을 매출액으로 나누어 계산한다. 당기순이익은 해당 기간 동안에 발생한 경영성과의 최종 결과이다. 생산활동과 영업활동뿐만 아니라 투자와 재무활동의 결과를 포함한다.

$$\text{매출액순이익률}(\%) = \frac{\text{당기순이익}}{\text{매출액}} \times 100$$

기업의 최종적인 영업성과인 매출액순이익률은 영업효율성과 재무효율성으로 나누어 볼 수 있는데, 재무효율성은 자본조달정책의 효율성과 투자정책의 효율성이라는 두 가지 측면에서 살펴볼 수 있다.

$$\frac{\text{당기순이익}}{\text{매출액}} = \frac{\text{영업이익}}{\text{매출액}} \times \frac{\text{당기순이익}}{\text{영업이익}}$$

총자산이익률과 경영자본영업이익률

투자자산으로부터 어느 정도의 이익이 얻어졌는가를 알기 위해 흔히 이용하는 재무비율이 총자산이익률, 경영자본영업이익률 및 자기자본순이익률 등이다. 총자산이익률(ROA: return on assets)은 회계적 이익을 총자산으로 나누어서 계산되는데 총자산에 대한 각각의 이익률로 나타낸다. 총자산이익률은 투자한 전체 총자산에 대한 투자효율성을 평가하는 비율이다.

총자산영업이익률(operating income to total assets)은 영업이익을 총자산으로 나누어 계산하는 것으로서, 기업이 사용하고 있는 총자산이 기업의 핵심적인 영업활동으로부터 어느 정도의 이익을 내는지를 평가한다. 즉 기업의 총자산을 이용한 영업의 효율성을 의미하는 비율이다.

$$\text{총자산영업이익률}(\%) = \frac{\text{영업이익}}{\text{총자산}} \times 100$$

총자산순이익률(net income to total assets)은 기업의 최종적 성과인 당기순이익을 기업의 총자산과 대비하여 계산한다. 총자산순이익률이 총자산영업이익률과 다른 점은 당기순이익과 영업이익의 차이이다. 영업이익과 당기순이익의 차이는 기업의 재무활동의 결과가 영향을 미친다.

$$\text{총자산순이익률}(\%) = \frac{\text{당기순이익}}{\text{총자산}} \times 100$$

총자산은 부채와 자기자본을 합한 것이므로 총자산을 이용하여 영업활동을 어느 정도 효율적으로 하였는가를 나타내기 위해서는 총자산영업이익률이 의미가 있을 것이다. 기업의 영업효율성을 판단하기 위해서 수년간의 총자산영업이익률을 평균한다면 순수한 영업활동으로부터 기대할 수 있는 이익창출능력에 대한 평가가 가능할 수도 있다.

경영자본영업이익률(operating income to business capital)은 경영자본의 운용결과로 획득한 영업이익을 경영자본으로 나누어 계산하는 재무비율로서, 기업자산의 수익력을 적절하게 나타내는 것으로 간주된다. 여기에서 경영자본은 총자산에서 경영활동에 직접 사용되지 않았던 건설가계정, 투자와 기타자산 및 이연자산을 차감한 값이다.

$$\text{경영자본영업이익률}(\%) = \frac{\text{영업이익}}{\text{경영자본}} \times 100$$

자기자본순이익률

자기자본순이익률(ROE: return on equity)은 자기자본에 의하여 조달된 부분의 수익성을 나타낸다. 이 비율은 보통주주에게 귀속되는 납세후순이익을 자기자본으로 나누어 계산한다. 총자산이익률(ROA)이 기업의 전체적인 입장에서 살펴본 비율이라면 자기자본이익률은 주주 입장에서 수익성을 평가하는 비율이라고 할 수 있다. 왜냐하면 순이익이야말로 경영성과 중에서 주주들에게 할당되는 부분이기 때문이다. 여기서 자기자본은 자본금뿐만 아니라 이익잉여금과 자본잉여금까지 포함한 금액을 말한다.

$$\text{자기자본순이익률}(\%) = \frac{\text{당기순이익}}{\text{자기자본}} \times 100$$

자기자본순이익률은 기업의 경영자본영업이익률, 평균이자율, 부채비율, 법인세율 등에 의해서 결정된다. 즉 기업의 자기자본순이익률은 경영자본영업이익률이 높을수록, 부채에 대한 이자율과 법인세율이 낮을수록, 그리고 영업이익률이 이자율보다 높은 경우에는 부채비율이 높을수록 보다 높아진다. 그러므로 경영자본이익률이 이자율보다 높을 경우 부채의 증가는 자기자본순이익률을 증가시키지만 경영자본영업이익률이 부채의 평균이자율보다 낮다면 자기자본순이익률은 오히려 떨어지게

가를 측정하는 것이고, 총자산의 효율적인 이용을 측정하는 대표적인 비율이다. 총자산회전율이 높으면 총자산 1단위의 투자로 상대적으로 높은 매출액을 실현하는 것이므로 기업에 투하된 총자산의 이용이 효율적인 것으로 평가될 것이다.

$$\text{총자산회전율(회)} = \frac{\text{매출액}}{\text{총자산}}$$

회전율이 높다는 것은 자산의 효율적인 이용이라는 측면에서는 바람직한 것이지만, 회전율이 높다고 해서 일방적으로 경영의 성과가 좋은 것으로 판단할 수는 없다. 통상 회전율이 높은 경우에는 마진이 낮은 경우가 많다. 총자산수익률은 매출액이익률과 총자산회전율의 곱으로 얻어지기 때문에 총자산회전율을 해석할 때에는 마진율을 나타내는 매출액이익률도 함께 관찰하여야 한다.

$$\begin{aligned}\text{총자산수익률} &= \frac{\text{순이익}}{\text{총자산}} = \frac{\text{매출액}}{\text{총자산}} \times \frac{\text{순이익}}{\text{매출액}} \\ &= \text{총자산회전율} \times \text{매출액순이익률}\end{aligned}$$

또한 인플레이션이 장기간에 걸쳐 진행된 상황에서는 총자산회전율의 해석에 주의해야 한다. 앞에서 언급하였듯이 재무상태표 항목인 총자산은 구입 당시의 역사적 원가에 의해 기록되어 있다. 그러므로 인플레이션이 상당히 진행된 상황에서 자산재평가가 적절히 이루어지지 않은 경우에는 자산이 실제가치보다 과소계상되어 회전율이 높게 나타날 수 있으므로 주의하여야 한다.

비유동자산회전율

비유동자산회전율(fixed assets turnover)은 비유동자산의 이용능률과 적정한 투자 여부를 나타내 주는 척도로서 매출액을 비유동자산으로 나누어 계산된다. 비유동자산회전율이 높으면 주어진 매출액에 대하여 비유동자산을 상대적으로 적게 투자한 것이므로, 비유동자산 이용의 효율성이 높다고 평가할 수 있다.

$$비유동자산회전율(회) = \frac{매출액}{비유동자산}$$

그러나 비유동자산회전율을 평가하는 데 주의할 점이 있다. 기업이 노후화된 기계를 많이 보유하고 있는 경우에는 감가상각이 많이 진행되어서 장부상의 비유동자산 금액은 적게 기록된다. 이 경우 비유동자산회전율은 높아지게 되는데, 비유동자산 이용의 효율성이 높은 것으로 잘못 해석될 가능성이 있게 된다. 실제로는 노후화된 장비가 문제인데도 말이다. 노후화된 장비가 많다면 제조원가가 올라갈 것이고 수익성은 좋은 결과들을 나타내지 못할 것이다. 실제적으로 수익성 비율이 불량함에도 불구하고 비유동자산회전율이 높으면 그 원인이 노후화된 기계에 기인하는 것은 아닌지 살펴보아야 한다.

비유동자산회전율을 여러 기간에 걸쳐서 시계열 자료를 가지고 분석하다보면 기간에 따라 상당한 기복을 보이는 경우가 있다. 이러한 현상은 매출액과 비유동자산의 변화가 동시에 발생하지 않는 경우가 많기 때문에 나타난다. 비유동자산에 대한 투자는 큰 금액이 일시적으로 발생하고, 그것의 효과로서 나타나는 매출액은 상당한 기간에 걸쳐서 나타나는 속성을 지녔기 때문이다.

그러므로 새로운 시설의 도입과 같이 비유동자산에 큰 투자가 발생한 직후에는 비유동자산회전율이 급격히 하락하는 현상이 나타나는 것이 일반적이다. 이러한 현상은 특히 대규모의 시설투자가 동반되는 장치산업의 경우에 뚜렷이 나타난다. 이 경우 비유동자산회전율의 하락은 비유동자산 이용에 대한 효율성의 저하로 인식할 것이 아니라, 미래의 성장성에 대한 긍정적인 현상으로 보아야 할 것이다.

재고자산회전율

재고자산회전율(inventory turnover)은 매출액을 재고자산으로 나누어 계산하는데, 재고자산이 연간 몇 회전하는지를 나타낸다. 재고자산회전율은 재고자산 관리의 효율성을 나타낸다.

$$\text{재고자산회전율(회)} = \frac{\text{매출액}}{\text{재고자산}}$$

재고자산회전율이 낮으면 재고자산에 과다하게 투자되어 자금이 재고자산에 묶여있는 기간이 장기화되고 있음을 의미한다. 반면에 재고자산회전율이 높으면 재고자산이 매출액에 비해서 작은 것이므로 효율적으로 이용되고 있다고 볼 수 있다. 근래에 제조업의 경우에 재고자산을 최소화하는 것이 최선의 효율적인 생산방식으로 인식되는 경향이 있다. 하지만 최소한의 재고자산이 항상 최적규모의 재고자산을 의미하는 것은 아니다.

재고자산회전율은 재고자산이 매출액과 적절한 균형관계를 유지하는 것을 전제하고 있다. 이 비율이 지나치게 높으면 재고자산 투자가 너무 적어 긴급한 수요에 적절하게 대응하기 어렵다는 것을 나타낸다. 이 비율이 지나치게 낮으면 재고자산에의 투자가 너무 많아서 불필요한 재고자산 보유에 따른 기회비용이 발생하고 있다는 것을 의미한다.

재고자산회전율의 계산에서 고려해야 할 두 가지 점을 설명하고자 한다. 첫째, 재고자산회전율을 구하는 식에 관해서 생각해보자. 위의 식은 분자에 매출액을 사용하고 있는데, 매출액을 사용하는 것이 옳은지 아니면 매출원가로 사용하는 것이 옳은지에 대한 견해이다. 매출액은 시장가격으로 평가되지만 재고자산은 매입원가로 측정된다. 따라서 분자와 분모의 평가방법의 일관성을 위하여 매출액 대신 매출원가를 사용하는 것이 개념적으로 보다 적절하다고 할 수도 있다. 하지만 현실적으로 매출액은 사용하기 용이하기 때문에 매출액 기준을 사용하는 경우가 많다.

둘째, 분모에서 사용된 재고자산은 일정 시점의 재무상태표 값이라는 점이다. 일정 시점의 재고자산이 반드시 기업의 일반적인 재고수준을 나타내는 것은 아니다. 특히 매출이 강한 계절성을 갖고 있거나 경기의 단기적인 변화에 민감한 경우에는 월평균 재고자산이나 기초재고와 기말재고를 평균한 재고자산을 사용하는 것이 합리적일 수도 있다.

매출채권회전율

매출채권회전율(receivables turnover)은 매출액을 매출채권으로 나눈 비율이다. 매출채권에는 통상 외상매출금과 받을어음이 포함된다. 매출채권회전율은 매출채권이 현금화되는 속도 또는 매출채권에 대한 투자의 효율성을 측정하는 지표이다. 매출채권회전율이 높으면 매출액이 외상으로 묶여 있는 기간이 짧다는 말이고, 즉 매출채권이 현금화되는 속도가 빠르다는 의미이다.

$$\text{매출채권회전율(회)} = \frac{\text{매출액}}{\text{매출채권}}$$

매출채권회전율은 평균수금기간으로 환산하여 표현할 수도 있다. 평균수금기간(average collection period)은 매출채권이 평균적으로 수금되는 데 걸리는 기간을 나타낸다. 평균수금기간은 매출채권을 1일 평균매출액으로 나누어서 계산되는데, 매출채권을 매출액으로 나눈 다음 365일을 곱하여도 평균수금기간이 계산된다.

$$\text{평균수금기간(일)} = \frac{\text{매출채권}}{\text{1일 평균매출액}}$$

평균수금기간을 계산하는 경우에도 분자에 매출채권 잔액을 그대로 사용하는 것이 일반적이지만, 기초와 기말의 매출채권을 평균하거나 매월 말의 매출채권을 평균하는 것도 하나의 대안으로 생각해 볼 가치가 있다.

매출채권회전율과 평균수금기간은 상품이나 제품이 매출된 후 현금으로 수금되기까지 평균적으로 어느 정도의 기간이 걸리고 있는가를 나타낸다. 평균수금기간이 길면 길수록 매출채권 투자로 인한 기회비용이 증가하고 또한 대손가능성이 크다는 것을 의미한다.

평균수금기간은 판매정책의 수립과 매출채권 관리를 위한 중요한 지표이다. 일반적으로 경쟁이 격화될수록 매출증대를 위해서 외상매출의 결제조건을 완화시키는 경향이 있으며, 그 결과 평균수금기간이 길어진다. 또한 경우에 따라서는 고객들의 자금 사정이 악화되어 평균수금기간이 길어지는 경우도 있다. 그러므로 평균수금기간은 매월 또는 분기별로 계산하여 관찰함으로써 매출채권 정책의 기초 자료로 이용할 뿐만 아니라 고객들의 자금 사정을 파악하는 도구로 사용할 필요가 있다.

반면에 어떤 기업이 매입한 대금을 지급하는 평균기간은 매입채무 평균결제기간으로 측정한다. 매입채무 평균결제기간은 매입채무를 총매입액으로 나눈 다음 365를 곱하여 계산한다.

$$\text{매입채무평균결제기간(일)} = \frac{\text{매입채무}}{\text{1일 평균매입액}}$$

매입채무평균결제기간은 매출채권의 평균수금기간과 반대의 입장에서 해석된다. 원재료를 공급하는 기업이 거래처의 신용도와 대금결제의사를 평가하기 위하여 사용하는 지표이다.

순운전자본회전율

순운전자본회전율(net working capital turnover)은 매출액을 유동자산과 유동부채의 차이인 순운전자본으로 나누어 구한 비율로서 순운전자본의 회전속도를 나타내며, 순운전자본의 효율성을 평가하는 척도이다.

$$\text{순운전자본회전율(회)} = \frac{\text{매출액}}{\text{순운전자본}}$$

순운전자본회전율이 높다는 것은 일단 순운전자본의 효율적인 이용을 의미하는 것이기는 하지만, 지나치게 높은 경우에는 오히려 순운전자본이 너무 적은 것은 아닌지 살펴보아야 한다. 반면에 이 비율이 너무 낮으면, 순운전자본에 자금이 너무 묶여있음을 뜻하기 때문에 신용정책, 마케팅정책, 재고정책, 구매정책 등을 재검토할 필요가 있을 것이다.

매출채권수금기간을 계산하는 방법과 마찬가지로 순운전자본회전율의 역수에 365일을 곱하면 순운전자본회수기간이 날짜로 계산된다. 순운전자본회수기간은 기업이 통상적인 영업순환과정을 1회전 거치는 데 소요되는 기간을 의미한다. 여기서 말하는 통상적인 영업순환과정은 현금, 재고자산, 매출, 매출채권, 그리고 마지막으로 매출채권이 현금으로 회수되는 일련의 과정을 의미한다. 이것은 기업의 유동성이나 현금흐름의 건전도를 평가하는 데 중요한 정보로 이용된다.

비제조업의 활동성 비율

앞에서 설명한 활동성 비율들은 대체로 제조업을 대상으로 한 활동성 비율들이다. 하지만 기업의 영업활동은 경제적 상황이나 업종의 특성에 따라 상당히 다른 양상을 보이는 경우가 많다. 비제조업의 경우는 일반적인 제조업과는 영업순환과정이 다르고, 영업성과를 결정하는 주요 성공요인(key success factor)도 다른 경우가 많다.

예를 들어 항공업의 경우에는 평균운항거리가 핵심적인 요소가 된다. 왜냐하면 평균운항거리가 길어질수록 운항거리 단위당 비용이 절감될 것이고, 그것이 경쟁력을 확보하는 원천이 될 가능성이 높기 때문이다. 그러므로 항공업의 경우에는 매출액을 평균운항거리로 나누어서 얻게 되는 비율이 효율성의 척도로 사용되는 것이 바람직하다.

마찬가지로 병원의 병상수, 호텔의 객실수, 식당의 좌석수 등은 해당 업종의 기본 단위이고, 그러한 기본 단위들이 얼마나 효율적으로 이용되는가 하는 것이 해당 기업의 효율성을 측정하는 기준으로 사용되는 것이 바람직하다. 즉 매출액을 객실수로 나누면 객실 단위당의 매출액이 산출되고 그것이 호텔의 기본 단위인 객실의 효율성을 측정하는 지표가 될 수 있을 것이다.

5.8 성장성 비율

성장성 비율은 일정 기간 동안에 기업의 규모나 성과가 얼마나 성장했는가를 나타내는 비율이다. 경영규모의 증가는 기업의 성장 잠재력을 확장시키는 의미를 가지며, 매출액이나 각종 이익증가율의 지표들은 미래의 수익 발생 능력이나 경쟁력의 정도를 나타내는 지표들이다.

성장성 비율은 이해관계자에 따라 다양한 의미를 지니게 된다. 투자자의 입장에서 성장성은 미래 이익의 증가가능성을 의미하는 것이며, 증권가격을 상승시키는 요인으로 인식될 것이다. 어떤 업종이 경제 전반에 비해서 성장성이 높으면, 성장산업으로서 유망업종으로 인식될 것이다. 어떤 기업이 해당 업종에 비해서 성장성이 높으면, 상대적인 유망기업으로 인식될 것이다.

성장성 비율을 가지고 기업을 평가하는 경우에는 다음과 같은 사항들을 유의할 필요가 있다. 첫째, 명목성장률과 실질성장률의 차이를 구분할 필요가 있다. 인플레이션이 낮은 경우에는 명목성장률과 실질성장률은 큰 차이가 없겠지만, 인플레이션이 높은 경우에는 회계적인 수치로 계산되는 명목성장률과 실질성장률은 큰 차이가 있을 수 있다. 그러므로 인플레이션이 높은 경우에는 명목성장률만을 가지고 분석하는 것은 잘못된 판단을 내릴 가능성이 있는 것이다.

둘째, 성장성을 분석하는 경우에는 유동성에 대한 분석도 동시에 고려하여야 한다. 성장성이 높다는 것은 기업의 미래 수익 능력이 향상됨을 의미하지만, 기업이 과도한 성장성을 추구하다보면 자금 사정이 악화되는 경향이 발생할 가능성이 있다. 왜냐하면 성장성이 높다는 것은 투자할 부문이 많다는 것이고, 현금유출이 급격히 증가할 가능성이 있기 때문이다.

셋째, 성장성을 분석하는 경우에는 업종이나 기업의 성장단계에 대한 분석도 병행되어야 한다. 대부분의 업종에서 초기에는 상당히 빠른 성장성을 보이지만, 어느 정도 기간이 경과한 다음에는 성장속도가 초기보다 떨어지는 것이 일반적이다. 그러므로 기업의 성장성과 더불어 산업구조분석이나 제품수명주기(product life cycle) 등에 대한 분석도 필요하다.

매출액증가율

매출액증가율은 해당 기간 동안에 매출액이 어느 정도 증가하였는가를 나타낸다. 매출액증가율은 당기 매출액 증가를 전기매출액으로 나누어서 계산하는데, 기업의 외형적인 신장세를 나타내는 대표적인 비율이다.

$$\text{매출액증가율}(\%) = \frac{\text{당기매출액} - \text{전기매출액}}{\text{전기매출액}} \times 100$$

매출액증가율을 평가할 때에는 물가상승률과 경쟁기업 또는 산업 전반의 매출액증가율을 동시에 살펴볼 필요가 있다. 비록 명목매출액이 증가하고 있다 하더라도, 그 증가율이 물가상승률보다 낮으면 실질매출액은 감소하고 있다고 판단되기 때문이다. 그리고 매출액증가율이 경쟁기업이나 동종 산업 전반의 매출액증가율보다 낮다면, 해당 기업의 시장점유율(market share)은 오히려 떨어지고 있음을 나타내는 것으로 판단될 것이다.

기업의 매출액은 판매가격과 판매량의 곱으로 계산된다. 그러므로 매출액 증가는 판매가격의 인상에 기인할 수도 있고, 판매량의 증가에 기인할 수도 있다. 매출액 증감의 원인은 기업 수입의 원천인 매출활동, 즉 기업경쟁력의 원천을 파악하는 것이므로 세심한 주의를 필요로 하는 부분이다.

총자산증가율

총자산증가율은 일정 기간 동안에 기업의 자산규모가 어느 정도 증가하였는가를 나타낸다. 총자산증가율은 매출액증가율과 마찬가지로 당기 총자산 증가를 전기 총자산으로 나누어서 계산하다. 총자산증가율은 기업 규모의 성장성을 나타내는 비율이다.

$$\text{총자산증가율}(\%) = \frac{\text{당기총자산} - \text{전기총자산}}{\text{전기총자산}} \times 100$$

총자산증가율이 높다는 것은 투자활동이 적극적으로 이루어져 기업규모가 빠른 속도로 증가하고 있다는 것을 의미한다. 그러나 자산재평가가 이루어진 경우에는 새로운 자산의 취득이 없이도 재무상태표의 자산규모는 증가하게 되므로 총자산증가율의 평가에 주의하여야 한다. 만약 자산재평가가 최근에 이루어진 기업과 그렇지 않은 기업을 단순비교하면 오류를 범할 가능성이 있다.

총자산증가율과 매출액증가율을 상호 대비하여 분석하면 기업의 성장이 바람직한 방향으로 이루어지고 있는지를 평가할 수 있다. 자산의 증가는 투자의 증가를 의미하고, 투자의 증가는 매출액이나 수익의 증가를 수반할 것으로 기대된다. 만약 매출액증가율이 총자산증가율보다 낮다면, 자산의 증가만큼 매출이 동반되지 않은 것이므로 자산에 대한 투자가 적절한지를 점검할 필요가 있을 것이다.

순이익증가율, 주당순이익증가율

순이익증가율은 일정 기간 동안에 순이익이 증가한 정도를 나타낸다. 순이익은 정상적인 경영활동의 순이익이 증가한다는 것은 기업의 최종적인 수익력이 향상되었음을 의미한다.

$$\text{순이익증가율}(\%) = \frac{\text{당기순이익} - \text{전기순이익}}{\text{전기순이익}} \times 100$$

주당순이익(earning per share: EPS)은 기업소유자인 주주에게 귀속되는 납세후순이익을 보통주식수로 나눈 것이다. 주당 순이익증가율은 당기 주당순이익과 전기주당순이익의 차이인 주당순이익의 증가를 전기의 주당순이익으로 나누어 계산한다.

$$\text{주당순이익증가율}(\%) = \frac{\text{당기 주당순이익} - \text{전기 주당순이익}}{\text{전기 주당순이익}} \times 100$$

주당순이익증가율은 자기자본수익력의 성장성을 나타내는 비율로서 주주들이 관심을 갖는 비율이다. 주당순이익증가율은 기업의 정상적인 영업활동뿐만 아니라 자본구조 및 각종 특별손익의 영향을 받으므로 그 해석에 있어 주의를 요한다. 주식분할이나 무상증자 또는 주식배당이 있었던 경우에는 주식수의 변화를 동반하기 때문에 주당순이익의 계산에 특히 주의해야 한다.

5.9 요약 및 정리

비율분석은 재무비율을 이용하여 기업의 재무상태나 경영성과를 분석하는 방법이다. 재무비율들은 경제적 의미를 담고 있는 재무변수들을 결합해서 상대적인 비율로 계산한 것이다. 재무자료를 비율들로 계산하게 되면 복잡한 회계자료를 요약하는 효과를 갖는다.

재무비율을 분류한다면 그것들은 결국 수익성과 관련된 것이거나 위험과 관련된 것이다. 기업의 위험과 수익성은 기업가치에 연결되고, 기업가치를 극대화하는 것은 기업의 목적이 되는 것이다. 그런 차원에서 재무비율들은 기업의 위험과 연관된 유동성 비율, 레버리지 비율, 안정성 비율과 기업의 수익과 연관된 수익성 비율, 활동성 비율, 그리고 성장성 비율로 분류할 수 있을 것이다.

유동성 비율은 기업의 단기채무에 대한 지급능력에 관한 정보를 제공해주는 재무비율이다. 단기채무에 대한 지급능력은 기업의 채권자들이 주로 관심을 갖는 부분이다. 유동성 비율에는 유동비율, 당좌비율, 순운전자본구성비율, 그리고 영업비용방어기간과 같은 비율들이 포함된다. 정태적인 유동성 비율들은 기업의 단기채무에 해당되는 유동부채에 대한 단기성 자산들의 비중으로 구성되어 있고, 동태적인 비율들은 영업비용의 지출에 대한 기업의 지급능력을 나타내는 것이다.

레버리지 비율은 기업경영의 안정성과 장기부채 사용에 따른 원리금의 상환능력에 관한 정보들을 제공한다. 레버리지는 투자재원의 조달과정에서 부채의 사용을 의미한다. 부채의 사용은 기업의 위험도를 높이는 측면이 있지만, 동시에 기업의 수익성과 성장성을 촉진시키는 영향이 있다. 레버리지 비율은 정태적인 측면에서 주로 부채비율을 가지고 측정하고, 동태적인 측면에서는 고정적으로 발생하는 재무비율을 부담할 능력을 가지고 평가한다.

안정성 비율은 경기변동에 대한 기업의 장기적인 대응능력을 측정하는 비율이다. 기업의 경기변동에 대한 대응능력은 비유동자산의 비중에 기인하는 바가 크다. 비유동자산은 성격상 경기변동에 따라 민감하게 변화되지 못하기 때문이다. 그러므로 안정성 비율에서는 기업의 비유동자산이 얼마나 안정적인 투자재원으로 조달되었는지를 살펴보게 된다.

수익성 비율은 기업의 수익성을 측정하는 비율이다. 기업은 수익성을 추구하는 단체라고 하는 말이 크게 어긋난 것이 아닐 정도로 수익성은 기업 존립의 근거이다. 수익성 비율은 두 가지 측면에서 측정된다. 하나는 매출액에 대한 수익성으로서 마진의 의미를 갖으며, 다른 하나는 투자에 대한 수익성으로서 투자수익률의 의미를 갖는다.

활동성 비율은 기업이 보유한 자산의 효율적 이용정도를 측정한다. 기업이 영업활동을 위해 주로 이용하는 자산에는 총자산은 물론이고 비유동자산, 매출채권, 재고자산, 그리고 순운전자본 등이 포함된다. 이러한 자산들은 기업의 본질적인 수입원천인 매출을 창출하는 데 기여한다. 그러므로 활동성 비율은 해당 자산들이 매출을 창출하는 데 어느 정도로 효율적으로 기여했는지를 평가하는 것이다.

성장성 비율은 일정 기간 동안의 기업의 규모나 성과가 얼마나 증가했는지를 측정하는 비율이다. 기업규모의 증가는 성장잠재력의 확장을 의미하며, 기업성과의 증가는 수익발생 능력과 경쟁력의 증가를 나타낸다. 성장성 비율에는 매출액증가율, 총자산증가율, 각종 이익증가율 등이 포함된다.

비율분석은 재무자료들을 이용하기 때문에 재무자료가 갖는 문제점들을 그대로 갖게 된다. 또한 정태적 비율들의 경우에 회계연도 말이라는 일정 시점을 기준으로 모든 것이 계산되게 되는데, 그것이 일종의 판단오류를 가져올 가능성도 있으므로 주의해야 한다.

연습문제

1. 재무비율들은 기업의 수익성이나 위험과 연결되어 있다. 어떤 재무비율이 수익성과 연관되는지 설명하시오.

2. 기업의 위험성을 나타내는 재무비율에는 단기적 지급능력과 장기적 안정성을 나타내는 비율들이 있다. 구분하여 설명하시오.

3. 자본조달과 투자의 결정에는 일치의 원칙(matching principle)이 있다. 일치의 원칙은 장기투자는 장기자본으로, 그리고 단기투자는 단기자본으로 한다는 의미이다. 일치의 원칙과 연관된 재무비율을 설명하시오.

4. 유동성 비율의 종류와 의미를 설명하시오.

5. 레버리지 비율의 종류와 의미를 설명하시오.

6. 안정성 비율의 종류와 의미를 설명하시오.

7. 수익성 비율의 종류와 의미를 설명하시오.

8. 활동성 비율의 종류와 의미를 설명하시오.

9. 성장성 비율의 종류와 의미를 설명하시오.

10. 우리나라 기업들의 부채비율은 선진 외국의 경우에 비해서 상당히 높은 편이었다. 높은 부채비율이 의미하는 장점과 단점을 설명하시오.

11. 경기변동에 대한 안정성을 평가하는 경우에 고정비율보다는 고정장기적합률이 중요하게 인식되는 경향이 있다. 그 이유를 설명하시오.

13. 다음은 우리 회사의 재무상태표와 포괄손익계산서이다.

재무상태표

우리기업 (단위: 백만원)

현 금	630	매입채무	1,730
매출채권	1,100	단기차입금	3,000
재고자산	2,000	장기차입금	3,500
비유동자산	7,000	자 본	2,500
자산총계	10,730	부채와 자본총계	10,730

포괄손익계산서

우리기업 (단위: 백만원)

매 출 액	15,500
− 매출원가	10,050
매출총이익	5,450
− 판매비와 관리비	2,730
영업이익	2,720
− 이자비용	1,200
세전순이익	1,520
− 법 인 세	510
당기순이익	1,010

① 유동비율을 구하시오.

② 당좌비율을 구하시오.

③ 매출채권회전율을 구하시오.

④ 부채비율을 구하시오.

⑤ 고정비율을 구하시오.

⑥ 고정장기적합률을 구하시오.

14. 비율분석의 유용성과 한계점을 설명하시오.

15. 정태적 비율은 계절적 영향이 큰 기업의 경우에 해석에 문제가 발생할 가능성이 있다. 이 경우에 적절한 대안을 설명하시오.

16. 비제조업의 활동성 비율은 업종에 따라서 상이한 양상을 나타낸다. 병원의 활동성을 측정하기에 적절한 것은 무엇인지 설명하시오.

17. 활동성의 증가는 자산의 효율적 이용이라는 측면에서 바람직한 것이다. 그러나 자산의 효율적 이용이 어떤 측면의 희생에 의한 것일 수가 있는데, 그 경우를 설명하시오.

제 6 장

현금흐름분석

본 장에서는 현금흐름에 관해서 살펴보고자 한다. 현금은 궁극적인 결제수단이기 때문에 기업의 활동은 현금흐름에 의해서 평가될 것이다. 재무적 차원에서는 기업의 활동은 모두 현금흐름으로 파악되고 분석된다. 그러므로 경영분석에서 현금흐름을 주요 분석 대상으로 하는 것은 당연하다.

경영분석에서 회계자료를 많이 이용한다. 하지만 회계자료는 현금흐름을 표현하는 데 한계를 가지고 있다. 회계자료를 이용하면서도 현금흐름에 대한 정보를 적절히 분석하기 위해서는 몇가지 거쳐야 할 과정이 있는데, 그러한 과정을 이해하고 분석하는 것이 경영분석 과제 중의 하나이다.

6.1 현금흐름분석의 의의

재무적 관점에서 보면 기업의 모든 활동은 현금흐름의 형태로 집약된다. 기업의 목적은 기업가치의 증대 혹은 극대화로 정의되는데, 기업가치는 기업의 현금흐름에 의해서 결정되기 때문이다. 다시 말하면 기업의 가치는 기업이 창출하는 미래 현금흐름에 의해서 결정되는 것이다.

현금흐름분석(cash flow analysis)에서는 자금, 즉 현금의 유입과 유출에 관한 것들을 분석한다. 현금흐름분석은 현금흐름의 내용, 변동요인, 그리고 창출능력 등을 분석하여 기업의 가치와 재무적 건전도 등을 평가하려는 것이다.

현금흐름분석은 경영활동별로 현금의 조달 및 사용에 관한 순환과정을 분석한다. 비율분석이 인체의 주요기관을 점검하여 건강상태를 진단하는 방법이라면, 현금흐름분석은 기업의 생명력인 혈액 순환을 가지고 진단하는 방법이라고 할 수 있다.

현금흐름분석과 재무비율분석을 결합하면 재무분석의 유용성은 상당히 높아질 것이다. 수익성, 유동성, 안정성, 레버리지비율 등에 대한 비율분석은 기업의 재무상태와 경영성과를 평가하는 중요한 방법이기는 하지만 그 자체만으로는 충분한 기업분석이라고 할 수는 없다. 왜냐하면 재무비율이 항상 현금흐름과 일치하는 것은 아니기 때문이다. 예를 들어, 수익성 등의 재무비율은 양호하더라도 현금흐름에 문제가 생겨서 흑자도산이 발생할 수도 있는 것이다.

현금이 궁극적인 결제수단이므로 기업의 모든 이해관계자들은 현금흐름에 관심을 갖는다. **경영자**에게 현금흐름의 내용과 변동요인은 중요한 자료이다. 만약에 기업이 성장전략을 추구한다면 추가적인 현금흐름이 필요할 것인데, 현금흐름분석은 성장전략에 필요한 투자자금이 내부적인 현금창출에 의해서 가능한 것인지, 아니면 외부적인 자본조달이 필요한 것인지를 확인시켜줄 것이다.

주주들도 현금흐름에 지대한 관심을 갖는다. 왜냐하면 주주들의 부는 기업가치에 의해서 결정되는 것이고, 기업가치는 결과적으로 기업이 창출하는 현금흐름에 의해서 결정되기 때문이다. 기업가치가 회계적인 숫자에 의해서 결정되는 것이 아니라 현금흐름에 의해서 결정된다는 사실은 원론적인 개념이다.

채권자들은 현금흐름분석을 통하여 기업이 원리금 상환에 필요한 현금흐름을 만들어내고 있는지에 관심을 가진다. 기업의 성장은 장기적으로는 수익성에 따라 영향을 받지만, 단기적이고 구체적인 차원에서의 생존은 부채에 대한 원리금 상환능력에

그림 6-1 자금의 정의

- 자 금
  - 현금 및 예금
  - 현금등가물(현금 · 예금, 시장성 있는 유가증권): 현금흐름표
  - 순운전자본(유동자산－유동부채)
  - 당좌자산(유동자산－재고자산)
  - 총운전자본(유동자산)

달려 있다. 원리금의 상환은 최종적으로는 현금에 의해서 결제되는 것이지 회계적 이익에 의해서 결제되는 것은 아니다.

자금의 정의: 현금흐름분석은 현금을 의미하는 **자금**(funds)의 정의로부터 출발한다. 자금의 정의는 다양한 형태로 표현되는데, 협의로 현금과 예금만을 의미하기도 하고 현금과 예금, 그리고 시장성 있는 유가증권 등을 포함한 현금등가물(cash equivalent)을 의미하기도 한다. 현금흐름표는 현금등가물을 자금으로 정의한다.

현금등가물(cash equivalents)이란 현금과 단기적 운용을 목적으로 한 유동성이 높은 유가증권으로서 첫째, 큰 거래비용이 없이 현금으로 전환이 용이하고 둘째, 이자율 변동에 따른 가치변동의 가능성이 적을 것 등을 충족시키는 것을 말한다. 예를 들어 ① 취득 당시의 만기가 3개월 이내에 도래하는 채권, ② 취득 당시 상환일까지 기간이 3개월 이내인 상환우선주, ③ 3개월 이내의 상환조건이 있는 환매채 등이 있다.

6.2 경영활동과 현금흐름

기업의 현금흐름을 제대로 이해하고 분석하기 위해서는 **자산운용** 현금흐름과, **재무활동**으로 발생한 자본(capital) 관련 현금흐름을 구분하는 것으로부터 시작한다. 자산운용과 재무활동으로 인한 현금흐름을 분리하는 것은 자금의 운용과 조달을 구분한다는 의미이다.

기업의 가치를 결정하는 현금흐름은 자산운용의 결과로 발생하는 현금흐름의 유입과 유출에 의해서 결정된다. 자산운용은 실물차원에서의 투자 및 영업을 포함하는 개념이다. 재무활동은 기업의 투자 및 운영을 제외한 자본(capital)의 움직임과 관련된 활동을 말한다. 즉 자기자본 혹은 부채와 관련된 현금의 유입과 유출은 재무활동 현금흐름에 속한다. 기업의 현금흐름은 재무활동에서 조달된 현금이 자산운용에 사용되는 것이며, 동시에 자산운용에서 창출된 현금이 재무활동으로 환원되는 구조이다.

자산운용은 자금의 투자를 통한 투자활동과 생산 · 판매 등을 통한 영업활동을 포함한다. 생산과 판매를 위한 유 · 무형 자산에 대한 투자활동도 자산운용에 포함된다. 자산운용은 전반적인 현금 혹은 자금의 운용을 포함하는 것으로, 경영활동이라고 말할 수도 있을 것이다.

자산운용 = 투자활동 + 영업활동

상대적으로 재무활동은 기업에 투자하는 자본을 조달하거나, 투자의 결과로 발생한 현금흐름을 회수하거나, 투자금 자체를 회수하는 활동을 말한다. 여기서 자본은 자기자본과 타인자본을 모두 포함하는 의미이다. 그러므로 재무활동에는 자기자본의 조달과 배당금의 지급, 그리고 타인자본의 조달과 그에 따른 원리금의 상환 등이 포

그림 6-2 경영활동과 현금의 순환

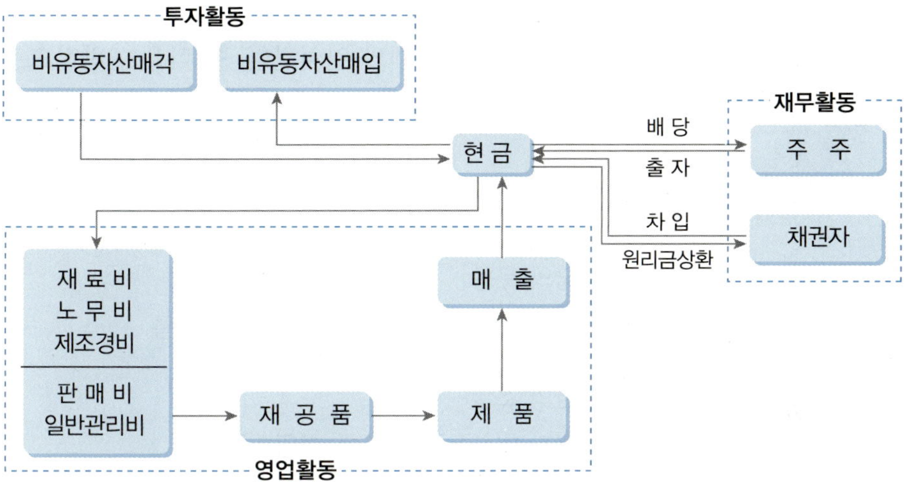

함되게 된다. [그림 6-2]는 경영활동에 따른 현금흐름을 분야별로 나타낸 것이다.

기업의 영업활동은 현금을 투입하여 생산에 필요한 자원을 구입하는 활동으로부터 시작한다. 생산에 소요되는 자원들은 재료비, 노무비, 그리고 기타 제조경비가 포함되는데, 기업은 이들 생산자원들을 이용하여 생산하고 판매한다. 제품의 판매로부터 발생한 매출채권을 현금으로 회수하면 영업활동의 1회전이 완성된다. 즉 기업의 영업활동 현금흐름은 생산자원의 구입을 위한 현금의 유출과, 판매대금의 회수에 의한 현금의 유입으로 순환과정이 이루어지는 것이다.

자산운용에는 영업활동을 위한 투자활동이 선행된다. 여기서 투자활동은 재무적 차원에서의 투자와는 별개의 개념으로, 영업활동을 위한 유무형 비유동자산의 매입과 매각에 관한 활동이다. 투자활동은 토지, 건물, 기계 등의 구입과 처분을 포함하는 활동이다. 물론 투자활동에는 유형의 형태뿐만 아니라 무형의 영업권 혹은 특허권과 같은 무형의 자산들도 포함된다.

자산운용 현금흐름: 재무상태표에서 자산총계와 부채와 자본총계는 항상 일치한다. 마찬가지로 자산으로부터 발생하는 현금흐름의 합계는 채권자에게 귀속되는 현금흐름과 주주에게 귀속되는 현금흐름의 합계와 일치한다. 이 식을 일반적으로 **현금흐름 항등식**이라고 한다.

자산운용 현금흐름 ≡ 재무활동 현금흐름

자산운용 현금흐름 = 자금의 운용
= 영업활동 현금흐름 − 투자활동 현금흐름

재무활동 현금흐름 = 자금의 조달
= 채권자 현금흐름 + 주주 현금흐름

자산운용 현금흐름 = 재무활동 현금흐름
= 채권자 현금흐름 + 주주 현금흐름

위의 식에서 표현된 현금흐름의 관계는 항상 성립한다. 이러한 관계는 기업이 자산을 이용하여 창출한 현금흐름은 결국 투자재원의 제공자에게 귀속된다는 것을 의미한다.

6.3 현금흐름표

현금흐름표는 재무상태표와 포괄손익계산서가 제공하지 못하는 현금흐름에 대한 추가적인 정보를 제공한다. 재무상태표와 포괄손익계산서가 모두 현금을 의미하는 화폐단위로 기록되고는 있지만, 실질적인 현금기준으로 거래를 기록하는 것은 아니다. 현금흐름표는 이러한 문제점을 보완하려는 재무제표 중의 하나이다.

재무상태표에 현금이 나타나기는 하지만 일정 시점에 있어서의 크기를 나타낼 뿐 그것의 변동 상황과 원인을 설명하지는 못한다. 포괄손익계산서도 현금흐름에 관한 정보를 제공하는 데는 한계가 있다. 포괄손익계산서가 재무적 성과인 회계적 이익을 보고하기는 하지만, 회계적 이익은 현금흐름과는 차이가 있다. 회계자료가 현금흐름과 차이가 나는 이유는 다음과 같다.

첫째, 회계자료의 수익과 비용의 인식 시점은 발생주의에 의한 것이지 현금기준은 아니다. 그러므로 회계적 이익에는 현금을 동반하지 않는 부분이 존재한다. 예를 들어 포괄손익계산서에는 매출에 의해서 이익이 발생된 것으로 보고되고 있으나 매출채권처럼 현금유입이 실현되지 않은 부분이 있으며, 손실도 미지급비용처럼 현금으로 지급되지 않은 항목들이 존재한다. 즉 회계적 손익발생 시점과 현금의 유출입 시점과는 차이가 있을 수 있다.

둘째, 회계자료의 비용 항목에는 현금흐름과 관계없는 비용들이 있다. 예를 들어 감가상각비나 이연자산상각비와 같은 항목들은 현금흐름과 관계없는 비용 항목들이다. 결국 회계적 이익과 현금흐름은 일치하지 않는 것이다.

또한 현금의 유출입은 회계적인 손익활동에 의해서만 일어나는 것이 아니다. 채권자로부터 현금을 차입하거나 유상증자를 통해서 현금이 유입될 수도 있으며, 부채의 상환이나 배당금의 지급과 같은 활동을 통해서 현금의 유출도 발생한다. 즉 재무활동이나 투자활동을 통해서도 현금의 유출입은 발생하는 것이다.

회계자료가 현금흐름을 제대로 표시하지 못하는 문제점을 현금주의 회계로 해결할 수 있지 않을까 하는 의문을 가질 수도 있다. 그러나 현금주의 회계로 전환한다고 해서 모든 문제가 해결되는 것은 아니다. 만약 현금주의로 계산한다면 손익의 기간계산이나 자산들의 가격 평가에 따른 왜곡 가능성도 존재하기 때문이다.

현금흐름표는 발생주의 회계에 따라 계산된 순이익이 영업활동으로 인한 현금흐름과 어떻게 다르고 어떤 조정과정을 통하여 서로 연결되는가를 설명해 주는 보고서이다. 또한 현금흐름표에는 영업활동 외에도 투자활동과 재무활동으로부터 조달되고 사용된 현금흐름도 보고한다. 다시 말하면 현금흐름표는 발생주의 회계의 문제점

그림 6-3 재무제표의 상호관계

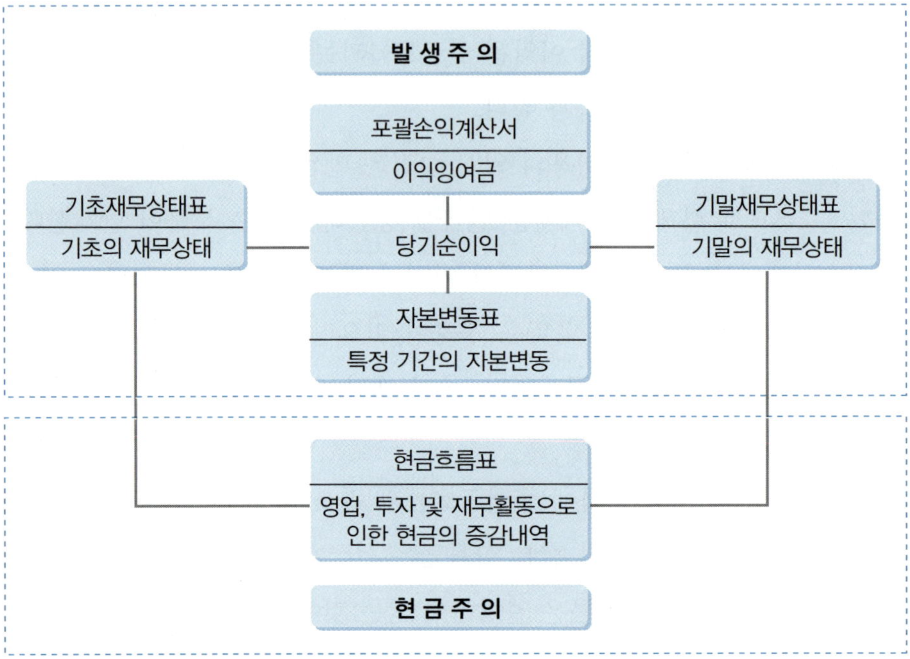

을 현금주의 회계로 절충한다고 볼 수 있다.

현금흐름표의 기능

현금흐름표는 기업의 현금 유출입에 대한 정보를 제공한다. 현금흐름표를 분석하면 기업의 미래 현금흐름에 대한 예측이 가능하며, 기업의 회계적 이익과 현금흐름의 연계성에 대하여 이해할 수도 있다. 또한 현금흐름표는 기업의 영업활동 능력뿐만 아니라 실질적인 유동성 및 재무탄력성에 대한 정보를 제공한다.

① **미래 현금흐름에 대한 평가**: 현금흐름표는 기업의 미래 현금흐름에 대한 평가

를 제공한다. 재무자료의 근본 목적이 기업의 미래 현금흐름의 규모, 시기, 그리고 불확실성을 예측하는 데 있다고 해도 과언은 아닐 것이다. 회계적 손익에 현금흐름에 관한 자료가 추가되면 기업의 미래 현금흐름을 예측하고 평가하는 데 많은 도움이 될 것이다.

② **회계적 이익의 질에 대한 평가**: 회계적 이익은 정해진 보고체계에 따라 작성되는데, 그것을 산출하는 과정에는 여러 가지 가정이나 추정이 포함된다. 그러므로 회계적 이익은 어떠한 가정이나 추정들을 사용하느냐에 따라서 다르게 평가될 수 있다. 하지만 현금흐름표는 구체적인 현금의 유출입을 기록하므로 회계적 이익에 비하여 신뢰성이 높다. 따라서 회계적 이익은 현금흐름으로 뒷받침되는 경우에 구체적인 의미가 살아나는 측면이 있다.

③ **영업활동 능력에 대한 평가**: 기업이 현재의 영업활동 능력을 유지하고 성장하기 위해서는 필요한 현금이 충분히 창출되고, 또한 그러한 현금흐름이 미래에도 지속되어야 가능할 것이다. 현금흐름표는 회계적 이익이 아닌 현금흐름의 관점에서 기업의 영업활동 능력에 대한 정보를 제공한다.

④ **유동성과 재무탄력성에 대한 평가**: 현금흐름표는 유동성과 재무탄력성에 대한 정보를 제공한다. 유동성이란 자산의 현금 근접성(nearness to cash)을 의미하며, 재무탄력성이란 기업이 예측하지 못했던 현금 수요에 대한 대응능력을 말한다. 기업의 유동성과 재무탄력성은 일시적 현금부족이 발생하는 경우에 생존을 위해서 필요한 능력이다.

6.4 현금흐름표의 구성

현금수준의 결정요소

현금수준의 변화는 재무상태표의 여러 요소들의 변화에 의해서 나타난다. 재무상태표의 구성 요소들의 변화는 영업활동, 투자활동, 그리고 재무활동을 반영하는 것으로 현금수준의 변화를 파악하는 데 도움이 된다. 우선 재무상태표의 차변과 대변의 관계는 다음과 같이 균형을 유지한다.

유동자산 + 비유동자산 = 유동부채 + 비유동부채 + 자기자본

위의 균형관계를 현금과 관련된 형태로 정리할 수 있을 것이다. 우선 유동자산은 현금과 비현금유동자산으로 나눌 수 있고, 위 식을 현금의 관점에서 정리하면 다음과 같이 표현될 수 있다.

유동자산 = 현금 + 비현금유동자산
현금 = 비유동부채 + 자기자본 + 유동부채 − 비현금유동자산 − 비유동자산

위의 식으로부터 현금수준에 영향을 미치는 요인들을 살펴볼 수 있다.

◎ 현금수준을 증가시키는 활동

- 비유동부채의 증가(회사채 발행)
- 자기자본의 증가(유상증자)
- 유동부채의 증가(단기차입)
- 비현금유동자산의 감소(매출채권 회수)

- 비유동자산의 감소(부동산 처분)

◎ 현금수준을 감소시키는 활동

- 비유동부채의 감소(회사채 상환)
- 자기자본의 감소(발행주식 매입)
- 유동부채의 감소(단기차입금 상환)
- 비현금유동자산의 증가(매출채권 증가)
- 비유동자산 증가(부동산 매입)

위에서 열거한 두 부문, 즉 현금을 증가시키는 활동과 현금을 감소시키는 활동들은 정반대의 거래들이다. 예를 들어, 회사채를 발행하는 것은 현금을 증가시키는 것이지만, 회사채를 상환하는 것은 현금을 감소시키는 것이다. 마찬가지로 매출채권을 회수하는 거래는 현금을 증가시키지만, 상품의 외상매출로 발생하는 매출채권의 증가는 현금을 감소시키는 거래이다.

그림 6-4 재무상태표와 현금수준

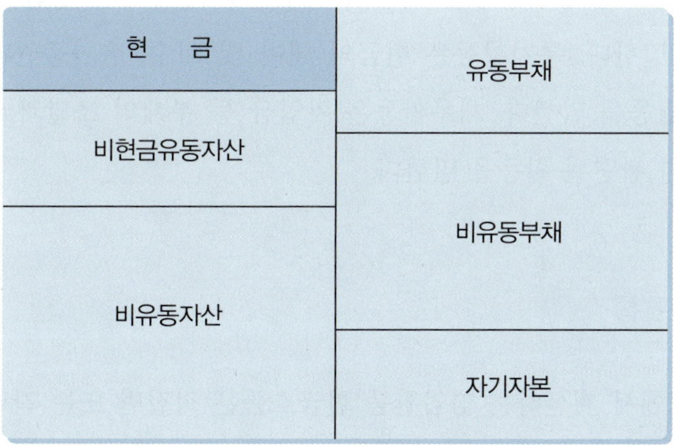

현금을 증가시키는 활동을 현금의 원천이라고 하고, 현금을 감소시키는 활동을 현금의 운용이라고 한다. 현금의 원천(유입)을 살펴보면 부채 및 자본의 증가 혹은 자산의 감소를 동반하는 거래들이다. 부채의 증가는 부채를 동원하여 현금을 증가시키는 행위이며, 자기자본의 증가도 역시 마찬가지이다. 자산의 감소는 자산의 판매를 의미하며 자산의 판매에 의한 현금의 유입을 나타내게 된다.

현금의 운용(유출)은 현금원천의 정반대이다. 부채를 상환하는 경우 현금의 감소와 부채의 감소가 동시에 이루어진다. 현금을 이용하여 자산을 매입하는 경우에도 역시 현금의 감소와 자산의 증가가 동시에 발생한다.

6.5 경영활동과 현금흐름

현금흐름 정보를 효과적으로 이용하기 위해서는 현금흐름이 어떻게 분류되고 또 현금흐름표가 어떻게 작성되었는지를 먼저 이해할 필요가 있다. 회계기준은 기업활동별 현금유입과 유출을 〈표 6-1〉과 같이 현금흐름의 원천과 운용에 따라 세 분야로 분류하고 있다.

회계적 차원에서 영업활동은 기업의 고유활동인 구매—생산—판매—회수와 관련된 활동을 말한다. 투자활동은 현금의 대여 및 회수, 유가증권과 비유동자산의 취득이나 처분활동을 말한다. 재무활동은 차입금 등 부채의 조달과 상환, 그리고 자기자본의 증감과 관련된 활동을 말한다.

영업활동 현금흐름

현금흐름표에서 계산하는 영업활동 현금흐름은 직접법 또는 간접법으로 계산할 수 있다. 직접법이라 함은 현금을 수반하여 발생하는 수익 또는 비용 항목을 총액으

표 6-1 회계적 현금흐름

구 분	현금유입	현금유출
영업활동 현금흐름	• 제품의 판매 • 수입배당금, 수입이자 • 기타(수입임대료 등)	• 매입처에 대한 구매대금 • 임금 및 비용지급 • 지급이자 • 법인세 지급
투자활동 현금흐름	• 대여금 회수, 유가증권 처분 • 투자자산 처분 • 비유동자산 처분	• 대여금 지급, 유가증권 취득 • 투자자산 취득 • 비유동자산 취득
재무활동 현금흐름	• 차입금 조달 • 사채발행 • 유상증자	• 차입금, 미지급채무 상환 • 사채 상환 • 현금배당, 자기주식 취득

로 표시하는 방법이다. 직접법에서는 현금 유입액은 원천별로, 현금 유출액은 용도별로 분류하여 현금흐름을 직접 계산하는 방법이 사용된다.

간접법은 순이익에서 출발하여 현금유출이 없는 비용을 가산하고 현금유입이 없는 수익을 차감한 후, 영업활동으로 인한 자산과 부채의 변동을 감안하여 영업활동으로 인한 현금흐름을 산출하는 방법이다. 직접법으로 작성하든 아니면 간접법으로 작성하든 영업활동으로 인한 현금흐름의 최종 결과는 동일하다.

그리고 투자활동과 재무활동으로 인한 현금흐름의 표시방법도 직접법과 간접법에 의해서 작성될 수 있는데, 어느 방법을 사용하여도 결과는 동일할 것이다. 현금흐름표의 작성은 회계관행상 간접법을 사용하는 것이 일반적인데, 우리나라의 경우에도 간접법을 사용하여 작성한다. 아래에서는 직접법과 간접법의 차이를 간단히 설명하고자 한다.

직접법: 영업활동으로 인한 현금흐름을 직접법으로 살펴보면 〈표 6-2〉와 같

표 6-2 직접법에 의한 영업활동으로 인한 현금흐름

영업활동으로 인한 현금흐름(직접법)	
(+) ① 매출 등 수익활동으로부터의 유입액	= 매출액 − 매출채권증가분
(−) ② 매입 등 수익활동에 따른 유출액	= 매출원가 + 재고자산증가분 − 매입채무증가분
(+) ③ 기타 수입액	= 영업외수익 + 특별이익
(−) ④ 기타 지급액	= 판매비와관리비 + 영업외비용 + 특별손실
(−) ⑤ 법인세 지급액	= 법인세

다. 〈표 6-2〉에서 볼 수 있듯이 직접법에 의하면 영업활동으로 인한 현금흐름은 영업활동으로 발생한 수익과 비용에 따른 현금 유출입과 자산 · 부채의 변동에 따른 현금 유출입의 합계이다. 직접법에서는 현금 유출입에 따른 수익과 비용을 현금흐름에 따라 기록하기 때문에, 현금흐름을 동반하지 않는 수익과 비용은 포함되지 않는다.

현금 유입이 없는 수익에는 유가증권평가이익, 외화환산이익, 대손충당금환입액, 주식배당 등이 포함된다. 현금유출이 없는 비용에는 감가상각비, 무형자산상각비, 재고자산평가손실, 유가증권평가손실, 그리고 외화환산손실 등이 포함될 것이다.

직접법에서는 현금 유출입을 원천과 용도에 따라 총액으로 나타내기 때문에 개념적으로는 현금흐름표 작성이 간단하다. 그러나 현실적으로 회계기록을 할 때에 현금흐름에 따라 총액으로 기록하는 것이 아니고 발생주의에 의해 기록하기 때문에, 직접법을 사용하여 현금흐름표를 작성하는 것은 번거로움이 따른다.

간접법: 간접법은 기존의 회계자료를 이용하여 현금흐름표를 작성하는 방식이다. 포괄손익계산서는 기업의 수익과 비용을 기록하는데, 수익과 비용의 기록이 현금의 유출입과 일치한다면 순이익은 그대로 현금의 순유입이 될 것이다. 하지만 포괄손익계산서는 발생주의에 의해 기록할 뿐만 아니라 수익과 비용 중에는 현금흐름과 관계없는 항목들도 존재하기 때문에 순이익과 현금의 순유입이 일치하는 것은 아

표 6-3 현금흐름과 관련이 없는 수익 · 비용 항목의 예

현금유입이 없는 수익(C)	현금유출이 없는 비용(D)
• 유가증권평가이익 • 외화환산이익 • 대손충당금환입액 • 주식배당수령액 등	• 감가상각비 • 무형자산상각비 • 재고자산평가손실 • 유가증권평가손실 • 외화환산손실 등

니라는 것은 이미 여러 차례 설명한 바 있다.

기업의 영업활동 중에서 손익활동을 중심으로 살펴보는 현금흐름은 다음과 같이 표현할 수 있다.

손익활동 현금흐름 = 순이익 + 현금유출 없는 비용 − 현금유입 없는 수익

영업활동 현금흐름은 손익활동 현금흐름에다 영업활동에 따른 자산 · 부채의 변동에 따른 현금 유출입을 가감한 것이다.

영업활동 현금흐름 = 손익활동 현금흐름
± 영업활동에 따른 자산 · 부채의 변동

여기에서 영업활동에 따른 자산 · 부채의 변동은 매출채권, 재고자산, 그리고 매입채무의 변동을 의미한다. 즉 매출채권의 증가는 현금의 유출, 재고자산의 증가는 현금의 유출, 그리고 매입채무의 증가는 현금의 유입을 의미한다.

결국 간접법에 따른 영업활동 현금흐름을 구하는 방식은 포괄손익계산서의 순이익으로부터 출발하여 현금 유출이 없는 비용을 더하고, 현금 유입이 없는 수익을 빼고, 그리고 영업활동에 따른 자산 · 부채의 변동을 가감하면 되는 것이다.

현금흐름과 주가비율

주당 현금흐름: 주당 현금흐름이란 보통주 1주당 귀속되는 영업활동으로 인한 현금흐름을 의미한다. 이는 영업활동의 결과로서 주주에게 귀속되는 현금흐름의 크기를 측정하는 비율이다. 주당 현금흐름이 많을수록 주주의 부는 커진다. 주당 현금흐름을 구하는 식은 다음과 같다.

$$\text{주당 현금흐름} = \frac{\text{영업활동으로 인한 현금흐름} - \text{우선주배당금}}{\text{보통주 주식수}}$$

주당 현금흐름을 구하는 위의 식에서 우선주배당금을 차감한 이유는 주당 현금흐름이 보통주 1주에 귀속되는 현금흐름이기 때문이다. 그리고 분모에서는 보통주 주식수를 사용하였는데, 주식수는 변화가 있는 경우에는 연평균 발행주식수를 이용하는 것이 합리적일 수 있다.

주가 현금흐름비율: 주가 현금흐름비율(price to cash flow ratio: *PCR*)은 보통주 주가가 주당 현금흐름의 몇 배로 형성되는지를 측정하는 상대적 가치비율이다. 이 비율이 상대적으로 낮다는 것은 주식가치가 저평가되었을 가능성을, 그리고 상대적으로 높다는 것은 주식가치가 고평가되었을 가능성을 나타낸다. 주가 현금흐름비율은 주가수익률과 유사한 개념으로 이해하면 될 것이다.

$$\text{주가 현금흐름비율(배)} = \frac{\text{주가}}{\text{주당 현금흐름}}$$

배당지급능력 배수: 배당지급능력 배수란 배당금의 몇 배 만큼을 영업활동 현금흐름으로 확보하고 있는지를 측정하는 비율이다. 다시 말해서 배당지급능력 배수란 1년 동안 창출한 영업활동으로 인한 현금흐름이 배당으로 지급한 금액의 몇 배인가를 측정하는 비율이다. 이 비율이 높다는 것은 배당지급능력이 충분히 있음을

보여준다.

$$\text{배당지급능력 배수(배)} = \frac{\text{영업활동으로 인한 현금흐름}}{\text{배당금}}$$

현금흐름과 지급능력 비율

현금흐름 대 단기차입금 비율: 현금흐름 대 단기차입금 비율은 영업활동으로 인한 현금흐름을 1년 안에 갚아야 하는 단기차입금과 비교하는 비율이다. 현금흐름 대 단기차입금 비율이 높을수록 기업의 단기지급능력이 높으므로, 이 비율을 단기지급능력 비율이라고도 한다.

$$\text{현금흐름 대 단기차입금 비율(\%)} = \frac{\text{영업활동으로 인한 현금흐름}}{\text{단기차입금}} \times 100$$

현금흐름 대 총부채비율: 현금흐름 대 총부채비율은 기업의 영업활동으로 인한 현금흐름을 총부채와 비교하는 비율이다. 현금흐름 대 총부채비율이 높다는 것은 기업이 갚아야 하는 총부채를 영업활동으로 얻는 현금흐름으로 충분히 갚을 수 있음을 의미한다. 따라서 이 비율을 장기지급능력 비율이라고도 한다.

$$\text{현금흐름 대 총부채비율(\%)} = \frac{\text{영업활동으로 인한 현금흐름}}{\text{총부채}} \times 100$$

금융비용 보상비율: 금융비용 보상비율은 영업활동으로 인한 현금흐름이 기업의 금융비용을 충분히 보상하는지를 판단하는 데 이용되는 비율이다. 금융비용 보상비율이 높다는 것은 기업이 영업활동을 통해 벌어들이는 현금흐름이 부채를 사용함으로써 부담하는 금융비용을 충분히 부담할 수 있음을 의미한다. 이 비율은 기업의 실질적인 부채 수용능력을 판단하는 데 이용된다.

$$\text{금융비용 보상비율}(\%) = \frac{\text{영업활동으로 인한 현금흐름} + \text{금융비용}}{\text{금융비용}} \times 100$$

6.8 요약 및 정리

기업은 궁극적인 결제수단인 현금흐름을 극대화하도록 노력하여야 한다. 현금흐름분석은 현금흐름의 내용, 변동 요인, 그리고 창출능력 등을 분석하여 기업의 가치와 재무적 건전도 등을 평가하려는 것이다. 현금흐름분석과 재무비율분석을 결합하면 재무분석의 유용성은 상당히 높아질 것이다. 수익성, 유동성, 안정성, 레버리지 비율 등에 대한 비율분석은 항상 현금흐름분석과 일치하는 것은 아니기 때문이다.

기업의 현금흐름은 재무활동에서 조달된 현금이 자산운용에 사용되는 것이며, 동시에 자산운용에서 창출된 현금이 재무활동으로 환원되는 구조이다. 자산운용은 투자자들로부터 투자된 자금을 운용해서 생산 · 판매 등에 투입하고 회수하는 경영을 말한다. 상대적으로 재무활동은 기업에 투자하는 자본을 조달하거나, 투자의 결과로 발생한 과실을 회수하거나, 투자금 자체를 회수하는 활동을 말한다.

현금흐름표는 재무상태표와 포괄손익계산서가 제공하지 못하는 현금흐름에 대한 추가적인 정보를 제공한다. 재무상태표와 포괄손익계산서가 모두 현금을 의미하는 화폐단위로 기록되고는 있지만 실질적인 현금기준으로 거래를 기록하는 것은 아니다. 현금흐름표는 이러한 문제점을 보완하려는 재무제표 중의 하나이다.

현금흐름표에서 계산하는 영업활동 현금흐름은 간접법으로 계산된다. 간접법은 순이익에서 출발하여 현금유출이 없는 비용을 가산하고 현금유입이 없는 수익을 차감한 후, 영업활동으로 인한 자산과 부채의 변동을 감안하여 영업활동으로 인한 현금흐름을 산출하는 방법이다. 현금흐름표의 작성은 회계관행상 간접법을 사용하는 것이 일반적인데, 우리나라의 경우에도 간접법을 사용하여 작성한다.

현금흐름분석의 목적은 기업의 재무적 건전도를 파악하는 것이다. 기업의 재무적 건전도는 현금의 원활한 순환과정에 관한 평가와 영업활동을 통한 현금창출능력(cash-generating ability)에 대한 평가가 포함된다. 기업이 영업활동을 통하여 현금을 충분히 창출하는가에 대한 평가는 현금흐름 수준의 변동에 관한 정보만으로는 부족하다. 기업의 통상적인 영업활동을 통한 현금의 유출입을 평가하기 위해서는 순운전자산이라는 개념이 유용하다. 순운전자산은 매출 관련 유동자산에서 매출 관련 유동부채를 차감한 부분이다. 순운전자산의 변화는 영업활동에 의해서 현금이 창출되고 있는지, 아니면 현금이 투하되고 있는지를 나타낸다.

기업은 영업활동을 통해서 플러스(+)의 현금흐름을 창출하는 것이 바람직하다. 포괄손익계산서에서 영업이익이 플러스(+) 값을 갖는 것과 비슷한 의미라고 생각할 수 있다. 장기적인 계속기업의 개념에서는 당장의 현금흐름보다는 포괄손익계산서상의 영업이익을 중시하는 것이 필요하지만, 당장의 지급능력을 나타내는 유동성은 영업이익보다는 현금흐름을 주의깊게 살펴볼 필요가 있다. 재무비율들이 주로 재무상태표와 포괄손익계산서를 중심으로 구성되어 있지만, 현금흐름에 관한 비율들도 주의해서 살펴보아야 한다.

연습문제

1. 현금흐름분석의 중요성을 논하시오.
2. 주주들과 채권자들이 기업의 현금흐름에 대해 관심을 갖는 이유를 설명하시오.
3. 영업활동으로 인한 현금흐름을 계산하는 방식을 간접법에 의해서 설명하시오.
4. 현금흐름표의 기능을 설명하시오.
5. 재무상태표와 포괄손익계산서가 기업의 자금흐름에 대한 설명을 하는 데는 한계가 있는데, 그 이유는 무엇인지 설명하시오.
6. 현금흐름의 순환을 경영활동별로 설명하시오.
7. 현금흐름비율과 기타의 재무비율들의 차이는 무엇인지 설명하시오.
8. 기업이 영업활동을 통해서 현금을 창출하는지를 어떻게 분석할 것인지 설명하시오.
9. 영업현금흐름과 현금창출능력의 차이를 설명하시오.

제 7 장

레버리지분석

경영분석에서 다루는 비용구조와 레버리지는 구조적 요인(structural determiner)들이 경영성과에 어떻게 영향을 미치는가를 분석하려는 것이다. 기업의 비용구조와 레버리지는 기업의 수익성과 위험 정도에 장기적이고 구조적으로 영향을 미치는 변수들이다. 뿐만 아니라 비용구조와 레버리지는 경영정책이 경영성과에 영향을 미치는 중요한 요인들이다. 여기서 경영정책은 투자결정과 재무결정들을 포함한다.

투자결정과 재무결정은 기업의 의사결정 영역에서 핵심적인 부분이다. 기업의 투자결정은 업종의 선택에서부터 생산방식과 신용정책 등 다양한 영역에 구조적인 영향을 미친다. 기업의 재무결정은 자본조달에 관한 결정인데, 자기자본의 비중과 타인자본의 비중에 대한 결정이 포함되며 재무비용의 구조에 영향을 미친다. 본 장에서는 경영정책, 즉 투자결정과 재무결정에 의해서 발생하는 구조적인 문제들을 다룬다.

7.1 비용구조와 레버리지

비용구조와 레버리지에서 다루는 내용은 구조적 요인에 의해서 결정되는 고정비의 성격과 영향을 분석하려는 것이다. 기업의 구조적 요인은 경영성과와 재무상태에 장기적이고 지속적으로, 즉 구조적으로 영향을 미치는 부분이다. 비용구조에서는 영업에 있어서의 고정비가 차지하는 구조적 성격을 분석하며, 레버리지에서는 재무적 레버리지가 초래하는 구조적 성격을 분석한다.

기업의 비용구조와 레버리지는 투자결정과 재무결정의 결과로 발생한다. 기업은 이러한 경영정책 변수들을 가지고 매출액(S), 영업이익(earnings before interest and taxes, EBIT), 그리고 순이익(earning after interest and taxes, EAIT) 사이의 관계를 조절할 수 있다. 그러므로 비용구조와 레버리지의 적절한 선택은 기업이 추구하는 목표에 좀 더 효과적으로 접근하도록 유도하는 수단이 될 수 있다.

레버리지(leverage)는 원래 물리학적인 용어로 지렛대 작용을 뜻한다. 즉 무거운 물건을 들어 올리거나 이동시키려 할 때 지렛대와 지렛목을 이용하여 작은 힘으로 큰 효과를 내는 작용을 일컫는다. 기업에서의 레버리지는 영업적 측면과 재무적 측면으로 나누어 볼 수 있다. 영업적 측면은 투자결정과 연결되고 재무적 측면은 재무결정과 연결된다. 기업은 레버리지의 선택에 의해서 매출액, 영업이익, 그리고 순이익의 관계에 영향을 미칠 수 있다.

구조적 요인과 비용구조

투자결정과 재무결정을 통한 경영정책은 기업의 재무상태와 경영성과에 장기적이고 지속적인 영향을 미치는 구조적 틀을 결정한다. 투자결정과 재무결정에 따른 구조적 측면은 세 가지로 나누어 볼 수 있다. 하나는 **자산구조**와 연결된 영업고정비의 측면이며, 다른 하나는 **자본구조**와 연결된 재무고정비의 측면이다. 마지막으로 자산구조와 자본구조의 결합에 의한 결합레버리지의 측면으로 다음에서 이들에 관해서 다룰 것이다.

기업의 투자결정은 자산구조(asset structure)를 결정한다. 기업의 원천적인 활동들인 업종의 선택, 시장의 선정, 생산방식의 결정, 그리고 신용정책 등이 투자결정의

그림 7-1

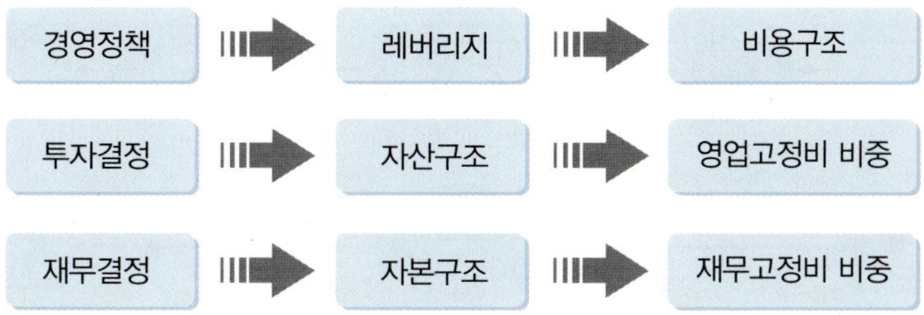

영역이다. 기업은 이러한 투자결정을 통해서 자산구조를 결정하게 된다. 즉 기업의 투자결정은 비유동자산의 종류와 비중을 결정할 뿐만 아니라, 매출채권이나 재고자산과 같은 유동자산의 성격과 구조도 결정하는 것이다.

기업의 재무결정은 자본구조(capital structure)를 결정한다. 재무결정은 투자자금의 조달방법을 결정하게 되는데, 그것의 조달방식에 따라 자본구조가 결정된다는 의미이다. 투자자금의 조달은 자기자본과 타인자본으로 이루어지는데, 자기자본과 타인자본의 규모와 결합방식에 따라서 재무구조 혹은 자본구조가 결정되는 것이다. 일반적으로 재무적 관점에서 레버리지라고 하는 것은 타인자본 사용에 따른 재무레버리지를 의미하는 경우가 많다.

기업의 비용구조(cost structure)는 **변동비**(variable cost)와 **고정비**(fixed cost)의 상대적 비중을 의미한다. 변동비는 생산이나 매출의 규모에 따라 비례적으로 변동하는 비용을 의미하며, 고정비는 생산이나 매출의 규모에 상관없이 고정적으로 지출되는 비용을 의미한다. 즉 기업의 고정비는 일정한 범위 내에서는 일정하고, 변동비는 생산 수준에 따라 증감하는 양상을 나타낸다.

기업의 **비용구조**는 자산구조나 자본구조와 연결되어 있다. 기업의 자산구조는 영업활동에 따른 고정비용에 영향을 미친다. 기업이 기계장치와 같은 비유동자산에 많이 투자하면, 생산이나 매출과 같은 영업활동 정도에 관계없이 고정적인 영업고정비의 비중이 커지는 경향을 보인다. 즉 자산구조에서 비유동자산의 비중이 증가할수록

그림 7-2 기업의 목표변수들과 레버리지 유형

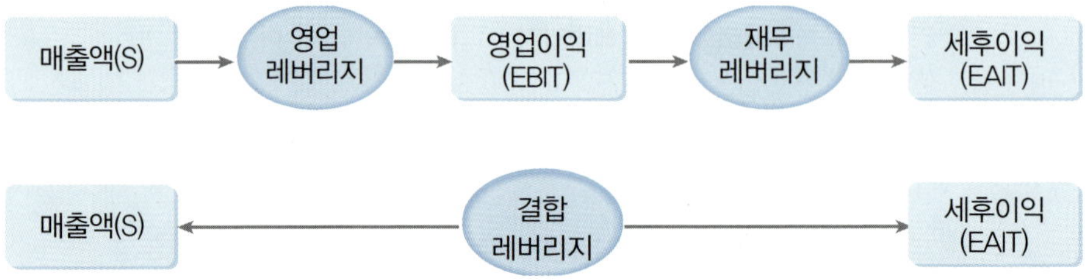

영업고정비의 비중은 증가하는 것이다.

기업의 자본구조는 재무적 고정비용인 지급이자 등에 영향을 미친다. 기업이 타인자본을 많이 사용하게 되면 이자비용이 증가하게 되는데, 이자비용은 기업의 영업활동 수준과 관계없이 지불해야 하는 비용이므로 고정비용인 것이다. 그러므로 기업의 자본구조에서 타인자본의 비중이 증가할수록 재무고정비는 증가하는 것이다.

회계적 관점에서 살펴본다면 영업고정비의 대부분은 **감가상각비**를 의미하고, 재무고정비의 대부분은 **이자비용**을 의미한다. 비유동자산의 존재에 의해서 감가상각비가 발생하는데, 그것은 영업 수준에 상관없이 발생하는 고정비의 성격을 갖는다. 부채의 존재에 의해서 이자비용이 발생하는데, 이자비용도 기업의 활동 수준에 상관없이 발생하는 고정비인 것이다.

기업들이 추구하게 되는 목표변수들은 매출액, 영업이익, 순이익인데, 레버리지 유형과의 상호관계를 표시하면 [그림 7-2]와 같다. 그림에서 볼 수 있듯이 세 가지 유형의 레버리지는 각기 특정 목표변수들의 중간에서 작용하여 후자의 목표변수들의 변동성에 영향을 미치는 요인으로 작용한다.

비용구조와 레버리지는 기업의 **정책적 선택**의 결과이다. 레버리지 효과는 기업의 손익을 확대시키는 효과를 갖는다. 그러므로 레버리지의 선택은 손익의 확대효과에 대한 선택을 의미하는 것이다. 다시 말하면 레버리지 정도의 선택은 손익확대의 정도를 결정하는 것이고, 그것은 다른 측면에서 살펴본다면 위험 증폭의 수준을 결정

그림 7-3 **자산구조 · 재무구조 · 비용구조와 경영성과와의 관계**

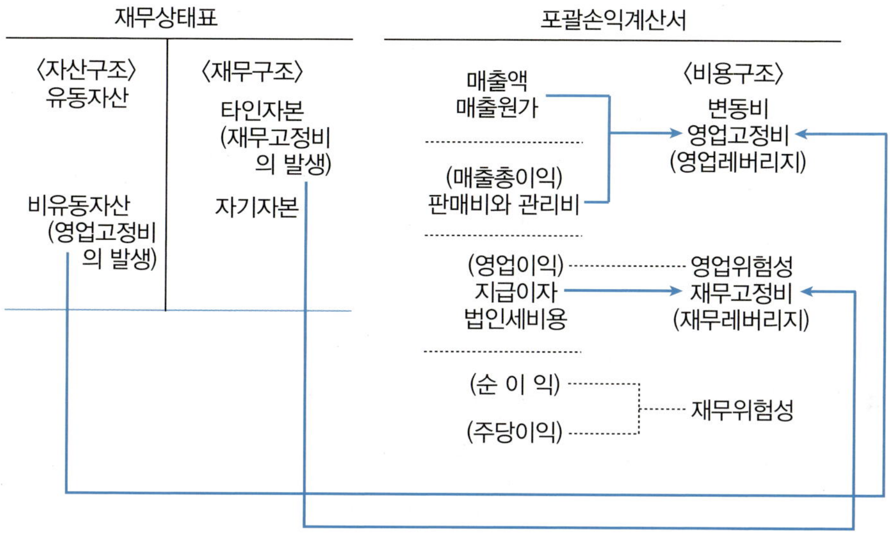

하는 것과 마찬가지이다. 특히 기업의 외부 환경이 심한 변동성을 갖은 경우에는 레버리지의 선택은 심각한 영향을 미칠 가능성이 있다.

기업환경은 동태적이다. 여기서 동태적이라는 말은 기업의 재무상태와 경영성과에 영향을 미치는 여러 환경들이 변화한다는 말이다. 기업에 영향을 미치는 환경을 열거하자면 끝이 없겠지만 정치 · 경제 · 사회 그리고 기술적 환경의 변화가 기업에게 다양한 형태의 영향을 미친다. 기업환경의 변화는 경우에 따라서는 기회가 되기도 하고 위협이 되기도 하는 것이다.

기업이 외부 **환경변화**에 대응하는 능력은 기업의 구조적 요인들이 어떻게 구성되어 있느냐에 따라서 상당히 달라질 수 있다. 기업의 구조적 요인은 자산구조와 자본구조를 중심으로 형성되는데, 자산구조와 자본구조는 또한 기업의 비용구조에 영향을 미치고, 기업의 비용구조가 경영성과에 영향을 미치는 것이다. 기업의 구조적 요인이 환경변화에 따라 경영성과에 어떤 영향을 미치는지는 [그림 7-3]에서 살펴볼 수 있다.

7.2 레버리지 효과

레버리지 효과는 고정비에 따른 손익확대효과이다. 기업들이 레버리지에 관심을 갖는 이유는 그것이 외부 환경의 변화에 구조적인 영향을 받기 때문이다. 포괄손익계산서의 구조를 살펴보면 레버리지의 증가가 기업성과의 변동성을 확대하는 방향으로 영향을 미친다는 사실을 쉽게 발견할 수 있다.

레버리지를 수단으로 활용하는 이유는 영업이익과 순이익을 확대시키기 위해서다. 그러나 여기서 주의해야 할 점은 레버리지 효과가 반드시 긍정적인 결과만을 가져다주는 것이 아니라, 부정적인 결과를 가져올 가능성도 동시에 존재한다는 사실이다. 즉 레버리지를 사용해서 영업이익이나 순이익이 더욱 확대될 수도 있지만, 반대로 손실이 더욱 확대될 수도 있다는 사실에 주목해야 한다. 이제 구체적인 자료를 가지고 레버리지 효과가 어떻게 발생하는지를 보도록 하자.

〈표 7-1〉의 (가)의 결과는 영업레버리지 효과를 보여준다. (가)에서는 매출액의 변동이 영업레버리지의 정도에 따라 영업이익에 미치는 영향을 보여주고 있다. 예를 들어, 매출액의 ±10% 변동은 영업이익의 ±50% 변동으로 영향을 미친다. 즉 주어진 매출액의 변동에 대해서 영업이익의 변동폭이 확대되는 현상이 나타나는 것이다.

그림 7-4 고정비 존재에 의한 손익확대효과 원리

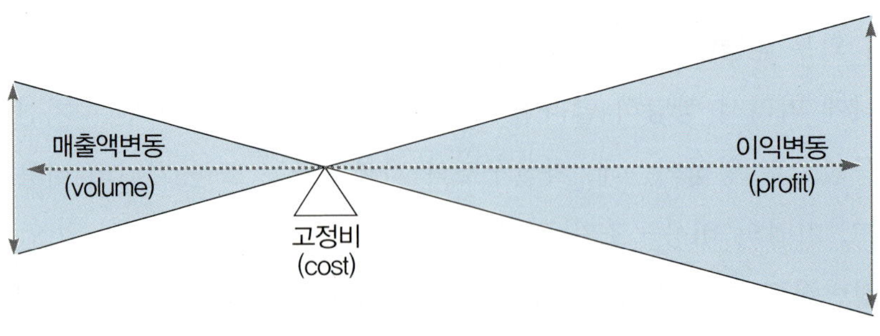

표 7-1 레버리지 효과

(가) 영업레버리지 효과 A (단위: 백만원)

	매출액의 감소(−10%)	현 재	매출액의 증대(+10%)
매 출 액	4,500(−10%)	5,000	5,500(+10%)
고정영업비	2,000	2,000	2,000
변동영업비	2,250(−10%)	2,500	2,750(+10%)
영업이익	250(−50%)	500	750(+50%)

(나) 영업레버리지 효과 B

	매출액의 감소(−10%)	현 재	매출액의 증대(+10%)
매 출 액	4,500(−10%)	5,000	5,500(+10%)
고정영업비	3,000	3,000	3,000
변동영업비	1,350(−10%)	1,500	1,650(+10%)
영업이익	150(−70%)	500	850(+70%)

(다) 재무레버리지 효과

	영업이익의 감소(−10%)	현 재	영업이익의 증대(+10%)
영업이익	250(−50%)	500	750(+50%)
이자(재무고정비)	80	80	80
세전이익	170	420	670
법인세(20%)	34	84	134
세후이익	136(−60%)	336	536(+60%)

이와 같이 영업이익의 변동폭이 더욱 확대되어 나타나는 이유는 매출액과 영업이익 사이에 고정영업비가 존재하기 때문이다.

표 (가)와 (나)를 비교하면 레버리지의 정도가 영업성과의 변동성에 어떤 영향을 미치는지를 살펴볼 수 있다. (가)의 경우와 (나)의 경우는 현재 시점에서는 동일하다. 즉 5,000백만원의 매출을 가지고 500백만원의 영업이익을 올리고 있다. 하지만 (가)와 (나)의 비용구조는 다르다. (가)의 경우는 고정영업비가 2,000백만원인 반면에 변동영업비는 2,500백만원인데, (나)의 경우는 고정영업비가 3,000백만원이고 변동영업비는 1,500백만원인 것이다.

그런데 매출액이 10% 증가하게 되면 (가)의 경우는 영업이익이 50% 확대되는 반면에, (나)의 경우에는 같은 10%의 매출액 증대에 대하여 영업이익이 70% 확대되어 나타나는 것이다. 매출액이 감소되어 나타나는 효과도 마찬가지이다. (가)와 (나)의 경우가 설명하는 것은 (나)처럼 고정영업비의 비중이 높은 경우에는 영업레버리지 효과가 더욱 증가된다는 것을 보여 주는 것이다.

〈표 7-1〉의 (다)에 예시되어 있는 결과는 재무레버리지 효과를 보여주고 있다. 즉 영업이익의 변동 정도(±50%)에 비해 순이익의 변동 정도(±60%)가 더욱 크게 확대되어 나타난다는 것이다. 그 이유는 영업이익과 순이익 사이에서 고정적인 이자비용이 지렛대 작용을 하기 때문이다. 그러므로 재무레버리지, 즉 타인자본을 많이 사용하는 기업일수록 재무레버리지 효과는 더욱 크게 나타난다.

표의 (가)와 (다)를 연결하면 결합레버리지 효과를 살펴볼 수 있다. 즉 매출액의 변화에 따라 순이익의 변화(±60%)가 더욱 확대되어 나타나는 것이다. 그 이유는 고정영업비용인 감가상각비와 고정재무비용인 이자비용이 매출액과 순이익 사이에서 지렛대 역할을 하기 때문이다. 결국 비유동자산과 타인자본을 많이 보유하거나 사용할수록 결합레버리지는 증가하고 매출액의 변동에 대한 순이익의 변동성은 더욱 확대되어 나타나는 것이다.

레버리지와 기업의 위험

기업의 총위험은 경영위험과 재무위험의 합으로 이루어진다. **경영위험**(business risk)이란 영업이익의 변동성을 의미하는데, 경영위험의 주요 원천은 제품의 성격, 원가구조, 경기상황, 영업레버리지 등이다. 반면에 **재무위험**(financial risk)은 타인자본에 의해서 발생하는 원금과 이자의 상환의무와 그것을 상환하지 못해서 발생할 수 있는 파산의 가능성을 말한다.

영업레버리지는 기업의 매출액이 변동함에 따라 영업이익의 변동성을 확대하여 경영위험을 확대시킨다. 또한 재무레버리지는 영업이익이 변동함에 따라 순이익의 변동성을 확대하여 기업의 재무위험을 확대시킨다.

그러나 레버리지가 위험만을 증가시키는 것은 아니다. 레버리지는 위험을 증가시키는 반면에 영업이익과 순이익의 기댓값을 크게 만든다. 따라서 레버리지에 대한 정책적 결정은 **위험**과 **기대이익**이라는 상반관계를 가진 두 가지 변수들의 선택에 관한 의사결정이라고 할 수 있다.

기업이 만약 낮은 레버리지 수준을 선택한다면 위험이 작아져 안전성은 증가할 것이지만, 영업이익이나 순이익의 기대치도 역시 작아지게 될 것이다. 반면에 기업이 높은 레버리지 수준을 선택하면 위험이 커져 안정성은 떨어지게 되지만, 영업이익이나 순이익의 기대치는 커지는 것이다. 이를 그림으로 묘사한 것이 [그림 7-5]이다.

[그림 7-5]는 영업레버리지와 재무레버리지 정도가 상대적으로 낮고 높은 두 기업 사이에 일어날 수 있는 가능한 모든 상황을 가정하여 묘사한 영업이익과 순이익의 변동성과 기댓값을 보여준다. [그림 7-5]에서 보듯이 일반적으로 레버리지 정도가 크면 이익의 변동성과 기댓값이 커지고, 레버리지 정도가 작으면 이익의 변동성과

그림 7-5 레버리지와 이익의 기댓값 및 분산

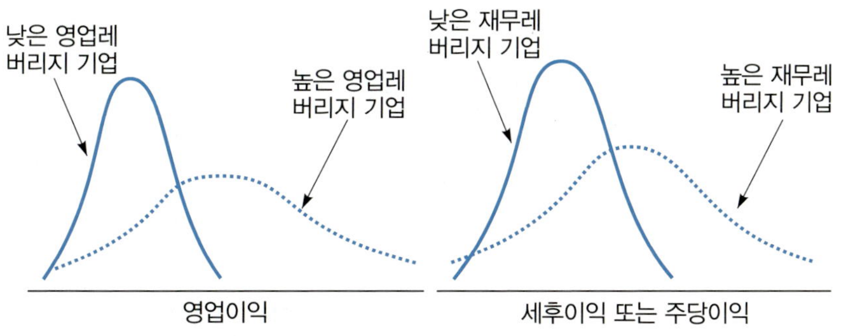

기댓값이 작게 나타난다.

레버리지 분석의 체계

레버리지는 기업의 이익과 위험에 중요한 영향을 미친다. 따라서 기업의 입장에서는 어느 수준의 레버리지를 유지할 것인지를 신중하게 결정할 필요가 있다. 기업은 자신이 레버리지 수준을 선택할 뿐만 아니라, 환경의 변화에 따라 적절한 수정과 보완을 계속해야 한다. 왜냐하면 기업환경이 우호적인 경우에는 높은 레버리지가 유리하지만, 경기가 침체되어 기업환경이 비우호적인 경우에는 높은 레버리지는 위협요인으로 등장하기 때문이다.

[그림 7-6]에서 보듯이 레버리지에 관한 분석은 영업레버리지 분석, 재무레버리지 분석, 그리고 결합레버리지 분석으로 나누어진다. 영업레버리지 분석은 매출액-영업비용-영업이익(CVP: cost-volume-profit) 사이의 관계를 분석한다. 영업레버리지 분석에는 손익분기점 분석과 영업레버리지도 분석법이 있다.

재무레버리지 분석은 영업이익-재무비용-순이익 사이의 관계를 분석하는 것인데 재무레버리지도 분석법이 이에 속한다. 그리고 결합레버리지 분석은 매출액-순이

그림 7-6 레버리지 분석의 체계

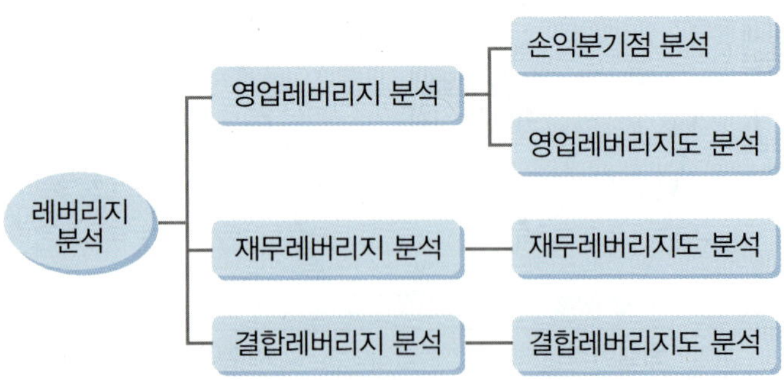

익 사이의 관계를 분석하는 것으로 영업레버리지와 재무레버리지 분석의 결합이다.

7.3 손익분기점 분석

손익분기점 분석의 의의

손익분기점 분석은 매출액, 영업비용, 그리고 영업이익의 관계를 분석하는 가장 전통적이고 대표적인 분석방법이다. 또한 손익분기점 분석은 매출액과 영업이익의 관계를 분석하기 때문에 영업레버리지에 대한 분석방법으로 이용되기도 한다.

매출액, 영업비용, 그리고 영업이익의 관계는 기업의 본질적 활동과 연결된 것으로 전통적으로 중시되어온 변수들이다. 매출액은 기업의 본질적 활동인 생산과 판매활동의 결과이다. 기업은 매출액의 증가를 통하여 영업이익을 확대시키려고 한다. 그런데 매출액과 영업이익 사이에는 영업비용이 존재하기 때문에, 매출액과 영업이익의 관계를 분석하기 위해서는 영업비용의 구조에 대한 분석이 필요하다. 여기서 **비용구조**란 영업레버리지 정책에 의해 정해지는 변동비와 고정비의 구조를 의미하는 것이다.

손익분기점(BEP: break-even point)은 총수입이 총비용과 같아 영업이익이 영(0)이 되는 생산액 또는 매출액을 말한다. 즉 이익도 손실도 나지 않는 수준의 생산량을 말하며, 달리 표현하면 손실을 벗어나는 최소한의 생산량을 의미한다고 볼 수 있다.

손익분기점은 기업의 매출액이 얼마나 안정적인 수익성을 제공하는지에 대한 평가기준이 될 수도 있다. 매출액이 손익분기점보다 상당히 높다면 기업의 수익성은 안정적이라 평가될 수 있다. 또한 손익분기점 분석은 계획, 통제, 분석은 물론 기업의 자산구조와 비용구조의 합리성 여부를 분석하는 도구로 널리 활용되고 있다. 예를 들어 기업이 손실을 면할 수 있는 최소한의 생산과 판매량은 얼마이며, 기업의 이익창출능력의 안전도는 어느 정도인가 등을 분석하기 위해서 손익분기점 분석이 이용된다.

변동비와 고정비의 분류

손익분기점(BEP)을 구하기 위해서는 먼저 기업 내에서 발생하는 비용구조를 파악하는 것이 필요하다. 비용구조의 파악은 비용들을 고정비와 변동비로 구분하는 작업이다. 개념적으로 말하면 변동비(variable cost)는 생산량이 변동함에 따라 비례적으로 변동하는 비용을 말하고, 고정비(fixed cost)는 생산량의 정도에 상관없이 고정적으로 발생하는 비용을 말한다.

영업에 있어서의 고정비, 변동비, 그리고 총영업비용과 매출액 또는 생산량과의 관계는 [그림 7-7]과 같다. 그림에서 보는 바와 같이 고정비는 생산량과 관계없이 일정하며, 변동비는 생산량에 정비례한다. 총영업비용은 고정비와 변동비의 합계이다.

손익분기점 분석은 고정비와 변동비의 정확한 분해가 가능하다고 가정하고 있다. 계정과목에 따른 분류는 생산량이나 판매량에 비례적으로 변동하는 항목은 변동비로 하고, 생산량이나 판매량의 증감과 전혀 관계없이 일정하게 나타나는 항목은

그림 7-7 매출량과 비용

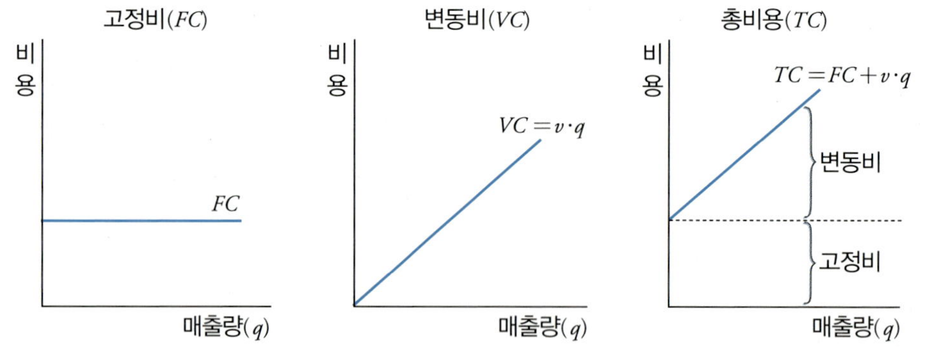

표 7-2 변동비와 고정비의 분류

변 동 비	고 정 비
• 직접재료비 • 직접노무비(성과급 급여) • 외주가공비 • 운반비 • 소모품비 • 판매수수료 • 전기 · 수도료	• 건물 · 기계의 감가상각비 • 관리직의 인건비(고정급 급여) • 수선 · 유지비 • 제세공과금 • 보험료, 임차료 • 금융비용(지급이자 등) • 연구개발비, 종업원훈련비 • 기타 사무실 운영비

고정비로 분류한다. 계정과목에 따라 변동비와 고정비를 분류하면 〈표 7-2〉와 같이 분류할 수 있다. 표에서 살펴볼 수 있듯이 일반적으로 변동비에는 생산과 직접적으로 연결되는 직접비용이 많고, 고정비에는 간접비용이 많이 해당됨을 알 수 있다.

고정비와 변동비의 **비용행태**(cost behavior)를 살펴보면 몇 가지 특성을 발견할 수 있다. 첫째, 총고정비는 생산량에 관계없이 일정하지만, 단위당 고정비는 생산량이 증가할수록 체감한다. 따라서 생산능력의 범위 내에서는 생산량이 증가하면 단위당 생산원가는 하락하고, 기업의 수익성은 호전되는 것이다. 예를 들어 어느 기업이 100만개를 만들 수 있는 생산시설을 보유하고 있고 총고정비는 1,000만원이라고 한다. 만약 이 기업이 10만개를 생산한다면 단위당 고정비는 100원이 되지만, 50만개를 생산한다면 단위당 고정비는 20원이 되어 단위당 생산원가는 하락하는 것이다.

둘째, 고정비는 생산능력의 규모가 정해진 적정 범위(relevant range) 내에서만 고정적이다. 생산능력, 즉 공장의 규모가 변하면 감가상각비를 비롯한 여러 가지 간접비도 변하기 때문에 총고정비 역시 변하는 것이 일반적이다. 일반적으로 고정비는 일정 규모 내에서만 고정적이고, 생산규모가 증가함에 따라 계단식으로 증가하는 양상을 보인다.

셋째, 변동비는 단위당 비용이 일정하고, 단위가 변동함에 따라 총변동비는 일정한 비율로 변화한다. 여기서 정의되는 변동비는 생산량이 증가함에 따라 일정 비율로 증가하는 성격으로 규정되어 있지만, 현실적으로는 변동비 역시 체감하거나 체증하는 경우도 있을 수 있다. 예를 들어 생산량이 증가하면 노동력의 전문화, 숙련도의 증가, 기술수준의 향상, 수량할인 등 규모의 경제(economies of scale)가 나타나게 되는데, 이럴 경우에는 단위당 변동비는 체감하게 된다.

이와 같이 현실적인 변동비는 완전히 비례적으로만 변화하는 것은 아니고, 실질적으로는 체감하거나 체증하는 경우도 있지만, 손익분기점 분석에서는 비례적인 것으로 가정한다. 변동비가 비록 비례적으로 변화하지 않는다 하더라도 체감적인 요소와 체증적인 요소가 서로 상쇄하는 경향도 있기 때문에 손익분기점 분석에서는 변동비가 비례적으로 변화한다고 가정해도 크게 문제가 되지는 않을 것이다.

손익분기점의 계산

손익분기점은 총수입과 총비용이 같아지는, 즉 이익이 영(0)이 되는 생산량 또는 생산액이다. 손익분기점을 계산하기 위해서 간단한 수식을 사용해 보기로 하자. 수식의 간단한 이용을 위해서 각각의 변수들을 다음과 같이 표시하기로 하자.

TC = 총비용, TR = 총수입, FC = 총고정비, VC = 총변동비,
v = 단위당변동비, q = 생산량 또는 판매량, p = 제품의 판매단가
q^* = 손익분기점에서의 판매량.

총수입선(TR)과 총비용선(TC)을 그림으로 표시하면 [그림 7-8]과 같다. 따라서 총수입과 총비용이 일치하게 되는 판매량 q^* 또는 판매액 $p \cdot q^*$가 손익분기점이 된다. 기업의 판매량이 q^*가 되면 이익도 손실도 없는 상태며, 판매량이 q^*를 넘어서면 이익이 발생하고, q^*에 미달하면 손실이 발생하게 되는 것이다.

그림 7-8 손익분기점

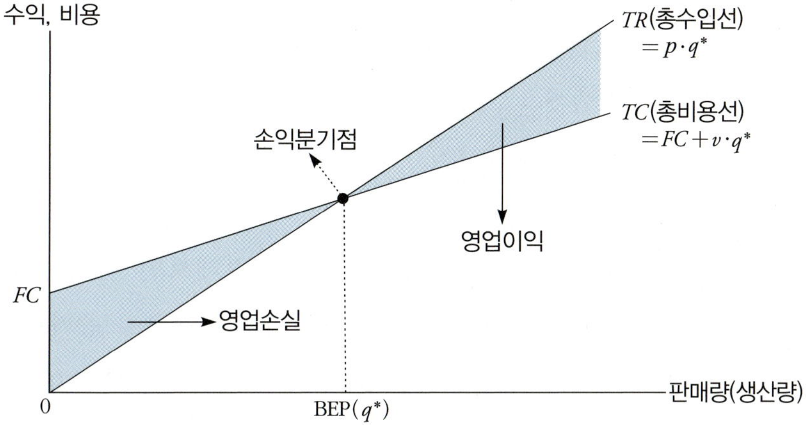

손익분기점 판매량 q^*는 총수입(TR)과 총비용(TC)이 같은, 즉 $TR = TC$가 되는 판매량이다. 그런데 총수입 $TR = p \cdot q^*$로 표시되고, 총비용 $TC = FC + VC = FC + v \cdot q^*$로 표시될 수 있다. 이러한 관계를 식으로 정리하면 식 (7-2)에서 보는 것처럼 총고정비를 단위당 공헌이익인 (판매단가－단위당 변동비)로 나누어 구해진다.

$$TR = TC \qquad \cdots\cdots(7\text{-}1)$$

$$p \cdot q^* = FC + v \cdot q^*$$

$$(p-v)q^* = FC$$

$$\therefore q^* = \frac{FC}{p-v} = \frac{\text{총고정비}}{\text{판매단가} - \text{단위당 변동비}}$$

$$= \frac{\text{총고정비}}{\text{공헌이익}} \qquad \cdots\cdots(7\text{-}2)$$

여기서 분모 $(p-v)$는 판매단가에서 단위당 변동비를 차감한 부분인데 단위당의 생산량이 증가하는 경우에 발생하는 단위당 공헌이익(contribution margin)이라고 할 수 있다. 왜냐하면 제품의 판매단가에서 단위당 변동비를 뺀 부분은 제품 한 단위를 추가로 판매할 때 전체적인 이익을 증가시키는 데 공헌하는 부분이기 때문이다.

단위당의 공헌이익은 다음과 같은 형태로 정리해 볼 수도 있다. 판매량이 q인 점에서의 이익을 π라고 하면 그것은 다음과 같이 표시된다.

$$\pi = TR - TC = p \cdot q - (FC + v \cdot q) = (p - v)q - FC$$

그런데 판매량이 Δq만큼 증가하였을 경우를 생각해보면 이익증가분 Δq는 $(p-v)\Delta q$와 같이 표현될 수 있다. 왜냐하면 판매량이 추가적으로 증가한다고 해도 고정비 부담이 추가적으로 증가하는 부분은 없기 때문이다. 그러므로 $(p-v)$는 판매량이 추가적으로 Δq만큼 증가하는 경우에 이익에 공헌하는 부분이다.

$$\Delta\pi = (p - v)\Delta q$$

위 식에서 볼 수 있는 것처럼 $(p-v) > 0$, 즉 판매가격이 단위당 변동비보다 큰 범위에서는 $(p-v)$에 판매량의 증가분(Δq)을 곱한 것만큼 이익은 증가하게 된다. 그렇기 때문에 손익분기점은 고정비를 공헌이익으로 완전히 보전하는 판매량의 수준이라고 할 수 있을 것이다.

한편 손익분기점 판매액$(p \cdot q^*)$, 즉 금액으로 표시되는 손익분기점은 식 (7-3)처럼 구할 수 있다. 제품의 판매단가가 일정하다고 가정하고 있으므로 식 (7-2)의 양변에 제품의 단가(p)를 곱하여 정리하면 손익분기점에서의 금액표시 판매액은 식 (7-3)과 같게 된다.

$$p \cdot q^* = p \cdot \frac{FC}{p-v} = \frac{FC}{1-\frac{v}{p}} = \frac{FC}{1-\frac{VC}{p \cdot q}} \qquad \cdots\cdots(7-3)$$

$$\therefore p \cdot q^*(\text{손익분기점 판매액}) = \frac{\text{총고정비}}{1 - \text{변동비율}} = \frac{\text{총고정비}}{1 - \text{공헌이익률}}$$

식 (7-3)에서 제품의 가격에 대한 단위당 변동비의 비율인 v/p, 혹은 총매출액에서 변동비가 차지하는 비율인 총변동비/매출액을 변동비율이라고 하며, 1에서 변동비율을 차감한 $(1-v/p)$을 제품의 공헌이익률(contribution margin ratio)이라고 한다. 따라서 판매액으로 표시되는 손익분기점은 총고정비를 공헌이익률로 나눈 것으로 나타낼 수도 있는 것이다.

손익분기점과 목표이익

앞에서는 손익분기점 매출량과 매출액에 대해서 살펴보았다. 여기서는 목표이익을 달성하기 위한 매출량과 매출액은 어떻게 계산되는지 살펴보자. 목표이익을 π라고 하면 목표이익을 달성하는 데 필요한 매출량 q는 다음과 같이 계산된다.

$$\begin{aligned}\pi &= TR - TC \\ &= p \cdot q - (FC + VC) \\ &= p \cdot q - (FC + v \cdot q)\end{aligned}$$

$$q = \frac{FC + \pi}{p-v} \qquad \cdots\cdots(7\text{–}4)$$

목표이익을 π라고 한다면 목표이익을 달성하기 위한 매출량은 고정비용(FC)에 목표이익인 π의 합을 공헌이익$(p-v)$으로 나눈 것이다.

손익분기점 분석의 가정들

전통적인 손익분기점 분석은 생산과 판매가 가능한 적정 범위(relevant range) 내에서 관계되는 모든 변수들을 알 수 있다는 확실성을 전제로 하고 있다. 이러한 가정이 현실성이 떨어지는 것은 사실이지만 모형의 가치는 가정의 현실성보다는 모형의 유용성이 중요한 것이라는 사실을 비추어 볼 때, 손익분기점 분석은 나름대로의 한계가 있음에도 불구하고 유용한 분석도구이다.

하지만 손익분기점 분석의 유용성을 높이기 위해서는 이 모형이 전제하고 있는 가정을 올바르게 이해할 필요가 있다. 다음의 조건들은 전통적인 손익분기점 분석에서 전제되는 가정들이다. 전체적으로 이러한 가정들은 비용과 수입의 행태가 적정범위 내에서 선형관계를 유지한다는 가정들이다. 손익분기점 분석의 가정들은 대체로 다음과 같다.

① 비용과 수익의 측정과 예측이 가능하다. 즉 확실성의 가정이다.

② 총비용은 고정비와 변동비로 분해된다.

③ 고정비는 생산량과 관계없이 일정하며, 변동비는 생산량과 비례관계를 갖는다.

④ 단위당 변동비와 단위당 가격은 일정하다.

⑤ 생산요소의 가격은 일정하며 생산성은 변화가 없다.

⑥ 생산된 것은 모두 판매된다. 즉 생산과 판매는 동일하다.

⑦ 위의 모든 가정은 적정 범위(relevant range) 내에서 성립하는 것으로 본다.

위에 열거된 손익분기점 분석의 가정들에 대하여 간단히 살펴보도록 하자. 앞에서도 언급하였지만 어떤 모형의 가치는 가정의 현실성보다는 모형의 유용성에 있는 것이므로, 그런 점에서 손익분기점 분석은 상당히 유용하다는 점을 우선 밝혀두고자 한다.

우선 확실성의 가정이다. 확실성의 가정은 미래가 불확실하다는 기본명제를 생각한다면 불합리한 가정일 것이다. 따라서 확실성에 가정을 둔 손익분기점 분석의 결론을 너무 단편적이고 직접적으로 받아들이는 것은 위험하다. 불확실성의 존재가 현실임을 인정한다면 손익분기점의 여러 결론들은 잠정적인 범위 안에서 이해할 필요가 있다.

비용의 분해를 고정비와 변동비로 정확히 분류한다는 것은 쉬운 일이 아니다.

그림 7-9 비용의 분해

현실적인 적용을 위해서는 실무적인 타협이 필요할 것이다. 또한 물품의 가격이나 변동비가 일정하다는 가정은, 분석의 시발점으로서 어쩔 수 없는 가정이라고 여겨진다. 만약 가격이나 변동비가 변할 가능성이 나타난다면 추가적으로 고려하면 될 것이다.

생산요소의 가격과 생산성에 관한 가정도 마찬가지로 이해되어야 할 것이다. 적정 범위의 가정과 생산과 판매가 동일하다는 가정은 일정 범위 내에서 유용하고, 규모가 바뀌거나 생산과 판매가 현격한 차이가 있는 경우에는 따로 분석할 필요가 있을 것이다. 전체적으로 손익분기점 분석의 가정들은 비현실적이지만, 논리적 설명을 위해서 필요한 것들이다. 현실적인 가정과 다른 상황에 대해서는 추가적으로 고려하면 될 것이다.

손익분기점의 위치와 영업레버리지 효과

이제부터는 손익분기점의 위치와 관련하여 경영정책 측면에서 제품의 가격(P),

고정비(FC), 그리고 제품 단위당 변동비(v)의 관리가 중요한 이유를 생각해 보기로 한다. 그리고 영업레버리지 정도와 손익분기점의 위치, 영업레버리지 효과 등을 알아보기로 한다.

손익분기점의 위치: 손익분기점 분석을 제대로 이용하기 위해서는 기업의 비용구조와 손익분기점의 위치에 대한 이해가 필요하다. 손익분기점의 계산에서 알 수 있듯이 가격(P)과 제품 단위당 변동비(v)가 일정한 경우, 고정비(FC)가 커질수록 손익분기점은 높아진다. 고정비가 커진다는 것은 영업레버리지가 높아짐을 의미하고, 그러므로 다른 조건이 동일하다면, 영업레버리지가 높을수록 손익분기점의 위치는 높아진다는 것을 의미한다.

또한 고정비(FC)와 제품 단위당 변동비(v)가 일정한 상태에서, 제품가격(P)이 높아지면 손익분기점은 낮아질 것이다. 반면에 고정비(FC)와 가격(P)이 일정한 상태에서, 단위당 변동비(v)가 낮아지면 손익분기점도 낮아질 것이다. 이처럼 손익분기점은 **경영정책**이나 경영관리와 연결되어 있는데, 손익분기점의 위치가 의미하는 바를 살펴보기로 하자.

첫째, 손익분기점의 높낮이만을 가지고 정책의 효율성을 말할 수는 없다. 즉 손익분기점의 자체가 경영의 성과지표가 될 수는 없다는 것이다. 하지만 유사한 두 기업을 비교한다면, 손익분기점이 낮은 기업은 높은 기업보다 안정성이 우수하다고 할 수는 있을 것이다.

둘째, 조건이 동일한 두 기업의 경우에 손익분기점의 위치가 낮은 기업은 높은 기업보다 제품가격이나 원가관리가 합리적으로 이루어졌음을 의미한다. 손익분기점의 위치와 관련하여 실무적으로 흔히 사용되는 비율로 손익분기점 비율(BEP 비율)과 MS(margin of safety) 비율이 있다. 우선 이들 지표의 계산식을 보면 다음과 같다.

$$\text{손익분기점 비율(BEP 비율)} = \frac{\text{손익분기점의 매출액}}{\text{실현된 매출액}} \times 100$$

$$\text{MS비율} = \frac{\text{실현된 매출액} - \text{손익분기점 매출액}}{\text{실현된 매출액}} \times 100$$

손익분기점 비율은 손익분기점의 매출액을 실현된 매출액으로 나눈 비율로, 이 비율이 낮을수록 생산량이나 영업활동이 건전한 상태에 있음을 의미한다. 업종에 따라 물론 다르겠지만 일반적으로 이 비율이 50% 이하이면 대단히 우수한 기업으로 평가되고, 80% 이상이면 불건전한 기업으로 평가된다.

한편 MS비율은 손익분기점을 초과한 매출액이 실현된 매출액의 몇 퍼센트를 차지하는가에 관한 비율이다. MS비율의 의미는 손익분기점 비율의 의미와 비슷하며, 비율이 의미하는 방향만 다르다. 즉 손익분기점 비율은 낮을수록 안정적이지만, MS비율은 높을수록 안정적인 것으로 평가된다.

손익분기점과 영업환경: 모든 기업은 제품 특성이나 정책 방향에 따라 각기 독특한 비용구조를 갖는다. 예를 들어 자본집약적인 기업은 영업비용 중에서 고정비가 차지하는 비중이 클 것이며, 노동집약적인 기업은 변동비가 차지하는 비중이 상대적으로 클 것이다. 기업이 자본집약적인 생산방식을 택하느냐 아니면 노동집약적인 생산방식을 택하느냐의 문제는, 기업이 속한 산업의 특성에 따라 좌우되는 측면이 강하다. 큰 규모의 시설투자가 필요한 산업은 자연히 자본집약적인 생산방식을 택하게 될 것이다.

또한 동일한 제품을 생산하는 기업 사이에도 자본집약적 생산방식을 택할 것이냐 아니면 노동집약적인 생산방식을 택하느냐에 따라 비용구조가 다를 수 있다. 즉 기업의 생산방식의 선택은 비용구조를 결정하며, 비용구조에 따라 손익분기점과 레버리지가 달라지는 것이다.

예를 들어 두 기업 A와 B를 생각해 보자. 두 기업은 다른 조건은 모두 유사하고 오직 영업레버리지 정도가 다르다고 한다. 기업 A는 노동집약적인 방식을 선택하여 상대적으로 낮은 영업레버리지 정책을 채택한 기업이고, 기업 B는 자본집약적인 방식을 선택하여 상대적으로 높은 영업레버리지 정책을 채택한 기업이라고 한다. 영업레버리지 정도가 낮은 기업 A의 손익분기점의 위치(50개)는 영업레버리지 정도가 높은 기업 B의 위치(100개)보다 당연히 낮다. 이러한 영업레버리지의 차이는 미래의 시장수요가 어떻게 되느냐에 따라서 두 기업의 영업이익에 미치는 영향이 다를 것이다.

만약 시장 여건이 어려워서 기업들의 조업 수준이 100개 이내이면, 기업 A는 기업 B에 비해 즉각적인 타격을 덜 받을 것이다. 왜냐하면 기업 A는 50개 이상을 팔면 영업이익을 실현하지만, 기업 B는 100개 이상을 판매해야만 영업이익을 실현하기 때문이다. 하지만 시장 여건이 좋아져서 150개 이상을 판매할 수 있는 상황이 전개된다면, 기업 B가 기업 A보다 유리할 것이다. 손익분기점 이상을 판매할 수 있는 상황에서는 영업레버리지 정도가 큰 기업의 영업이익 확대가 영업레버리지 정도가 낮은 기업에 비해 상대적으로 크기 때문이다.

예제 손익분기점 계산의 예

A) 어떤 기업의 경우에 판매단가=1,000원이고, 단위당 변동비 $v=600$원, 그리고 고정비는 100,000원이라고 한다. 손익분기점은 어떻게 되는가? 기업의 목표이익이 100,000원이라면 그 목표이익을 달성할 수 있는 매출량과 매출액은 각각 어떻게 될 것인가를 살펴보기로 하자.

손익분기점

$$\text{매출량 } q^* = \frac{FC}{p-v} = \frac{100{,}000}{1{,}000-600} = 250\text{개}$$

$$\text{매출액 } pq^* = \frac{FC}{1-\frac{v}{p}} = \frac{100{,}000}{1-\frac{600}{1{,}000}} = 250{,}000\text{원}$$

목표이익

$$\text{매출량 } q^* = \frac{FC+\pi}{p-v} = \frac{100{,}000+100{,}000}{1{,}000-600} = 500\text{개}$$

$$\text{매출액 } pq^* = \frac{FC+\pi}{1-\dfrac{v}{p}} = \frac{100{,}000+100{,}000}{1-\dfrac{600}{1{,}000}} = 500{,}000\text{원}$$

B) 다음은 포괄손익계산서를 가지고 손익분기점과 목표이익을 계산하는 예를 살펴보기로 하자. (단위: 백만원)

구 분	금 액
매출액	1,000
− 고정비	300
− 변동비	500
영업이익	200

우선 위의 자료를 가지고 손익분기점을 계산해보자. 이 자료에서는 단위당 변동비와 판매가격이 나타나지 않았으므로 손익분기점 매출량의 계산은 불가능하다. 대신에 손익분기점 매출액의 계산은 가능하다.

$$\text{손익분기점 매출액} = \frac{FC}{1-\dfrac{v}{p}} = \frac{300}{1-0.5} = 600\text{백만원}$$

위 기업의 경우에 손익분기점 비율을 계산해 볼 수 있을 것이다. 손익분기점 비율은 실현된 매출액의 몇 퍼센트가 손익분기점인가 하는 것이다. 즉 위 기업의 손익분기점 비율은 다음에 계산한 바와 같이 60%에 달하는 수준이다.

$$\text{손익분기점 비율} = \frac{\text{손익분기점 매출액}}{\text{실현한 매출액}} \times 100$$

$$= \frac{600}{1{,}000} = 60\%$$

$$DFL = \frac{\Delta EPS}{EPS} \div \frac{\Delta EBIT}{EBIT} = \frac{\Delta EPS \times EBIT}{EPS \times \Delta EBIT}$$

여기서 EPS와 ΔEPS는 다음과 같다.

$$EPS = \frac{(EBIT - I)(1 - t)}{n}$$

$$\Delta EPS = \frac{\Delta EBIT(1 - t)}{n}$$

단, $EBIT$: 영업이익
I: 지급이자
t: 법인세율
n: 발행 총주식수

이를 위의 DFL 식에 대입하여 정리하면 다음과 같다.

$$DFL = \frac{EBIT}{EBIT - I} = \frac{q(p - v) - FC}{q(p - v) - FC - I}$$

기업 전체의 재무레버리지도는 개별 제품의 재무레버리지도를 계산하는 위의 식을 이용하여 다음과 같이 계산할 수 있다.

$$DFL = \frac{q(p - v) - FC}{q(p - v) - FC - I} = \frac{TR - VC - FC}{TR - VC - FC - I}$$

위 식에서 우변에 있는 TR은 포괄손익계산서상의 매출액에 해당하고, VC와 FC는 영업비용 중의 총변동비와 고정비이다. 그리고 I는 포괄손익계산서상의 지급이자이다.

이렇게 계산되는 재무레버리지도는 무엇을 의미하는가? 영업레버리지도와 유사하게 재무레버리지도는 다음과 같은 의미를 갖고 있다. 첫째, 재무레버리지도 자체가 경영의 성과를 의미하는 것은 아니다. 재무레버리지도는 단지 영업이익의 변화에 따른 주당이익의 변동 정도가 어떠한지를 나타내는 탄력성 개념이다. 따라서 만약 어떤 제품이나 기업의 *DFL*이 1.5라 한다면, 그 제품이나 기업의 영업이익이 10% 증가한다면 주당이익은 15% 증가되고, 영업이익이 10% 감소한다면 주당이익은 15% 감소된다는 것을 의미하는 것이다.

둘째, 재무레버리지도는 재무레버리지의 정도를 측정하는 지표이다. 만약 p, q, v, FC 등의 변수가 일정한 상태에서 타인자본이 증가하여 지급이자(I)가 많아진다면 *DFL*은 증가할 것이다. 이는 타인자본이 증가할수록 재무레버리지가 증가하고, 따라서 재무레버리지도가 증가하는 것을 의미한다.

셋째, 지급이자(I) 이외에도 판매량(q), 단가(p), 변동비(v), 고정비(FC) 등의 변수들이 변동함에 따라 *DFL*의 값도 변동된다는 것이다. 그것은 판매량, 단가, 변동비 등의 수준에 따라서 상대적으로 고정비인 지급이자의 비중이 변하기 때문이다. 예를 들어 p, v, FC, I 등이 변화가 없는 상태에서 판매량(q)이 증가하면 *DFL*은 작아진다.

예제

영업레버리지도의 예제에 사용한 우리기업의 예를 계속 사용하도록 하자.
매출액 100억원 수준에서의 우리기업 재무레버리지도는 다음과 같이 계산된다.

$$\text{재무레버리지도} = \frac{TR - VC - FC}{TR - VC - FC - I}$$

$$= \frac{100 - 50 - 30}{100 - 50 - 30 - 10} = 2$$

현재 우리기업의 영업이익이 10% 증가한다면 22억원이 될 것이다. 그런데 순이익은 10억원에서 12억원이 되었다. 즉 영업이익은 10% 증가한 데 비해서 순이익은 20% 증가한 것이다.

7.6 결합레버리지도 분석

결합레버리지는 영업레버리지와 재무레버리지가 결합된 레버리지 형태를 말한다. 그러므로 결합레버리지는 매출액의 변동에 대한 순이익의 변동성의 정도를 나타낸다. 결합레버리지도는 매출액의 변화율에 대한 순이익의 변화율로 측정된다.

결합레버리지도는 영업레버리지도와 재무레버리지도의 결합으로 표현될 수도 있다. 영업레버리지도가 매출액의 변화율에 대한 영업이익의 변화율을, 그리고 재무레버리지도가 영업이익의 변화율에 대한 순이익의 변화율을 나타내는 것을 기억한다면 결합레버리지도가 영업레버리지도와 재무레버리지도의 곱으로 표현될 수 있다는 것을 쉽게 이해할 수 있을 것이다. 이러한 정의에 따라 결합레버리지도는 다음 식으로 측정할 수 있다.

$$
\begin{aligned}
DCL &= \frac{\Delta EPS}{EPS} \div \frac{\Delta q}{q} \\
&= \left(\frac{\Delta EBIT}{EBIT} \div \frac{\Delta q}{q}\right) \times \left(\frac{\Delta EPS}{EPS} \div \frac{\Delta EBIT}{EBIT}\right) \\
&= DOL \times DFL \\
&= \frac{q(p-v)}{q(p-v) - FC - 1}
\end{aligned}
$$

따라서 제품의 q, p, v, FC, I 값을 위 식에 대입하면 해당 제품의 결합레버리지도를 계산할 수 있다. 또한 기업 차원의 결합레버리지도를 다음 식으로 계산할 수도 있다.

$$
DCL = \frac{q(p-v)}{q(p-v) - FC - I} = \frac{TR - VC}{TR - VC - FC - I}
$$

이와 같이 계산한 DCL의 수치는 다음과 같은 의미를 가지고 있다.

첫째, 결합레버리지도가 경영의 성과를 나타내는 것은 아니다. 다만 이 수치는 매출액의 변동률에 대하여 순이익의 변화율을 말해주는 탄력성을 나타내는 것이다. 예를 들어 *DCL*이 5라면, 매출액이 10%로 증가할 때 순이익은 50% 증가되고, 매출액이 10% 감소할 때 순이익은 50% 감소될 것임을 의미한다.

둘째, *DCL*은 고정된 수치가 아니라 투입변수의 변화에 따라 변동될 수 있는 변수이다. 예를 들어 q, p, v, FC 등에 전혀 변화가 없는 상태에서도 타인자본을 더 많이 사용하여 I만 커진다면 *DCL* 역시 커지게 된다. 또한 q, p, v, I 등에 전혀 변화가 없는 상태에서 비유동자산을 더 많이 사용하여 FC만 커진다면 *DCL* 역시 커진다.

셋째, p, v, I, FC 등이 전과 변함없는 상태에서 판매량(q)이 커지면 커질수록 결합레버리지도(*DCL*)는 점점 작아진다. 왜냐하면 판매량을 포함한 다른 변수들의 변화는 고정비의 상대적인 비중을 변화시키기 때문이다.

예제

앞에서 사용한 우리기업의 경우를 생각해보자. 아래의 표에서 보듯이 우리기업의 매출액이 10% 증가하면 순이익은 10억원에서 15억원으로 50% 증가하였다. 반면에 매출액이 10% 감소한 경우에는 매출액이 50% 감소하였다. 이것은 우리기업의 결합레버리지도가 5임을 의미한다. 식에 의해서 결합레버리지도를 계산해보자.

항 목	매출 10% 감소	현 재	매출 10% 증가
매 출 액	90	100	110
−(변동비)	45	50	55
−(고정비)	30	30	30
영업이익	15	20	25
지급이자	10	10	10
순 이 익	5	10	15

우리기업의 현재 시점에서의 결합레버리지도는 다음과 같다.

$$\begin{aligned} DCL &= \frac{TR - VC}{TR - VC - FC - I} \\ &= \frac{100 - 50}{100 - 50 - 30 - 10} \\ &= 5 \end{aligned}$$

또한 영업레버리지도와 재무레버리지도를 이용하여 결합레버리지도를 계산해 보면 다음과 같다.

$$\begin{aligned} DCL &= DOL \times DFL \\ &= 2.5 \times 2 \\ &= 5 \end{aligned}$$

7.7 요약 및 정리

기업들은 환경의 변화에 따라 대응할 수 있는 능력에 차이가 있다. 기업들이 환경의 변화에 대응하는 능력은 기업의 구조적 요인에 의해서 영향을 받는다. 기업의 구조적 요인은 주로 자산구조, 재무구조, 그리고 비용구조를 의미한다. 이러한 기업의 구조적 요인은 경영자의 정책적 결정이기는 하지만 어느 정도는 업종의 영향도 있다.

기업의 구조적 요인들, 즉 자산구조, 재무구조, 그리고 비용구조는 서로 연결된 개념이다. 여기서 자산구조는 비유동자산과 유동자산의 조합을 의미한다. 기업의 자산구조에서 비유동자산의 비중이 높다는 것은 기업의 생산구조가 자본집약적인 것을 의미하며 대규모의 시설투자를 의미하는 것이다. 또한 여기서 의미하는 재무구조는 자기자본과 타인자본인 부채의 결합정도를 의미한다. 재무구조에서 재무레버리지가 높다는 것은 부채의 비중이 높다는 것을 의미한다.

본 장에서는 레버리지효과에 대하여 설명하였다. 레버리지효과는 손익계산의 과정에서 고정비용이 지렛대로 작용하여 영업이익이나 순이익의 변동성을 크게 만드는 현상을 말한다. 즉 레버리지효과는 고정비 때문에 발생하는 것이다. 고정비의 비중이 높을수록 매출액이 증가하는 경우에 이익의 증가가 확대되고, 반대로 매출액이 감소하는 경우에는 손실이 확대되는 손익확대효과를 의미한다.

다른 많은 정책결정의 변수들과 마찬가지로 레버리지효과도 양날을 가진 칼과 같다. 대체로 기업들이 레버리지를 채택하는 이유는 주어진 매출액의 증가에 대하여 이익을 증가시키려는 의도이다. 실제로 매출액이 증가하는 경우에는 이익의 증가폭은 확대될 것이다. 하지만 매출액이 예상외로 감소하는 경우에는 이익의 감소폭도 더욱 확대될 것이다. 우리나라 기업들이 약간의 불황만 닥쳐도 심한 어려움에 처하는 경우가 많은데, 이것은 주로 우리나라 기업들이 높은 레버리지를 갖고 있기 때문이다.

레버리지는 기업의 위험과 직결된다. 기업의 총위험은 경영위험과 재무위험으로 나누어지는데 경영위험은 영업레버리지와 연결되며, 재무위험은 재무레버리지와 연결된다. 위험의 증가는 바람직하지 않지만, 반면에 기대이익을 증가시킬 가능성도 동시에 존재하는 것이다. 즉 레버리지는 위험을 증가시키지만 동시에 기대이익도 증가시키는 것이다.

본 장에서는 레버리지분석에 대하여 4가지 측면에서 다루었다. 손익분기점 분석, 영업레버리지도 분석, 재무레버리지도 분석, 그리고 결합레버리지도 분석이 그들이다. 손익분기점 분석과 영업레버리지도 분석은 영업레버리지 분석을 위하여 사용되었다. 재무레버리지도 분석은 이름 그대로 재무레버리지 분석을 위하여 사용된다. 결합레버리지도 분석은 영업레버리지와 재무레버리지의 결합, 즉 총레버리지의 분석에 이용된 방법이다.

연습문제

1. 기업의 구조적 요인은 레버리지에 영향을 미친다. 기업의 구조적 요인들이 레버리지에 어떻게 영향을 미치는지 자산구조, 재무구조, 그리고 비용구조로 나누어 설명하시오.

2. 기업의 구조적 요인들은 기업이 외부환경의 변화에 대응하는 능력과 연결되어 있다. 기업의 외부환경의 변화와 기업의 구조적 요인과의 관계를 설명하시오.

3. 레버리지효과를 예를 들어 설명하시오.

4. 레버리지와 기업의 위험과의 관계는 무엇인가?

5. 손익분기점(*BEP*) 매출량과 손익분기점 매출액을 구하는 공식을 유도하시오.

6. 판매단가가 2,000원인 완구를 만드는 완구기업이 있다. 완구기업의 경우 감가상각비 등의 총고정비가 30백만원, 그리고 직접생산비인 변동비가 500원이다.

① 완구기업의 공헌이익, 변동비율, 공헌이익률, 손익분기점에서의 매출량, 매출액을 계산하시오.

② 현재 생산시설에 여유가 있는데, 20,000개를 1,000원에 납품해 달라는 주문이 있다. 이 주문을 받을 것인지를 설명하시오.

7. 남산기업의 포괄손익계산서 자료로부터 손익분기점 분석에 필요한 다음과 같은 자료들을 추출하였다. 손익분기점 매출액을 구하시오.

매 출 액	1,000백만원
비 용	800백만원
변동비	400백만원
고정비	400백만원
영업이익	200백만원

8. 다음의 자료를 이용하여 물음에 답하시오.

고 정 비	10억원
단위당 변동비	3,000원
생산능력	60만개
판매가격	6,000원

① 손익분기점을 구하시오.

② 2억원의 이익을 얻기 위한 최소한의 매출액을 구하시오.

③ 생산능력의 70%를 판매한다면 얼마만큼의 이익이 가능한 것인지 계산하시오.

9. 우리기업은 지난해에 1개당 10,000원의 가격으로 50만개를 판매하여 50억원의 매출액을 올렸다. 우리기업의 변동비는 25억원이고 고정비는 20억원이다.

① 손익분기점(BEP) 매출량을 구하시오.

② 손익분기점(BEP) 매출액을 구하시오,

③ BEP 도표를 그리고 설명하시오.

④ MS비율을 구하고 설명하시오.

10. 다음 자료를 이용하여 영업레버리지도, 재무레버리지도, 결합레버리지도를 구하고 그 의미를 설명하시오.

포괄손익계산서

(단위: 백만원)

매출액	800
–변동비	600
–고정비	100
영업이익	100
–이자비용	75
순이익	25

11. 다음은 甲기업과 乙기업의 비용구조와 관련된 자료이다.

(단위: 억원)

구 분	甲	乙
매출액	1,000	1,000
−고정비	400	600
−변동비	400	200
영업이익	200	200
이자비용	50	100
순이익	150	100

① 두 기업의 *DOL*, *DFL*, *DCL*을 구하고 비용구조의 특성을 설명하시오.

② 두 기업의 BEP, BEP도표, 손익분기점률 및 MS비율을 구하고 상호 비교하시오.

12. *DOL*이 6이고 *DCL*은 2라고 한다면, *DFL*은 얼마인가? 계산하고 설명하시오.

제 8 장

재무비율의 관계성

본 장에서는 재무비율을 종합하는 의미에서 *ROI*분석과 주식가치에 대해서 알아본다. *ROI*분석은 재무비율들이 서로 관계를 가지면서 구성되어 있다는 측면에서, 그것들의 관계를 관찰해서 재무비율의 의미를 좀 더 심층적으로 분해한다는 의미를 갖는다. 재무비율들은 어떤 경우에는 유사한 성격을 나타내기도 하고, 경우에 따라서는 서로 상반된 성격을 나타내기도 한다.

주식가치는 소유주들의 지분의 가치이다. 통상적으로 소유주들의 가치는 시장의 평가를 반영한 주식가치로 인식된다. 주식가치의 결정은 단순히 재무비율들로 결정되는 것은 아니며, 기업의 능력을 총체적으로 판단하여 결정된다. 본 장에서는 주식가치를 재무자료와 연결해서 살펴보고자 한다.

8.1 재무비율의 관계성

회계적인 차원에서 기업의 최종적인 성과는 순이익의 창출이다. 순이익은 자산을 이용하여 매출액을 발생시키는 과정을 통해서 창출된다. 그런데 현대 기업의 경우에 총자산을 자기자본만으로 조달하는 경우는 드물고 대부분 타인자본을 어느 정

그림 8-1 주요 재무비율: 재무제표와의 관계성

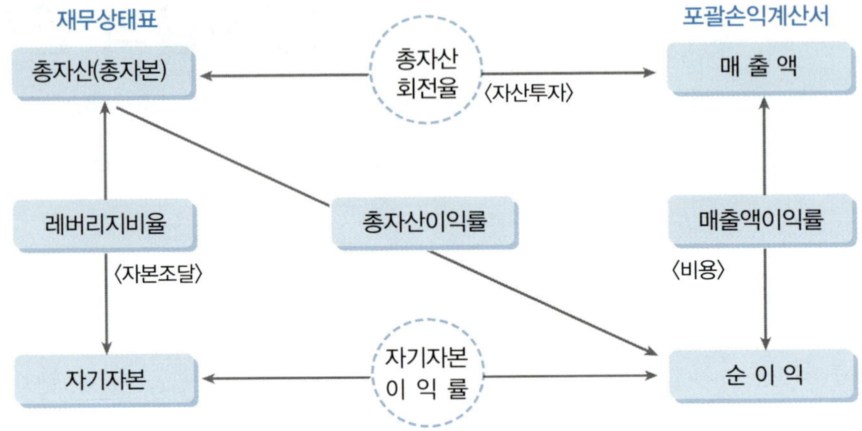

도는 이용하는데, 자본의 조달방식도 순이익에 영향을 미치게 된다.

총자산을 이용하여 매출액을 발생시키는 능력은 자산투자의 효율성(asset investment efficiency)을 의미한다. 자산투자의 효율성은 총자산회전율이라는 비율로 측정할 수 있다. 그러므로 총자산회전율은 자산을 이용하여 이익을 창출하는 중요한 변수 중의 하나가 된다.

매출액의 발생으로부터 이익을 창출하는 과정에는 비용이 포함된다. 비용을 효율적으로 관리하는 것은 기업경영의 주요 요소 중의 하나이다. 즉 비용의 효율성(cost efficiency)이 순이익 결정의 중요한 요소가 되는 것이다.

순이익은 전체 투자자산에서 발생한 이익 중에서 자기자본을 투자한 주주들에게 귀속되는 이익이다. 그런데 총자산은 자기자본과 부채로 조달된다. 그러므로 자기자본의 소유주인 주주에게 할당되는 순이익은 부채 혹은 자기자본의 비중이 어떻게 배분되어 있느냐의 자본조달(financing)과 연결되어 있다.

이처럼 투자에 대한 순이익의 변동요인을 살펴보면 기업경영의 핵심 내용인 자산투자의 효율성, 비용의 효율성, 그리고 자본조달의 재무정책을 파악할 수 있게 된다. 이런 의미에서 투자에 대한 수익률의 변동요인을 분석하는 것은 경영활동에 대한 전체적인 종합평가라고 할 수 있을 것이다.

***ROI* 구성과 경영정책**: *ROI* 구성요인과 경영정책 변수들은 서로 연결되어 있으므로, 경영정책의 변화가 *ROI*에 미치는 영향을 평가하는 것은 흥미있는 일이다. 자기자본순이익률의 구성요인인 매출액순이익률(마진)에는 기업의 매출액에 영향을 주는 가격정책, 인건비에 영향을 주는 임금정책, 재료비에 영향을 주는 구매정책, 이자비용에 영향을 주는 자본조달정책 등이 관계되어 있다.

총자산회전율(활동성)에는 현금보유량 및 매출채권 수준을 결정하는 신용정책, 비유동자산 수준을 결정하는 재고관리정책, 유형자산 수준을 결정하는 투자정책 등이 관련되어 있다. 부채레버리지(부채비율)에는 타인자본 의존도를 결정하는 자본조달정책에 관한 의사결정이 반영되어 있다.

이와 같이 *ROI* 구성요인과 경영정책 변수를 연결시켜 생각하면, 경영정책의 변화가 수익성에 어떤 영향을 미치는지를 평가할 수 있다. 그런데 여기서 유의하여야 할 점은 *ROI*를 구성하는 세 가지 요인, 즉 매출액순이익률, 총자산회전율, 부채레버리지 사이에는 서로 상반관계(trade-off)가 있다는 점이다. 이를테면 부채레버리지가 증가했을 경우, 다른 두 구성 요인에 변함이 없다면 자기자본순이익률(*ROE*)은 증가하겠지만, 실제로는 다른 요인들이 반대방향으로 영향을 미치는 것이 일반적이다. 예를 들어 부채레버리지가 증가하면 이자비용이 증가하므로 매출액순이익률이 하락하고, 총자본 규모도 증가시켜 총자산회전율도 하락하게 된다.

매출액순이익률과 총자산회전율과의 관계도 일반적으로 상반관계를 갖는 것은 마찬가지이다. 가격정책에서 높은 가격을 설정하면, 마진은 높아지는 반면에 활동성은 떨어지게 된다. 반대로 저가정책을 사용하게 되면, 마진이 낮아지는 반면에 회전율은 높아진다. 즉 매출액순이익률과 총자산회전율은 상반관계를 갖는 것이 일반적이다. 하지만 기술과 생산성의 향상에 의해서 원가절감이 발생하고, 그 결과로 매출액순이익률이 높아지는 경우에는 마진과 총자산회전율이 동시에 높아질 것이므로, 상반관계가 발생하지 않고 모두가 *ROI* 증가에 긍정적인 영향을 미칠 수 있다.

8.2 *ROI* 변동원인 분석

ROI 분석체계

기업의 총괄적인 경영성과를 분석하는 지표는 투자에 대한 수익률을 나타내는 *ROI*(Return on Investment)이다. *ROI*는 기업의 성과인 수익을 기업성과의 원천인 투자액으로 나누어서 계산된다. *ROI*의 변동원인을 분석하여 업적을 평가하고 내부통제에 활용하는 기법이 오래전부터 미국의 듀퐁(Du Pont)사에 의해 개발되었다. 듀퐁시스템 분석방법으로 알려진 이 방법은 근래에는 *ROI* 변동원인을 분석하는 것뿐 아니라, 경영전략수립이나 경영계획 및 통제활동에 유용한 분석기법으로 활용되고 있다.

***ROA* 변동원인 분석**: 듀퐁시스템(Du Pont System)의 기본 분석체계는 총자본순이익률(*ROA*)을 다음 식과 같이 분모 · 분자에 매출액을 곱하여 매출액순이익률과 총자본회전율의 곱의 관계로 분해해서 분석하는 것이다.

$$
\begin{aligned}
\text{총자본순이익률} &= \frac{\text{순이익}}{\text{총자본}} \\
&= \frac{\text{순이익}}{\text{매출액}} \times \frac{\text{매출액}}{\text{총자본}} \\
&= (\text{매출액순이익률}) \times (\text{총자본회전율})
\end{aligned}
$$

여기서 총자본순이익률이 제품의 마진을 나타내는 매출액순이익률과 총자본의 효율적 이용도를 나타내는 총자본회전율 두 가지로 구성됨을 볼 수 있다. 총자본순이익률의 분석과 평가도 앞에서 제시한 상호비교분석과 추세분석에 의해서 상대적인 의미를 찾을 수 있을 것이다.

***ROE* 변동원인 분석**: 듀퐁분석체계는 자기자본순이익률(*ROE*)의 변동원인 분석에도 적용할 수 있다. 자기자본순이익률은 아래의 식처럼 분모 · 분자에 각각 매출액과 총자본을 곱하여 보면 매출액순이익률, 총자본회전율, 그리고 부채레버리지 비율의 곱으로 표시될 수 있다.

$$
\begin{aligned}
\text{자기자본순이익률} &= \frac{\text{순이익}}{\text{자기자본}} \\
&= \frac{\text{순이익}}{\text{매출액}} \times \frac{\text{매출액}}{\text{총자본}} \times \frac{\text{총자본}}{\text{자기자본}} \\
&= \frac{\text{순이익}}{\text{매출액}} \times \frac{\text{매출액}}{\text{총자본}} \times \left(1 + \frac{\text{부채}}{\text{자기자본}}\right) \\
&= (\text{매출액순이익률}) \times (\text{총자본회전율}) \times (\text{부채레버리지비율})
\end{aligned}
$$

총자본순이익률(*ROA*)의 변동원인 분석에서와 마찬가지로 기업의 자기자본순이익률을 상호비교하면 경영패턴의 특징을 평가할 수 있을 뿐 아니라, 추세적인 분석을 통해서 수익성, 활동성 또는 부채의존도 중 어디에 기인하는지를 분석할 수 있다.

그러나 앞에서 설명한 것처럼 *ROE* 변동원인에 대한 일차적 분석은 충분한 정보라고 하기에는 부족하다. 그러므로 그러한 결과가 어떻게 해서 발생했는지에 대한 궁극적 원인을 분석하는 출발점으로 삼아야 할 것이다. 만약 *ROE*의 감소가 마진축소에 기인한 것이라면 왜 마진이 축소되었는지, 활동성이 둔화되었으면 왜 활동성이 둔화되었는지, 그리고 부채레버리지 면에서 변화가 있었다면 안정성에 어떤 영향을 미쳤는지에 대하여 분석해야 한다. 즉 *ROE* 변동원인 분석은 궁극적 원인의 탐색을 위한 시발점이라고 보는 것이 타당할 것이다.

① 매출액순이익률 변동의 원인

만약 *ROE*의 감소가 마진의 축소에서 비롯되었다면, 구체적으로 어떤 요인이 순이익의 감소를 초래하였는지를 분석해야 한다. 매출액순이익률, 즉 마진의 변동은 가격과 비용의 변동에 따라서 결정된다. 가격과 비용의 변동을 분석하기 위해서는 우선 다기간 공통형손익계산서를 작성하여 어느 항목이 변동요인인지를 살펴보는 것이 필요하다.

② 총자본회전율 변동의 원인

*ROE*의 감소가 활동성, 즉 총자본회전율의 둔화에 기인하는 것이라면, 어느 자산에 대한 투자가 비효율적이었는지에 대해서 검토할 필요가 있다. 총자산회전율이 둔화되는 것은 매출액 변동에 비하여 상대적으로 자산 투자가 많이 이루어지기 때문이다. 회전율의 변동을 분석하기 위해서는 다기간 공통형재무상태표를 작성하여 어느 자산에 대한 투자가 적절하지 않은지를 검토하여야 한다.

③ 부채비율 변동의 원인

*ROE*의 감소가 부채비율 감소에 의한 것이라면, 그것은 기업의 재무정책의 결과로 보아야 한다. 기업은 안정성을 추구하는 재무정책을 추구한 것인데, 계속적으로 낮은 부채비율을 유지할 것인지를 검토해야 한다. 또한 부채비율의 하락이 단기부채의 감소에 의한 것인지, 아니면 장기부채의 감소에 의한 것인지도 분석할 필요가 있다. 기업의 단기채무가 감소한다는 것은 안정성 측면에서 긍정적이지만, 대부분의 단기채무의 감소가 이자부담이 없는 매입채무에 의한 것이라면 금융기관이나 채권자로부터의 차입금의 감소와는 다른 의미를 가질 것이므로 유의해서 살펴보아야 한다.

자기자본순이익률은 매출액순이익률, 총자산회전율, 부채레버리지비율로 분해될 수 있다. 또한 매출액순이익률은 매출액과 순이익을 구성하는 각 항목으로 분해해서 살펴볼 수 있다. 매출원가를 중심으로 기업의 중요한 비용들이 표시되어 있다.

그림 8-2 듀퐁시스템에 의한 *ROE* 변동원인분석

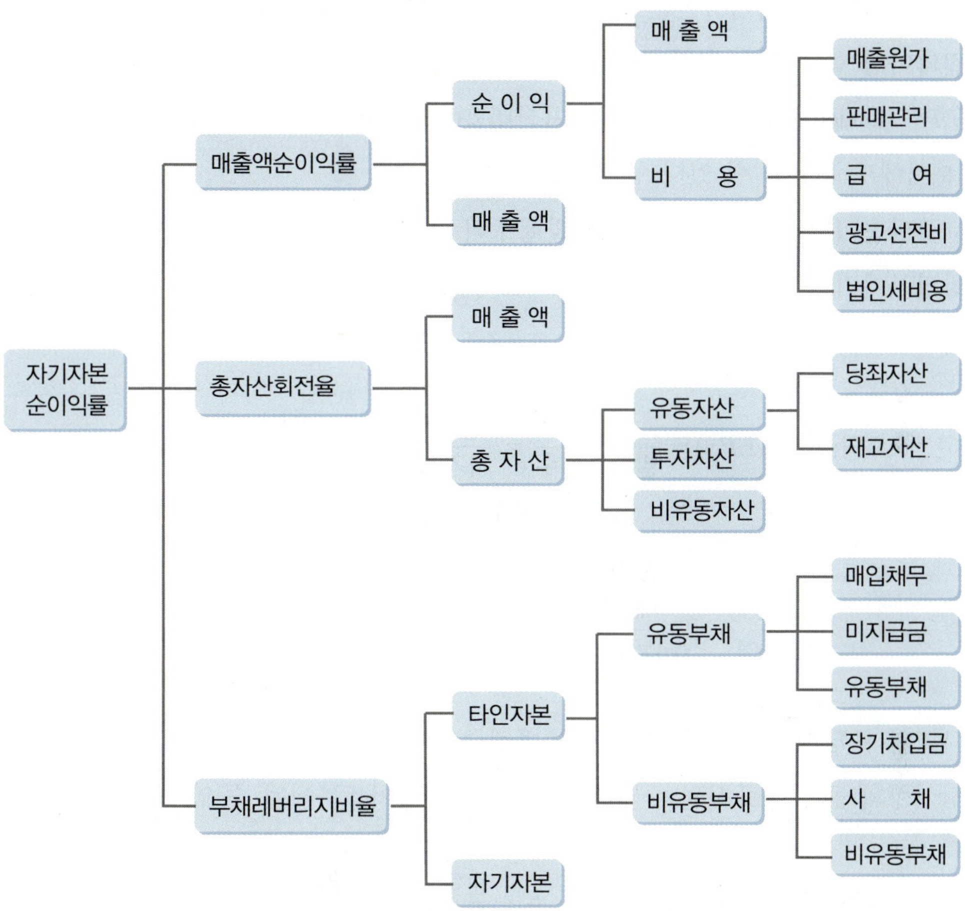

총자산회전율과 관련해서는 중요 자산들의 비중이 공통형재무제표의 방식에 따라 백분율로 표시되고 있다. 부채레버리지와 관련해서는 부채의 비중이 각 부채 항목에 따라서 백분율로 표시되고 있다. 듀퐁시스템에 의한 분석은 자기자본순이익률을 각 원인에 따라 분해해서 분석하는 의미를 갖는다.

***EPS · DPS · PBR* 주가 변동원인 분석에의 응용**: 듀퐁시스템에 의한 *ROI* 변동원인 분석은 자기자본순이익률 변동원인 분석을 통해 여러 경영정책 변수들과 연결되어서 활용될 수 있다. 뿐만 아니라 주당순이익(*EPS*: earnings per share), 주당배당(*DPS*: dividends per share), 주가순자산비율(*PBR*: price to book value ratio)의 변동원인 분석에도 응용될 수 있다.

주당순이익(*EPS*)은 순이익을 발행주식수로 나눈 것으로, 자기자본순이익률과 주당장부가격인 주당순자산의 곱으로 표시될 수 있으므로 다음과 같이 4분해될 수 있다.

$$\text{주당순이익}(EPS) = \frac{\text{순이익}}{\text{발행주식수}} = \frac{\text{순이익}}{\text{자기자본}} \times \frac{\text{자기자본}}{\text{발행주식수}}$$

$$(\text{자기자본순이익률}) \times (\text{주당순자산})$$

$$= \frac{\text{순이익}}{\text{매출액}} \times \frac{\text{매출액}}{\text{총자본}} \times \frac{\text{총자본}}{\text{자기자본}} \times \frac{\text{자기자본}}{\text{발행주식수}}$$

$$(\text{마진}) \times (\text{회전율}) \times (\text{부채레버리지}) \times (\text{주당순자산})$$

또한 주당배당(*DPS*)은 배당금을 발행주식수로 나눈 것으로, 주당순이익(*EPS*)에 배당성향의 곱으로 표시될 수 있으므로 다음과 같이 5분해될 수 있다.

$$\text{주당배당}(DPS) = \frac{\text{배당금}}{\text{발행주식수}} = \frac{\text{순이익}}{\text{발행주식수}} \times \frac{\text{배당금}}{\text{순이익}}$$

$$= (\text{주당순이익}) \times (\text{배당성향})$$

$$= \frac{\text{순이익}}{\text{매출액}} \times \frac{\text{매출액}}{\text{총자본}} \times \frac{\text{총자본}}{\text{자기자본}} \times \frac{\text{자기자본}}{\text{발행주식수}} \times \frac{\text{배당금}}{\text{순이익}}$$

$$(\text{마진}) \times (\text{활동성}) \times (\text{부채레버리지}) \times (\text{주당순자산}) \times (\text{배당성향})$$

주가순자산비율(*PBR*) 혹은 자기자본의 시장가격 대 장부가격(M/B: market to book value)비율은 자기자본순이익률과 주가수익률(*PER*: price earnings ratio)의 곱이므로 다음과 같이 4분해가 될 수 있다.

$$\begin{aligned}
\text{주가순자산비율} &= \frac{\text{자기자본 시장가격}}{\text{자기자본 장부가격}} \\
&= \frac{\text{순이익}}{\text{자기자본 장부가격}} \times \frac{\text{자기자본 시장가격/발행주식수}}{\text{순이익/발행주식수}} \\
&= (\text{자기자본순이익률}) \times (PER) \\
&= \frac{\text{순이익}}{\text{매출액}} \times \frac{\text{매출액}}{\text{총자본}} \times \frac{\text{총자본}}{\text{자기자본}} \times (PER) \\
&= (\text{마진}) \times (\text{활동성}) \times (\text{부채레버리지}) \times (\text{주가수익률}) \qquad (8\text{–}1)
\end{aligned}$$

따라서 주당순이익(*EPS*), 주당배당(*DPS*), 주가순자산비율(*PBR*)의 변동원인을 분석할 때에도 *ROE* 분석방법과 마찬가지로 여러 요소들로 분해해서 분석할 수 있다. 증권분석에서는 주가의 결정요인에 대한 분석을 다각적으로 한다. 주가의 결정요인에 대한 분석도 듀퐁시스템 분석체계를 응용할 수 있다. 왜냐하면 주가는 다음 식에서 보는 것처럼 *ROE*, 주당순자산, 주당순이익의 관계에서 분석될 수 있기 때문이다. 따라서 주가는 *ROE*의 결정요인인 기업의 마진, 자산운용의 효율성 그리고 레버리지에 주당순자산을 나타내는 자산가치와 주가수익률로 나타나는 수익가치로 분해하여 살펴볼 수 있다.

$$\begin{aligned}
\text{주가} &= \text{주당순이익}(EPS) \times \frac{\text{주가}}{\text{주당순이익}}(PER) \\
&= \frac{\text{순이익}}{\text{자기자본}}(ROE) \times \frac{\text{순이익}}{\text{발행주식수}}(\text{주당순자산 } BPS) \times PER \\
&= \frac{\text{순이익}}{\text{매출액}} \times \frac{\text{매출액}}{\text{총자본}} \times \left(1 + \frac{\text{부채}}{\text{자기자본}}\right) \times BPS \times PER \\
&= (\text{마진}) \times (\text{활동성}) \times (\text{레버리지}) \times (\text{자산가치}) \times (\text{수익가치}) \qquad (8\text{–}2)
\end{aligned}$$

그림 8-3 *ROE*와 주가의 결정요인

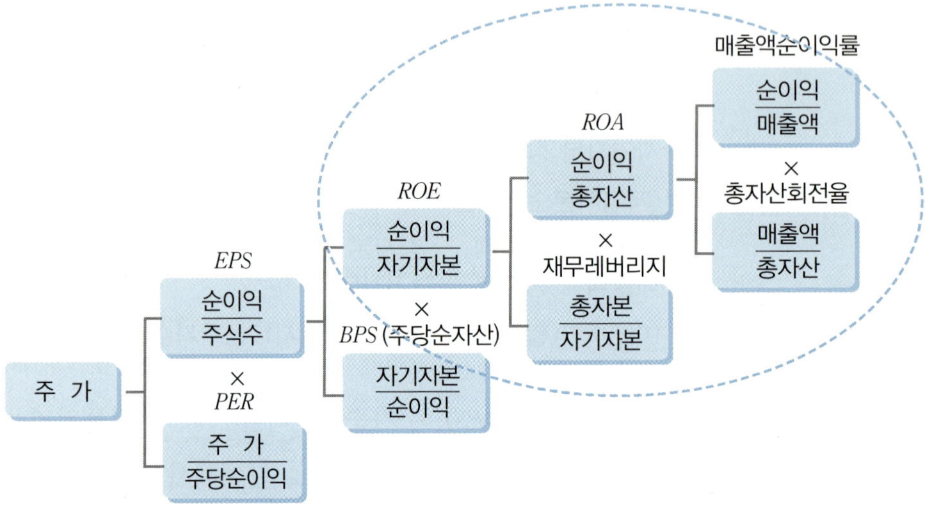

***ROI* 분석의 한계점**: *ROI* 분석은 위에서 살펴본 것처럼 경영성과의 변동원인을 비용 효율성, 자산이용의 효율성, 자본조달의 안정성 면에서 분석하여 재무적 건전도와 변화의 특징을 종합적으로 파악할 수 있는 유용한 경영평가방법이다. 하지만 *ROI* 분석은 나름대로의 한계점도 지니고 있다.

우선 *ROI* 변동원인 분석법은 회계자료를 이용하는 것이므로 회계자료가 갖는 여러 가지 문제점을 갖고 있다. 만약 회계처리방법이 동일하지 않다면 *ROI* 변동원인의 상호비교는 유용성이 현저히 떨어질 것이다. 예를 들어 감가상각비와 연구개발비 등의 회계처리방법이 서로 다르면 비용의 효율성을 나타내는 매출액순이익률을 단순하게 상호비교하는 것이 무리일 것이고, 자산재평가 시기가 서로 다르면 자산이용의 효율성을 나타내는 총자본회전율의 상호비교도 의미를 잃을 것이다.

8.3 재무자료와 시장가치

주식의 가치평가는 주식거래를 위한 기초를 제공할 뿐만 아니라 기업가치 평가의 핵심이다. 그러므로 주식을 보유한 주주뿐만 아니라 잠재적인 투자자들과 증권분석가들도 주식의 가치평가에 심혈을 기울이는 것이다. 하지만 주식평가는 그리 간단한 일이 아니다. 주식평가가 쉽고 단순한 일이라면 많은 사람들이 그것에 따르는 평가 문제로 고민하지는 않을 것이다. 그러면 여기서 잠시 주식평가의 어려움에 대해서 생각해 보기로 하자.

주식평가의 어려움은 주식평가에 사용되는 평가요소들이 안정적이지 않기 때문이다. 주식평가의 경우도 다른 가치평가와 마찬가지로 현금흐름의 크기, 시기, 그리고 위험도를 평가의 요소로 사용한다. 그런데 주식평가의 경우에는 평가에 사용되는 현금흐름의 크기, 시기 및 위험도를 정하는 것이 어렵다. 주식은 채권처럼 정해진 배당을 지급하는 것이 아니며, 만기가 되면 원금을 지불하는 것도 아니다. 주식은 아예 만기의 개념이 없다. 주식은 또한 위험을 평가하는 일이 쉬운 일이 아니다. 결국 주식의 평가는 현금흐름의 크기, 시기 및 위험도 등의 각 요소들이 불안정하기 때문에 어려워지는 것이다.

현실적인 여러 가지 접근법

현실적 의미에서 가치평가의 방법은 재무자료를 이용하는 방법을 말한다. 본질적 주식가치와 재무자료를 연결하는 논리적 근거는 없다. 그러므로 현실적인 여러 가지 접근법은 재무자료를 이용하여 본질적 주식가치의 근사치를 찾는 과정이라고 이해하는 것이 타당할 것이다. 여기서 소개되는 가치평가의 현실적인 접근법들은 장부가치 평가법, 매도가격 평가법, 그리고 주가수익률 평가법 등이다.

① 장부가치 평가법

장부가치는 기업의 모든 자산을 회계적 가치로 처분한 후, 부채를 제하고 남는 부분을 주식 소유자에게 반환한다고 할 때 받게 되는 주당 금액이다. 즉 재무상태표상의 자기자본을 주식수로 나눈 값이다. 장부가치 평가법은 단순한 방법으로서 역사적 기록방법을 사용한 재무상태표에 의존한다는 비판을 받는다. 또한 장부가치 평가법은 기업의 수익에 대한 잠재력을 무시할 뿐만 아니라 시장에서 결정되는 기업가치를 설명할 수 없기 때문에 실질적인 신뢰도는 낮다.

② 매도가격 평가법

주당 매도가격은 모든 자산이 실제로 매각되어 모든 부채를 청산한 후에 남은 금액을 현재의 주식수로 나누어서 얻어지는 가격이다. 이 방법은 장부가격에 의한 방법보다는 현실적이지만, 기업의 잠재적 수익력을 고려하지 못하는 문제점을 역시 갖고 있다.

자산매각에 대한 비용을 무시한다면 매도가격에 의한 평가는 기업의 최소가치를 나타낼 것이다. 즉 기업의 가치는 최소한 매도가격만큼은 실현될 수 있기 때문이다.

③ 주가수익률 평가법

주가수익률(*PER*: price earning ratio)은 주식가격을 주당순이익으로 나눈 비율이다. 그러므로 주가수익률은 주당순이익 1원에 대한 시장에서의 평가를 반영한다. 예를 들어 주가수익률 15는 주당순이익 1원에 대하여 수익잠재력을 감안하여 시장에서 15원만큼 평가된다는 의미이다. 특정 기업의 *PER*과 해당 산업의 평균 *PER*을 비교하면 투자자들의 특정 기업에 대한 평가를 알 수 있다. 또한 상대적으로 기업의 가치를 평가하기 위해서는 산업 전체의 *PER*에 특정 기업의 주당순이익을 곱하면 기업의 주식가치를 얻을 수 있다.

주가수익률을 이용한 방법은 특히 주식시장에서 공개적으로 거래되지 않는 기업의 가치를 평가하는 데 유용하다. 주식시장에서 거래되는 경우에는 시장에서 결정된 시장가격이 있기 때문에 주가수익률을 이용하기보다는 시장가격을 이용하는 것이 유리하다. 주가수익률을 이용하는 방법은 미래의 기대이익을 감안하기 때문에 장부가치 평가법이나 매도가격 평가법보다 우수한 방법이라고 할 수 있다.

주가장부가치비율: 주가장부가치비율(*PBR*)은 주식의 시장가격을 주당 장부가치로 나누어 계산하는 재무비율로서, 흔히 *PBR*이라고 줄여서 부르기도 한다. *PBR*은 주당가치를 시장가격과 장부가치로 대비하는 지표이다. 주식의 시장가격인 주가는 기업에 대한 자본시장의 평가를 반영하는데, 주당 장부가치는 자기자본을 발행주식수로 나누어 얻어진다.

$$\text{주가장부가치비율(배)} = \frac{\text{주당시장가격(Price)}}{\text{주당장부가치(Book value)}}$$

*PBR*은 기업의 장부가치 1원이 자본시장에서 얼마의 시장가치로 평가되고 있는가를 나타낸다. 즉 자기자본의 실질적 가치를 나타내는 주식가격과 역사적 원가로 기록된 장부가치와의 차이를 측정한 비율인 것이다. 이러한 의미에서 장부상 자기자본에 대한 평가이기 때문에 자기자본평가지수라고도 불린다.

만약 재무상태표상의 보통주 한 주에 귀속되는 장부가치로 표현되는 주당순자산가치가 실질적인 가치를 나타내는 것이라면 *PBR*은 1이 되어야 할 것이다. 그러나 실제에 있어서 *PBR*이 1인 경우는 오히려 예외적이라고 할 수 있다.

기업이 미래지향적이고 앞으로의 수익력이 높게 평가될수록 *PBR*은 커질 것이다. *PBR*이 크다는 것은 기업이 주어진 자산을 유효적절하게 이용하고 있다는 것을 의미하는 것으로 인식할 수 있을 것이다.

***Q* 비율**: 자산의 가치를 평가하는 개념에는 시장가치와 장부가치 이외에 대체원가(replacement cost)라는 것이 있다. 대체원가라는 것은 어떤 자산을 시장에서 재구입할 경우에 지급하여야 할 가격을 의미한다. 그러므로 대체원가는 역사적 원가의 개념이 아니라 자산들 각각의 시장가치를 의미하는 것이다.

*Q*비율은 주당시장가격을 주당대체원가로 나누어 계산된다. *Q*비율의 분자인 주당시장가격은 기업의 시장가치를 나타내는 반면에, 분모인 주당대체원가는 기업자산의 시장가치를 나타내는 것이다. 즉 *Q*비율은 기업 자산들이 시장에서 어떻게 평가되고 있는지를 나타내는 비율인 것이다.

만약 어떤 회사의 주가가 대체원가보다 지나치게 높게 형성되어 있다고 가정해 보자. 그러한 현상이 지속된다면 자산들의 시장가치인 대체원가를 가지고 그 회사와 동일한 자산을 갖는 기업을 복사할 수 있을 것이고, 이처럼 복제된 기업의 주식을 자본시장에서 판다면 초과이익을 얻게 될 것이다. 따라서 경쟁시장에서 주가는 주당대체원가로부터 크게 벗어나지는 못할 것이다. 이것이 이른바 토빈(J. Tobin; 1969)이 제시한 *Q*비율이다.

$$Q\text{비율(배)} = \frac{\text{주당시장가격}}{\text{주당대체원가}}$$

*Q*비율은 기업의 인수합병과 관련되어 하나의 지표로 사용되는 경우가 많다. 예를 들어 *Q*비율이 1보다 작은 경우를 생각해 보자. *Q*비율이 1보다 작다는 것은 기업의 시장가격이 대체원가보다도 작다는 말이다. 이것은 기업이 자신이 보유한 자산들을 효율적으로 이용하지 못하고 있다는 증거이고, 인수합병의 대상이 될 가능성이 높은 것이다. 극단적인 경우에는 해당기업을 인수하여 각 자산들을 분해해서 시장에서 판매하여도 이익이 가능할 것이다.

위에서처럼 *Q*비율은 인수합병의 표적회사를 선정하는 경우에는 유용하지만, 일반적인 경영분석의 실무에서 널리 이용되고 있지는 못하다. 왜냐하면 이 *Q*비율을 계산하기 위해서는 기업자산의 대체원가를 계산해야 하는데, 현실적으로 복잡한 자산 구성을 갖고 있는 기업의 대체원가를 계산한다는 것이 결코 용이한 일이 아니기 때문이다.

8.4 기타의 재무비율

앞에서 설명한 여섯 종류의 재무비율 외에도 분석목적에 따라 여러 가지 재무비율이 사용되고 있다. 흔히 사용되는 재무비율로서 생산성에 관한 재무비율들이 있다. 생산성 비율(productivity ratios)은 기업 활동이 얼마나 능률적으로 이루어졌는지를 측정하고, 성과배분의 적절성을 나타내는 비율로 활용된다.

기업의 생산성을 측정하기 위해서는 부가가치율, 종업원 1인당 부가가치증가율, 노동장비율, 총자산 투자효율, 노동소득 분배율 등이 사용되어 왔다.

부가가치율(gross value added to sales)은 매출액 중에서 생산활동에 동원된 생산요소인 자본과 노동에 귀속되는 부가가치를 매출액으로 나누어 계산한다. 기업의 부가가치는 전체 산출량에서 투입량을 차감한 것이다. 기업의 전체 산출량은 총매출액이 될 것이고, 총투입량은 매출원가 중에서 자본과 노동에 귀속되는 부분을 차감한 것이다.

$$\text{부가가치율}(\%) = \frac{\text{부가가치}}{\text{매출액}} \times 100$$

종업원 1인당 부가가치는 기업의 총부가가치를 종업원수로 나누어 계산한 것으로서 기업의 노동생산성(productivity of labor)을 나타내는 대표적인 지표이다. 따라서 노동생산성의 증가는 종업원 1인당 부가가치증가율(growth rate of gross value added per capital)로 나타낼 수 있다.

$$\text{종업원 1인당 부가가치증가율}(\%) = \frac{\text{당기의 종업원 1인당 부가가치}}{\text{전기의 종업원 1인당 부가가치}} \times 100 - 100$$

종업원 1인당 부가가치증가율은 종업원들의 임금상승폭을 결정하는 중요한 기준으로 사용된다. 임금결정의 중요한 기준은 생산성이다. 그러므로 생산성의 향상을 의미하는 부가가치증가율은 임금인상을 위한 하나의 근거가 될 수 있다. 그러나 종업원 1인당 부가가치증가율만을 가지고 노동생산성이 향상되었다고 단정할 수는 없다. 왜냐하면 부가가치의 증가가 추가적인 설비투자에 따른 노동장비율의 증가에 기인할 수도 있기 때문이다.

노동장비율은 기업의 종업원 한 사람이 보유하고 있는 설비자산의 크기를 나타낸다. 기업의 전반적인 생산성 향상은 두 가지 측면에서 살펴볼 수 있다. 하나는 노동생산성의 향상이고, 다른 하나는 시설투자에 따른 노동장비율의 향상인 것이다. 그러므로 임금인상이나 임금협상의 경우에 1인당 부가가치의 증가만을 기준으로 할 것이 아니라 부가가치의 증가가 노동생산성의 향상에 의한 것인지, 아니면 노동장비율의 증가에 의한 것인지를 구분하여 판단해야 할 것이다.

$$\text{노동장비율}(\%) = \frac{\text{유형비유동자산} - \text{건설가계정}}{\text{종업원수}} \times 100$$

총자산투자효율(gross value added to total assets)은 기업에 투자된 총자산으로 1년 동안에 어느 정도의 부가가치를 산출하였는가를 나타내는 비율로서 자본생산성(productivity of capital)을 나타낸다.

$$\text{총자산투자효율}(\%) = \frac{\text{부가가치}}{\text{총자산}} \times 100$$

노동소득분배율(employment costs to gross value added)은 기업이 창출한 총부가가치 중에서 종업원이 임금으로 받는 소득액의 비율이다.

$$\text{노동소득분배율}(\%) = \frac{\text{인건비}}{\text{총부가가치}} \times 100$$

특정 사업의 성격에 따라 고유한 형태의 재무비율이 사용되기도 한다. 예를 들어 금융업에서는 안정성을 나타내기 위한 재무비율로서 예대비율(=대출/예금)이라는 것을 중시한다. 이 비율은 예금총액 중에서 어느 정도가 대출되고 있는지를 나타내는 것으로서, 이 비율이 너무 높으면 예금인출사태에 대한 대응능력이 약하다는 것을 의미한다.

항공회사나 고속버스회사에서는 승객부하계수(passenger load factor)나 평균운행거리(average miles per departure) 등이 사용된다. 승객부하계수는 실제로 사용된 좌석들의 이용거리 합계를 총좌석의 연장거리로 나눈 것으로서 운송수단의 이용도를 나타낸다. 평균운행거리는 일단 출발한 후 착륙하기까지의 거리를 평균한 것으로서 출발에 따른 고정비용이 큰 항공산업에서 특히 중시된다.

8.5 요약 및 정리

본 장에서는 투자수익률(*ROI*)에 대한 분해분석을 살펴보았다. 투자수익률의 개념은 총자본에 대한 수익률의 개념과 자기자본에 대한 수익률의 개념으로 나누어볼 수 있다. 우선 전체 투자에 대한 수익률의 개념으로서 총자본수익률을 분해해 보았는데, 이러한 분해분석의 개념은 듀퐁시스템을 이용하였다.

투자수익률 중에서 자가자본순이익률(*ROE*)은 기업의 소유주인 주주들에게 할당되는 기업의 최종 성과물이라고 할 수 있다. 그런데 *ROE*는 매출에서의 순이익 비중인 마진, 총자산의 효율적 이용정도를 나타내는 회전율, 그리고 부채사용에 따른 레버리지의 3가지 요소로 분해하여 살펴볼 수 있다. *ROE*를 분해하는 것은 수익성의 원천과 변화가 어떤 요인에 의한 것인지를 규명하는 의미 있는 방식이다.

ROE 변동요인의 분해는 주당순이익, 주당배당, 그리고 주가순자산비율과 같은 비율들을 분석하는 데도 응용될 수 있다. 예를 들어 주당순이익은 *ROE*에 주당순자산을 곱한 것으로 분해될 수 있으며, 주당배당의 경우는 *ROE*에다 주당순자산과 배당성향의 곱으로 분해되어 평가될 수 있는 것이다.

그런데 듀퐁시스템으로 불리는 *ROE*의 변동요인과 응용에 있어서 유의할 점이 있다. 그것은 *ROE* 변동요인의 각 요인들이 서로 상반관계를 갖는 경향이 있다는 사실이다. 다른 것들이 일정하다면 기업의 마진을 올리는 것은 자기자본순이익률의 증가에 기여할 것이다. 그러나 현실에 있어서 마진을 올리기 위해서는 다른 것들의 희생이 동반되기 때문에 일반적인 판단에 그칠 것이 아니라 종합적인 관점에서 살펴보아야 한다.

기업활동은 자본과 노동을 사용하여 부가가치를 만들어 내는 과정이다. 부가가치는 총산출에서 총투입된 부분을 차감한 것인데, 부가가치 생성에 기여한 부분은 자본과 노동이다. 특히 노동생산성은 임금결정의 논리적 기초를 제공하는 중요한 지표이다. 노동생산성의 향상은 임금인상의 논거를 제공하기도 한다. 그러나 노동생산성을 평가하는 경우에는 노동생산성의 본질적인 부분과 노동장비율이라고 하는 부분을 동시에 감안하여야 한다.

또한 본 장에서는 여러 가지 주식평가비율들에 대하여 살펴보았다. 주식가격은 기업에 대한 자본시장에서의 총체적인 평가를 반영하는 것이다. 만약 기업에 대한 평가에서 가장 중요한 한 가지의 평가지표를 꼽는다면 그것은 주식가격이 될 것이다. 그처럼 주식가격은 경영분석의 입장에서 주의해서 살펴볼 가치가 있는 비율이다.

주식평가비율에서는 주가수익률, 주가장부가치비율, 그리고 *Q*비율을 살펴보았다. 주가수익률은 기업의 수익력에 대한 자본시장의 평가를 반영하는 것이다. 실제의 주가수익률은 기업의 성장성을 반영하는 측면이 강하다. 그리고 *Q*비율은 기업가치와 기업의 자산가치의 비율을 나타내며, *Q*비율이 높다는 것은 기업이 자산들을 유기적으로 잘 결합하여 이용하고 있다는 의미로 해석된다. *Q*비율이 1보다 낮은 경우에는 기업이 자산가치 만큼도 제대로 이용하지 못하고 있는 것이므로 인수합병의 대상이 될 가능성이 있는 것이다.

표 9-1 글로벌 타이어 수요전망 (단위: 백만본)

구분	'11	'12	'13	'14	'15	'16	'17	'18	'19	평균성장률
전체	1,578	1,576	1,636	1,711	1,792	1,878	1,969	2,059	2,146	4.6%
한국	40	40	41	42	42	43	43	44	45	1.5%
중국	247	258	285	310	343	381	423	465	509	10.3%
북미	312	314	326	337	346	351	356	360	364	1.3%
유럽	454	415	418	435	447	461	475	487	496	2.6%
기타주[1]	525	549	566	587	614	642	672	703	732	4.5%

주 1) 기타: 중동, 아프리카, 아세아대양주, 중남미
주 2) 출처: LMC(London Management Consulting) World Tire Fore Cast

적인 성격을 갖는다.

타이어 산업은 기술집약적이며 또한 노동집약적인 성격을 갖는다. 타이어는 운전자의 안전과 직결되기 때문에 조정안정성, 제동력, 조향성 등의 기술적인 측면을 충족시켜야 한다. 뿐만 아니라 승차감, 저소음, 연비 등의 다양한 기능이 지속적으로 요구된다. 타이어는 고무를 가공하는 제품 특성상 전체 공정을 자동화하는 데는 한계가 따르기 때문에, 각 공정별 많은 인력을 필요로 하는 노동집약적인 성격도 동시에 갖는다.

타이어 산업은 원재료 등의 해외의존도가 높은 산업이다. 타이어 생산을 위한 주요 원재료 등을 살펴보면, 천연고무가 26.5%로서 가장 높은 비중을 차지하며, 합성고무 17.1%, 타이어 내부형성용 코드 15.5%, 카본블랙 10.5% 순이다. 천연고무의 경우 전량 수입에 의존하고 있으며, 합성고무와 석유화학제품 등은 국내에서 생산되기는 하지만 기초 원료인 원유가 수입에 의존하기 때문에 해외의존도가 높은 편이다. 해외의존도가 높기 때문에 원자재의 국제시황이나 환율 변동에 민감하게 영향을 받는 산업이다.

근래에 주요 원재료에 대한 가격은 하락하는 추세를 보이고 있다. 세계경제가

활력을 회복하지 못하는 양상을 나타내는 데다, 중국의 경제성장이 둔화되는 추세이기 때문에 자동차 및 자동차 관련 수요가 감소하는 추세이다. 또한 천연고무의 생산량 증가와 원유가 하락에 따른 합성고무와 카본블랙의 가격도 하락하고 있다. 세계시장에서 원자재 가격의 등락이 심하게 나타나는 가운데, 원자재가 타이어의 원가에서 차지하는 비중이 높기 때문에 이에 대처하는 능력이 중요한 전략적 선택이 될 것이다.

타이어 산업은 장치산업으로서 대규모 자본이 필요하기 때문에 신규업체의 진입장벽은 높은 편이다. 국내 타이어 시장은 한국타이어, 금호타이어, 넥센타이어가 과점상태로 전체 시장의 90% 이상을 점유하고 있다. 그중에서 한국타이어의 시장점유율이 가장 높고, 그 다음으로 금호타이어, 그리고 넥센타이어는 3위 업체로 알려져 있다.

세계시장에서 우리나라 타이어 업체들의 시장점유율은 그리 높은 편은 아니다. 세계시장에는 일본의 브릿지스톤, 프랑스의 미쉐린, 미국의 굿이어 등의 메이저들이 있는데, 타이어 전문지인 Tire Business에 따르면 세계 타이어 시장규모는 USD 1,879억이며 Big3업체의 시장점유율은 약 40%를 차지한다고 한다. 그 외에도 콘티넨탈, 피렐리, 쿠퍼 등의 중견업체들이 있는데 우리나라의 타이어 업체들은 세계시장에서 중견업체로 발돋움하기 위해 노력 중이다. 넥센타이어는 세계 100여개의 타이어 업체 중 대략 20위 정도를 유지하는 것으로 보인다.

타이어 산업은 시장점유율의 급격한 변화가 어려운 시장으로 인식되고 있다. 신차용 타이어의 경우에 자동차 회사와의 협력관계가 중요한데, 자동차 회사들이 기존의 협력관계를 바꾸는 것이 쉽지 않다. 또한 교체용의 경우에도 신차용 제품을 반복해서 구매하는 경향을 나타낸다는 것이다. 전체적으로 타이어 시장은 상대적으로 가격비탄력적인 경향을 나타내는데, 가격보다는 안정성을 중시하기 때문으로 여겨진다.

타이어 시장에서의 가격결정은 선발업체가 가격을 결정하면 다른 업체들이 그것을 추종하는 양상을 보인다. 세계시장에서도 미쉐린이나 브릿지스톤 등이 가격을 결정하면 다른 업체들이 이를 따라가는 양상이다. 국내에서는 한국타이어가 가장 큰 시장점유율을 가지면서 가격결정에 있어서도 선도하는 경향이다. 또한 소비자들은 가격보다는 브랜드에 대한 로열티, 기존에 사용하던 브랜드, 혹은 딜러의 추천 등에 따라 선택하는 경향을 나타낸다. 만약 후발업체가 가격을 무기로 공격적인 마케팅을 하더라도 매출이 급격히 증가하지 않기 때문에 시장의 가격구조는 상당히 안정적이라 할 수 있다.

타이어 산업에서 구매자의 교섭력은 상당히 강한 편이다. 특히 OE 시장에서는 대형 자동차 기업이 가격인하에 대한 압력을 행사하려 한다면 그것을 거부하기는 어려운 실정이다. 왜냐하면 자동차 회사가 구매하는 OE용 타이어의 수량은 수백만개로 양이 매우 많기 때문이다. 뿐만 아니라 자동차 업체의 입장에서 보면 타이어의 납품처를 바꾸는 것이 크게 비용을 수반하지 않기 때문에 자동차 업체의 구매교섭력은 높을 수밖에 없다.

기업 개요

회 사 명	넥센타이어주식회사
대표이사	이 현 봉
본점 소재지	경남 양산시 충렬로 355(유산동)
설립일/상장일	1958.4.11./1976.5.19
본사의 주소	경남 양산시 충렬로 355(유산동)
홈페이지주소	http://www.nexentire.com
주요 사업	자동차용 타이어 제조/판매
회사채 신용등급	A+
주요 상표	RADIAL, CP671, CP672, CLASSE PREMIERE, ROADIAN AT, HT 등

경쟁기업: 한국타이어와 금호타이어: 한국타이어와 금호타이어는 넥센타이어와 더불어 우리나라 타이어 산업의 3두 마차로서 과점체제를 형성하고 있다. 한국

타이어(주)는 우리나라의 대표적인 타이어 업체로서 매출액이나 자산규모 면에서 제일 큰 기업이다. 하지만 한국타이어(주)도 세계적인 선발업체와의 경쟁은 아직 미약한 실정이다. 한국타이어의 목표는 세계적인 중견 타이어 업체로 자리잡는 것이라 할 수 있다. 통상적으로 선진국 시장에서 중견기업들은 시장점유율이 10%를 상회하는데, 한국타이어는 미국과 유럽에서 각각 2-3%, 물량기준으로는 5% 미만의 시장점유율을 차지하고 있다. 선진국 시장에서의 브랜드 인지도 부족은 한국타이어가 극복해야 할 과제이다.

금호타이어는 2003년에 금호산업에서 분사하면서 금호타이어(주)로 설립되었고, 2005년도에 기업공개를 통하여 상장되었다. 금호타이어는 금호산업, 금호석유화학, 대우건설, 아시아나항공 등과 함께 금호그룹에 포함된 기업이다. 금호타이어는 타이어 생산을 주력으로 하는 독립적인 기업이기는 하지만, 산업의 영향뿐만 아니라 금호그룹의 움직임과는 밀접히 연결되어 있는 특징을 갖는다. 금호타이어는 2014년 12월 약 5년 동안의 워크아웃을 졸업하였다.

그동안 경영정상화를 위해 다각도로 노력을 아끼지 않았던 금호타이어는 채권단이 제시했던 워크아웃 졸업 요건을 성실히 이행해왔다. 그중 잔여채무에 대한 구체적 상환계획을 제외하고 '2년 연속 경상이익 실현과 안정적 순이익 유지 전망', '자체 신용으로 정상적 자금조달', '주요 경영목표 2년 연속 달성', '부채비율 200% 이하' 등 대부분을 충족시켰다. 특히 실적개선이 확실했던 것이 금호타이어가 워크아웃 졸업을 할 수 있었던 주요한 원인이 됐다.

9.2 공통형 재무제표

비율분석의 실제에서 우선 수행되어야 하는 것은 공통형 재무제표(common-size financial statements)의 작성일 것이다. 물론 본격적인 재무분석은 여러 가지 측면에서 다양하게 살펴보아야 할 것이지만, 공통형 재무제표는 간단하면서도 의미 있는 분석의 시발점을 제공하는 경우가 많다.

공통형 재무제표는 재무상태표의 경우 자산총계 혹은 부채와자본 총계를 100%로 하고 자산과 부채 및 자본의 각 항목을 구성비로 표시하여 작성된다. 공통형 포괄손익계산서의 경우는 매출액을 100%로 하여 각 비용 및 수익 항목을 구성비로 표시하여 작성된다. 이렇게 각 구성항목이 전체에 대한 구성비로 표시되면 규모의 차이가 제거되어 자산구조, 재무구조, 비용구조에 대한 전체적인 윤곽을 살펴볼 수 있다.

공통형 재무제표는 규모의 크기를 제거하여 각 항목의 비율로 나타내게 되므로 기업간의 상호비교나 추세분석의 경우에도 좋은 기초자료가 된다. 경영분석의 해석은 상대적인 성격을 갖는 것이 근래의 경향이다. 기업간의 상호비교를 통해서 의미를 찾는 방법도 있으며, 시계열적인 상대적 비교를 통해서 의미를 찾는 방법도 있다. 이러한 상대적인 비교에서 해석에 혼선을 가져올 수 있는 부분이 규모의 문제이다. 공통형 재무제표는 규모의 문제를 제거하여 상대적인 비교를 원활히 하게 하는 유용한 방법이다.

〈표 9-2〉는 넥센타이어(주)의 공통형 재무상태표를 2012년에서 2014년까지 3년에 걸쳐서 나타내고 있다. 통상 재무제표들은 3년 동안의 자료를 함께 보고한다. 표에서 나타나듯이 공통형 재무상태표는 자산총계 혹은 자본과 부채총계를 100으로 하고, 각 항목들은 자산총계의 비중으로 표시된다.

우선 자산의 비중과 구성을 살펴보도록 하자. 넥센타이어(주)의 2014년 말 자산총계는 2조 5,000억원에 달한다. 그중에서 비유동자산은 1조 8,000억원으로 71%에 달하고, 유동자산은 7,300억원으로 29%에 달한다. 넥센타이어(주)의 유동자산과 비유동자산의 구성은 넥센타이어(주)가 상당한 규모를 필요로 하는 장치산업의 성격을 갖고 있음을 보여준다. 타이어 산업에 속한 기업들 중에서도 차이가 있겠지만, 상대적으로 작은 규모로 알려진 넥센타이어(주)의 경우에도 2조원에 가까운 비유동자산을 보유한다는 것은 타이어 산업이 상당한 규모의 투자를 필요로 한다는 증거라고

표 9-2 공통형 재무상태표

연결재무상태표

회사명: 넥센타이어(주) (단위: 백만원, %)

과 목	2014		2013		2012	
자 산						
I. 유동자산	730,036	**28.89**	734,963	**31.96**	685,960	**33.43**
현금 및 현금성자산	53,057	**2.10**	66,266	**2.88**	46,019	**2.24**
단기금융상품	101,418	**4.01**	85,460	**3.72**	42,038	**2.05**
매출채권	284,975	**11.28**	280,779	**12.21**	291,276	**14.19**
재고자산	251,507	**9.95**	263,379	**11.45**	265,241	**12.93**
II. 비유동자산	1,797,304	**71.11**	1,564,850	**68.04**	1,366,121	**66.57**
비유동매도가능금융자산	37,954	**1.50**	38,097	**1.66**	42,120	**2.05**
유형자산	1,702,400	**67.36**	1,482,192	**64.45**	1,277,874	**62.27**
영업권 이외의 무형자산	13,144	**0.52**	7,923	**0.34**	5,523	**0.27**
투자부동산	8,651	**0.34**	10,826	**0.47**	24,437	**1.19**
이연법인세자산	23,192	**0.92**	15,575	**0.68**	6,038	**0.29**
자산총계	2,527,340	**100.00**	2,299,813	**100.00**	2,052,082	**100.00**
부 채						
I. 유동부채	579,630	**22.93**	695,131	**30.23**	641,766	**31.27**
매입채무	81,602	**3.23**	55,758	**2.42**	62,452	**3.04**
기타유동부채	122,753	**4.86**	138,551	**6.02**	141,737	**6.91**
단기차입금	321,653	**12.73**	456,214	**19.84**	399,173	**19.45**
당기법인세부채	14,908	**0.59**	17,453	**0.76**	15,422	**0.75**
기타유동비금융부채	38,675	**1.53**	27,005	**1.17**	22,982	**1.12**
II. 비유동부채	1,014,345	**40.13**	807,681	**35.12**	729,765	**35.56**
장기차입금	848,612	**33.58**	683,970	**29.74**	615,289	**29.98**
퇴직급여채무	148,306	**5.87**	111,730	**4.86**	100,443	**4.89**
비유동충당부채	5,056	**0.20**	4,038	**0.18**	3,420	**0.17**
기타비유동비금융부채	7,619	**0.30**	4,969	**0.22**	4,458	**0.22**
부채총계	1,593,975	**63.07**	1,502,812	**65.34**	1,371,531	**66.84**
자 본						
I. 납입자본	53,458	**2.12**	52,710	**2.29**	52,710	**2.57**
II. 주식발행초과금	25,961	**1.03**	5,545	**0.24**	5,545	**0.27**
III. 이익잉여금(결손금)	803,815	**31.80**	694,315	**30.19**	574,613	**28.00**
IV. 기타자본구성요소	44,747	**1.77**	40,391	**1.76**	44,976	**2.19**
기타포괄손익누계액	22,416	**0.89**	18,059	**0.79**	22,644	**1.10**
기타자본	22,331	**0.88**	22,331	**0.97**	22,331	**1.09**
V. 비지배지분	5,384	**0.21**	4,039	**0.18**	2,707	**0.13**
자본총계	933,365	**36.93**	797,001	**34.66**	680,551	**33.16**
자본과부채총계	2,527,340	**100.00**	2,299,813	**100.00**	2,052,082	**100.00**

넥센타이어(주)의 상호비교

상호비교를 위해서 우선 실시되어야 하는 것이 공통형 재무제표에 대한 검토일 것이다. 〈표 9-4〉는 2014년 말 시점의 넥센타이어, 한국타이어, 그리고 금호타이어의 재무상태표를 나타내고 있다. 각 회사의 재무상태표를 연결하면서 먼저 발견할 수 있는 사실은 상당한 정도의 규모의 차이가 존재한다는 점이다. 자산총계로 볼 때 한국타이어는 8조 3,000억원, 금호타이어는 4조 8000억원, 그리고 넥센타이어는 2조 5,000억원 수준이다. 각 회사가 규모의 차이는 존재하지만 모두 대규모의 자산을 보유한 대기업임에는 분명하다.

공통형 재무제표를 이용하여 자산구성을 비교해 보도록 하자. 넥센타이어(주)의 유동자산 비중은 다른 경쟁업체들보다 상당히 낮은 편이다. 상대적으로 비유동자산의 비중이 상당히 높은 편이다. 비유동자산 중에서도 유형자산의 비중이 67%로서 한국타이어의 48%나 금호타이어의 52%에 비해서 상당히 높다. 이것은 넥센타이어(주)가 유형자산에 대한 적극적인 투자를 하고 있음을 나타낸다.

유동자산의 경우에는 한국타이어의 47%나 금호타이어의 35%에 못 미치는 29%의 비중을 나타내고 있다. 유동자산 중에서도 재고자산의 비중이 10%로서 한국타이어의 17%나 금호타이어의 12%보다 낮은 편이다.

부채와 자본의 비중과 구성을 살펴보도록 하자. 넥센타이어(주)의 부채비중은 63%로서 한국타이어의 46%보다는 높지만 금호타이어의 72%보다는 낮은 편이다. 부채 중에서 가장 높은 비중을 차지하는 것이 비유동부채로서 구성비율이 40%를 타나내는데, 상대적으로 한국타이어는 8.9%, 그리고 금호타이어는 36.7%를 나타낸다. 넥센타이어가 주로 장기금융부채를 조달하여 투자한 부분이 눈에 띄는 대목이다.

넥센타이어(주)의 자기자본 비중은 37% 정도로 한국타이어의 54%보다는 적고, 금호타이어의 28%보다는 높다. 넥센타이어의 자본 중에서 가장 큰 비중을 차지하는 항목이 이익잉여금으로서 전체에서 32%정도를 차지하는데, 한국타이어의 19%나

표 9-4 상호비교 재무상태표

상호비교용 재무상태표(2014년)

(단위: 억원, %)

과 목	넥 센		한국타이어		금호타이어	
자 산						
I. 유동자산	7,300	**28.89**	38,798	**46.63**	17,018	**35.42**
현금 및 현금성자산	531	**2.10**	7,252	**8.72**	1,971	**4.10**
단기금융상품	1,149	**4.55**	4,559	**5.48**	2,534	**5.27**
매출채권및기타채권	3,014	**11.93**	12,069	**14.51**	6,278	**13.07**
재고자산	2,515	**9.95**	14,460	**17.38**	5,774	**12.02**
기타유동자산	91	**0.36**	457	**0.55**	461	**0.96**
II. 비유동자산	17,973	**71.12**	44,403	**53.37**	31,028	**64.58**
장기금융자산	380	**1.50**	202	**0.24**	1,090	**2.27**
유형자산	17,024	**67.36**	40,204	**48.32**	25,097	**52.23**
무형자산	131	**0.52**	1,321	**1.59**	416	**0.87**
기타비유동자산	438	**1.73**	2,677	**3.22**	4,426	**9.21**
자산총계	25,273	**100.00**	83,201	**100.00**	48,047	**100.00**
부 채						
I. 유동부채	5,796	**22.93**	30,693	**36.89**	17,197	**35.79**
매입채무및기타채무	2,208	**8.74**	10,505	**12.63**	7,708	**16.04**
단기금융부채	3,217	**12.73**	18,442	**22.17**	8,973	**18.68**
기타유동부채	371	**1.47**	1,746	**2.10**	516	**1.07**
II. 비유동부채	10,143	**40.14**	7,343	**8.83**	17,590	**36.61**
장기금융부채	8,502	**33.64**	5,795	**6.96**	15,261	**31.76**
확정급여부채	1,559	**6.17**	626	**0.75**	1,509	**3.14**
기타비유동부채	82	**0.32**	922	**1.11**	820	**1.71**
부채총계	15,940	**63.07**	38,036	**45.72**	34,787	**72.40**
자 본						
I. 지배주주지분	9,280	**36.72**	45,110	**54.22**	12,090	**25.16**
자본금	535	**2.12**	619	**0.74**	7,900	**16.44**
자본잉여금	513	**2.03**	29,935	**35.98**	2,467	**5.13**
기타자본구성요소	−30	**−0.12**	−11	**−0.01**	−195	**−0.41**
자기주식	−30	**−0.12**	−11	**−0.01**	−	**−0.00**
이익잉여금	8,038	**31.81**	15,424	**18.54**	1,571	**3.27**
기타포괄손익누계액	224	**0.89**	−857	**−1.03**	348	**0.72**
II. 비지배주주지분	54	**0.21**	55	**0.07**	1,170	**2.43**
자본총계	9,334	**36.93**	45,165	**54.28**	13,260	**27.60**
자본과부채총계	25,273	**100.00**	83,201	**100.00**	48,047	**100.00**

표 9-5 상호비교용 포괄손익계산서

상호비교 포괄손익계산서

(단위: 억원, %)

과 목	넥센타이어		한국타이어		금호타이어	
매출액	17,588	**100.00**	66,808	**100.00**	34,379	**100.00**
매출원가	11,978	**68.10**	42,808	**64.08**	24,255	**70.55**
매출총이익	5,610	**31.90**	24,000	**35.92**	10,124	**29.45**
판매비와관리비	3,525	**20.04**	13,684	**20.48**	6,540	**19.02**
인건비	799	**4.54**	2,346	**3.51**	1,264	**3.68**
영업이익	2,086	**11.86**	10,316	**15.44**	3,584	**10.42**
*조정영업이익	2,086	**11.86**	10,316	**15.44**	3,584	**10.42**
EBITDA	3,133	**17.81**	14,606	**21.86**	5,445	**15.84**
비영업손익	−445	**−2.53**	−960	**−1.44**	−1,850	**−5,38**
금융손익	−406	**−2.31**	−528	**−0.79**	−1,381	**−4.02**
관련기업투자등관련손익	−	**0.00**	−	**0.00**	−	**0.00**
기타손익	−39	**−0.22**	−432	**−0.65**	−469	**−1.36**
*외환손익	−126	**−0.72**	−747	**−1.12**	−61	**−0.18**
세전계속사업이익	1,641	**9.33**	9,356	**14.00**	1,734	**5.04**
법인세비용	342	**1.95**	2,363	**3.54**	418	**1.22**
계속사업이익	1,298	**7.38**	6,993	**10.47**	1,316	**3.83**
당기순이익	1,298	**7.38**	6,993	**10.47**	1,316	**3.83**
지배주주순이익	1,285	**7.31**	7,004	**10.48**	1,296	**3.37**
비지배주주순이익	13	**0.08**	11	**−0.02**	21	**0.06**
총포괄이익	1,217	**6.92**	6,419	**9.61**	1,310	**3.81**
지배주주총괄이익	1,204	**6.84**	6,430	**9.62**	1,298	**3.78**
비지배주주총포괄이익	13	**0.08**	−11	**−0.02**	12	**0.03**

금호타이어의 3%보다 월등히 높은 수준임을 알 수 있다. 넥센타이어가 상당한 기간 동안 이익잉여금을 축적해 온 것을 알 수 있다.

〈표 9-5〉는 상호비교용 포괄손익계산서이다. 물론 매출액에서 3사는 차이가 있다. 그런데 매출원가의 비중에서 3사는 큰 차이를 보인다. 한국타이어의 매출원가 비

중이 64.1%, 금호타이어가 70.6%, 그리고 넥센타이어는 68.1%로 중간에 위치한다. 타이어 제조업과 같은 상당한 정도의 동질성을 갖는 업종에서 매출원가율의 차이는 추가적으로 분석을 필요로 하는 것으로 보인다. 다른 부문들에서는 특이점이 보이지 않는데, 넥센타이어의 경우가 인건비가 조금 높은 수준이고 금융 관련 비용은 금호타이어가 높은 편이다.

다음으로는 재무비율을 이용한 상호비교분석을 실시해 보자. 상호비교를 위한 횡단면 자료는 2014년 말의 재무제표를 기초로 하였다. 동일 시점의 재무비율을 가지고 경쟁업체들과 상호비교해 보는 것이다. 우선 유동성 비율들을 살펴보기로 하자.

유동성 비율들을 살펴보면 3사의 유동비율 평균은 117%인데, 넥센타이어와 한국타이어가 유사하고 금호타이어가 다소 떨어지는 양상이 있다. 당좌비율도 유동비율과 유사한 측면을 나타낸다. 그런데 유동자산 구성비율은 상당히 다른 양상을 보인다. 유동자산 구성비율은 넥센타이어가 29%이고, 한국타이어와 금호타이어는 각각 47%와 35%를 나타낸다. 넥센타이어의 경우에는 유동자산의 비중이 상대적으로 낮은 편이지만, 동시에 유동부채의 비중도 낮기 때문에 단기지급능력을 나타내는 유동성에 문제는 없는 것으로 생각할 수 있을 것이다.

	넥센타이어	한국타이어	금호타이어	평 균
유동비율(%)	125.9	126.4	99.0	117.1
당좌비율(%)	82.6	79.3	65.4	75.7
유동자산구성비율(%)	28.9	46.6	35.4	37.0
순운전자본구성비율(%)	6.0	9.7	(0.4)	5.1

레버리지의 상호비교를 다음의 표를 참고로 살펴보기로 하자. 넥센타이어의 부채비율은 170% 정도로서 3사의 평균에 가깝다. 3사 중에서는 한국타이어의 부채비율이 84%로서 가장 낮고 금호타이어의 부채비율이 262%로서 가장 높은 편이다. 총차입금을 총자본으로 나눈 차입금의존도도 한국타이어, 넥센타이어, 그리고 금호타이어의

순서이다. 총차입금에서 현금성자산을 뺀 후에 자기자본으로 나누어서 계산되는 차입금비율도 유사한 모양을 나타낸다. 전체적으로 레버리지 비율에서는 한국타이어가 부채의존도가 가장 낮으며, 넥센타이어와 금호타이어가 그 뒤를 따르는 양상이다.

	넥센타이어	한국타이어	금호타이어	평 균
부채비율(%)	170.8	84.2	262.3	172.4
차입금의존도(%)	46.3	29.1	50.4	41.9
차입금비율(%)	125.4	53.7	182.6	120.6

안정성 비율은 경기변동에 대한 기업의 대응력을 평가하는 재무비율들이다. 고정비율과 고정장기적합률을 계산해 보았는데, 넥센타이어의 고정비율과 고정장기적합률은 양호한 것으로 평가된다. 고정비율과 고정장기적합률은 비유동자산에 대한 투자재원의 안정성을 평가하는 비율들로서, 각각 자기자본, 자기자본과 장기부채의 합을 분모로 계산한다. 타이어 산업과 같이 대규모의 장치산업의 경우에는 자기자본만으로 비유동자산에 투자하는 것은 쉬운 일이 아니다. 그러므로 현대 기업의 안정성을 평가하는 경우에 고정장기적합률을 이용하는 경향인데, 넥센타이어를 포함하여 타이어 3사는 양호한 안정성을 갖고 있다고 볼 수 있다.

	넥센타이어	한국타이어	금호타이어	평 균
고정비율(%)	192.6	98.3	234.0	175.0
고정장기적합률(%)	92.3	84.6	100.6	92.5

넥센타이어 수익성의 상호비교에서는 매출총이익률, 영업이익률, 당기순이익률, 총자산순이익률(*ROA*), 그리고 자기자본순이익률(*ROE*) 등을 살펴보았다. 넥센타이어의 매출총이익률은 32%정도로서 한국타이어의 36%보다는 낮지만 금호타이어의 29%보다는 높다. 영업이익률과 당기순이익률도 3사의 중간 정도이다. 총자산순이익률은 5.4% 정도인데, 한국타이어와 금호타이어는 8.7%와 2.8% 정도이다. 넥센타이

어의 수익성은 전체적으로 한국타이어와 금호타이어의 중간 정도이다.

	넥센타이어	한국타이어	금호타이어	평 균
매출총이익률(%)	31.9	35.9	29.5	32.4
영업이익률(%)	11.9	15.4	10.4	12.6
당기순이익률(%)	7.4	10.5	3.8	7.2
ROA(당기순이익)(%)	5.4	8.7	2.8	5.6
ROE(당기순이익)(%)	15.0	16.6	10.7	14.1

활동성의 상호비교를 위해서 총자산회전율, 비유동자산회전율, 재고자산회전율, 그리고 매출채권회전율을 살펴보았다. 넥센타이어의 총자산회전율은 0.73회인데, 한국타이어와 금호타이어는 각각 0.83회와 0.72회이다. 즉 금호타이어보다는 약간 높지만 한국타이어보다는 떨어지는 수준이다. 그런데 넥센타이어의 비유동자산회전율은 0.98회로서, 한국타이어와 금호타이어의 1.50회와 1.11회보다 낮은 수준이다. 이것은 넥센타이어가 상대적으로 비유동자산에 대한 신규투자를 확대하면서 나타나는 일시적인 현상이 아닌가 보여진다. 3사가 매출채권회전율에는 차이가 없는데, 재고자산회전율의 경우에는 넥센타이어가 앞서 있다. 추가적인 분석이 필요할 수도 있다.

	넥센타이어	한국타이어	금호타이어	평 균
총자산회전율(회)	0.73	0.83	0.72	0.76
비유동자산회전율(회)	0.98	1.50	1.11	1.20
재고자산회전율(회)	6.99	4.62	5.95	5.86
매출채권회전율(회)	5.84	5.54	5.48	5.62

성장성의 상호비교에서는 매출액증가율, 총자산증가율, 영업이익증가율, 당기순이익증가율, 그리고 *EPS*증가율 등을 살펴보았다. 넥센타이어는 성장성에서 다른 업체들보다 우수한 것으로 타나났다. 매출액증가율은 한국타이어와 금호타이어가

(−)마이너스 성장률을 기록하였는데, 넥센타이어는 약 2%의 성장률을 나타냈다. 넥센타이어의 총자산증가율은 10%정도인데 한국타이어와 금호타이어는 각각 7%와 1.5% 정도이다. 영업이익증가율도 17.8%로서 다른 기업에 비해 우수하다. 당기순이익증가율과 *EPS*증가율도 각각 4.7%와 3.8%로서 우수한 편인데, 상대적으로 금호타이어에 뒤지는 것으로 나타났다. 그것은 금호타이어가 전년도에 열악한 성과를 나타낸 것이 성장률을 높게 보이게 한 것이 아닌가 여겨진다.

	넥센타이어	한국타이어	금호타이어	평 균
매출액증가율(%)	1.8	−5.5	−7.1	−3.6
총자산증가율(%)	9.9	7.0	1.5	6.1
영업이익증가율(%)	17.8	0.1	3.6	7.2
당기순이익증가율(%)	4.7	−4.9	30.4	10.1
*EPS*증가율(%)	3.8	−5.1	27.0	8.6

9.4 추세분석법

추세분석의 의의

추세분석(trend analysis)이란 일정 기간 동안의 재무비율의 변화를 파악하여 재무상태와 경영성과가 개선되고 있는지 아니면 악화되고 있는지를 분석하는 것을 말한다. 장기적인 추세를 분석하여 재무상태의 변화를 평가하게 되면 상호비교에서는 얻을 수 없는 정보를 알아 낼 수 있는 장점이 있다.

이를테면 어느 기업의 자기자본순이익률이 10%로서 산업평균비율 15%에 비교하여 불량하다는 결론을 얻게 되더라도, 과거 5년 동안 3%에서 6%, 6.5%, 7%, 9% 그리고 금년에 10%로 상승하였다면 이 기업은 장기적으로 볼 때 경영성과가 개선되고 있음을 반영하는 것이므로 긍정적인 평가가 내려질 수 있는 것이다.

이러한 의미에서 추세분석은 기업내분석(intra-firm analysis), 시계열분석, 수평적 분석이라고도 한다. 추세분석은 몇 가지 전제 조건이 갖추어질 때 효과적이다. 예를 들어 해당기업의 영업성격이 분석기간 동안 그대로 유지되고 회계처리방법이 일관성을 유지한 경우에 효과적이다. 그러나 만약 그 기업이 분석기간 동안 합병이나 경영다각화 등으로 영업성격이 바뀌었거나, 재고자산의 평가, 감가상각비 등의 회계처리방법을 변경하였다면 추세분석의 해석에 주의를 요한다.

추세분석의 방법

추세분석은 비교재무제표를 이용하는 것으로 시작한다. 비교재무제표는 공통형 재무제표와 마찬가지로 간단하게 작성될 수 있는데, 전체적인 추세를 파악하는 데 많은 시사점을 주는 경우가 많다. 또한 다기간 공통형 재무제표라고 할 수 있는 지수재무제표를 이용하는 것도 실무적으로 의미 있는 방법이다. 재무비율을 이용한 추세분석도 많이 이용되는데, 추세분석도 상호비교분석과 마찬가지로 시간선 상에서의 상대적인 비교분석인 것이다. 만약 자료가 허용된다면 다양한 통계적 방법도 활용될 수 있을 것이다.

비교재무제표: 비교재무제표(comparative financial statements)는 어느 두 시점 간의 재무상태표, 포괄손익계산서 각 항목의 증감을 표시하여 그 기간에 일어난 재무상태의 변화 및 추세를 나타내고자 하는 것이다. 비교재무제표는 실무적으로도 많이 사용되는 방법이고, 간단하면서도 많은 시사점을 제공하기 때문에 추세분석의 시발점으로서 충분한 의미를 갖는다.

비교재무상태표는 어느 두 시점 사이에 있었던 자산운용의 변화나 자본조달 원천별 변화가 큰 항목들을 식별할 수 있게 해준다. 비교포괄손익계산서도 마찬가지로 어는 두 기간에 있어 손익계산서의 각 항목의 증감을 표시한 것인데, 순이익 변동의 원인이 될 정도로 크게 증가 또는 감소한 비용과 수익 항목을 식별할 수 있게 해준다.

지수재무제표: 앞에서 설명한 상호비교법과 본 절에서 설명하는 추세분석법이 함께 사용된다면 더욱 효과적인 분석이 된다. 즉 수년간에 걸쳐 재무상태가 변화되는 추세를 분석할 때, 그 시계열 기간에 걸쳐 기준비율의 추세와 분석대상 기업의 추세를 비교할 수 있으므로 새로운 정보를 얻을 수 있다.

만약 기업규모의 크기가 다른 기업과 추세비교를 하게 되면 규모의 차이 때문에 해석에 문제가 생길 수 있다. 시계열분석에서 규모의 차이를 제거하기 위해서 작성되는 것이 지수재무제표이다. 지수재무제표는 재무상태표, 포괄손익계산서를 기준연도의 각 항목을 100으로 놓고 그 이후 연도부터는 지수로 계산하여 증감의 추세를 볼 수 있도록 작성된다.

한편 다기간 공통형 재무제표는 공통형 재무제표를 여러 기간에 걸쳐 확장시킨 것이다. 기업의 총자산이나 매출액 규모는 매년 달라지겠지만, 각 연도의 총자산, 매출액을 100으로 하면 자산구조, 재무구조, 비용구조 면에서의 변화추세를 파악할 수 있다.

재무비율의 추세분석: 추세분석은 시간의 흐름에 따른 각종 재무비율의 움직임을 동태적으로 파악하여 경영성과와 재무상태의 개선 여부를 평가하는 것을 말한다. 과거 수년간에 걸친 유동비율, 자기자본순이익률 등의 변화를 관찰하여, 오랜 기간을 살펴보지 않아도 나름대로의 직관적인 해석이 가능하기 때문에 유용하다.

넥센타이어(주)의 추세분석

비교재무제표: 〈표 9-6〉은 넥센타이어(주)의 비교재무상태표를 나타낸다. 비교재무상태표는 재무상태표의 각 항목의 증감을 표기하여 어떤 항목이 증가했으며,

어떤 항목이 감소했는지를 한눈에 파악할 수 있게 도와준다. 2014년도의 재무상태표와 2013년도의 재무상태표를 비교하면, 자산총계는 2,275억원 증가하였는데 그것은 비유동자산이 2,325억원이 증가했기 때문이다. 비유동자산 중에서도 유형자산이 2,202억원 증가하였다. 자산 중에서 감소한 항목들은 현금및현금성자산과 재고자산 등인데 각각 132억원과 119억원이 감소하였다.

부채와 자본의 증감을 살펴보면, 자본은 1,364억원 만큼 증가하였는데 이익잉여금의 증가 1,095억원이 가장 크게 기여한 부분이다. 부채는 912억원이 증가하였는데, 비유동부채는 2,067억원 증가하였고 유동부채는 1,155억원이 감소하였다. 유동부채 중에서도 단기차입금이 많이 감소하고, 그와 비슷한 수준으로 장기차입금이 증가하였다.

〈표 9-7〉은 넥센타이어(주)의 비교포괄손익계산서이다. 비교재무상태표와 마찬가지로 각 항목별로 증감을 표시하고 있다. 2014년도와 2013년도의 포괄손익계산서를 비교한 증감 항목들을 살펴보자. 2014년도에는 전년에 비해 매출액이 305억 증가하였는데, 매출원가는 오히려 415억원이 감소하였다. 생산의 효율성이 크게 향상된 것인데 추가적인 분석이 필요할 것이다.

영업의 확대에 따라 물류원가, 판매비와 관리비도 증가하였다. 판매비와 관리비는 394억원 증가하였는데, 다른 항목들의 증감보다 상당히 큰 규모이다. 앞으로 좀 더 유의해서 살펴볼 필요가 있을 듯하다. 그 외에 이자비용이 52억 감소한 것이 눈에 띈다. 외화환산 손실은 170억 증가하였으나, 환율의 변동에 따른 평가손익의 의미를 갖기 때문에 별 문제는 없다고 여겨진다. 단지 환율의 변동이 심각하다면 주시되어야 할 것이다.

지수재무제표: 지수재무제표는 다기간 동안의 재무제표들을 기준 연도를 기준으로 지수화해서 추세적인 변화가 존재하는지를 검토하기 위해서 작성된다. 즉 기준 연도의 각 항목들을 100으로 놓고 그 이후 연도부터는 그것의 상대적인 지수로

표시하여 추세의 변화를 쉽게 파악하게 한 것이다.

〈표 9-8〉은 넥센타이어(주)의 재무상태표를 2012년을 100으로 하여 지수재무상태표를 작성해 본 것이다. 지수재무상태표를 보면 2014년도의 자산총계가 2012년도에 비해 23.2% 증가했음을 한눈에 파악할 수 있다. 그중 유동자산은 6.4% 증가했으며 비유동자산은 31.6% 증가했다.

부채와 자본에 대해 살펴보면, 부채총계는 16.2% 증가했는데 자본총계는 37.2% 증가했음이 눈에 띈다. 부채에서는 유동부채는 감소하였고 비유동부채는 39% 증가하였다. 자본에서는 주식발행초과금이 큰 폭으로 증가했으나, 금액으로 큰 비중은 아니며 역시 이익잉여금이 39.9% 증가한 것이 자본변동의 큰 요인이다.

〈표 9-9〉는 넥센타이어(주)의 포괄손익계산서를 2012년을 기준으로 지수화한 지수포괄손익계산서이다. 2014년의 매출액은 2012년에 비해 3.1% 증가하였다. 그런데 매출원가는 오히려 95.9%로서 4.1% 감소한 것이 눈에 띈다. 결과적으로 매출총이익은 22.8% 증가한 것이다. 판매비와 관리비가 34.7% 증가한 것이 주목할 사항으로 생각된다. 영업이익은 15.7% 만큼 증가하였다. 외화환산손실이나 기타금융비용이 상당한 비율로 증가한 것으로 나타나는데, 그것들의 비중이나 성격으로 봐서 큰 이슈는 아닌 것 같다. 당기순이익은 2012년에 비해 3.3% 감소한 것으로 나타난다.

재무비율 추세분석: 재무비율 추세분석은 재무비율들의 추세를 가지고 분석하는 방법이다. 재무비율 추세분석도 상호비교분석과 마찬가지로 상대적인 분석을 실시한다. 상호비교분석과 다른 점은 동일한 해당 기업의 자료를 시간의 흐름에 따라 분석한다는 것이다. 간단한 추세비율분석은 전년도와 비교하는 것인데, 그것도 유용한 방법이 될 수 있다.

추세분석을 위해서는 가능한 다기간의 자료를 이용하는 것이 좋을 것이다. 하지만 현실적인 측면을 고려한다면, 과거와 연속선상에서 분석이 가능한 기간이 유의미

표 9-8 넥센타이어(주)의 지수재무상태표

지수재무상태표

회사명: 넥센타이어(주) (단위: %)

과 목	2014	2013	2012
자 산			
I. 유동자산	106.43	107.14	100.00
현금 및 현금성자산	115.29	144.00	100.00
단기금융상품	241.25	203.29	100.00
유동당기손익인식금융자산	-	50.16	100.00
매출채권	97.84	96.40	100.00
기타유동채권	113.07	96.05	100.00
기타유동비금융자산	142.14	149.32	100.00
재고자산	94.82	99.30	100.00
II. 비유동자산	131.56	114.55	100.00
비유동매도가능금융자산	90.11	90.45	100.00
기타비유동금융자산	0.19	0.72	100.00
기타비유동채권	138.08	118.44	100.00
유형자산	133.22	115.99	100.00
영업권 이외의 무형자산	237.99	143.45	100.00
투자부동산	35.40	44.30	100.00
자산총계	123.16	112.07	100.00
부 채			
I. 유동부채	90.32	108.32	100.00
매입채무	130.66	89.28	100.00
기타유동부채	86.61	97.75	100.00
단기차입금	80.58	114.29	100.00
당기법인세부채	96.67	113.17	100.00
기타유동비금융부채	168.28	117.51	100.00
II. 비유동부채	139.00	110.68	100.00
장기차입금	137.92	111.16	100.00
기타비유동금융부채	349.47	21.99	100.00
기타비유동부채	101.62	97.42	100.00
퇴직급여채무	147.65	111.24	100.00
비유동충당부채	147.83	118.05	100.00
기타비유동비금융부채	170.91	111.46	100.00
부채총계	116.22	109.57	100.00
자 본			
I. 납입자본	101.42	100.00	100.00
II. 주식발행초과금	468.14	100.00	100.00
III. 이익잉여금(결손금)	139.89	120.83	100.00
IV. 기타자본구성요소	99.49	89.81	100.00
기타포괄손익누계액	98.99	79.75	100.00
기타자본	100.00	100.00	100.00
V. 비지배지분	198.89	149.19	100.00
자본총계	137.15	117.11	100.00
자본과부채총계	123.16	112.07	100.00

다음의 표는 안정성을 나타내는 고정비율과 고정장기적합률을 추세적으로 보여주고 있다. 고정비율과 고정장기적합률의 분자는 비유동자산이고 분모는 자기자본과 장기자본인데, 고정비율과 고정장기적합률이 추세적으로 작아진다는 것은 상대적으로 분모의 비중이 커졌다는 것을 의미하고 좀 더 안정적인 상태가 되었다는 의미이다.

	2011	2012	2013	2014
고정비율(%)	207.2	200.7	196.3	192.6
고정장기적합률(%)	102.0	96.9	97.5	92.3

다음의 표는 수익성에 관한 비율들을 추세적으로 보여주고 있다. 매출액총이익률은 2011년 24.1%에서 2014년 31.9%로 개선되었는데, 이것은 상당히 고무적인 현상이다. 매출액총이익률뿐만 아니라 영업이익률도 7.8%에서 11.9%로, 그리고 당기순이익률도 6.1%에서 7.4%로 개선되어서 수익성은 좋아지는 것으로 보인다. 하지만 투자자본 대비 수익성을 나타내는 *ROA*와 *ROE*는 약간 하락 내지는 정체에 머무르고 있는데, 이것은 추가적인 투자에 따른 자연스런 현상이라고 할 수 있다.

	2011	2012	2013	2014
매출총이익률(%)	24.1	26.8	28.3	31.9
영업이익률(%)	7.8	10.6	10.2	11.9
당기순이익률(%)	6.1	7.9	7.2	7.4
ROA(당기순이익)(%)	5.6	6.8	5.7	5.4
ROE(당기순이익)(%)	16.7	21.6	16.8	15.0

다음의 표는 자산들의 효율적 이용 정도를 나타내는 회전율들을 나타내고 있다. 총자산회전율은 2011년의 0.90에서 2014년의 0.73으로 약간 하락하였다. 재고자산회전율과 매출채권회전율도 약간 낮아지는 모양을 나타내고 있다. 하지만 비유동자산회전율은 2011년의 0.82회에서 2014년의 1.02로 개선된 것으로 나타난다.

	2011	2012	2013	2014
총자산회전율(회)	0.90	0.86	0.79	0.73
비유동자산회전율(회)	0.82	0.80	0.91	1.02
재고자산회전율(회)	0.19	0.16	0.15	0.14
매출채권회전율(회)	0.19	0.17	0.16	0.16

다음의 표는 성장성에 관한 비율들을 추세적으로 보여주고 있다. 매출액증가율은 2011년의 24.5%에서 2014년의 1.8%로 하락하였다. 총자산증가율은 2011년에 대규모 투자를 통하여 51%를 나타냈는데 2014년에는 9.9%의 증가율을 나타냈다. 영업이익증가율과 당기순이익증가율은 일정한 추세라기보다는 증가와 감소를 격년에 걸쳐 나타내고 있다. 2014년의 경우에 영업이익이 전년에 비해 17.8%, 그리고 당기순이익이 4.7% 증가하였는데 이와 같은 추세를 지속할 수 있을지는 좀 더 지켜보아야 할 듯하다.

	2011	2012	2013	2014
매출액증가율(%)	24.5	19.3	1.3	1.8
총자산증가율(%)	51.1	7.9	12.1	9.9
영업이익증가율(%)	−18.0	60.9	−1.8	17.8
당기순이익증가율(%)	−18.1	53.0	−7.7	4.7
*EPS*증가율(%)	−18.1	51.8	−8.0	3.8

9.5 현금흐름과 *ROI* 분석

현금흐름표는 재무상태표와 포괄손익계산서를 보완한다는 의미에서 현금의 유출입에 관한 정보를 제공한다. 현금흐름표에서 다른 재무제표들이 제공하는 정보와 상당히 특이한 점들이 발견된다면 다른 재무제표에 대한 분석이나 해석도 재검토해야만 할 것이다.

〈표 9-10〉은 넥센타이어(주)의 현금흐름을 요약적으로 보여주고 있다. 넥산타이어(주)는 영업활동과 재무활동을 통해 발생한 현금을 투자활동으로 투입하는 모습을 보여주고 있다. 2014년의 경우에 영업활동 현금흐름이 3,035억원 발생하였는데 투자활동으로 3,213억원이 투입되었다. 영업활동 현금흐름에서 부족한 부분은 재무활동 현금흐름으로 보충된 것으로 보인다. 또한 넥센타이어(주)의 기초 현금및현금성자산과 기말 현금및현금성자산이 큰 차이가 없어서 넥센타이어의 현금흐름에는 특이점이 없다고 볼 수 있다.

〈표 9-11〉은 현금흐름에 대한 비율들을 보여주고 있다. 현금흐름을 총부채로 나눈 비율이 15% 정도로 안정적인 모습을 나타내고 있다. 현금흐름을 총차입부채로 나눈 비율도 20% 정도에서 안정적인 모습이다. 현금흐름을 총자본이나 총자산으로 나눈 비율도 각각 30%, 10% 수준에서 안정적으로 보인다.

ROI 분석 사례

투자에 대한 수익률을 분해해서 분석하는 방법을 앞에서 설명하였는데, 여기서는 넥센타이어(주)의 사례를 가지고 살펴보도록 하자. *ROI* 분석도 다른 비율분석과 마찬가지로 상호비교와 추세분석을 통해 상대적인 의미를 찾을 수 있다.

넥센타이어(주)의 총자본이익률 5.4%는 한국타이어의 8.7%보다는 낮지만 금호타이어의 2.8%보다는 높다. 그것을 분해해보면 총자본순이익률의 차이는 주로 매출액순이익률인 마진의 차이에 기인하는 것으로 보인다. 총자본회전율의 경우에는 3사는 큰 차이를 보이지 않는 반면에 매출액순이익률에서는 넥센, 한국, 금호 등이 각각 7.4%, 10.5%, 그리고 3.8%로서 상당한 차이를 나타낸다. 이러한 현상은 동종 제조업에서 나타나는 현상으로는 흔한 일은 아니다. 추가적인 분석이 필요한 부분이다.

표 9-10 현금흐름표

현금흐름표

(단위: 억원)

과 목	2014	2013	2012
영업활동 현금흐름	3,035	2,090	1,457
영업에서 창출된 현금흐름	3,647	2,581	1,827
이자수취	71	65	65
이자지급	−277	−290	−307
법인세부담액	−406	−266	−129
투자활동 현금흐름	−3,213	−3,141	−2,703
단기금융상품의 처분	850	420	5,130
단기금융상품의 취득	−946	−855	−5,124
당기손익인식금융자산의 처분	50	50	50
매도가능금융자산의 처분	81	52	213
매도가능금융자산의 취득	−99	−100	−279
기타채권의 증가	−54	−55	−46
유형자산의 처분	24	10	9
유형자산의 취득	−3,192	−2,625	−2,685
무형자산의 취득	−15	−33	−4
재무활동 현금흐름	100	1,182	870
차입금	11,653	14,782	12,721
차입금의 상환	−11,489	−13,540	−11,788
배당금 지급	−65	−60	−60
환율차이로 인한 효과	−55	72	−115
현금및현금성자산의순증가(감소)	−132	202	−491
기초현금및현금성자산	663	460	951
기말현금및현금성자산	531	663	460

표 9-11

과 목	2014	2013	2012
현금흐름/총부채(%)	15.1	15.5	15.9
현금흐름/총자본(%)	27.0	30.2	34.5
현금흐름/총자산(%)	9.7	10.2	10.9
현금흐름/총차입부채(%)	20.2	20.7	22.1

넥센타이어 총자본순이익률 = 매출액순이익률 × 총자본회전율
5.4% = 7.4% 0.73회

한국타이어 총자본순이익률 = 매출액순이익률 × 총자본회전율
8.7% = 10.5% 0.83회

금호타이어 총자본순이익률 = 매출액순이익률 × 총자본회전율
2.8% = 3.8% 0.72회

추세분석을 통해서 총자본순이익률을 분해해 보도록 하자. 넥센타이어(주)의 총자본순이익률은 2011년의 5.6%에서 2014년의 5.4로 큰 변화가 없다. 그것을 매출액순이익률과 총자본회전율로 분해해 보면, 매출액순이익률은 6.1%에서 7.4%로 상승한 반면 총자본회전율은 0.90회에서 0.73회로 감소하였다. 전체적으로 자산 이용의 효율성은 감소하였지만, 마진의 증가로 총자본순이익률은 안정적으로 유지할 수 있었다고 여겨진다.

총자본순이익률	=	매출액순이익률	× 총자본회전율	
5.55%	=	6.1%	0.9회	(2011)
6.79%	=	7.9%	0.86회	(2012)
5.7%	=	7.2%	0.79회	(2013)
5.38%	=	7.4%	0.73회	(2014)

이번에는 자기자본순이익률(*ROE*)에 대해서 살펴보도록 하자. 넥센타이어(주)의 자기자본순이익률은 15.0%로서 한국타이어의 16.6%보다는 약간 낮지만 금호타이어의 10.7%보다는 상당히 높다. 총자본이익률(*ROA*)의 경우에는 한국타이어보다 상당히 낮은 것으로 나타났었는데, 레버리지 효과에 의해서 자기자본순이익률이 증가한 것으로 보인다.

	자기자본순이익률	=	매출액순이익률	×	총자본회전율	×	(1 + 부채비율)
넥센타이어	15.0%	=	7.4%		0.73회		170.8%
한국타이어	16.6%	=	10.5%		0.83회		84.2%
금호타이어	10.7%	=	3.8%		0.72회		262.3%

ROE 분해 분석을 추세분석에 따라 실시해 보자. 넥센타이어(주)의 자기자본순이익률은 2011년의 16.7%에서 2014년의 15.0%로 약간 낮아진 상황이다. 자기자본순이익률은 매출액순이익률, 총자본회전율, 그리고 레버리지비율로 분해해 보자. 매출액순이익률은 약간 높아진 반면에 총자본회전율은 약간 하락하였고 부채비율도 하락하였다. 결과적으로 부채비용의 하락이 기여한 부분이 있는 것으로 보인다.

자기자본순이익률	=	매출액순이익률	×	총자본회전율	×	(1 + 부채비율)
16.7%	=	6.1%		0.9회		236.7% (2011)
21.6%	=	7.9%		0.86회		201.5% (2012)
16.8%	=	7.2%		0.79회		188.6% (2013)
15.0%	=	7.4%		0.73회		170.8% (2014)

9.6 요약 및 정리

본 장에서는 재무분석의 응용을 사례를 가지고 예시하였다. 사례로 포함된 기업들은 우리나라의 타이어 산업을 대표하는 기업들이다. 해당 기업들이 사례로서 채택된 이유는 상당히 동질적인 제품을 생산하는 기업들이며, 또한 제품의 종류도 상대적으로 적다. 물론 해당 기업들이 타이어의 생산과 판매에 완전히 전념한다고 할 수는 없으나, 다른 산업의 기업군들에 비해서 상당히 동질적임은 사실일 것이다.

투자수익률 중에서 자가자본순이익률(*ROE*)은 기업의 소유주인 주주들에게 할당되는 기업의 최종 성과물이라고 할 수 있다. 그런데 *ROE*는 매출에서의 순이익 비중인 마진, 총자산의 효율적 이용 정도를 나타내는 회전율, 그리고 부채 사용에 따른 레버리지의 3가지 요소로 분해하여 살펴볼 수 있다. *ROE*를 분해하는 것은 수익성의 원천과 변화가 어떤 요인에 의한 것인지를 규명하는 의미 있는 방식이다.

ROE 변동요인의 분해는 주당순이익, 주당배당, 그리고 주가순자산비율과 같은 비율들을 분석하는 데도 응용될 수 있다. 예를 들어 주당순이익은 *ROE*에 주당순자산을 곱한 것으로 분해될 수 있으며, 주당배당의 경우는 *ROE*에다 주당순자산과 배당성향의 곱으로 분해되어 평가될 수 있는 것이다.

그런데 듀퐁시스템으로 불리는 *ROE*의 변동요인과 응용에 있어서 유의할 점이 있다. 그것은 *ROE* 변동요인의 각 요인들이 서로 상반관계를 갖는 경향이 있다는 사실이다. 다른 것들이 일정하다면 기업의 마진을 올리는 것은 자기자본순이익률의 증가에 기여할 것이다. 그러나 현실에 있어서 마진을 올리기 위해서는 다른 것들의 희생이 동반되기 때문에 일반적인 판단에 그칠 것이 아니라 종합적인 관점에서 살펴보아야 한다.

마지막으로 본 장에선 주식가치에 대해서는 사례분석을 생략했음을 이해해주기 바란다. 주식가치는 재무자료 이외의 자료에 의해서 형성되는 부분이 상당히 많다.

주식가치는 각 산업이나 기업의 상태와 성과뿐만 아니라 경제 전반적인 상황도 영향을 미친다. 주식가치에 대한 본격적인 분석은 본 장의 범위를 넘어간 것 같다.

연습문제

1. 상호비교분석의 대상을 선정하는 문제를 설명하시오.

2. 산업의 평균비율들은 상호비교분석의 기준율로 사용되는 경우가 많다. 어떤 경우에 산업평균비율을 사용하는 것이 적절하지 않은지 설명하시오.

3. *ROE* 변동요인을 분해하면 마진, 회전율, 그리고 레버리지의 3가지 요인으로 나누어 볼 수 있다. 기업의 *ROE*를 증가시키기 위해서 제품가격을 올리는 고가격정책을 취한다면 *ROE*는 상승할 것인가? 설명하시오.

4. 듀퐁시스템이 갖는 분석체계의 유용성과 한계점을 설명하시오.

5. 한국은행에서 발간하는 '기업경영분석'의 자료를 이용하여 다음 산업의 유동성, 레버리지, 안정성, 수익성, 활동성, 그리고 성장성에 대하여 평가하시오.
   ① 제조업(종합)
   ② 음식료품 제조업
   ③ 의약품 제조업
   ④ 사무계산 및 회계용 기계제조업
   ⑤ 가정용 전기기기 제조업
   ⑥ 무역업
   ⑦ 항공운수업

6. 다음 자료는 A제조업체의 재무자료들이다. A회사는 해당업종에서 중간규모의 기업이고, 해당산업에는 A회사와 유사한 많은 기업들이 존재한다. 그러므로 A회사에 대한 비교기준으로서 산업평균비율을 사용하는 것은 별문제가 없어 보인다. 다음의 자료를 이용하여 답하시오.

A기업의 요약재무상태표

(단위: 천원)

	2001	2002	2003
현 금	76,250	72,000	40,000
외상매출금	401,600	439,000	672,000
재고자산	493,000	794,000	1,270,000
유동자산합계	970,850	1,305,000	1,982,000
토지와 건물	126,150	138,000	125,000
기 계	169,000	182,000	153,000
기타비유동자산	74,600	91,000	82,000
자산총계	1,340,600	1,716,000	2,342,000
외상매출금	171,000	368,800	679,240
미지급비용	78,500	170,000	335,000
유동부채합계	249,600	538,800	1,014,240
비유동부채	304,250	304,290	408,600
자 본 금	575,000	575,000	575,000
잉 여 금	211,750	297,910	344,160
부채와 자본총계	1,340,600	1,716,000	2,342,000

A기업의 요약손익계산서

(단위: 천원)

	2001	2002	2003
매 출 액	4,135,000	4,290,000	4,450,000
매출원가	3,308,000	3,550,000	3,560,000
매출총이익	827,000	740000	890,000
판매비와 관리비	318,000	236,320	256,000
기타영업비용	127,000	159,000	191,000
영업이익(*EBIT*)	382,000	344,680	443,000
지급이자	64,000	134,000	318,000
법인세차감전순이익	318,000	210,680	125,000
법인세(20%)	63,600	42,136	25,000
당기순이익	254,400	168,544	100,000

A기업 기타재무자료

	2001	2002	2003
발행주식수(천주)	23,000	23,000	23,000
EPS(원)	8,300	5,500	3,260
주당배당액(원)	1,750	1,750	1,250
평균주가(원)	48,870	25,500	13,250

산업평균비율(0003년)

당좌비율	100%
유동비율	270%
재고자산회전율	7회
매출채권평균회수기간	32일
비유동자산회전율	13.0회
총자산회전율	2.6회
총자산영업이익률	14%
자기자본순이익률	18%
자기자본비율	50%
매출액순이익률	3.5%
PER	6배

주: 1) 산업평균재무비율은 0003년도의 재무자료에서 계산된 것이나, 0001~0003년의 3년간 거의 변화가 없음.

2) 각 재무비율은 한 회계연도의 재무자료만을 이용하여 계산됨.

① A기업의 유동성비율, 레버리지비율, 안정성비율, 수익성비율, 활동성비율, 그리고 성장성비율을 구하시오.

② A기업의 재무자료를 가지고 산업평균비율과 비교하여 분석하시오.

③ A기업의 재무상태와 성과에 대한 추세분석을 실시하시오.

④ A기업의 강점과 약점은 무엇인지 설명하시오.

⑤ A기업의 *ROE* 변동에 대하여 분석하고, 어느 부문에 문제점이나 개선의 가능성이 있는지 평가하시오.

⑥ 당신이 투자자라면 A기업의 주식을 구입할 것인지 결정하고 이유를 설명하시오.

제3편

증권분석과 신용분석

제 10 장

증권분석과 가치평가

본 장에서는 증권분석의 개념을 중심으로 살펴보고자 한다. 증권분석은 주로 주식가치의 분석을 내용으로 한다. 여기서는 본질적인 가치평가의 개념을 중심으로 가격결정에 관해서 살펴보고자 한다. 즉 가치평가의 개념, 가치평가의 요소, 그리고 포트폴리오에 관한 사항들을 설명한다.

본 장의 후반에는 몇 가지 대표적인 가격결정모형들에 대해서 살펴볼 것이다. 자본자산가격결정모형은 대표적인 가격결정모형이다. 이외에도 다요인 가격결정모형과 옵션형태의 가격결정모형들도 살펴볼 것이다. 증권분석을 위해서는 이러한 기본적인 모형들에 대한 이해가 필요하다.

10.1 가치평가의 개념

이론적인 측면에서 증권의 가치는 **내재가치**를 의미한다. 개념적인 차원의 가치는 본질적으로 편익의 제공과 비용의 지불이라는 특성을 갖는다. 이것을 재무적으로 표현하면 현금흐름으로 표현되는 편익과 비용에 의해서 결정된다는 의미이다. 우선 본질적인 가치평가의 개념에 대해서 살펴보자.

지 자금의 원천(source of funds)에 의하여 결정되는 것은 아니라는 사실이다.

10.3 자본자산가격결정모형(*CAPM*)

시장가치평가모형 중에서도 가장 널리 알려진 모형은 자본자산가격결정모형(capital asset pricing model: *CAPM*)이라고 할 수 있다. 자본자산가격결정모형은 포트폴리오 이론에 시장의 균형, 즉 수요와 공급의 일치라는 조건을 추가하는 경우에 나타나는 논리적 결과이다. 최근까지도 *CAPM*모형은 시장의 균형상태에서 위험과 요구수익률의 관계를 설명하는 중요한 모형으로 수많은 실증분석의 기초를 제공하였다. 특히 *CAPM*은 직관적인 설명력이 높기 때문에 많은 응용 연구의 대상이 되었다.

*CAPM*의 구조에서는 모든 투자자들은 완전히 분산된 포트폴리오를 소유하는 것을 전제로 한다. *CAPM*의 구조에서 완전히 분산된 포트폴리오는 경제 전체에 포함되는 모든 자산을 시장가치의 비중에 따라 포함시킨 포트폴리오를 의미한다. 여기서 완전히 분산된 포트폴리오를 **시장포트폴리오**(market portfolio)라고 한다. 실제에 있어서는 종합주가지수가 시장포트폴리오로 사용되며 시장의 위험과 기대수익률을 대변하는 것으로 이용되고 있다.

자본자산가격결정모형에 따르면 자산(i)의 기대수익률은 자산의 위험과 다음과 같은 관계를 갖는다.

$$E(R_i) = R_f + \beta_i[E(R_m) - R_f] \qquad \cdots\cdots (10\text{–}3)$$

위의 식에서 $E(R_i)$: 자산 i의 기대수익률 혹은 요구수익률
R_f: 무위험수익률
β_i: 자산 i의 베타계수
$E(R_m)$: 시장포트폴리오의 기대수익률

위의 식에서 $[E(R_m) - R_f]$는 시장위험 1단위에 대한 위험보상의 성격으로서 **시장위험**에 대한 프리미엄이다. 그리고 기대수익률은 균형조건에서는 요구수익률과 같아진다.

베타의 의미

베타는 시장수익률의 변화에 따른 특정 증권의 **시장민감도**(market sensitivity)를 측정하는 통계적인 개념이다. 즉 시장의 기대수익률이 변동할 때에 해당 증권의 수익률이 얼마나 민감하게 변동하느냐를 측정하는 지표이다. 그러므로 특정 자산의 위험인 베타(β_i)는 전체 시장의 변동성과 연계된 해당 자산의 변동성이며, 특정 자산의 체계적 위험지수라고 말할 수 있다.

베타의 의미를 도식으로 표현하면 [그림 10-1]과 같다. 베타는 시장의 변화와 연계된 특정 자산의 변동성을 측정한다. 어떤 증권이 $\beta = 1.0$을 갖고 있다면 평균적인 위험(시장 전체의 위험과 같음)을 갖고 있음을 의미한다. 베타가 1.0보다 큰 경우는 평균 이상의 위험을 의미하며 시장 전체의 움직임보다 수익률의 진폭이 큰 것을 뜻하며, 베타가 1.0보다 작은 경우에는 시장의 움직임보다 작은 진폭으로 변화함을 의미한다.

A회사의 베타가 1.5인 경우를 생각해 보자. A회사의 경우는 시장수익률이 2%

그림 10-1 시장의 변화와 베타

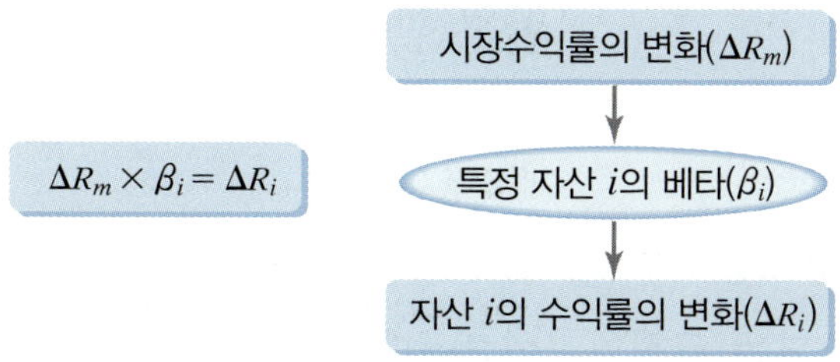

올라갈 경우에 평균적으로 2%×1.5=3%로 수익률이 증가함을 의미한다. 반면에 시장수익률이 10% 하락한다면 A회사의 수익률은 10%×1.5=15%만큼 하락할 것이다. 즉 베타는 시장수익률에 대한 민감도를 결정하는 효과를 갖는 것이다.

10.4 다요인 가격결정모형

자본자산가격결정모형은 현대 재무관리가 만들어낸 중요한 가격결정모형이다. 그것은 위험과 기대수익률로 표현되는 증권의 움직임을 측정하고, 포트폴리오 이론을 포용하며, 시장의 균형이라는 개념을 도입하여 구축한 하나의 가격결정 메커니즘의 산물이다.

그런데 자본자산가격결정모형은 1요인인 베타에 의해서 가격결정을 설명하는 모형이다. 앞에서 설명한대로 자본자산가격결정모형이 이론적으로 추론된 결론이기는 하지만, 현실에서 가격의 결정을 단일요인으로 설명한다는 데는 한계가 있는 부분이 있다. 자본자산가격결정모형이 발표된 이후 많은 연구들이 **특이현상**(anomaly)들을 보고한 것이 좋은 실증이 될 것이다.

다요인 가격결정모형은 자본자산가격결정모형이 갖는 1요인 모형의 한계를 벗어나려는 노력의 일환으로 발전되기 시작하였다. 실무적인 차원에서 사용되는 다요인모형은 상당히 다양하다. 여기서는 이론적인 측면과 많은 실증검증의 대상이 된 대표적인 다요인 가격결정모형들을 소개하고자 한다.

차익거래가격결정모형

차익거래가격결정모형(arbitrage pricing theory: *APT*)은 앞에서 설명한 자본자산가격결정모형과 대비되는 균형가격이론이다. 자본자산가격결정모형에서는 개별자산이나 포트폴리오의 균형수익률이 시장포트폴리오의 수익률이라는 단일요인(single factor)에 의하여 결정된다. 하지만 차익거래가격결정모형에서는 위험자산의 수익률이 여러 가지의 **공통요인**들(common factors)에 의하여 결정된다. 차익거래모형에서는 투자자들이 차익거래이익(arbitrage profit)을 극대화하기 위하여 차익거래포트폴리오(arbitrage portfolio)를 형성하려 한다는 투자행동에 기초를 두고 있다.

시장균형모형으로서 *APT*의 특징을 요약하면 다음과 같다. 첫째, *APT*는 수익률의 결정이 단일요인보다는 다수의 공통요인과 선형관계를 갖는다고 가정한다. 둘째, *APT*는 균형상태의 시장에서는 추가적인 위험부담 없이 차익거래에 의한 초과이익은 불가능하다는 것을 전제로 한다. 셋째, *APT*는 현실적으로 관찰 가능한 분산된 포트폴리오를 구성해서 균형가격결정원리를 설명한다.

3요인/4요인 모형

Fama-French(1993)의 논문에 발표된 모델로서, 포트폴리오의 수익률은 3가지 요인에 의해 결정된다는 이론이다. 이는 장기적인 포트폴리오 수익률을 설명한 것이다. 3가지 요인은 **규모요인**, **성장요인**, 그리고 **시장요인**으로 이루어진다.

$$E(R_i) - R_f = \alpha + \beta_{im}(E(R_m) - R_f) + \beta_{is}E(SMB) + \beta_{ih}E(HML) \cdots\cdots(10\text{-}4)$$

여기서, SMB는 규모요인으로 소형주로 구성된 포트폴리오 수익률과 대형주로 구성된 포트폴리오 수익률의 차이이다. HML은 성장성 요인으로서 장부가-시가비율(book-to-market ratio)이 큰 주식으로 구성된 포트폴리오 수익률과 장부가-시가비율이 작은 주식으로 구성된 포트폴리오 수익률의 차이를 나타낸다. 또한 $(E(R_m) - R_f)$는 시장요인으로 *CAPM*에서 말하는 시장포트폴리오의 기대초과수익률을 의미한다.

Carhart(1997)는 Fama-French의 3요인 이외에 **추세지속요인**(momentum-factor)을

추가한 4요인 모형을 발표하였다. 추세지속요인은 과거에 수익률이 높았던 포트폴리오의 수익률 추세가 지속될 수 있다는 결과로부터 도출된 요인이다.

SMB, HML, 추세지속요인은 하나의 포트폴리오를 매도하고, 다른 하나의 포트폴리오를 매수하여 기계적으로 쉽게 복제할 수 있는 무투자포트폴리오(zero investment portfolio)에 의한 차익거래를 전제로 설명되는 모형이다. 3요인 혹은 4요인 모형은 증권 혹은 포트폴리오 분석에서 실무적으로 많이 활용되는 모형들이다.

10.5 옵션가격결정모형

옵션의 의의

옵션(option)이란 특정한 시기 또는 그 시기 이내에 약정된 가격으로 어떤 자산을 매입 또는 매도할 수 있는 권리를 말한다. 예를 들면 甲이 3월 말에 A회사의 주식 1주를 1개월 후인 4월 말에 25,000원에 매입할 수 있는 권리를 乙에게로부터 사들였다고 가정하자. 이때 乙이 가지고 있는 A회사의 주식 1주를 한 달 후에 25,000원에 매입할 수 있는 권리 그 자체가 곧 옵션이다.

만약 한 달이 지난 다음 A회사의 주식가격이 25,000원보다 더 높게 결정된다면 甲은 이 권리를 행사하여 이익을 얻을 것이지만 주식가격이 25,000원보다 낮게 결정된다면 甲은 이 권리를 행사하지 않고 포기할 것이다. 그러므로 옵션의 소유주는 그 권리를 반드시 행사해야 할 필요는 없는데, 이것이 옵션과 선물계약을 구별하는 하나의 요소이다. 반면에 선물계약에서는 그 계약의 소유주가 기초자산을 반드시 사거나 팔아야 할 의무가 있다. 하지만 옵션을 소유한 사람은 어떤 자산을 매입 또는 매도할 수 있는 권리를 갖는 것이지 의무를 수반하는 것은 아니다.

옵션은 **조건부청구권**(contingent claim)이다. 또한 옵션은 **파생증권**(derivative security)이라고도 하는데, 그것은 옵션의 가치가 그 자체의 수익력에 의하여 결정되는 것이 아니고 다른 자산의 가격에 의하여 그 가치가 결정되기 때문이다. 위의 예에서도 옵션의 가치가 그 자체의 수익력에 의하여 결정되지 않고 A회사의 주식가격에 따라 결정됨을 알 수 있다.

옵션가격의 결정요인

일반적으로 옵션의 가치를 결정하는 요인들은 두 가지 종류로 나누어진다. 첫 번째는 옵션 자체의 계약내용으로서 행사가격(X)과 만기일(T)이 이에 속한다. 두 번째는 시장과 기초자산의 상태를 반영하는 것으로서 기초자산의 시장가격(S), 기초자산 수익률의 변동성(σ^2), 무위험이자율(r)이다.

$$C \text{ 또는 } P = f(S, X, T, \sigma^2, r) \qquad \cdots\cdots \ (10\text{-}5)$$

행사가격: 어떤 콜 옵션의 행사가격이 높으면 높을수록 그 콜 옵션의 가격은 낮게 평가된다. 왜냐하면, 다른 모든 조건이 동일하다면 행사가격이 낮을수록 콜 옵션의 행사로부터 얻게 될 이익은 보다 클 것이고, 그 결과 콜 옵션의 가격도 보다 높게 평가될 것이기 때문이다. 한편 풋 옵션은 기초자산의 시장가격이 행사가격보다 낮을 때 행사되므로 행사가격이 높을수록 풋 옵션을 행사하여 얻게 될 이익이 커진다.

만 기: 다른 조건이 동일하다면 만기가 길수록 콜 옵션의 가격은 보다 높게 평가된다. 한편 미국형 풋 옵션의 경우 만기가 길수록 가격은 높게 평가된다. 왜냐하면 만기일까지의 기간이 길수록 풋 옵션의 보유자는 보다 많은 융통성을 갖기 때문이다.

기초자산의 시장가격: 다른 조건이 동일하면 기초자산의 시장가격이 높을수록 콜 옵션은 높게 평가된다. 왜냐하면 기초자산의 시장가격이 높을수록 콜 옵션을 행사하여 얻게 될 이익이 커지기 때문이다. 한편 풋 옵션의 경우에는 기초자산의 시장가격이 낮을수록 풋 옵션의 가격은 높게 평가된다.

기초자산 수익률의 변동성: 기초자산 수익률의 변동성이 클수록 콜 옵션은 높게 평가된다. 왜냐하면 기초자산 가격의 변동성이 크면 높은 시장가격을 갖게 될 확률이 커짐을 의미하기 때문이다. 한편 풋 옵션의 경우에도 기초자산의 가격변동성이 클수록 시장가격이 내려갈 가능성이 크다는 것을 의미하므로 기초자산의 수익률 변동이 클수록 풋 옵션의 가격은 높게 평가된다.

무위험이자율: 무위험이자율이 높을수록 콜 옵션은 높게 평가된다. 무위험이자율이 높으면 행사가격의 현재가치는 낮게 평가되기 때문이다. 콜 옵션의 가치는 기초자산의 시장가격과 행사가격의 현재가치의 차이에 의해서 결정되므로 무위험이자율이 높을수록 콜 옵션은 높게 평가된다. 풋 옵션의 경우에는 무위험이자율이 높을수록 행사가격의 현재가치가 낮게 평가되므로 풋 옵션의 가격은 낮게 평가된다. 지금까지 설명한 여러 요인들을 요약하면 다음과 같다.

	콜 옵션의 가치	풋 옵션의 가치
기초자산의 시장가격	+	−
행사가격	−	+
기초자산의 가격변동성	+	+
만기일까지의 기간	+	+
이자율	+	−

블랙-숄즈 옵션가격결정모형

블랙-숄즈 옵션가격결정모형을 도출하기 위해서는 확률미분(stochastic calculus)의 기초지식이 필요하지만, 여기서는 가격결정모형의 개념과 이해를 중심으로 블랙-숄즈 옵션가격결정모형을 소개하기로 한다.

블랙-숄즈 모형을 유도하기 위한 기본적인 개념은 이항분포 옵션가격결정모형에서와 마찬가지로 헤지포트폴리오(hedge portfolio)를 구성하는 것이며, 차익거래이익(arbitrage profit)이 존재하지 않으려면 헤지포트폴리오의 수익률이 무위험이자율과 같아야 한다는 조건을 이용하는 것이다.

유럽식 콜 옵션을 1단위 발행하고 주식 h주를 매입하는 것으로 구성된 포트폴리오를 고려하자. 현재 주가가 S이고, 콜 옵션의 가치가 C라면, 이 포트폴리오가 헤지포트폴리오가 되려면 주가변동에 관계없이 이 포트폴리오의 가치가 일정하여야 한다.

$$\frac{dV}{dS} = h - \frac{dC}{dS} = 0 \qquad \cdots\cdots (10\text{-}6)$$

식 (10-6)은 **헤지비율**(hedge ratio) h는 dC/dS와 같으며, 이 헤지비율은 콜 옵션 가치의 주가변동에 대한 변화율과 같다는 것을 나타내고 있다. 연속적인 거래가 가능하므로 투자자는 모든 시점에서 이 헤지비율을 유지하기 위하여 포트폴리오 재구성을 시도할 수 있다. 이는 **동적 헤징**(dynamic hedging)이라 일컬어진다. 이렇게 구성된 헤지포트폴리오는 본질적으로 무위험포트폴리오이므로, 차익거래이익이 발생하지 않으려면 헤지포트폴리오의 수익률이 무위험이자율과 같아야 한다.

차익거래이익이 발생하지 않는다는 것을 전제로 정리하면 다음과 같은 유럽식 콜 옵션의 가치를 결정하는 것으로 유명한 블랙-숄즈 옵션가격결정모형이 나타난다. 블랙-숄즈 옵션가격결정모형은 앞에서 설명한 가격결정의 변수들이 구체화된 것이다.

$$C = S \cdot N(d_1) - X \cdot e^{-rT} N(d_2) \qquad \cdots\cdots (10\text{–}7)$$

$$d_1 = \frac{\ln(S/X) + (r + \sigma^2/2)T}{\sigma\sqrt{T}}$$

$$d_2 = d_1 - \sigma\sqrt{T}$$

여기에서 C: 현재 콜 옵션의 가치
S: 현재 주식가격
$N(d)$: 표준정규분포로부터의 무작위추출이 d보다 작을 확률
X: 행사가격
e: 2.71828, 자연대수함수의 밑
r: 순간적인 무위험이자율(연율로 표시)
T: 연수로 표시된 만기까지의 잔존기간
ln: 자연대수함수
σ: 주식수익률의 순간적인 표준편차

증권과 옵션

위에서는 옵션의 성격과 가격결정에 대해 살펴보았다. 옵션은 파생상품으로서 그 자체가 중요한 금융상품으로 존재하지만, 현실적으로는 많은 증권들이 옵션의 성격을 보유하고 있는 경우가 많다. 주식이라는 증권도 옵션의 성격을 가지고 있다. 기업의 자기자본을 나타내는 주식은 기업의 총자산을 기초자산으로 하고 총부채를 행사가격으로 하는 콜 옵션으로 생각할 수도 있다.

이런 측면에서 옵션가격결정모형은 옵션의 가격결정에 이용될 수 있을 뿐만 아니라 증권분석에도 종종 사용되고 있다. 뿐만 아니라 옵션가격결정은 아직 발생하지 않은 사건을 대상으로 하는 증권분석에도 이용될 수 있다. 예를 들어 보험의 경우에도 옵션의 개념이 활용된다. 화재보험의 경우에 집이 불에 타서 없어지면 보험금이라는 보상을 받게 되는데, 화재보험은 보험금을 행사가격으로 하는 풋 옵션과 마찬가지의 경제적 의미를 갖는다.

10.6 재무자료를 이용한 증권분석

앞에서 설명한 여러 가치평가의 모형들은 이론적인 측면에서 장점을 가지고 있지만, 현실적인 적용을 위해서는 다년간의 자료를 이용한 정확한 예측치를 필요로 한다는 제약이 존재한다. 근래에는 증권분석 전문가들이 상장기업을 중심으로 기업의 이익 등을 포함한 예측치를 제공하는 경우도 있어서 활용성이 높아진 것은 사실이다.

여기서는 좀더 현실적이고 실무적인 차원에서 사용하는 방법을 소개하고자 한다. 재무자료를 이용한 증권분석은 현실적인 대안으로 사용될 수 있는데, 특히 거래소에 상장되지 않은 기업들의 가치를 평가하는 데 유용하다. 여기서 소개하는 재무자료를 이용한 증권분석은 주가배수(Price Multiples)모형을 사용하는 방법이다. 주가배수는 현재 주가를 주요 재무변수로 나눈 값으로 주가배수를 바탕으로 상대적인 증권가치를 평가하려는 시도이다.

PER

주가수익비율(*PER*: price earnings ratio)은 주가를 주당순이익(*EPS*: earnings per share)으로 나눈 것이다. *PER*은 기업이 벌어들이고 있는 한 단위의 이익에 대해 증권시장의 투자자들이 얼마의 대가를 지불하고 있는가를 말한다. 즉, 기업의 단위당 수익력에 대한 상대적 주가수준을 나타낸 것이다. 예를 들어, 주당순이익이 5,000원이고 현재의 주가가 50,000원이라면 *PER*는 10배수가 되는데 이는 1원의 수익력에 대해서 투자자들이 10배의 대가를 지불하고 있음을 뜻한다. *PER*는 기업수익력에 대한 시장에서의 평가를 반영한 지표로서 그 증권에 대한 투자자의 신뢰를 나타낸 것으로도 해석할 수 있다.

주가수익비율(*PER*)에 의한 주식의 평가절차는 ① 1년 후 혹은 그 이후에 기대되는 기업의 주당순이익(*EPS*)을 추정하고, ② 기업의 '정상적인' 주가수익비율(*PER*)을 사용하여, ③ 앞에서 추정된 주당순이익과 정상적인 주가수익비율을 곱하여 주가를 추정한다.

$$P(\text{주가}) = PER(\text{주가수익비율}) \times EPS \quad \cdots\cdots (10\text{-}8)$$

P: *n*시점의 추정된 주가
PER: 정상적 주가수익비율
EPS: *n*시점의 주당순이익

추정된 주식가격을 구하는 데는 미래 시점인 *n*시점의 주당순이익(*EPS*)을 추정하는 문제와 그것에 적용할 정상적 주가수익비율(*PER*)의 문제가 복합적으로 작용한다. 우선 정상적 주가수익비율을 찾는 몇 가지 방법을 생각해 보자.

① **동류위험을 지닌 주식군의 *PER*를 이용하는 방법**: *PER*는 수익력의 질적 측면을 나타내는 지표이므로 위험이 비슷한 주식군, 즉 동류위험(risk class)의 경우는 그것을 기준이 되는 정상적인 *PER*로 사용할 수 있을 것이다. 이것이 원론적인 개념이다.

② **동종산업의 평균 *PER*를 이용하는 방법**: 현실적으로 위험도와 영업성격이 비슷한 주식군은 주로 동종산업 내의 경쟁업체이므로 산업평균 *PER*의 근사값으로 사용할 수 있다.

③ **과거 수년간의 평균 *PER*를 이용하는 방법**: 정상적 *PER*는 과거의 평균적인 신뢰도 수준을 유지하는 것으로 보고 과거 수년간의 평균 *PER*를 사용할 수 있다.

④ **배당평가모형을 이용하여 *PER*를 구하는 방법**: 배당평가모형은 기본방정식으로부터 도출된 배당을 이용한 평가모형이다. 이것은 이론적 개념에 바탕을

둔 것으로 정상적인 *PER*를 구하는 방법으로 사용될 수 있다. 물론 배당평가모형도 변수들을 구체적으로 사용하는 데 있어서 미래의 변수값을 추정해서 이용해야 한다는 근본적인 문제점은 내포하고 있다. 고정성장모형의 양변을 주당이익(*EPS*)으로 나누어 정상적 *PER*를 구한다.

$$P_0 = \frac{D_1}{(r-g)}$$
$$D_1 = EPS \times d$$

단, D_1: 배당액, d: 배당성향, r: 자기자본비용, g: 성장률

$$\frac{P}{EPS} = PER = \frac{D_1}{(r-g)} \Big/ EPS = \frac{d}{(r-g)}$$

그러므로, '다른 조건이 동일하다면', 위의 식으로부터 주가수익비율(*PER*)은 배당성향이 클수록 커지고, 이익성장률이 클수록 커지고, 기대수익률이 클수록 작아진다. 여기서, '다른 조건이 동일하다면'이란 말에 항상 주의를 하여야 한다. 왜냐하면 어떤 기업일지라도 배당성향을 높인다고 항상 기업의 주가를 올릴 수는 없기 때문이다. 즉 배당성향의 증가는 사내유보의 축소를 의미하고 이는 다시 투자기회의 축소 내지는 주당순이익 성장률의 둔화를 의미하기 때문이다.

기업의 투자정책에 변동이 없는 한 주당순이익의 감소와 배당성향의 증가는 그 효과가 서로 상쇄되어 기업의 주가는 변동하지 않을 수도 있다. 만약 기대수익률(r)의 증가가 인플레이션 기대심리에 기인한다면 주당순이익의 기대성장률(g)도 증가하여야 한다. 따라서 인플레이션 때문에 기업이 직접 이익을 보아 순이익이 증가하더라도 높은 기대수익률로 할인할 경우 주가는 서로 상쇄되어 변동하지 않을 수도 있다.

현실적으로 발표되고 있는 주가수익비율은 현재 주가와 최근의 결산실적에 근거한 주당순이익의 비율이다. 그러나 실제로 주식가치를 평가하기 위하여 투자자들에게 필요한 주가수익비율은 미래에 기대되는 주당순이익을 이용한 것이어야 한다.

주가수익비율이 높다는 것은 성장기회의 가치가 높다는 것을 의미하거나, 순이

익이 비교적 안정적이어서 요구수익률이 낮다는 것을 의미한다. 그렇지만 높은 주가수익비율은 주가가 높아서가 아니라, 이익이 낮은 경우에도 나타난다. 만약 이익이 거의 0에 가까운 기업이 있다면, 주가수익비율은 엄청나게 크게 계산될 것이다.

동종 산업집단 내에서 주가수익비율을 비교할 경우에는 상당히 유의해야 한다. 미국의 경우 주가수익비율은 산업에 따라서, 그리고 동종 산업 내에서도 기간에 따라 굉장히 다르다는 것이 밝혀졌다. 따라서 기업별 주가수익비율의 상대분석시에 매우 유의하여야 한다.

예제

B사의 현재 주가는 ₩9,000, 주당이익은 ₩3,000인데, 매년 10%의 성장을 계속하고, 40%의 배당성향을 유지할 것으로 전망된다. 또, 투자자들의 요구수익률은 20%이고 내년 주당이익은 ₩3,300으로 예상된다. 한편, 동종산업 내의 경쟁업체 평균 *PER*은 4배이고 과거 5년간의 평균 *PER*는 5배였다. B사의 1년 후 주가를 얼마로 예측할 수 있는가?

① 현재 $PER = 9{,}000/3{,}000 = 3$배수

1년 후 주당이익 = 3,000(1 + 0.1) = ₩3,300

② 산업평균을 이용할 경우

= 4×3,300 = ₩13,200

③ 과거 평균을 이용할 경우

= 5×3,300 = ₩16,500

④ 배당평균모형을 이용할 경우

$$= \left(\frac{3{,}300 \times 0.4}{0.2 \times 0.1}\right) \Big/ 3{,}000 = 4.4$$

= 4.4×3,300 = ₩14,520

***PER* 이용상의 유의점**:

① *PER* 계산식에서 분자의 시장가격은 특정한 날의 주가를 사용하게 되지만 시

장가격을 적절히 반영하기 위해서는 일정 기간 동안의 주식가격을 평균으로 계산해서 사용하는 방법도 고려할 필요가 있다.

② 분모의 주당 이익자료로 최근의 주당순이익을 이용하는 것이 일반적인데, 이론적으로는 예측된 주당순이익을 이용하는 것이 합리적일 것이다.

③ 주당순이익을 계산할 때 특별손익을 제외하는 것이 바람직하며, 발행주식수에는 전환사채의 발행 등으로 변화된 주식수를 감안할 필요도 있다.

④ 산업평균 *PER*를 계산할 때 부(−)의 *PER*기업도 포함시킬 것인지가 문제되는데, 이것도 미래 이익에 대한 시장의 기대로서의 정보가치가 있다.

한편, 장부기준상 동일한 이익을 보고하고 있는데 상이한 *PER*가 계산되는 이유에 대해서는 다음과 같이 설명하고 있다.

① 회계보고상의 이익 중에서 비정규적이고 일시적인 이익의 비중에 따라 차이가 생긴다.

② 기대이익의 성장률이 반영된 결과로 차이가 생긴다.

③ 이익의 위험도가 반영되는 결과로 차이가 생긴다.

④ 회계처리방법의 상이한 내용이 반영된 결과로 차이가 생긴다.

PBR

보통주의 가치를 평가하는 다른 방법의 하나는 기업의 자산가치에 근거하여 평가하는 방법이다. 순자산(=총자산−총부채)을 발행주식수로 나누어 주당 순자산가치를 구하는데, 이를 **주당 장부가치**(*BPS*: book value per share)라고도 한다. *PBR*는 주가를 주당순자산 혹은 주당 장부가치로 나눈 비율로 보통주의 한 주당 가치를 시장가격(분자)과 장부가치(분모)로 대비하여 본 지표이다. 따라서 자산가치가 반영된 상대적 주가수준을 측정한 자료라고 할 수 있다.

PBR = Price(주가)/Book Value(주당 장부가치)

본래 재무상태표에 보통주 한 주에 귀속되는 주당 순자산가치(장부가치)가 실질적 가치를 정확히 반영하게 되면 PBR는 1이 되어야 하지만 현실에서 PBR이 1인 경우는 거의 없다. 그 이유로서는 다음 몇 가지 점을 들 수 있다.

① 시간성에서 차이가 있기 때문이다.

즉, 분자의 주가는 미래 현금흐름의 순현가를 나타내는 것으로 볼 수 있으므로 미래지향적인 반면에 분모의 주당 순자산은 역사적 취득원가에 준하여 기업의 과거에서 현재까지의 누적된 자산과 부채를 나타내어 과거지향적이다.

② 집합성에서 차이가 있기 때문이다.

즉, 분자의 주가는 기업을 총체적으로 반영한 것이지만, 분모의 BPS는 수많은 개별 자산과 부채의 단순한 합에 불과하다.

③ 자산, 부채의 인식기준에 차이가 있기 때문이다.

즉, 자산이나 부채의 장부가액은 발생주의와 같은 회계관습에 의하여 제약을 받을 수 있다.

PBR를 이용하여 주식의 이론적 가치를 추정하는 방법은 PER이용방법과 동일하며, 정상적 PBR에 BPS를 곱하여 이론적 가치를 추정한다.

$$P^* = \frac{P}{B} \times BPS$$

단, P/B: 정상적 주당 순자산배율(PBR)
BPS: 주당 순자산

PBR = 자기자본 시장가격/자기자본 장부가격
= 순이익/자기자본 장부가격×자기자본 시장가격/순이익
= (자기자본 순이익률)×(PER)

$$= (\text{순이익}/\text{매출액}) \times (\text{매출액}/\text{총자산}) \times (\text{총자산}/\text{자기자본}) \times (PER)$$
$$= (\text{마진}) \times (\text{활동성}) \times (\text{부채레버리지}) \times (\text{주가수익비율})$$

즉, *PBR*은 기업의 마진, 활동성, 부채레버리지, 그리고 기업수익력의 질적 측면(*PER*)이 반영된 지표로서 자산가치에 대한 평가뿐 아니라 수익가치에 대한 포괄적인 정보가 반영된다는 점에서도 *PBR* 이용의 유용성이 높다고 할 수 있다.

이 방법은 기업의 청산을 전제로 한 청산가치를 추정할 때 유용한 보통주 가치평가의 기준이 될 수 있으나 미래의 수익발생능력을 반영하지는 못해 계속기업을 전제로 한 평가기준이 되지 못하는 결점을 지닌다. 또 자산가치는 개별 자산의 단순한 합계에 지나지 않기 때문에 기업의 원천적 수익력을 평가할 수 없다는 문제점이 있다.

10.7 요약 및 정리

가치는 본질적으로 편익의 제공과 비용의 지불이라는 특성을 보유한다. 가치평가의 근본모형(fundamental valuation model)은 이름이 의미하는 바와 같이 근본적인 개념에 부합하는 가치평가의 기본 바탕이다. 가치평가의 근본모형은 '가치는 미래 현금흐름의 현재가치의 합'으로 가치를 정의한다.

가치평가에 필요한 핵심 요소는 '미래 현금흐름'이다. 그런데 미래 현금흐름은 위험과 기대수익률이라는 요소를 내포하고 있다. 기대수익률은 우리가 통상 수익률이라고 부르는 미래 현금흐름의 크기와 그것의 시기가 동시에 포함된 개념이다. 미래의 현금흐름은 필연적으로 불확실성이라는 위험을 내포하고 있다. 불확실성, 즉 위험의 정도가 예상되는 현금흐름을 평가하는 데 영향을 미치게 된다.

증권분석은 증권가치를 결정하게 되는 핵심적인 두 가지 요소인 위험과 수익률을 평가할 수 있어야 한다. 기대수익률(expected return)은 미래에 예측되는 수익률의 평균이라고 정의할 수 있다. 위험을 손실의 가능성이라고 정의하였는데 변동성이 크면 손실의 가능성도 커진다. 그러므로 구체적으로 위험은 주어진 자산에 대한 수익률의 변동성(variability of returns)이라고 할 수 있다.

시장가치평가의 모형 중에서도 가장 널리 알려진 모형은 자본자산가격결정모형(capital asset pricing model: *CAPM*)이다. 자본자산가격결정모형은 포트폴리오 이론에 시장의 균형, 즉 수요와 공급의 일치라는 조건을 추가하는 경우에 나타나는 논리적 결과이다. *CAPM*은 직관적인 설명력이 높기 때문에 많은 응용 연구의 대상이 되었다.

다요인 가격결정모형은 자본자산가격결정모형이 갖는 1요인 모형의 한계를 벗어나려는 노력의 일환으로 발전되기 시작하였다. 실무적인 차원에서 사용되는 다요인모형은 상당히 다양하다. 규모요인, 성장요인, 시장요인들을 가격결정요인으로 사용하는 3요인 모형은 실무적인 유용성이 높은 것으로 평가되고 있다.

옵션(option)이란 특정한 시기 또는 그 시기 이내에 약정된 가격으로 어떤 자산을 매입 또는 매도할 수 있는 권리를 말한다. 옵션은 조건부청구권(contingent claim)이다. 또한 옵션은 파생증권(derivative security)이라고도 하는데, 그것은 옵션의 가치가 그 자체의 수익력에 의하여 결정되는 것이 아니고 다른 자산의 가격에 의하여 그 가치가 결정되기 때문이다. 옵션을 이용하면 주식을 포함한 증권도 옵션의 한 형태로서 이해하고 평가할 수 있게 된다.

재무자료를 이용한 증권분석은 다양한 현실적인 대안으로 사용할 수 있는데, 특히 거래소에 상장되지 않은 기업들의 가치를 평가하는데 유용하다. 재무자료를 이용한 증권분석은 주가배수(Price Multiples)모형을 사용하는 방법이다. 주가배수는 현재주가를 주요 재무변수로 나눈 값으로 주가배수를 바탕으로 상대적인 증권가치를 평가하는 것이다.

연습문제

1. 가치평가의 근본모형을 설명하시오. 또한 가치평가의 3요소와 가격과의 관계는 어떤지 설명하시오.

2. 자산의 가치와 기회비용은 어떤 관계에 있는지 설명하시오. 투자에 있어서 기회비용의 의미는 무엇인지 설명하시오.

3. 증권분석에서 가치평가를 위해서는 위험과 수익률의 평가가 필요하다. 가치평가와 위험과 수익률의 관계를 설명하시오.

4. 회계적 이익과 현금흐름의 차이에 대해 설명하시오.

5. 자본비용과 기회비용, 그리고 투자에 대한 요구수익률의 관계를 설명하시오.

6. 미래기업은 지난해에 주당 2,000원의 현금배당을 실시하였다. 배당은 매년 5%씩 증가할 것으로 예상된다고 한다. 미래기업의 자기자본에 대한 요구수익률이 12%라고 할 때, 미래기업 주식의 가치평가는 얼마가 될 것인가.

7. 자본자산가격결정모형은 자산의 기대수익률의 결정을 설명하는 모형이다. 즉 자본자산의 기대수익률은 베타위험의 함수라고 설명하는 것이다. 그런데 그것이 기대수익률 결정모형이라고 불리지 않고 가격결정모형이라고 불리는 이유는 무엇이라고 생각하는지 설명하시오.

8. 자본자산가격결정모형에서 베타(β)의 의미는 무엇인가 설명하시오.

9. 어떤 투자자는 베타가 1.5인 투자안에 대하여 투자를 고려 중이다. 무위험수익률은 7%이고 시장의 기대수익률은 10%이다. 투자대안의 실질적인 수익률의 기댓값은 11%라고 한다.

① 만약 시장포트폴리오의 수익률이 20%로 상승한다면 투자대안의 요구수익률은 어떻게 될 것인가?

② *CAPM*를 이용하여 투자대안의 요구수익률을 구하시오.

11.4 기술적 분석

기술적 분석(technical analysis)이란 **과거의 정보**(가격과 거래량 포함)를 근거로 미래의 주가동향을 예측하려고 하는 분석기법을 말한다. 기술적 분석가들은 과거의 주가나 거래량의 변화로부터 반복되거나 규칙적인 패턴을 찾고자 노력하며, 이를 위하여 다양한 도표나 그래프를 활용하기 때문에 **챠트전문가**(chartist)라고 불리기도 한다.

기술적 분석은 전통적인 이론에 기초한 것은 아니지만, 현실적으로 많은 실무자들이 이용하고 있다. 증권분석의 실무자들은 시장의 효율성에도 불구하고 모든 증권이 항상 적정 가격으로 거래되고 있다고 믿지는 않는다. 시장에는 상당히 비합리적이고 감성적인 요인이 지배하는 경향이 있다는 것이다. 현실적인 시장에서 가격의 움직임은 전통적인 이론에서의 합리적 부분과 비합리적 부분도 모두 포함되어 있다고 믿는 것이다.

기술적 분석은 다음과 같은 믿음에 근거를 두고 있다. 증권 가격은 다른 어떤 요인보다도 **수요와 공급**에 의하여 결정된다는 것이다. 수요와 공급은 합리적 요인뿐만 아니라 비합리적인 요인까지도 포함한 다양한 요인에 의해서 영향을 받는다. 수요와 공급을 결정하는 요인에는 경제변수와 같이 기본적 분석에서 사용하는 것도 있고, 투자자들의 의견, 기분(moods), 추측(guesses)과 같은 심리적인 것들도 있다.

또한 증권시장에서 사소한 불규칙이 발생하기는 하지만, 개별 주식의 가격 및 주가지수는 상당한 기간에 걸쳐 **추세를 형성**하면서 변화하는 경향이 있다는 것이다. 추세의 변화는 해당 주식에 대한 수요와 공급을 결정하는 요인의 변동에 의하여 초래되는데, 수요와 공급의 변동은 그 발생 이유에 관계없이 주가나 거래량에 관한 도표(charts)에 의해 포착될 수 있다는 것이다. 그리고 도표에 나타난 일부 패턴은 반복되는 경향이 있다고 기술적 분석가들은 주장한다. 결국 기술적 분석은 주가나 거래량의 변화로부터 반복되는 패턴을 발견하고, 이 패턴을 이용하여 미래의 주가를 예측하려는 기법으로 요약될 수 있다.

기술적 분석의 전제에서 특징적인 것은 장기적 추세가 형성된다는 것인데, 이는 주식의 수요와 공급의 변동을 초래하는 요인에 대한 주가의 조정속도(speed of adjustment)가 상당히 느리게 진행된다는 것을 의미하며 효율적 시장가설이 의미하는 정보의 즉각적인 반응과는 차이가 있다.

기술적 분석 방법에 속하는 주가분석 또는 주가예측기법은 매우 많다. 대부분의 기법은 ① 과거의 주가 변화 및 거래량 자료를 도표에 기록하고, ② 도표로부터 가격 변화 및 거래량 변화의 추세나 반복적 패턴을 찾아낸 다음, ③ 이를 이용하여 미래의 주가 변화를 예측하거나 매수시점, 매도시점을 결정하는 과정으로 이루어진다. 여기서는 몇 가지 기술적 분석의 예를 살펴보고자 한다.

다우이론

다우이론(Dow theory)은 기술적 분석에서 가장 잘 알려져 있는 분석기법으로서, 미국의 "월 스트리트 저널"(Wall Street Journal)의 편집장이었던 찰스 다우(Charles Dow)가 고안한 것이다. 다우이론은 증권시장 전체의 미래 전망이 활황국면일 것인가 침체국면일 것인가를 예측하는 데 주로 이용되나 개별 주식의 주가예측에도 이용되고 있다.

다우이론은 개별 주가나 주가지수의 움직임을 세 가지로 구분한다.

- 단기추세(tertiary or minor trends)
- 중기추세(secondary or intermediate trends)
- 장기추세(primary trends)

단기추세란 대세의 판단에 별로 중요하지 않은 매일매일의 주가 변화를 말한다. 중기추세는 수주 혹은 수개월간 지속되는 주가 변동으로서 장기추세로부터의 단기

그림 11-5 엘리어트파동

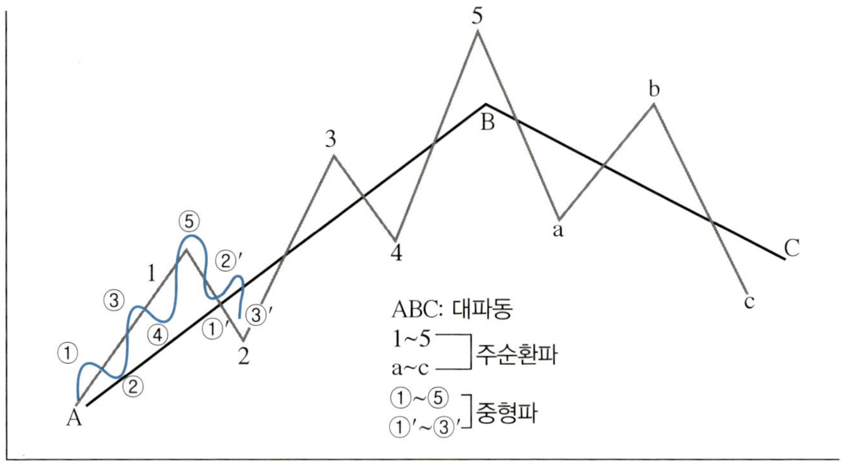

많은 작은 파동들은 큰 하나의 파동으로 합쳐질 수도 있는 것이다.

이동평균선

이동평균선(moving average)은 특정 주식의 주가 혹은 주가지수의 일별 종가를 30일, 50일, 200일 등 일정 기간을 대상으로 이동평균을 연결한 선이다. 이러한 이동평균선은 매일매일의 불규칙한 주가 변동을 완화하여 주가의 추세를 잘 볼 수 있게 만드는 효과가 있다. 이동평균선에 의한 추세분석은 개별 주식은 물론 주가지수, 상품가격, 환율, 금리 등에 대해서도 적용되고 있다.

이동평균은 일정 기간 동안의 주가를 단순평균한 것으로 가장 최근 날짜의 주가가 포함되고, 가장 먼 날짜의 주가가 제외되는 방식으로 계산된다. 다음의 표는 가상적인 종합주가지수를 가지고 이동평균을 계산하는 방식을 예로 보여준다.

이동평균선을 이용한 기술적 분석에서 증권의 매수신호를 **골든크로스**(golden

표 11-1 이동평균

일 자	1	2	3	4	5	6	7	8	9	10
종합주가지수	1515	1528	1517	1520	1531	1523	1531	1538	1540	1541
5일 이동평균					1522	1524	1524	1529	1533	1534

* 5일째 이동평균 1522 = (1515 + 1528 + 1517 + 1520 + 1531)/5

** 6일째 이동평균 1524 = (1528 + 1517 + 1520 + 1531 + 1523)/5

cross)라고 한다. 골든크로스는 단기적인 이동평균선이 장기적인 이동평균선을 아래에서 위로 뚫고 올라가는 경우이다. 예를 들어 5일 이동평균선이 60일 이동평균선을 아래에서 위로 뚫고 올라간다면 골든크로스가 발생한 것이다. 골든크로스는 시장이 상향으로 전환했다는 신호이기보다는, 시장이 전환했다는 확인으로 인식하는 것이 적절할 것이다.

골든크로스의 반대로서 매도신호로 인식되는 것이 **데드크로스**(dead cross)이다. 데드크로스는 단기이동평균선이 장기이동평균선을 위에서 아래로 뚫는 경우로서 하락추세의 신호로 받아들여 진다. 골든크로스와 마찬가지로 데드크로스도 하향으로의 방향전환으로 인식하기보다는 하락추세의 확인으로 인식하는 것이 적절할 것이다.

그림 11-6 골든크로스와 데드크로스

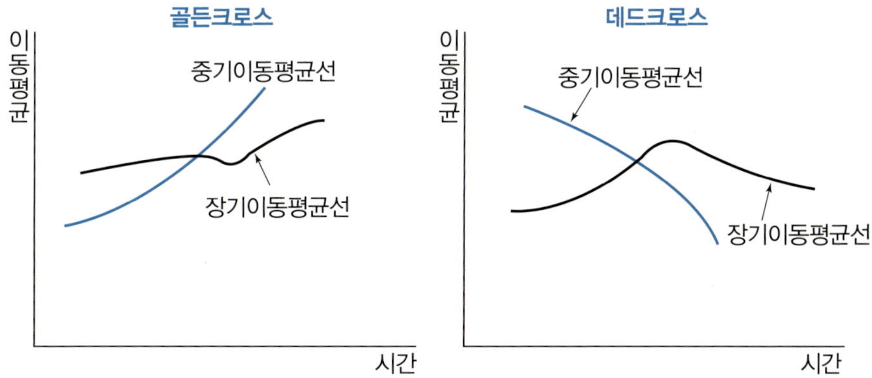

이동평균 도표는 기간을 어떻게 잡느냐에 따라 5일, 30일, 50일, 120일, 200일 등 다양한 이동평균선을 갖는 도표로 작성할 수 있다. 이 중에서 주가의 단기추세를 보여준다고 생각되는 50일 이동평균선과 장기추세를 보여준다고 생각되는 200일 이동평균선이 많이 활용되고 있다.

먼저 50일 이동평균선을 기준으로 많은 거래량을 수반하면서 일별 주가가 50일 이동평균선을 상향 돌파하면 이는 단기적으로 주가가 상승추세로 바뀐 것으로 해석하고, 반대로 거래량을 수반하면서 일별 주가가 50일 이동평균선을 하향 돌파하면 단기적으로 주가가 하향추세로 전환된 것으로 해석한다.

다음으로 50일 이동평균선이 200일 이동평균선을 상향 돌파하여 골든크로스가 발생하면 장기적으로 주가가 상승국면으로 들어간 것으로 해석하고, 반대로 50일 이동평균이 200일 이동평균선을 하향 돌파하여 데드크로스가 발생하면 주가가 장기적으로 하락국면으로 들어간 것으로 해석한다.

P&F 도표

다우이론은 기본적으로 일별 주가를 이용하여 장기추세로부터의 단기적 이탈을 식별하기 위한 것이다. 이러한 추세분석의 변형이 P&F 도표(point and figure chart)이다. P&F 도표에서는 시간요소는 고려하지 않고 단지 주가의 상향 혹은 하향 추세만 추적한다. 그런데 P&F 도표를 작성할 경우 주가의 사소한 변동은 무시하고 주요한 변동과 그 방향을 검토하게 된다. 주가가 얼마의 변동폭을 넘어야 주요한 변동으로 볼 것인가는 분석자가 결정할 사항이다.

예를 들어 A사의 주가가 10월 1일부터 1개월간 다음 〈표 11-2〉와 같이 변동하였다고 하자.

P&F 도표를 작성하기 위해서는 주요 변동을 결정해야 하는데 여기서는 10월 1일 주가의 4%에 해당하는 2,000원을 주요 변동으로 정했다고 상정하자. 이제 10월

표 11-2 A사 주가의 변동

월 일	종 가	월 일	종 가	월 일	종 가
10월 1일	50,000	10월 14일	55,500	10월 24일	55,000
10월 2일	51,000	10월 15일	56,100	10월 27일	56,000 ×
10월 6일	52,000 ×	10월 16일	54,000 ○	10월 28일	58,000 ×
10월 7일	51,500	10월 17일	54,500	10월 29일	60,000 ×
10월 8일	54,000 ×	10월 20일	54,600	10월 30일	54,000 ○
10월 9일	54,000 ×	10월 21일	53,000	11월 3일	55,000
10월 10일	56,100 ×	10월 22일	52,000 ○	11월 4일	52,000 ○
10월 13일	55,500	10월 23일	54,500 ×	11월 5일	50,000 ○

1일부터 시작하여 주가가 2,000원 상승한 10월 6일에 ×표시를 하고, 10월 6일 기준 2,000원 상승한 10월 8일과 10월 8일 기준 2,100원 상승한 10월 10일에 ×표시를 한다. 또한 10월 10일 기준 주가에서 2,100원 하락한 10월 16일에 ○표시를 한다. 이러한 방식으로 상승(×) 혹은 하락(○)의 표시를 〈표 11-2〉에 한 후 이를 이용하여 P&F 도표를 작성하면 [그림 11-7]과 같다. [그림 11-7]의 세로축에는 주가 수준이 표시되고 가로축에는 주요 변동에 해당하는 상승 혹은 하락이 표시되는데, 추세

그림 11-7 P&F 도표

60,000			×	
58,000			×	
56,000	×		×	
54,000	×	○	×	○
52,000	×	○		○
50,000				○

가 바뀔 때마다 한 칸이 추가된다.

P&F 도표에서 **매수신호**(buy signal)는 주가가 이전의 최고가격을 경신할 때 발생되고, 매도신호(sell signal)는 주가가 이전의 최저가격을 경신할 때 발생된다. 또한 주가 추세의 역전이 여러 번 벌어져 많은 ×와 ○가 뒤섞인 가격대를 **혼잡구간**(congestion area)이라고 한다.

심리선과 이격도

심리선과 이격도는 당시의 시장 분위기를 나타내는 기술적 분석 방법들이다. 심리선은 주식 시세라는 것이 계속적으로 상승하는 것만이 아니며, 또한 계속적으로 하락하는 것만도 아니라는 심리적 리듬에 근거하고 있다. 즉 주식 시세가 어느 정도 이상 계속적으로 상승하면, 사람들은 고소공포증과 같은 느낌을 갖기 때문에 얼마 후 하락으로 반전한다는 것이다. 반면에 주가가 너무 하락하면 자율적인 반등 움직임이 발생한다는 생각이다.

심리선의 작성 방법은 최근 12일간의 기간 중 전일 대비 상승일수를 합하여 12로 나누어 %로 나타낸다. 심리도가 75% 이상이면 과열장세로 파악하고, 심리도가 25% 이하이면 침체장세로 파악한다. 심리도는 시장상황의 과열이나 침체를 나타내는 지표이며 장기적인 매매시점의 포착보다는, 단기적인 매매시점의 포착에 유리하다.

이격도 분석(disparity analysis)이란 특정 주식의 주가 혹은 주가지수와 이동평균선과의 관계를 이용하여 단기적인 매매시점을 포착하는 데 사용되는 기술적 지표를 말한다. 특정일의 이격도는 그날의 주가를 주가 이동평균선으로 나누어 계산한다. 이동평균을 기준으로 25일 이동평균 주가와 현재 주가의 비율은 25일 이동평균이격도라고 하고, 5일 이동평균 주가와의 비율은 5일 이동평균이격도라고 한다.

$$\text{주가 이격도} = \text{주가}/\text{주가이동평균선} \times 100(\%) \qquad \cdots\cdots \ (11\text{–}2)$$

즉 이격도가 100% 이상이면 당일의 주가가 이동평균선보다 위에 있음을 나타내고, 반대로 100% 이하이면 주가가 이동평균선 아래에 있는 상태를 말한다. 대체로 75일 이동평균이격도가 110% 이상이면 상승국면으로 인식하고, 90% 이하이면 하락국면에 있다고 판단한다. 25일 이동평균이격도는 106% 이상이면 상승국면, 92% 이하이면 하락국면으로 판단한다.

특히 200일 주가 이동평균선은 일반적인 투자자의 감정을 파악하는 데 유용성이 있는 것으로 알려지고 있다. 즉, 200일 주가 이동평균선을 기준으로 이격도가 100%를 상회하는 종목의 수가 거래되는 전체 종목의 80%를 넘는 경우에는 시장이 과매수(overbought) 상태이므로 조만간 하향 조정이 있을 것으로 판단하고, 이격도가 100%에 미달하는 종목의 수가 전체 종목의 80%를 상회할 경우에는 과매도(oversold) 상태이므로 조만간 상향 조정이 있을 것으로 판단하며, 이와 같은 조건을 벗어나는 경우는 중립적(neutral) 상태로 판단한다.

캔들스틱 도표

캔들스틱 도표는 특정일을 기준으로 주가의 고가, 저가, 시가, 종가를 보여주는 도표를 말하는데, 이는 전통적인 고가-저가-종가 도표를 확장한 것으로 그날의 시가가 종가의 위 또는 아래에 위치하고 있는가도 보여준다. 이 도표는 원래 일본에서 수세기 동안 쌀 가격의 패턴을 표시하는 데 사용되어 온 것으로, 그 모양이 촛대와 비슷하다고 해서 이런 명칭이 붙은 것이다.

[그림 11-8]은 캔들스틱 도표의 기본적인 모양을 보여주고 있다. 사각형 촛대는 시가와 종가를 표시한다. 그날의 시가보다 종가가 높으면 하얀색을 칠하고, 시가보다 종가가 낮은 경우에는 검정색을 칠한다. 촛대 위 혹은 아래의 직선은 촛불의 그림자로서 그날의 최고가와 최저가를 표시한다.

캔들스틱 도표를 이용하는 분석가들에게는 촛대의 길이, 그림자의 길이, 촛대의

그림 11-8 캔들챠트

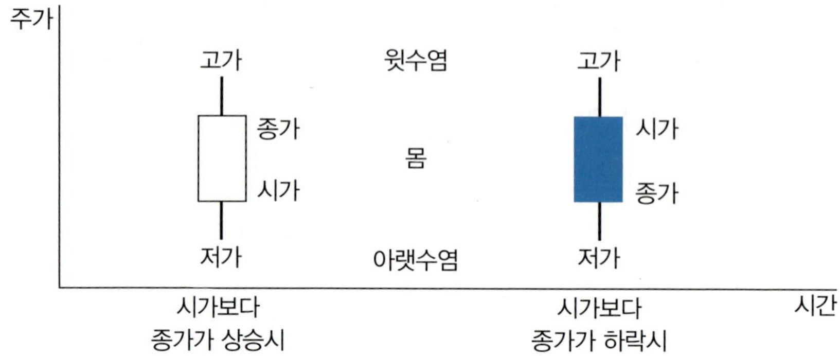

색깔 등이 모두 중요한 정보이다. 또한 특정 주식 혹은 주가지수를 대상으로 연속해서 일정 기간 그려진 도표는 미래의 주가 혹은 시장 전체의 추세를 파악하는 데 이용되고 있다. 예를 들면 하얀색 촛대가 연속으로 나타난 것은 강세시장을 의미하고, 검정색 촛대가 연속으로 나타난 것은 약세시장을 의미한다.

도표를 이용한 패턴분석

도표를 이용한 방법은 주가나 거래량을 도표로 그려서, 그 도표로부터 어떤 특정한 주가 변화의 양상을 찾아내어 미래를 예측하는 방법이다. 챠티스트라고 불리는 사람들은 이러한 패턴들을 이용하고 있는데 상당히 다양한 챠트의 형태를 파악하고 있다.

삼봉천정형(Head and Shoulder Tops: HST): 왼쪽 어깨(A국면): 강한 매입세력이 일어나 가격이 상승하며, 이후에는 거래가 소강상태로 접어들면서 약간의 가격 하락이 따르는 국면으로 삼봉형 전체로 볼 때 거래량이 가장 많은 때이다.

머리(B국면): 다시 강한 매입세력으로 왼쪽 어깨의 최고점보다 가격이 상승하였

그림 11-9 HST(Head and Shoulder Tops: 삼봉천정형)

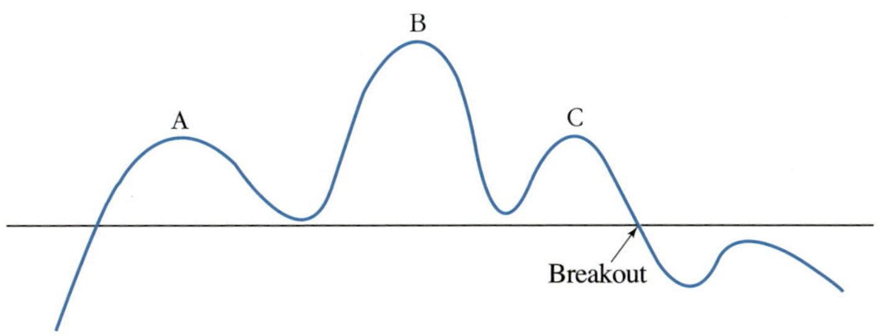

다가 차차 왼쪽 어깨의 최고점보다 가격이 하락하는 국면으로 이때 거래량은 A국면보다 적어진다.

오른쪽 어깨(C국면): 거래가 많지 않으며 가격은 상승하나 B국면의 정상까지 올라가지 못하고 하향으로 전환하는 국면이다.

Breakout(확인점): 세 번째 하락국면이며 거래량의 소강상태를 말하는데, 오른쪽 어깨와 왼쪽 어깨를 잇는 목선(기준선) 이하로 하락하는 국면이다.

[그림 11-10]의 A는 상승세에서 하락세로 전환하는 가격추세를 나타낸다. 전형적인 삼봉천정형을 보이고 있으나, 삼봉이 완성된 후에 목선 위로 올라오는 속임수가 있는 점이 특징이라고 할 수 있다.

[그림 11-10]의 B는 삼봉바닥형을 보여준다. 삼봉바닥형은 삼봉천정형과는 반대인데 A국면은 대폭적인 하락세가 절정에 달하는 시기로 하락 후 일시적으로 반등을 하게 되는 국면이다. B국면은 저점이 A국면보다 낮으며 C국면은 저점이 B보다 높게 형성된다. 또한 Breakout에서는 거래량이 급증하며 기준선을 상향 돌파하게 된다.

이중천정형(Double Top Formation): 주가가 대량의 거래량을 동반하면서 상승하여 고점을 친 후 거래량 감소와 함께 단기 반락한 다음 다시 반등하여 첫번째 고점과 거의 비슷한 수준에서 정점을 이룬 후 거래량 감소와 함께 주가의 하락이 이어

그림 11-10A HST(Head and Shoulder Tops: 삼봉천정형)

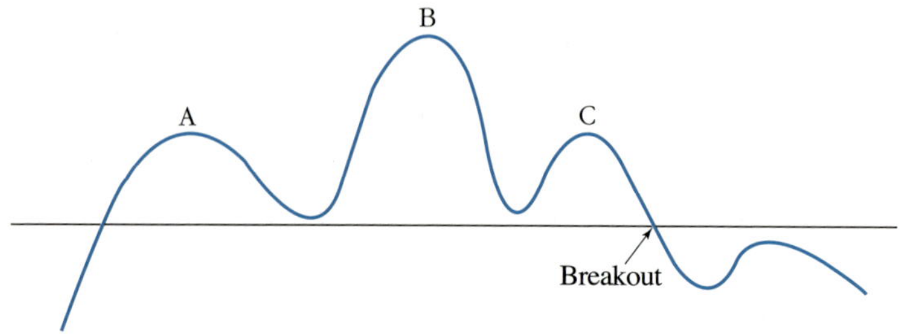

그림 11-10B 역 HST(삼봉바닥형)

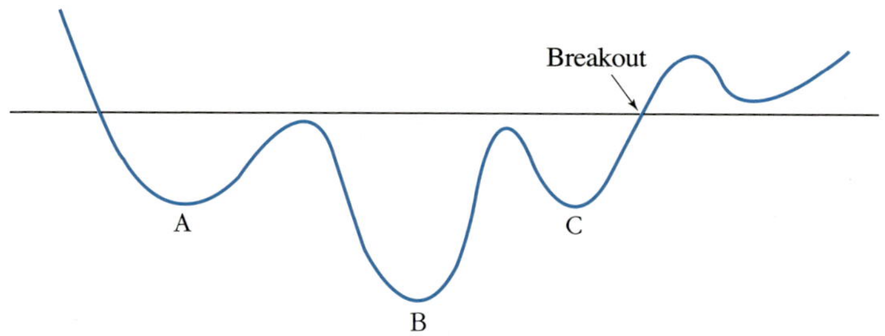

진다.

이중바닥형(Double Bottom)은 이중천정형의 반대이다. 주가가 최고치를 친 후 하락으로 전환하여 두 개의 저점을 중심으로 둥근 반달모양의 W자를 형성하는 모형인데, 거래량은 보통 두 번째 저점을 형성할 때가 첫 번째 저점보다 감소하는 경향을 보인다. 이중바닥형이 형성된 후 급격한 거래량 증가를 수반하면서 주가상승이 이어진다.

원형천정형(Rounding Top): 원형천정형의 초기단계에서는 왕성한 매수세 속에 거래량도 증가하지만, 어느 한계점 이상에서는 매수세가 상대적으로 줄어들어 거래량이 감소하고 주가도 하락하게 된다. 원형천정형의 반대 현상이 원형바닥형인데,

그림 11-11 이중천정형

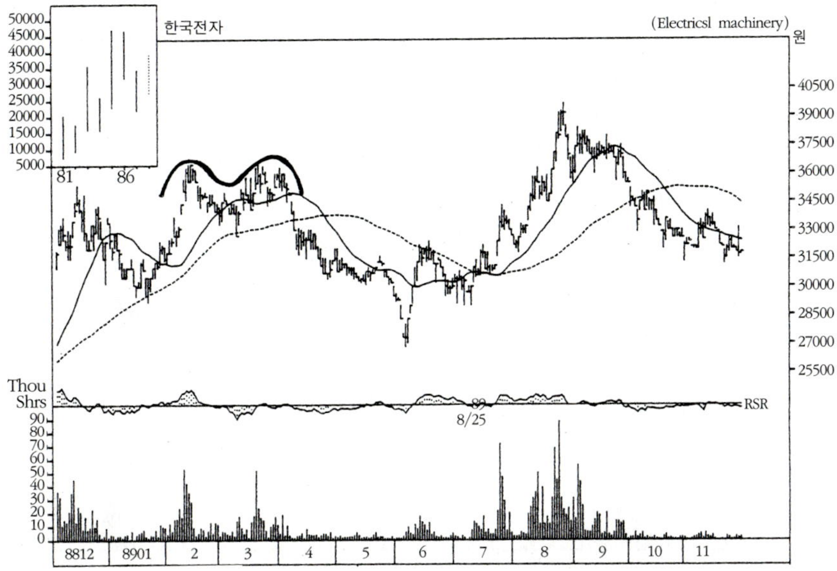

그림 11-12A 원형천정형

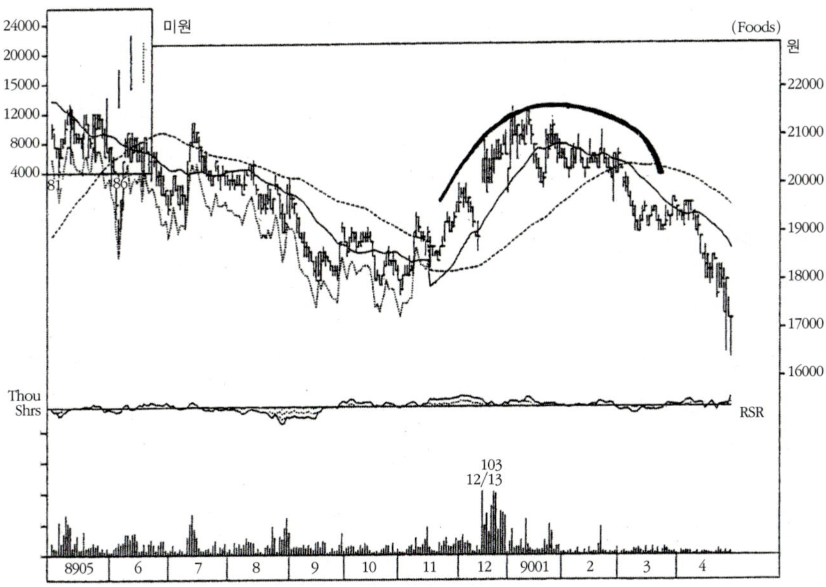

그림 11-12B **원형바닥형**

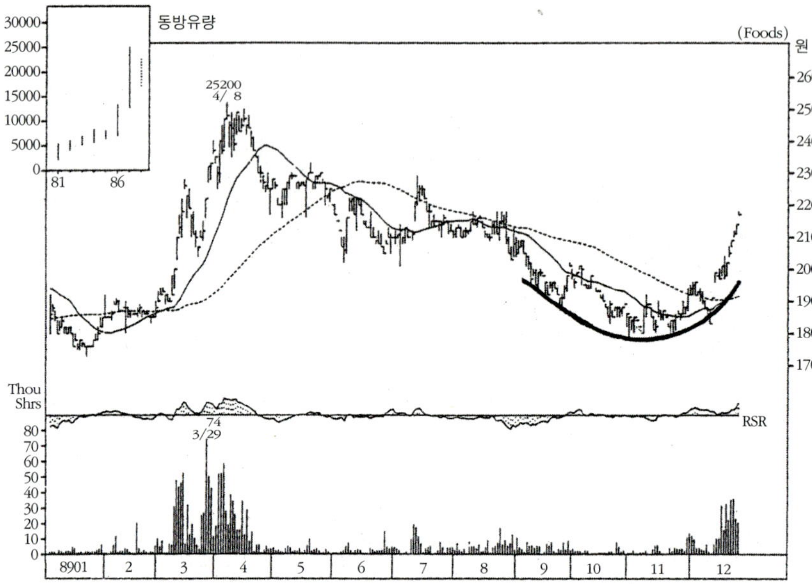

원형바닥형에서는 지속적인 매도세로 시세가 점차 하락하지만 바닥에 접근하면서 주가는 한동안 변화가 없는 휴면상태에 접어들고 거래량도 줄어든다. 그 후 매수세가 점차 증가하면서 거래량이 늘어나고 주가는 점차 상승추세로 이어진다.

추세대에 의한 변화분석

상승이익형: 처음 저점보다 저점이 점차 높아지고, 고점도 점차 높아지면서 상승폭이 점차 확대되는 패턴으로 최고 수익형의 그림이다.

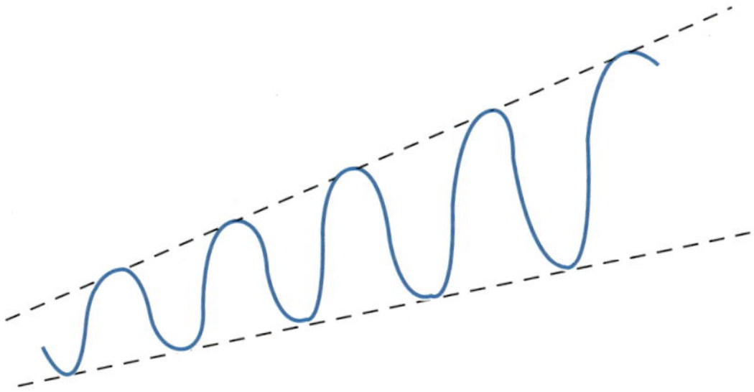

상승 나란히형: 주가가 일정한 상승폭과 하락폭을 반복하여 나타냄으로써 저점과 고점이 점차로 상승하는 패턴이다. 상승이익형 다음으로 수익을 올릴 수 있는 그림이다.

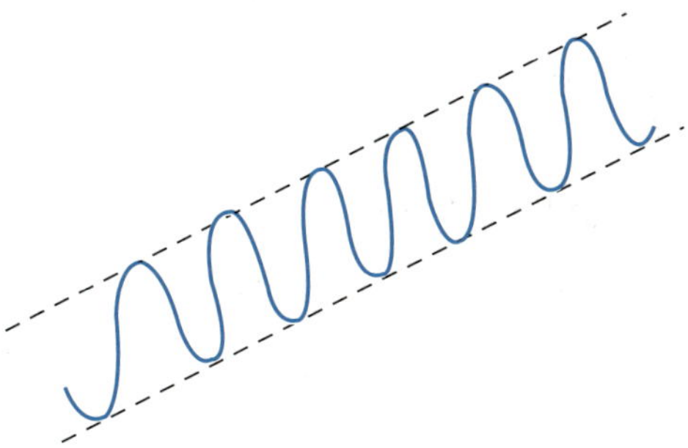

상승한계 깃발형: 주가의 상승폭이 점차 둔화되면서 바닥과 천정이 접근하는 형태로 멀지 않은 장래에 주가가 상승의 한계에 부딪힐 가능성이 크기 때문에 거래량이 감소하는 시점에 매도하는 것이 바람직하다.

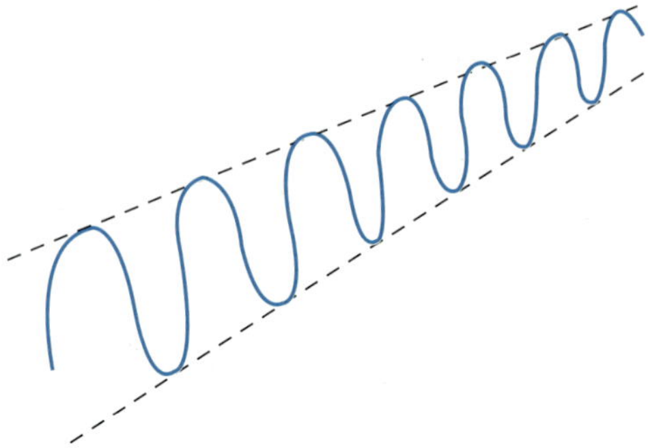

위의 챠트들은 상승을 기준으로 작성하였으나 하락의 경우에도 동일한 챠트가 작성될 가능성이 있다. 즉 하락손실형, 하락나란히형, 그리고 하락한계깃발형 등은 위의 챠트들의 역의 모양을 하고 있는 경우들이다.

위에서 기술적 분석의 몇 가지 예를 가지고 설명하였다. 위에서 살펴본 것은 몇 개의 예에 불과하지만, 상당히 다양한 형태의 기술적 분석이 가능하고 또한 존재한다는 것을 알 수 있었을 것이다. 기술적 분석들은 작성자 나름의 경험을 바탕으로 시장의 움직임을 파악한다는 특징을 갖는다. 그런데 문제는 그러한 패턴을 사전적으로 파악한다는 것이 쉬운 일은 아니라는 점이다.

11.5 기본적 분석과 기술적 분석의 비교

증권분석은 투자분석이다. 그중에서도 대표적 증권인 주식에 대한 분석을 말하는 경우가 많다. 증권분석을 하는 이유는 성공적인 투자를 하기 위함이다. 여기서 성공적인 투자란 높은 수익률을 안정적으로 얻는 것을 말한다.

성공적인 증권투자는 두 가지 요인에 의해서 결정된다. 하나는 좋은 **종목의 선택**(selection)이며, 다른 하나는 **적절한 매매시점**(timing)의 포착이다. 즉 성공적인 투자는 가치있는 증권을 적절한 시점에 매매하는 것이 핵심적인 과제이다.

기본적 분석과 기술적 분석을 종목의 선택과 매매시점의 포착이라는 두 가지 측면에서 보면, 기본적 분석은 종목의 선택을 중심으로 하고, 기술적 분석은 매매시점의 포착에 중점을 둔다고 할 수 있다. 기본적 분석의 핵심 주제는 어떤 종목이 가치있는 투자의 대상이 될 것인가, 즉 좋은 종목의 선택을 위해서 다양한 분석을 행하게 된다.

상대적으로 기술적 분석은 매매시점의 포착을 위한 다양한 방법들을 제시하고 있다. 약간 극단적으로 말하면 기술적 분석의 입장에서는 투자하려는 증권이 얼마나 가치있는 것인가에는 별로 관심이 없다고도 볼 수 있다. 어떤 증권이든지 가격은 변동하는 것이며, 가격의 변동을 이용하여 수익을 올릴 수 있는 기회는 있는 것이다. 기술적 분석에서는 매매시점만 제대로 포착하면 수익은 가능하기 때문이다.

기본적 분석은 투자를 위한 분석이다. **투자**와 대비되는 개념으로 **투기**를 생각해 볼 수 있는데, 상대적으로 투자는 장기간에 걸쳐서 어느 정도 예상 가능한 수익을 목표로 한다는 특징을 갖는다. 투자는 시간상으로 장기간이고 수익은 예측 가능한 수준인데 비해서, 투기는 단기간에 높은 수익을 목표로 하는 의사결정이다.

그림 11–13

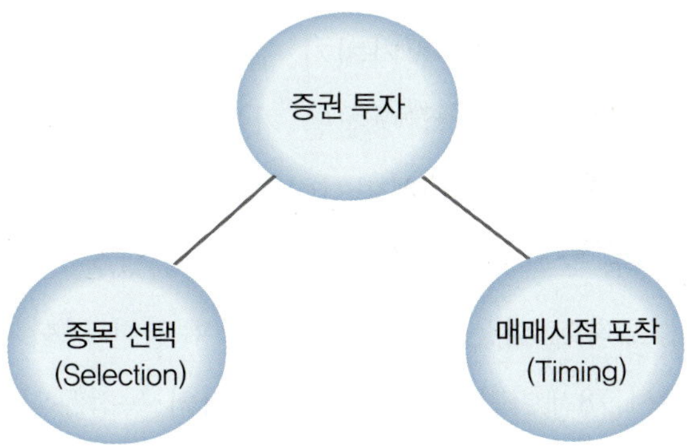

기본적 분석은 장기간에 걸친 증권분석을 목표로 한다. 단기간에 걸친 증권 가격의 움직임은 무작위적 특성을 갖는다고 믿는 것이다. 증권 가격의 무작위적 특성을 단적으로 보여주는 예가 다트던지기 게임의 예이다. 다트던지기의 예는 간혹 언론 등에서도 보고되는 경우도 있는데, 소위 전문가들의 성과가 무작위로 던진 다트던지기의 결과와 별로 다르지 않다고 하는 결과를 보여주는 경우가 많다.

기본적 분석은 **내재가치**(intrinsic value)의 발견에 중점을 둔다. 기본적 분석은 내재가치 발견을 위해서 현재의 상태와 미래의 가능성을 분석한다. 내재가치를 발견한다는 것은 앞에서 살펴본 가치평가의 기본개념들과 상통하는 개념이다.

상대적으로 기술적 분석은 **심리적 가치**(perceived value)에 초점을 맞추고 있다. 심리적 가치의 의미는 가치가 그것이 본질적으로 무엇이든 간에 시장의 평가에 따라서 달라진다는 의미이다. 기술적 분석은 간혹 **미인대회**라는 형태로 설명되는 경우가 있다.

당신이 미인대회의 심사위원이고 당신이 선정한 사람이 미인에 당첨된다면, 당신이 미인을 제대로 평가한다는 평판을 얻게 될 것이라고 생각해 보자. 당연히 당신은 심사위원으로서 당선 가능성이 높은 사람을 추천하려고 할 것이다. 그러면 당신은 어떤 기준으로 미인을 선택하고 추천하는 것이 전략적으로 유리할 것인가 하는 과제가 등장한다.

당신이 미인대회에서 성공하는 방법은 의외로 간단할 수 있다. 당신은 당신이 스스로 미인이라고 생각하는, 즉 본질가치가 우수한 대상을 선택하는 것이 최선이 아니다. 최선의 전략은 미인대회에서 당첨될 가능성이 가장 높은 대상을 선정하면 되는 것이다. 왜냐하면 당신의 보상은 당신이 생각하는 본질적인 미인을 선택했을 때 발생하는 것이 아니라, 당신이 선택한 미인이 당첨되었을 때 발생하기 때문이다.

물론 매매시점의 포착이 쉬운 것만은 아니다. 유명한 과학자인 뉴튼의 예를 생각해 보자. 1720년 당시 78세이던 뉴튼은 남미 지역의 독점무역권을 가진 사우스 시(South Sea)라는 회사에 상당액을 투자했다. 그는 불과 석 달 만에 투자액의 4배를 벌어들인 뒤 모두 팔아치워 '투자의 달인'이라는 명성을 얻었다. 그런데 팔아치운 주식이 계속 오르자 뉴튼은 오른 가격에 주식을 사들였다가 주가 폭락으로 원금까지 다 날렸다. 뉴튼은 "천체의 움직임은 (수학으로) 계산할 수 있지만 사람들의 광기까지 계산할 수는 없다"는 유명한 말을 남겼다. 미인대회에서 성공하는 것이 쉬운 일만은 아니다.

11.6 증권분석의 성과와 평가

증권투자는 높은 수익률을 올리는 것이 핵심이다. 여기서 언급되는 수익률은 미래의 수익률이다. 미래의 수익률은 미래가 갖는 불확실성이라는 요인 때문에 위험을 동반한다. 그러므로 재무적 측면에서 수익률을 인식하고 평가할 때는 수익률의 기대값인 기대수익률과 위험요소를 동시에 분석하여야 한다.

재무원칙은 위험과 기대수익률의 보상관계(trade-off between risk and expected return)를 분명히 하고 있다. 즉 위험이 높을수록 기대수익률도 높아진다는 원칙인데, 이 원칙은 재무관리 전반을 통하여 통용되는 원칙이다. 사람들은 위험을 회피하고자 하고 동시에 높은 기대수익률을 원한다. 재무관리의 격언 중에 '공짜 점심은 없다'는 말이 있는데, 이것이 바로 위험과 기대수익률의 보상관계를 표현한 말이다.

그러므로 증권투자 수익률의 평가는 수익률과 위험을 동시에 고려하여야 한다. 일반적으로 수익률이 높으면 투자의 성과가 우수하다고 말해지지만, 투자의 성과는 결과적으로 수익률과 위험을 대비해서 평가해야만 한다. 재무적 관점에서 위험을 측정하는 문제는 중요한 이슈이기 때문에 다양한 위험의 측정치들이 존재한다.

성과평가의 기준

어떤 자산이 균형가격과 같은 수준에 있다면 해당 자산은 적정평가된 것이라고 할 수 있다. 여기서 '적정'하다는 말은 해당 자산에 관한 정보가 현재가치에 반영되었다는 것을 의미한다. 현재 가격이 적정평가된 가격보다 높은 경우에 '**과대평가**(overvalued)'되었다고 하고 적정평가 이하인 경우에 '**과소평가**(undervalued)'되었다고 말한다.

요구수익률과 기대수익률의 관계에 의해서 설명하면 적정평가의 경우는 요구수익률과 기대수익률이 동일한 경우이다. 과대평가의 경우는 해당 자산의 기대수익률이 시장이 요구하는 요구수익률보다 낮은 경우를 말하며, 과소평가의 경우는 해당 자산의 기대수익률이 요구수익률보다 높은 경우를 말한다.

그림에서 A점은 과소평가 영역에 위치해 있다. A점의 기대되는 수익률은 베타위험을 기준으로 한 시장의 요구수익률보다 높기 때문이다. 상대적으로 B점은 과대

그림 11-14 증권시장선

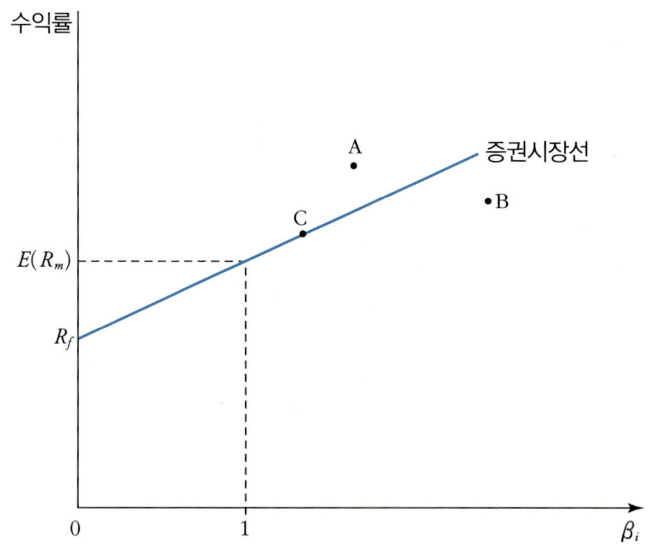

평가 영역에 위치한다. 수익률이 위험을 감안한 요구수익률보다 낮기 때문이다. 우리는 통상 C와 같이 증권시장선 위에 위치한 증권을 **적정평가**되었다고 말한다. 물론 이러한 예는 자본자산가격결정모형에 근거한 증권시장선이라는 것을 전제로 하는 것이다.

증권분석은 증권의 가격이 어떤 수준에 있는지를 평가하여 저평가된 증권을 발굴하여 투자의 대상으로 삼으려 하는 것이며, 과대평가된 증권의 경우에는 투자를 축소하는 의견을 얻고자 하는 것이다. 물론 과대, 적정 혹은 과소 평가의 문제는 가치평가모형의 적정성을 전제로 시장가격에 대한 평가를 한다는 점을 분명히 할 필요가 있다.

가치평가모형들은 수익률이 무위험수익률과 위험프리미엄이라는 두 가지 요소로 구성되는 것을 전제로 한다. 어떤 의미에서는 가치평가모형들은 위험프리미엄의 평가모형이라고 할 수도 있다. 위험프리미엄을 구하기 위해서는 위험을 측정하는 것이 우선이다. 위험은 변동성을 나타내는 지표인데, 위험의 측정은 마르코비츠의 분산에 의한 측정으로부터 시작하여 좀더 다양한 형태로 발전하였다. 마르코비츠는 포트폴리오의 성격이 평균-분산에 의해서 충분히 설명되어 진다고 주장한다.

가격결정모형에서 대표적인 자본자산가격결정모형에서는 시장에서 기회비용의 대가인 해당 위험으로 베타위험을 사용하고 있다. 자본자산가격결정모형 이후에 몇 가지 다요인모형이 발표되었는데, 각 요인들의 계수값이 위험의 측정치라고 할 수 있다. 이론적인 모형들은 포트폴리오 구성에 의한 분산효과도 기본적으로 전제하고 있다.

위험조정 성과지표

수익률과 위험요소를 동시에 고려하여 성과를 측정하는 지표를 **위험조정성과지표**(RAPM: Risk-Adjusted Performance Measurement)라고 하는데, 선택되는 수익률 및 위

'신호-잡음 비율'이라고 불리기도 한다. 경우에 따라서는 '수익률 대 변동성 비율' 혹은 '평가비율'이라고 불리기도 한다.

트레이너(Treynor) **지수**: 트레이너는 투자에 대한 위험 측정치로 표준편차 대신 체계적 위험인 베타(β)계수를 이용한 평가지표를 만들었다.

$$\text{트레이너 지수} = \frac{E(R_p) - R_f}{\beta_p} \qquad \cdots\cdots (11\text{-}9)$$

여기서, $E(R_p)$: 수익률 평균, R_f: 무위험수익률, β_p: 베타

트레이너 지수의 개념은 포트폴리오가 잘 분산되어 있다면 투자자가 부담하는 위험은 체계적 위험만이 남게 되며 비체계적 위험은 대부분 분산투자 효과로 인해 제거된다는 생각에 근거한 것이다. 즉 위험지표를 베타위험으로 인식하고 단위당 위험에 대한 위험프리미엄을 평가하는 지표이다.

젠센(Jensen) **알파**: 젠센도 자본자산가격결정모형의 베타(β)위험을 기준으로 평가할 것을 주장하였다. 각 포트폴리오의 성과분석시 수익률을 위험과 함께 고려해야 한다고 주장하였다. 트레이너도 자본자산가격결정모형을 기본으로 하였지만, 젠센은 성과분석에서는 상대적인 성과가 아니라 위험을 고려한 절대적인 성과의 분석이 중요하다는 것이다.

$$\text{젠센 알파}(\alpha) = (E(R_p) - R_f) - \beta_p \times (E(R_m) - R_f) \qquad \cdots\cdots (11\text{-}10)$$

여기서, $E(R_p)$: 펀드 수익률 평균, R_f: 무위험수익률, β_p: 펀드베타

젠센(α)는 포트폴리오의 수익률이 균형상태에서의 수익률보다 얼마나 높은지를 나타내는 지표이고, 이 값이 클수록 성공적인 투자성과를 나타낸다.

11.7 요약 및 정리

증권 가격은 무작위적 특성을 갖는다고 한다. 증권 가격이 무작위적 특성을 갖는다는 말은 증권 가격의 움직임으로부터 어떤 패턴을 찾을 수 없다는 의미이다. 증권 가격의 무작위적 특성은 각각의 가격 변화가 독립적이라는 의미이기도 하다.

자본시장이 효율적이냐 비효율적이냐의 문제는 궁극적으로는 시장의 반응이 어떤 것이냐에 의해서 실증적으로 검증되어야 할 문제이다. 효율적 시장가설(efficient market hypothesis)은 제대로 조직되고 기능하는 자본시장은 대체적으로 효율적이라고 주장하는 것이고, 실제로 많은 연구자들이 효율적 시장가설을 지지하는 연구결과들을 발표하였다.

증권분석은 투자분석이다. 통상적으로 투자분석 중에서도 대표적 증권인 주식투자에 대한 분석을 말하는 경우가 많다. 증권분석을 하는 이유는 성공적인 투자를 하기 위함이다. 여기서 성공적인 투자란 높은 수익률을 안정적으로 얻는 것을 말한다.

기본적 분석과 기술적 분석을 종목의 선택과 매매시점의 포착이라는 두 가지 측면에서 보면, 기본적 분석은 종목의 선택을 중심으로 하고, 기술적 분석은 매매시점의 포착에 중점을 둔다고 할 수 있다.

기술적 분석(technical analysis)이란 과거의 정보(가격과 거래량 포함)를 근거로 미래의 주가동향을 예측하려고 하는 분석기법을 말한다. 기술적 분석가들은 과거의 주가나 거래량의 변화로부터 반복되거나 규칙적인 패턴을 찾고자 노력하고 있으며, 이를 위하여 다양한 도표나 그래프를 활용하기 때문에 챠트전문가(chartist)라고 불리기도 한다. 기술적 분석은 전통적인 이론에 기초한 것은 아니지만, 현실적으로 많은 실무자들이 이용하고 있다.

증권투자 수익률의 평가는 수익률과 위험을 동시에 고려하여야 한다. 재무적 개념의 가치평가모형들은 모두가 위험과 수익률의 보상관계를 전제로 하고 있다. 가치

평가모형들은 수익률이 무위험수익률과 위험프리미엄이라는 두 가지 요소로 구성되는 것을 전제로 한다. 어떤 의미에서는 가치평가모형들은 위험프리미엄의 평가모형이라고 할 수도 있을 것이다.

수익률과 위험요소를 동시에 고려하여 성과를 측정하는 지표를 위험조정성과지표(RAPM: Risk-Adjusted Performance Measurement)라고 하는데, 선택되는 수익률 및 위험지표와 위험을 조정하는 방식에 따라 다양한 위험조정 성과지표가 존재한다.

연습문제

1. 증권분석과 시장의 효율성과의 관계를 설명하시오.

2. 증권의 무작위적 특성과 초과수익과의 관계를 설명하시오.

3. 행동재무론은 투자자의 결정이 심리적인 요인에 의해서 영향을 받는다고 주장한다. 투자결정에 있어서의 심리적인 요인과 시장의 효율성을 설명하시오.

4. 기본적 분석의 개념을 설명하시오.

5. 기본적 분석와 기술적 분석의 차이를 설명하시오.

6. 기업의 기본적 분석에서 경제분석과 산업분석이 필요한 이유를 설명하시오.

7. 기술적 분석은 미인대회로 비유되는 경우가 많다. 무슨 의미인지 설명하시오.

8. 기술적 분석은 챠트분석이라고도 불리는데, 투자결정을 위해서 챠트를 이용하면 얻게 되는 중요한 이점은 무엇인지 설명하시오.

9. 증권분석의 성과와 평가의 관계를 설명하시오.

10. 위험조정 성과지표들을 설명하시오.

제 12 장

신용분석 및 신용등급

본 장에서는 금융기관의 여신결정을 중심으로 신용분석에 사용되는 항목들에 대해서 살펴보고자 한다. 신용분석은 금융기관이나 채권자가 기업의 원리금 상환능력을 분석하는 것이 중심이다. 신용분석은 금융기관을 중심으로 발달했다. 금융기관은 채권자의 입장에서 신용분석을 실시하는데, 기업의 안정성과 유동성을 주요 분석 대상으로 한다.

신용등급은 신용평가 전문기관이 금융채무에 대한 상환능력을 평가한 결과이다. 신용평가 전문기관은 채권자의 입장이 아니라 객관적인 입장에서 신용평가를 수행하고, 일정한 기준에 따라 신용등급을 매긴다. 신용등급은 금융채무의 상환능력을 공표하여 투자자들에게 제공되는데, 이러한 신용등급은 정보의 비대칭성을 완화시킨다는 의의를 갖는다. 본 장에서는 신용분석과 신용등급에 대해서 설명하고자 한다.

12.1 신용분석의 의의

신용분석이란 금융기관이나 채권자가 대출에 따른 위험도와 원리금 상환 가능성을 평가하는 것이다. 신용분석 담당자는 대출신청 기업의 내적 요인들뿐만 아니라 외적인 요인들까지도 고려하여 신청자의 신용도를 평가하게 된다. 왜냐하면 기업의 안전성과 건전성에 영향을 미치는 것은 기업 내부만의 문제는 아니기 때문이다.

대출자로서 금융기관은 여신의 종류와 상관없이 상환능력에 대한 체계적 분석을 수행한다. **신용분석**이 신용등급과 다른 점은 신용분석은 대출이라는 거래의 당사자로서 대상 기업을 분석한다는 점이다. 상대적으로 신용등급의 평가는 객관적이고 전문적인 평가를 시장을 대상으로 수행한다는 점이다. 즉 신용분석은 특정한 거래를 대상으로 하지만, 신용등급은 시장을 대상으로 하는 차이가 있다.

신용위험은 필연적으로 존재할 수 밖에 없다. 금융기관이 무위험거래만을 추구한다면 경쟁력을 확보하기는 어려울 것이다. 따라서 신용분석을 행할 때는 신용위험의 정도를 파악하고, 그에 따라서 대출한도 및 대출조건을 결정해야 한다. 그러므로 신용분석에서는 위험의 회피만이 목적이 아니고 위험의 적절한 평가가 핵심적인 주제라고 할 수 있다.

신용위험의 평가에는 두 가지 형태의 오류 가능성이 존재한다. 하나는 채무상환불능이 될 고객에게 대출을 허용하는 경우이고, 다른 하나는 채무상환가능 고객에게 대출을 거절하는 경우이다. 일반적으로 신용분석은 첫 번째 형태의 오류, 즉 부도날 기업에 대출승인을 하지 않도록 하는 데 분석의 중점을 두고 있다. 왜냐하면 채무상환불능은 대출자인 금융기관에게 심각한 타격이 될 것이기 때문이다.

신용분석의 발달

신용분석의 구체적 내용은 역사적으로 볼 때 여러 요인의 영향을 받으면서 변모해 왔다. 신용분석의 초점은 시중자금의 수요 · 공급의 변화, 금융기관의 발달, 관련 법규의 제정, 회계제도의 발달 등에 따라서 변하여 왔다. 19세기 말 구미에서 시작된 신용분석은 역사적으로 보아 크게 두 단계의 발전과정을 거쳤다고 할 수 있다.

전통적인 신용분석은 단기대출 신용분석으로 재무상태표를 중심으로 하는 **정태**

적 분석이 중심이었다. 기업이 보유하고 있는 자산의 가치도 계속기업으로서의 가치보다는 처분가치가 중요시되었고 법률적 요건도 강조되었다. 하지만 운전자본 중심의 신용분석은 기업이 유동성을 적절히 확보하고 있는지를 판단하는 데는 미흡하였다. 왜냐하면 유동성을 표시하는 운전자본이 자산의 질이나 부채의 특성을 충분히 고려하지 못하기 때문이다.

예를 들어 재고자산도 시장성을 상실하였거나 유행이 지났다면 장부가치와 시장가치는 상당히 차이가 있을 수 있다. 또한 부채의 경우도 채권자가 누구냐에 따라 강제성이 달라진다. 금융기관으로부터 빌려온 차입금과 거래처로부터의 외상대금인 매입채무는 채무불이행시에 처리하는 강제성에 차이가 있다. 따라서 운전자본을 중심으로 한 유동성 분석은 적절한 재무정보가 되지 못하는 경우가 많았다.

신용분석에도 많은 변화가 일어났다. 기업의 규모와 국제교역이 확장되고 경쟁이 치열해지면서 기업의 자금수요에도 변화가 일게 되었다. 장기성 자금의 대출이 증가하면서 기업의 장기적인 **이익창출능력**(earning power)을 중시하는 경향을 보이게 되었다. 따라서 재무상태표 중심의 정태적 분석에서 포괄손익계산서 중심의 동태적 분석으로 변화하게 된다. 재무비율 중에서도 이자지급능력을 구체적으로 평가하는 이자보상비율 등이 중요성을 띠게 되었다.

현대적 신용분석의 특징

현대적 신용분석은 전통적인 대출담당자의 신용분석보다 객관적 평가를 강화하려는 경향이다. 전통적인 대출담당자는 해당 분야에서 상당한 경력을 쌓은 평가전문가라고 할 수 있었다. 신용위험의 5C에서 보는 바와 같이 대출담당자는 해당 기업에 대하여 양적인 차원의 분석뿐만 아니라 질적인 차원에서 나름대로의 판단을 한다. 대출담당자의 전문적 주관성에 의존하는 바가 컸다고 할 수 있다.

첫째, 현대적 신용분석은 비용을 절약하면서 일관성을 유지하려는 **객관적 평가**를 강조하는 경향이다. 객관적 평가는 외부의 신용평가를 이용하는 경우도 있으며, 다양한 형태의 통계모형들을 이용하여 평가모형을 설정함으로써 평가의 효율성을 높이려는 경향을 띤다. 뒤에서 설명하는 여러 절차와 과정들은 이러한 경향을 지원하기 위한 노력이라고 볼 수도 있을 것이다.

둘째, 차입자의 영업성격을 경기변동과 연결하고 산업적 차원에서의 **위험평가**(risk appraisal)를 중시하는 특징을 갖고 있다. 해당 기업의 장기적 이익창출능력과 위험은 경기변동과 그 기업이 속해 있는 산업의 구조적 특징에 크게 좌우되는 것이 사실이다. 그래서 산업의 수익 · 위험구조, 진입장벽, 기술수준의 변화, 경쟁 정도, 산업 내 기업의 상대적 지위 등을 중점적으로 분석하는 경향을 보이는 것이다.

셋째, **현금흐름분석**(cash flow analysis)을 중시하는 점이다. 역사적 원가기준의 회계원칙에 근거한 재무정보는 기업의 미래 현금창출능력을 평가하는 데는 미흡한 측면이 있다. 그러므로 현대적 신용분석에서는 현금의 조달과 사용이라는 측면을 중심으로 신용도를 평가하는 경향이 강조되고 있다. 기업의 유동성은 현금흐름으로 분석하는 것이 효과적인 경우가 많다.

12.2 신용위험의 5C

금융기관에서 대출신청자가 원리금 상환을 약속한 대로 이행할 것인지를 평가하는 5가지 요인들이 있는데, 이러한 신용위험의 결정요인들을 각 요인의 앞 글자를 따서 흔히 5C라고 부른다. 신용위험의 5C는 대출을 전문으로 담당하는 사람이 다섯 요인에 가중치를 부여해서 신용의사결정을 내리는 전통적인 변수들이다.

인격(Character)

신용위험을 평가함에 있어서 기본적으로 중요한 문제는 대출자의 인격으로서, 대출자의 인격은 약정한 조건에 따라 부채를 상환하고자 하는 책임의식을 의미한다. 약속이행의 **책임의식**(commitment)은 채무자의 정직성, 성실성 및 직업윤리 등에 의하여 결정된다. 기업의 경우 약속을 이행하고자 하는 책임의식은 기업의 소유자나 경영진을 대상으로 평가된다.

채무자가 과거에 채무상환을 이행치 못했다거나, 지불불능 또는 도산에 연관된 적이 있다면, 신용분석을 하는 입장에서는 그 이유에 관하여 면밀하게 조사하여야 할 것이다. 또한 대출자에 대한 사회적 평판이나 대출자와의 면담 등도 중요한 자료로 사용될 수 있다. 신용분석을 하는 경우에는 대출신청자의 은행관계, 공급자 및 고객과의 거래, 다른 금융거래처와의 관계, 그리고 면담결과 등을 분석함으로써 신용분석을 시작하여야 한다.

이러한 지표 외에도 대출자의 채무불이행 위험에 대한 신호를 다른 곳에서 찾을 수도 있다. 예를 들면 부정적인 신호는 다음과 같은 형태로 나타날 수도 있다.

① 대출자의 이름이 은행의 초과 인출 고객명단에 계속 나타난다.

② 대출기업의 주요 경영자, 고문, 경리담당자의 변경과 같이 회사의 구조에 중요한 변화가 자주 발생한다.

③ 대출기업의 순재산이 높은 데도 작은 규모의 대출을 자주 받는다거나, 당좌계정에 아주 적은 잔고를 유지하는 등 계속적으로 자금부족이 발생한다.

④ 대출자의 개인적 습관에 문제가 발생한다. 예를 들어 마약, 도박, 알코올 중독 또는 파혼 등은 주의해서 살펴볼 필요가 있다.

⑤ 회사의 목표가 주주, 종업원 및 고객의 욕구와 많은 차이점이 있다.

지급능력(Capacity)

상환능력은 채무자가 부채를 상환할 능력에 대한 판단이다. 원리금을 아무리 상환하고자 하는 의지가 강하다고 할지라도 현실적인 지급능력이 없으면 상환이 불가능할 것이다. 여기에서의 현실적 지급능력은 단순히 이익창출능력뿐만 아니라 현재의 유동성과 재무상태 등을 모두 고려한 것이어야 한다.

기업의 유동성은 정태적 측면과 동태적 측면으로 나누어 볼 수 있다. 기업 유동성의 정태적 분석은 일정 시점에서 기업이 보유하는 유동성이 단기적인 부채에 대한 원리금을 적절한 시점에 상환할 능력이 있는지를 살펴보는 것이다. 정태적 개념의 유동성은 청산(liquidation)의 입장에서 유동성을 살펴보는 것이다.

상대적으로 동태적 측면에서는 기업의 유동성 창출능력을 중심으로 살펴본다. 현실적으로 분석대상 기업은 청산을 전제로 하는 것이 아니라 계속기업으로서 영업활동을 유지하고 있는 기업이다. 기업은 영업활동을 통해서 유동성을 창출하고 지급능력을 유지하는데, 동태적인 유동성은 현금의 유입과 유출 활동을 중심으로 기업의 지급능력을 살펴보는 것이다.

기업의 채무형태는 단기적인 차원에서는 영업활동의 측면에서 매입채무의 확충

그림 12-1 기업의 단기적 지급능력

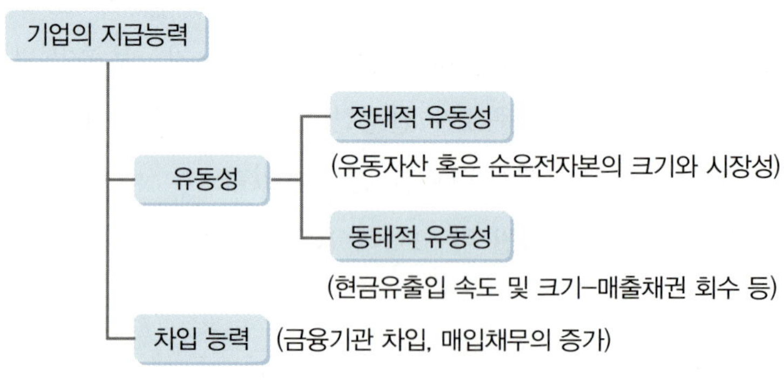

과 같은 형태로 이루어지기도 하고, 장기적 재무차원에서는 차입자본의 조달을 통해서 이루어지기도 한다. [그림 12-1]은 이러한 관계를 정리하고 있다.

자본력(Capital)

자본력은 대출자의 자기자본 또는 순자산으로 평가한 재무능력을 의미한다. 대출자의 인격과 상환능력이 부족할 경우에 장기적으로 원리금 상환을 보증해주는 것이 자본이다. 여기서 자본은 대출자의 자기자본을 의미한다. 채권자의 입장에서 대출자의 자기자본은 원리금의 청구대상이 된다.

대출자가 상환능력이 없는 최악의 경우에는 대출자의 자산에 대한 권리를 금융기관이나 채권단이 관리하게 될 가능성도 있다. 기업이 부도가 나고, 지급능력이 떨어지면 채권단이 실질적인 주인이 되는 것이다. 이 경우 대출자의 자산에 대한 강제집행도 생각해 볼 수 있는데, 자본력에 대한 정보와 자산가치를 파악하는 것이 필요할 것이다.

담보력(Collateral)

담보는 채무자가 지급불능시에 금융기관이나 채권자가 해당 채무에 대하여 권리를 행사하기 위한 일종의 보증수단이다. 채무자가 지급불능이 되면 채권자는 담보에 대한 권리를 갖는다. 금융기관은 대출에 대하여 담보를 요구함으로써 대출로부터 발생할 수 있는 위험을 낮출 수 있다. 담보는 대출자가 소유한 자산이나 소득 또는 제3자에 의한 명시적 보증의 형태를 갖는다.

금융기관의 입장에서 담보는 다음과 같은 성격을 갖는 것이 바람직하다. 담보물의 가치는 항상 대출의 미상환 원금을 초과하여야 하며, 또한 쉽게 처분할 수 있는 시장성이 있어야 한다. 또한 금융기관은 담보물의 소유권을 명백하게 표시할 수

가제도는 투자자에게 도움을 준다. 신용평가는 투자자들의 투자지침으로 사용될 수 있으며, 포트폴리오 관리에 도움을 줄 수 있다. 또한 신용평가기관이 전문적으로 신용평가를 제공함으로써 일반투자자는 비용을 최소화하면서 다양한 채권에 대한 양질의 신용정보를 얻을 수 있게 된다.

둘째, 신용평가제도는 유가증권 발행기업에 도움을 준다. 신용등급을 받은 기업은 국내시장뿐만 아니라 국제시장에서도 자금조달이 훨씬 더 용이하다. 신용평가에서 적정한 등급을 획득하면 신규 차입이 용이할 뿐만 아니라 채무의 만기시에 재연장이 가능할 것이다. 또한 신용등급을 받으면 만기나 금액 등의 선택이 보다 자유롭게 되고, 등급에 따라 발행 가격이 차별화되기 때문에 발행 기업의 자금조달 비용이 저렴하게 된다.

경우에 따라서는 신용등급이 증권발행을 위한 필수 요건이 되기도 한다. 아무리 신용이 좋은 회사라 할지라도 국제시장에서 자금을 조달할 때, 신용평가를 받지 않으면 외국의 기관투자자들은 해당 회사의 유가증권에 관심을 보이지 않는 경우도 있다. 많은 기관투자자들은 신용등급을 획득한 기업과 유가증권에만 투자하는 내부 규정을 갖고 있다.

셋째, 신용평가제도는 금융기관에 도움을 준다. 채권의 인수 주선을 하는 증권회사에서는 신용등급을 이용하여 기관투자자들을 대상으로 영업을 수월하게 할 수 있으며, 자신이 보유한 포트폴리오의 위험수준과 시장가치를 계속적으로 평가할 수 있다. 또한 채권을 이용한 새로운 상품을 개발하여 판매할 경우에도 특정 등급 이상의 채권을 대상으로 하는 펀드를 조성하는 등 유용하게 사용될 수 있다.

넷째, 신용평가제도는 감독기관에 도움을 준다. 독립적이고 신뢰할 수 있는 신용평가제도는 금융제도 내에서 채무불이행 위험을 감시하고 관리할 수 있도록 도와주기 때문에 효율적인 감독기능에 도움이 된다. 기관투자자들의 자산운용을 감독할 때도 특정 신용등급 이상의 채권을 일정 수량 이상 보유하게 한다든지 함으로써 감독을 효율적으로 할 수 있게 된다.

다섯째, 신용평가제도는 국민경제에 도움을 준다. 신용평가제도는 전문적인 기관이 신용을 평가함으로써 국가 전체적으로 정보생산비용을 낮출 수 있으며, 객관적인 정보의 전달에 의하여 시장의 투명성을 증대시킨다. 투명성의 증대는 발행시장뿐만 아니라 유통시장에서의 유동성 증대에도 기여하여 자본시장의 건전한 발전에 도움이 될 것이다.

12.6 신용평가의 대상

신용평가의 대상은 상당히 다양할 수 있다. 그러나 평가대상에 대한 신용위험의 의미를 명확하게 규정하지 않으면, 평가대상의 구분은 자칫 의미를 잃어버릴 수 있다. 신용평가는 대상이 증권의 발행자인가, 아니면 발행자의 특정 채무인가에 따라 구분된다.

발행자에 대한 신용평가는 발행자의 금융채무 전반에 대한 채무불이행 가능성만이 감안되는 반면, 특정 채무에 대한 신용평가는 발행자 금융채무 전반의 채무불이행 가능성은 동일함에도 불구하고, 보증 여부, 담보 여부, 선 · 후순위 관계 등으로 인해 개별 채무의 부도시 손실률이 달라질 수 있다는 점이 추가로 고려된다. 이에 발행자에 대한 평가와 특정 채무에 대한 신용평가는 동일한 신용등급 체계가 사용되기는 하지만 별개로 부여되는 것이다.

다만 개별 회사채에 대한 신용평가에도 발행자의 채무불이행 가능성에 대한 고려가 우선되는데, 발행자의 기업신용등급을 기준으로 해당 회사채의 특성(보증 및 담보 여부 혹은 채무상환의 우선순위 등)이 반영되어 등급이 부여되고 있다. 다시 말하면, 증권발행자의 신용등급과 증권 자체의 신용등급이 완전히 별개의 것은 아니라는 말이다.

신용평가는 증권의 발행자(정부, 기업, 기관, 단체 등)와 이들이 발행하는 모든 채무성 유가증권과 신용공여 등을 대상으로 한다. 국내의 경우 특정 유가증권에 대해서는 법적으로 허가 받은 신용평가업자에 의해 신용평가를 받는 것이 의무화되어 있다. 우리나라에는 한국신용평가와 한국신용정보 등이 대표적인 신용평가기관들이다.

한편 신용평가기관들은 법적으로 의무화된 유가증권의 신용평가 외에도 발행자의 전반적 채무능력을 평가하는 보험신용평가(insurer credit rating), 보험사의 보험지불능력평가(insurer financial strength rating), 보증기관평가 등을 실시하고 있다.

국가신용등급

국가도 신용평가의 대상이 될 수 있다. 세계적인 금융위기 이후에 국가의 신용등급도 중요한 이슈가 되고 있다. 우리나라는 1997년도의 외환위기를 계기로 국가의 신용등급이 얼마나 심각한 영향을 미칠 수 있는지를 실제로 경험한 나라이다. 근래에는 유럽국가들 중에서도 신용등급이 떨어져서 대외채무에 대한 상환능력에 의심을 받는 사례들도 등장하고 있다. 여기서는 신용평가의 대상으로서 국가의 신용등급에 대해서 살펴보기로 하자.

국가신용등급(sovereign credit rating)이란 국가의 채무상환 능력과 상환의지에 대한 평가를 등급으로 표시한 것이라 할 수 있다. 이 등급은 외국 채권자와 투자자들에게 있어서 중요한 투자 기준이 된다. 따라서 투자 대상 국가의 신용등급이 향상되면 국제금융기관들이나 해외투자펀드(overseas investment fund)들은 그 국가에 대하여 국가투자한도(country ceiling)를 확대하기도 하고, 반대의 경우에는 투자한도를 축소하는 결정을 내리곤 한다. 왜냐하면 국가신용등급이 국가위험(country risk)을 평가한다고 판단하기 때문이다.

해당 국가의 신용상태를 평가하는 데 있어서는 해당 국가의 경제력뿐 아니라 정치력, 즉 정치 지도자들의 리더십까지도 신용등급을 결정하는 데 중요한 평가요소가 된다. 국가위험은 대외결제불능 위험을 말하는데, 정치적 위험, 상업적 위험, 그리고

그림 12-3 **국가위험(country risk)의 분류**

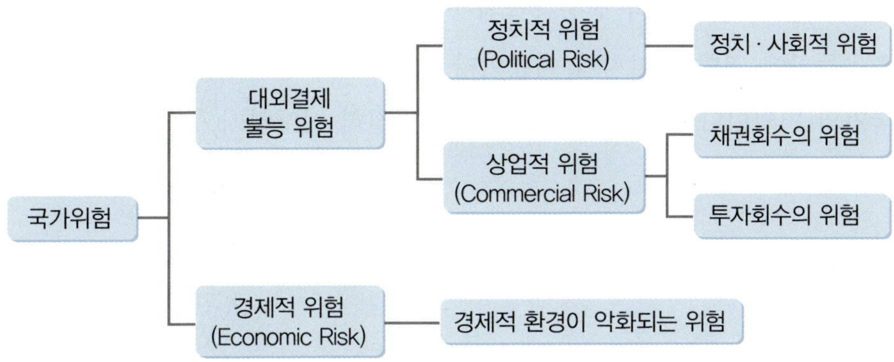

경제적 위험으로 나누어 볼 수 있다.

정치적 위험(political risk)은 해당 국가의 정치 · 사회적 위험을 말한다. 냉전시대에는 이념의 차이에 따라 국제적인 거래가 형성되는 경우가 많았는데, 국가의 이념적 성향이 바뀌는 경우에는 국제적 거래관계도 변동될 가능성이 높아지게 된다. 정치적 위험은 자유로운 자본거래를 제약할 가능성이 있다. 특정 국가의 정치 · 제도적 변화도 정치적 위험에 포함된다.

상업적 위험(commercial risk)은 투자 자원의 회수에 어려움을 겪는 경우를 말한다. 직접투자의 경우에 투자자금을 회수하지 못할 가능성이 높아지면, 상업적 위험은 높아진다고 할 수 있다. 뿐만 아니라 각종 채권의 회수가 어려워지는 경우도 발생할 수 있다. 투자 자원의 직접적인 회수의 어려움이 상업적 위험이다.

경제적 위험(economic risk)은 해당 국가의 경제적 환경이 어려워져서 발생하는 위험요소를 말한다. 해당 국가의 자본시장을 포함한 금융시장이 경색되는 경우에 금융부문뿐만 아니라 실물부문까지도 영향을 받게 된다. 특히 근래에는 금융시장의 혼란이 경제 전반에 파급되는 정도가 심하기 때문에, 금융시장의 혼란은 한 국가의 경제적 위험의 큰 부분을 차지하는 경우가 많다.

개별 기업이나 금융기관들의 신용등급도 국가의 신용등급과 밀접하게 연관되어 있다. 왜냐하면 특정 국가의 신용등급의 변화는 해당 국가에 속한 기업이나 유가증권의 신용등급에 영향을 미치기 때문이다. 해당 국가의 외환거래가 제약되게 되면, 해당 국가의 기업이나 금융기관들도 거래를 적절히 이행하지 못하는 신용위험이 발생할 수도 있다.

신용평가기관

한 국가의 신용등급을 평가할 정도의 큰 영향력을 갖고 있는 대표적인 신용등급평가기관(credit rating agency)들은 미국의 무디스 인베스터스, 스탠더드 앤 푸어스, 그리고 영국의 피치 IBCA 등이 있다. 이들 신용평가 전문기관들의 평가는 세계적으로 투자자들의 주목을 받고 있다.

무디스(Moody's Investors Service: Moody's)는 1900년 출판업자인 존 무디(John Moody)가 설립하였는데, 1929년 대공황 때 모든 회사가 무너지는 가운데 무디스가 우량판정을 내린 기업만 살아남으면서 세계적인 회사로 성장하였다. 전 세계에서 700명 이상의 애널리스트가 활동하며 1,500개의 제휴사가 있고 14개 국가에 현지법인을 세웠다. 1998년 8월 20일 한국신용평가정보와 함께 최초의 합작법인인 한국신용평가를 설립하고 이후 인도 · 칠레 · 중국 · 브라질 · 아르헨티나에도 합작법인을 설립하였다.

스탠더드 앤 푸어스(Standard & Poor's: S&P)는 세계적인 신용분석 및 신용정보기관으로, 무디스(Moody's) · 피치(Fitch)와 함께 세계 3대 신용평가기관으로 꼽힌다. 1916년 설립하여 투자에 대한 정보나 조언을 제공하며 세계적인 출판 · 재정 · 정보 · 미디어서비스업체인 맥그로힐(McGraw-Hill Companies, Inc.)에 속해 있다. 스탠더드 앤 푸어스500(S&P500) 지수는 다우-존스 평균주가, 나스닥 지수와 함께 미국의 3대 주요 지수의 하나이며 뉴욕 증시의 주가 동향을 가장 폭넓게 반영하는 지수로 알려져 있다. 전 세계 18개국에 사무소가 있으며 아시아에는 도쿄 · 홍콩 · 싱가포르에 사무소를 두고 있다. 본사는 뉴욕주(州) 뉴욕에 있다.

피치(Fitch) **IBCA**는 비미국계 금융기관 및 국가의 신용도 평가로 유명한 영국의 IBCA사와 재정 평가 등으로 잘 알려진 미국의 피치사가 1997년 합병해 만들어진 회사다. 1,600개 은행 · 증권 · 보험 등 금융기관과 800개 이상 기업체의 신용등급을 평가하며 3,300개의 구조금융에 대한 감시체제를 유지하고 67개 국가의 국가신용등급도 평가하고 있다. 한국에서는 한국기업평가와 제휴관계를 맺고 있다. 본사는 미국 뉴욕과 영국 런던 2곳에 있다.

이들 신용평가기관들은 국가신용등급을 결정하기 위하여 정부와 금융기관들의 외채상황, 수출입 실적 및 전망과 같은 거시경제의 기초자료뿐만 아니라 정치, 산업구조, 경제상황, 노동계 동향 및 사회상황까지도 평가의 중요한 대상으로 취급한다. 또한 정부의 경제에 대한 개입정도, 금융제도, 시장의 개방성, 통계자료의 투명성과 신뢰성, 외환관리제도와 같은 각종 경제 관련 규정 및 제도 역시 평가의 중요한 요소로 삼는다.

12.7 신용평가의 일반원칙

신용평가의 핵심적인 개념은 평가대상의 **상환능력**과 **상환의지**이다. 발행자 또는 특정 채무의 상환능력은 외부 및 내부의 상황 변화에 따른 기업의 대응력에 의해 평가된다. 물론 원리금 상환의지가 있다는 것이 전제된다. 최종적으로는 여러 위험요인하에서 기업이 창출할 수 있는 현금이 미래에 상환해야 할 모든 채무에 대하여 어느 정도의 여유(cushion)와 안정성(stability)을 가질지에 대한 **합리적 예측**에 따라 평가되는 것이라고 할 수 있다.

미래에 대한 예측에는 불확실한 환경 변화에 의해 다양한 어려움이 존재하나,

신용평가기관들은 산업환경과 전형적인 경기순환, 기술진보의 주기적 변화, 발행자의 다양한 경영형태에서 발견되는 반복되는 패턴 등 과거의 경영실적을 기초로 미래를 예측하고 있다. 즉, 신용평가의 기본적인 원칙은 과거의 성과와 현재의 합리적 판단에 기초하여 미래의 원리금 상환능력을 예측하는 것이다.

신용위험과 평가과정

기업경영의 모든 내적 · 외적 변수를 포함하여 발행자의 채무상환능력에 영향을 미치는 요인은 상호 밀접하게 관련되어 있다. 신용평가기관은 이러한 위험요소를 크게 **사업위험**(산업위험, 기업고유 영업위험, 경영관리위험)과 **재무위험**으로 분류하여 분석하고 있다.

기업평가의 일반적인 신용등급 결정과정은 해당 기업의 신용도가 기업평가의

그림 12-4 신용평가 시스템

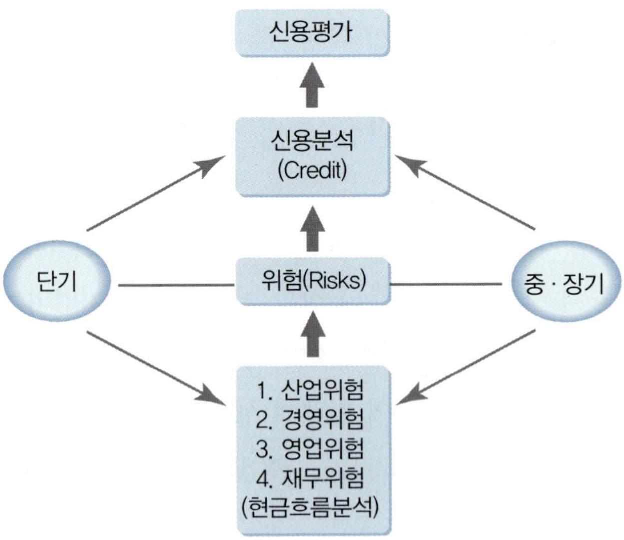

어떤 신용등급 정의에 부합하는지를 분석하는 연역적 과정과 신용평가 방법론을 적용하여 신용등급의 적정성을 사후검증(back testing)하는 귀납적 과정으로 구성되어 있다.

신용평가의 연역적 과정에서는 해당 기업의 환경 · 사업 · 경영 · 재무 · 자금 및 발행유가증권 등 다양한 요인들이 해당 기업의 신용도에 미치는 영향을 검토한다. 이러한 분석을 통해 해당 기업의 신용도가 원리금 상환능력을 기반으로 정의된 신용등급 중에서 어느 신용등급에 부합하는지를 결정하게 된다. 이러한 연역적인 분석의 결과물로 신용평가보고서가 작성된다.

신용평가의 연역적 과정에서는 다양한 신용평가 요소들을 별개로 검토하기보다는 각 항목의 변화가 미치는 영향을 유기적이고 종합적으로 분석하게 된다. 또한 경제, 법 · 제도, 산업 및 시장 등 외부 환경변화에 대한 기업의 경영관리, 사업 및 재무요소 등 기업 내부 대응능력을 중점적으로 검토하게 된다. 특히 개별 항목이 기업의 신용도에 미치는 영향을 분석하는 과정에서는 해당 기업의 신용도에 긍정적인 요인보다는 경계선상에 있는 위험(부정적인) 요인을 중심으로 분석하게 된다.

이러한 분석방법은 **투자등급**에 속한 기업들의 경우 재무요소보다는 사업요소가 신용평가 결과에 영향을 미치는 경향을 보인다. 반면 **투기등급**에 속한 기업들의 경우 대체로 사업요소가 열위한 것으로 평가되는 경우가 대부분이기 때문에 유동성 등 재무요소가 해당 기업의 신용에 영향을 미치는 현상이 나타난다. 이에 따라 투기등급에 속한 기업들의 경우 사업요소보다는 상대적으로 재무요소를 집중적으로 분석하는 경우가 많다.

신용평가의 귀납적 과정은 연역적 과정을 통해 판단한 신용등급을 교차점검(cross check)하는 과정으로 재무추정(projection)을 통해 해당 기업의 추정 실적을 전망하는 방법과 산업별 신용평가 방법론을 개별 업체들에 적용하여 신용등급의 적정성을 확인하는 방법이다. 이러한 신용평가의 귀납적 과정은 연역적 과정과 동시에 이루어지는 경우가 일반적이며, 경우에 따라서는 귀납적 과정을 통해 판단한 신용등

현금흐름의 안정성

신용등급은 발행자가 만기도래한 채무 원리금을 적기에 상환할 수 있는 충분한 현금을 보유할 수 있을지에 대한 예측정보를 제공한다. 이러한 측면에서 신용등급을 결정하는 가장 중요한 요소는 미래 채무 원리금 상환재원을 충분히 확보할 수 있는 기업의 영업활동 현금흐름(cash flow)과 기타 재무 융통성에 기반한 현금유입 요소에 대한 평가라 할 수 있다.

이러한 관점에서 기업의 신용등급은 영업활동 현금흐름의 안정성이 높고, 재무 융통성을 제공하는 여유 조달원천이 클수록 높아진다고 할 수 있다. 상대적으로 영업활동 현금흐름의 안정성이 미흡하고, 예측 가능한 재무 융통성 수준이 낮을 경우 그 반대로 해석될 가능성이 높아지는 것으로 판단하게 되는 것이다.

신용평가기관들은 신용평가 과정에서 최소 향후 3년간의 추정재무제표와 상세한 매출 및 이익계획, 그리고 설비투자와 자금계획을 분석하는 것이 일반적이다. 또한 최고경영진 등과의 면담 내용과 영업환경에 대한 증권발행 기업의 근본적인 대응능력을 분석해서 미래 현금흐름을 예측하는 데 이용하고 있다.

12.8 신용등급의 의미와 구분

신용등급은 평가대상의 신용수준을 하나의 기호로 표시한다. 신용등급은 최우량으로부터 매우 불량까지 분포하는데, 각각의 등급은 상대적인 신용수준을 의미하는 것이지 절대적인 수준의 신용등급은 아니다. 예를 들어 최우량등급은 우량등급보다 원리금 상환의 가능성이 높다는 것이지, 적기에 원리금을 상환할 확률이 99%라는 식으로 절대적인 의미를 갖는 것은 아니라는 사실이다.

신용등급에서 또 하나 주의하여야 할 사항은 신용등급이 투자에 대한 권고와는 아무런 상관이 없다는 것이다. 예를 들어 최우량등급 채권이 우량등급 채권보다 우수한 투자수단이라고 말할 수 없다는 것이다. 최우량등급은 단지 우량등급보다 원리금 상환 가능성이 높다는 의미일 뿐이다. 투자의 선택은 투자자의 개별적인 판단에 따를 것이다. 예를 들어 어떤 투자자는 최우량등급 채권보다는 우량등급의 증권을 선호할 가능성도 얼마든지 있다. 왜냐하면 최우량등급은 상환 가능성은 높지만, 상대적으로 수익률은 낮을 것이기 때문이다.

신용등급 표시

신용평가기관들은 평가대상이 내포하고 있는 신용위험에 대한 분석기간이 장기인가 단기인가에 따라 장기신용등급과 단기신용등급으로 구분한다. 일반적으로 장기신용등급과 단기신용등급을 부여하는 기준은 특정 유가증권의 발행 당시의 만기(original maturity)가 1년 이상인지 미만인지이며, 전자의 경우 장기신용등급을, 후자의 경우 단기신용등급을 부여한다.

단기신용등급과 장기신용등급의 차이는 이론적으로는 기업이 상환해야 하는 금융상 채무의 만기와 특성에 따른 구분이며 분석적인 접근방법은 동일하다. 현실적으로는 유가증권의 만기가 상호 중복되는 경우가 일반적인 경우이므로, 분석에 고려하는 기간과 더불어 발행유가증권이 가지는 고유한 특징을 동시에 고려해야 할 것이다.

신용평가의 관점에서 볼 때는 기간의 구분보다는, 기본적인 구조를 바탕으로 합리적으로 신용도를 측정하는 것이 중요하다. 구조적 측면의 신용도를 측정한 후에 단기적 영업상황과 기업의 유동성 수준 등 단기채무 상환능력에 초점을 맞추어 단기적 신용도를 판단하는 순서를 따르는 것이 일반적이다. 그러므로 단기등급과 장기등급 간에는 상당한 상관관계를 가지고 있으면서도 업체별 상황과 기간에 따라 장단기등급의 대응관계가 항상 일대일의 관계는 아닐 수 있다. 기업 신용등급의 경우를 고려할 때 장기간의 펀더멘탈을 중시하는 장기등급이 보다 근본적인 신용위험을 나타

표 12-2 신용등급의 의미

	한국	의 미
장기	AAA	원리금상환 확실성이 최고 수준임.
	AA	원리금상환 확실성이 매우 높지만 AAA등급에 비하여 다소 낮은 요소가 있음.
	A	원리금상환 확실성이 높지만 장래의 환경변화에 따라 다소 영향을 받을 가능성이 있음.
	BBB	원리금상환 확실성이 있지만 장래의 환경변화에 따라 저하될 가능성이 내포되어 있음.
	BB	원리금상환 능력에 당면문제는 없으나 장래의 안전성면에서는 투기적인 요소가 내포되어 있음.
	B	원리금상환 능력이 부족하여 투기적임.
	CCC	원리금의 채무불이행이 발생할 위험요소가 내포되어 있음.
	CC	원리금의 채무불이행이 발생할 가능성이 매우 높음.
	C	원리금의 채무불이행이 발생할 가능성이 극히 높음.
	D	현재 채무불이행상태에 있음.
단기	A1	적기상환능력은 최고 수준이며 그 안전성은 현 단계에서 합리적으로 예측 가능한 장래 환경에 영향을 받지 않을 가능성이 큼.
	A2	적기상환능력은 우수하지만 그 안전성은 A1에 비하여 다소 열등한 요소가 있음.
	A3	적기상환능력은 양호하지만 그 안전성은 장래의 급격한 환경변화에 따라 다소 영향을 받을 가능성이 있음.
	B	적기상환능력은 있으나 그 안전성은 환경변화로 저하될 가능성이 있음.
	C	적기상환능력 및 그 안전성이 매우 가변적임.
	D	무등급

내므로, 장기신용등급을 기준으로 단기신용등급 수준이 결정되는 것으로 보아야 할 것이다.

국제적인 신용평가사와 마찬가지로 국내 신용평가사의 경우도 이미 평가된 장단기 신용등급간의 관계를 살펴보면 장기신용등급과 단기신용등급 간의 대응이 서로 일정한 범위 내에서 이루어지는 양상을 보이고 있다. 장단기 신용등급 간의 조합이 어떤 특정한 의미와 공식을 가지고 있지는 않지만, 일반적으로 각 신용평가사의 신용등급별 부도율에 근거한 신용등급 결정정책과 관계가 있는 것으로 여겨진다.

장기신용등급(Long-term Ratings): 한국기업평가의 장기신용등급은 AAA, AA, A BBB, BB, b, CCC, CC, C, D와 같이 총 10개의 기호로 구성되어 있다. 이중 AA~B에 대해서 + 또는 − 부호가 부여된 신용등급의 경우는 해당 등급 내에서의 상대적 위치를 표현하는 것으로 개별적으로 정의하지 않고 있다. 또한 예비평정의 경우 해당 신용등급 기호의 앞에 'P(Preliminary)'를 사용하며, 공시되지 않는 신용등급의 경우에는 'U(Undisclosed)'를 부기한다.

한편 신용등급은 업종별, 자산별 신용위험의 수준에 대한 상대적인 비교가 가능하다는 특성이 있으나, 발행자나 특정 채무의 신용등급 사이에는 직접적인 비교가 불가능하다는 점에 유의할 필요가 있다. 다시 말하면 신용등급은 상대적인 의미를 가지며 어떤 특정 등급이 절대적인 의미의 신용등급을 의미하지 않는다는 것이다.

단기신용등급(Short-term Ratings): 한국기업평가의 단기신용등급은 A1, A2, A3, B, C, D와 같이 총 6개의 기호로 구성되어 있으며, 이중 A등급에는 각 등급에 따라 + 또는 − 부호가 부여되는데 그 의미는 장기신용등급의 경우와 같다.

부도기업의 신용등급: 회생 가능성이 전혀 없는 것으로 신용평가사가 판단한다면 D등급을 부여하는 것이 바람직할 것이다. 한편 채무재조정이 완료된 후 새로이 발행하는 신규채무에 대해서는 정상기업의 신용등급 결정기준을 적용하여 특정 채무에 따라 신용등급을 차별화하고 있다.

부도 정의에 관한 논란이 있을 수 있는데 '공식적 부도'로 간주하고 있지 않은 워크아웃 및 기업구조조정촉진법 등의 적용대상 업체들에 대한 견해에 차이가 있을 수 있다. 현재 국내 신용평가사들은 신용정보업감독규정에 근거한 부도 정의만을 적용하고 있기 때문에 부도율 산출시 워크아웃 등의 업체들을 부도업체로 간주하고 있지 않다.

하지만 투자자들을 중심으로 한 시장참여자들은 신용정보업감독규정상의 정의보다 좀더 포괄적으로 기업의 부도를 판단하고 있는 것이 현실이다. 그러므로 신용정보업감독규정에 의한 '공식적 부도'와 보다 포괄적이고 실질적 의미를 지닌 '광의의 부도'에 관한 정보를 동시에 제공할 필요가 있다.

투자등급과 투기등급: 신용등급과 연관되어 광범위하게 사용되는 용어로 투자등급(investment grade)과 투기등급(speculative grade)이 있다. 기업평가의 신용등급 체계에서는 장기신용등급의 AAA~BBB(BBB− 이상) 단기신용등급의 A1~A3(A3− 이상)가 투자등급으로 분류되며, 장기신용등급의 BB~D(BB+ 이하), 단기신용등급의 B~D(B+ 이하)가 각각 투기등급에 해당한다.

신용등급이 투자등급과 투기등급으로 구분되는 것은 양자 간에 현격한 수준의 신용위험 차이가 있다는 점에 있다. 본래 투자등급과 투기등급이라는 용어는 신용평가제도가 태동한 미국의 다양한 금융 관련 규제기관들이 은행 · 보험 · 신용금고 등과 같은 금융기관들의 적합한 투자대상을 규정한 데에서 유래하였다. 미국의 금융 관련 규제기관들이 금융기관의 투자성과를 분석한 결과 상위의 신용등급과 하위의 신용등급을 구분할 수 있었는데, 이를 각각 투자등급과 투기등급으로 명명하기 시작한 데에서 비롯된 것이다.

우리나라에서 사용되고 있는 투자등급과 투기등급이라는 용어는 신용평가 업무가 개시되면서부터 도입되었다는 점에서 미국의 사례와 다소 차이가 있다. 그러나 한국기업평가의 투기등급 평균누적부도율이 투자등급의 평균누적부도율에 비해 매우 높은 수준을 보이고 있다는 점 등을 감안할 때 신용위험 차이를 확연히 표현하는 측면에서는 공통점을 지니고 있다고 볼 수 있다.

하지만 투자 및 투기등급이라는 용어가 투자에 적격한지 아닌지를 표현하는 것이 아니라는 점에 유념할 필요가 있다. 신용평가는 특정 유가증권에 대한 투자를 권유하는 것이 아닌 평가대상의 신용위험에 대한 의견일 뿐이기 때문이다. 즉, 투자적격 여부는 투자자가 설정한 수익률과 위험의 조합에 따른 선택에 따라 좌우되는 것이지, 신용등급 자체가 의미를 가지는 것은 아니다.

장단기 신용등급의 관계: 신용등급은 장기신용등급과 단기신용등급으로 구분된다. 그러나 이러한 구분은 평가대상의 신용위험에 대한 전망 기간이 장기인지 단기인지에 따른 구분일 뿐이다. 그러나 신용등급은 채무상환능력을 표시하는 기호라는 측면에서 장기와 단기 신용등급의 기본적 분석관점은 동일하며 이에 따라 양자 간에는 일정 수준의 상관관계가 성립된다.

통상 장 · 단기 신용등급 간에도 강한 상관관계가 나타난다. 그러나 이러한 대응관계가 일대일의 관계는 아님을 주의할 필요가 있다. 즉, 장기신용등급이 동일하게 BBB+로 부여되는 경우에도 단기등급은 A3+가 될 수도, A2−가 될 수도 있으며, 단기신용등급이 동일하게 A2−라 해도 장기등급이 A−가 될 수도, BBB+가 될 수도 있기 때문이다. 이에 따라, 단기신용등급을 장기신용등급의 대용치로 사용할 수 없으며, 이는 반대의 경우도 마찬가지이다.

12.9 요약 및 정리

신용분석은 금융기관이나 채권자가 대출의 당사자라는 입장에서 대출에 따른 위험도와 원리금 상황능력을 분석하는 것이다. 과거 금융기관에서는 담보 위주의 대출 관행이 있었지만, 신용사회의 발전에 따라 신용대출이 증가하면서 신용분석의 필요성은 증가한 측면이 있다.

신용분석은 초기에는 정태적인 차원에서 유동성에 대한 분석이 중심이었다. 즉 5C를 중심으로 Character, Capacity, Capital, Collerteral, 그리고 Conditions 등을 중심으로 분석하였다. 금융기관은 신용분석을 통하여 대출의 여부뿐만 아니라 대출조건들을 결정하는 데 이용한다. 즉 신용분석은 직접적인 거래관계를 생각하면서 분석한다는 점이 특징이라 할 것이다.

신용평가는 전문적인 신용평가사가 금융채무의 발행자에 대한 상환능력을 일정한 기호, 즉 '신용등급'으로 표시하여 투자자 등 이해관계자에게 공시하는 제도를 말한다. 신용평가의 결과로 발표되는 신용등급은 신용위험을 평가한 것일 뿐이며, 해당 기업이나 증권에 대한 매수 및 매도에 관한 의견은 아니다. 신용평가는 금융기관들이 채권자 당사자의 입장에서 원리금의 상환 가능성을 분석하는 것과는 차이가 있다.

신용평가의 대상은 상당히 다양할 수 있다. 신용평가는 대상이 증권의 발행자인가, 아니면 발행자의 특정 채무인가에 따라 구분된다. 발행자에 대한 신용평가는 발행자의 금융채무 전반에 대한 채무불이행 가능성만이 감안되는 반면, 특정 채무에 대한 신용평가는 보증 여부, 담보 여부, 선 · 후순위 관계 등으로 인해 개별 채무의 부도시 손실률이 달라질 수 있다는 점이 추가로 고려된다.

국가도 신용평가의 대상이 될 수 있다. 세계적인 금융위기 이후에 국가의 신용등급도 중요한 이슈가 되고 있다. 우리나라는 1997년도의 외환위기를 계기로 국가의 신용등급이 얼마나 심각한 영향을 미칠 수 있는지를 실제로 경험한 나라이다. 국가신용등급(sovereign credit rating)이란 국가의 채무상환능력과 상환의지에 대한 평가를 등급으로 표시한 것이라 할 수 있다. 이 등급은 외국 채권자와 투자자들에게 있어서 중요한 투자기준이 된다.

신용평가의 핵심적인 개념은 평가 대상의 상환능력과 이행의지이다. 상환능력은 외부 및 내부의 상황 변화에 따른 회사의 대응력에 의해 평가된다. 물론 원리금 상환 의지가 있다는 것이 전제된다. 기업의 상환능력에 영향을 미치는 요인은 상호 밀접하게 관련되어 있다. 신용평가기관은 이러한 위험요소를 크게 사업위험과 재무위험으로 분류하여 분석하고 있다.

신용등급과 연관되어 광범위하게 사용되는 용어로 투자등급(investment grade)과 투기등급(speculative grade)이 있다. 기업평가의 신용등급 체계에서는 장기신용등급의 AAA~BBB(BBB- 이상) 단기신용등급의 A1~A3(A3- 이상)가 투자등급으로 분류되며, 장기신용등급의 BB~D(BB+ 이하), 단기신용등급의 B~D(B+ 이하)가 각각 투기등급에 해당한다. 신용등급이 투자등급과 투기등급으로 구분되는 것은 양자 간에 현격한 수준의 신용위험 차이가 있다는 점에 있다.

연습문제

1. 신용등급의 평가와 대출과정에서의 신용분석의 차이를 설명하시오.
2. 신용분석과정을 모형화하는 것이 어떤 이점이 있는지 설명하시오.
3. 신용위험의 평가에서 5C를 중시하는 경향이 남아 있다. 신용분석에서 사용되는 5C를 설명하시오.
4. 우리나라 중소기업에 대한 신용평가에서는 소규모 기업의 경우에 비재무적 요인에 높은 비중을 두는 경향이 있다. 토론하시오.
5. 신용평가의 기능을 설명하시오.
6. 신용등급은 신용위험에 대한 사전적인 경고라기보다는 사후적인 조정이라는 비판이 있다. 근래에 발생한 금융위기의 예를 가지고 설명하시오.
7. 국가신용등급과 기업 및 증권의 신용등급과의 관계를 설명하시오.
8. 국가신용등급의 결정요인들을 설명하고, 국가신용등급의 변화가 미치는 영향을 토론하시오.
9. 신용등급의 결정에서 연역적 방법과 귀납적 검증의 관계를 설명하시오.
10. Moody's는 세계적인 신용평가기관 중의 하나이다. Moody's가 표방하는 보편적인 분석기준들은 무엇인가?
11. 신용등급 중에서 투자등급과 투기등급은 실질적인 측면에서 상당한 차이가 있을 수 있다. 투자등급과 투기등급을 구분하고, 발행기업의 입장에서 어떤 차이가 있는지 설명해 보시오.
12. 근래에 다양한 형태의 신용평가가 존재한다. 신용등급의 평가를 신용조회나 신용인증 등과 비교해 보시오.

제4편

경영분석 응용 분야

제 13 장

기업부실의 원인과 예측

본 장에서는 기업부실의 영향, 원인과 징후, 부실기업의 구조조정, 그리고 부실예측 방법들에 대해서 살펴보고자 한다. 기업부실은 해당 기업의 문제일 뿐만 아니라 사회적인 이슈가 된다. 기업부실은 대부분의 경우에 점진적인 과정을 통해서 발생한다. 기업부실에 대한 정보를 사전에 파악할 수 있다면 많은 이해관계자들에게 도움이 될 것이다.

기업부실의 원인은 외부적 측면과 내부적 측면으로 나누어 살펴볼 수 있을 것이다. 외부환경은 기업이 변화시킬 수 없는 것이라 하더라도, 기업의 경영진은 외부환경의 변화를 예측하고 대응할 필요는 있는 것이다. 그러므로 기업부실은 외부적 요인이든 내부적 요인이든 최종적으로는 경영자의 책임인 것이다.

13.1 기업부실의 개요

기업부실의 의미는 정의하기에 따라 다양한 의미를 지닌다. 통상 기업부실은 3가지로 구분되는데 경제적 부실, 지급불능, 그리고 파산 등으로 나뉜다. **경제적 부실**(economic failure)이란 ① 기업의 총수익이 총비용에 미달하는 경우, ② 기업의 투자

그림 13-1 정태적 지급불능

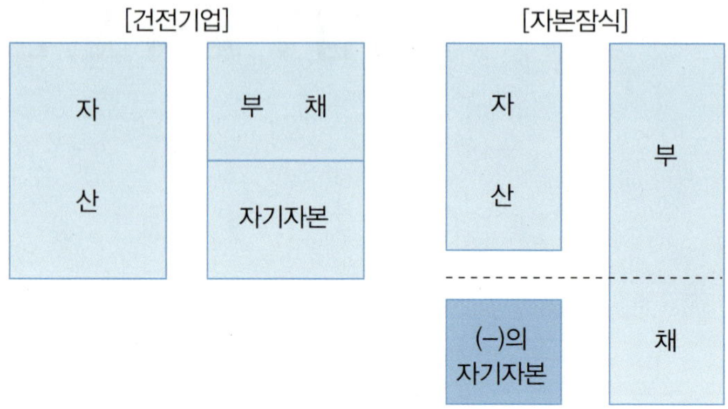

수익률이 자본비용에 미달하는 경우 등 주로 기업의 수익성 저하가 원인이 되어 나타나는 경제적 문제를 말한다. 그러나 경제적 부실만을 가지고 그 기업이 곧 망할 기업이라고 단정할 수는 없다. 경제적 부실은 기업도산의 원인이기는 하지만 부채에 대한 원리금 지급이 계속되는 한 기업은 존재할 수 있기 때문이다.

지급불능(insolvency)에는 일시적인 유동성 부족으로 갚아야 될 채무를 상환할 수 없는 기술적 지급불능(technical insolvency)과 총부채가 총자산을 초과하여 순자산가치가 마이너스가 되는 실질적 지급불능(real insolvency)을 포함한다. 기술적 지급불능은 일시적 현상으로 유동성이 즉시 뒷받침될 수만 있다면 기업은 정상적인 상황으로 되돌아갈 수도 있다. 반면에 실질적 지급불능은 만성적 적자에 따른 자본잠식의 일반적 결과이다.

한편 지급불능은 정태적인 관점에서 살펴볼 수도 있고, 동태적인 관점에서 살펴볼 수도 있다. 정태적 관점에서의 지급불능(stock-based insolvency)은 기업의 자산가치보다 부채가치가 더 커서 순자산가치가 마이너스가 된 경우를 말하며, 동태적 관점에서의 지급불능(flow-based insolvency)은 기업이 영업활동에서 벌어들이는 현금흐름이 계약에 의해 지급되어야 할 현금지출액보다 작은 경우를 말한다.

파산(bankruptcy)이란 부채에 대한 지급불능이 발생하거나 법원에 의하여 파산선고가 공식적으로 내려진 경우를 의미한다. 실제로는 기업의 자산가치가 부채가치에 미치지 못하여 실질적 지급불능상태에 들어갔을 때, 채권자들이 기업의 폐지를 법원에 신청하고 이에 따라 법원이 파산선고를 내림으로써 파산이 발생한다고 볼 수 있다. 우리나라의 파산법에 의하면 기업의 자산가치가 부채가치에 미치지 못할 때 법원이 파산선고를 내리게 되고, 이에 따라 그 기업은 해산되는데 이와 같은 상태를 가리켜 파산이라고 정의하고 있다.

13.2 기업부실의 영향

기업부실은 이해관계자뿐만 아니라 일반 소비자와 국민경제 전체에 큰 영향을 미친다. 다음은 기업부실이 미치는 영향을 각 경제주체별로 정리한 것이다.

부실기업 및 경영자: 파산신청과 그 처리과정에서 **파산비용**이 발생한다. 중요한 항목으로는 변호사, 회계사, 그리고 파산관재인 등에 대한 보수를 들 수 있다. 또 회사가 청산되는 경우에는 자산을 실제 가치보다 낮은 가격에 처분하게 되는데, 그 차액만큼 손실이 발생하는 것이다.

회사가 재건되는 경우에도 주요 거래처의 상실로 인한 매출 감소와 계약 취소, 정상적 경영활동의 곤란으로 인한 매입단가 및 제조원가 상승, 신용의 실추로 인한 차입비용 상승, 자금조달 곤란으로 인한 좋은 투자기회의 상실, 우수한 인재의 유출, 경영자의 시간손실 등의 여러 비용들이 발생한다.

주 주: 주주는 기업의 잔여지분에 대한 **소유권**(residual claim)을 갖는 사람이다. 그러므로 기업이 부실화되고 파산상태에 빠지면 직접적인 피해를 받는 사람이

주주이다. 대부분의 경우 파산상태에 빠진 기업의 주주는 투자한 모든 금액을 잃을 가능성이 매우 높다. 물론 주가는 급락하고, 배당금 지급이 중단되며, 경우에 따라서는 추가적인 부담이 발생할 수도 있다. 기업이 파산하는 경우에는 기업의 주인인 주주는 의사결정권자로서의 역할을 수행할 수 없게 된다.

채권자 및 거래처: 채권자는 원금이나 이자를 받을 수 없게 되고, 채권의 보전을 위한 활동에 비용이 들어간다. 채권의 보전을 위해 시간상의 손실이 발생하고 거래처는 판로의 상실로 매출이 감소한다. 심각한 경우에는 채권자는 원리금의 일부를 상환 받지 못할 가능성이 있으며, 거래처의 경우에는 현금수급에 문제가 생겨서 연쇄도산의 가능성도 있다.

종업원 및 소비자: 종업원은 기업의 파산에 의해서 직접적이고 심각한 타격을 받는다. 종업원은 우선 직장을 잃고 그에 따라 새로운 직장을 찾아야 하는 심리적 물질적 고통을 받는다. 뿐만 아니라 밀린 급료나 퇴직금의 지급도 불투명한 경우가 발생한다. 도산기업의 제품을 구입한 소비자는 구입한 제품에 대한 사후서비스를 받을 수 없게 될 뿐만 아니라 보유한 제품의 실질가치가 떨어지는 경험을 하게 된다.

경쟁기업: 만약 도산기업이 자체적인 내부요인에 의해서 도산할 경우에는 시장점유율의 증가와 같은 반사이익을 누릴지도 모른다. 그러나 기업의 도산이 전반적인 경기침체나 산업의 불황에 의한 것이라면 경쟁기업도 상당한 타격을 받을 가능성이 있다. 경쟁기업이 동일한 종류의 제품을 판매할 경우 도산기업의 덤핑판매에 따른 가격경쟁으로 인하여 이익이 축소되고 제품이미지가 악화될 수도 있다.

지방자치단체 및 정부: 조세수입이 감소하고, 부실기업이 정부로부터 세제 및 금융상의 지원을 받았을 경우에는 그 효과가 상실된다. 부실기업이 국민경제나

지방자치단체에 큰 영향을 미칠 가능성이 있는 경우에는 정부나 지방자치단체가 어느 정도 재정이나 금융상의 부담을 질 가능성도 있다.

국민경제 전체: 부실기업을 구제하거나 다른 기업에 인수시키는 과정에서 세제 및 금융상의 지원이 이루어질 경우 국민의 부담이 늘어난다. 실업자에 대한 보험금 지급이 증가하면 국민의 보험료 부담도 늘어난다. 기업부실이 빈발할 경우 사회 불안이 고조되고 경제성장이 정체되거나 후퇴할 수도 있다.

지금까지 이루어진 대부분의 연구에서는 파산 관련 비용을 직접비용과 간접비용으로 나누어 추정하고 있다. **직접비용**은 기업의 청산 또는 재건 과정에서 실제로 지출된 것이며, **간접비용**은 파산에 따른 매출감소, 이익상실, 차입곤란, 차입비용 상승 등의 기회비용으로 구성된다. 기업의 파산과 관련된 비용은 측정이 용이한 직접비용보다는 측정이 곤란한 간접비용의 규모가 훨씬 큰 것으로 생각된다.

13.3 기업부실의 원인과 징후

기업부실은 기업 내외의 여러 가지 원인이 복합적으로 작용하여 발생한다. 기업부실은 경영자가 내부적 요인들에 기인하는 경우도 있으며, 경영자가 통제할 수 없는 외부적 요인들에 기인하는 경우도 있다. 경영자의 책임을 강조한 입장에서 기업부실의 원인을 분석한 학자가 린크린(Rinklin)이다. 린크린은 기업부실을 "기업을 둘러싼 기술적, 경제적, 사회적, 정치적 환경으로부터 발생되는 각종의 위험 및 기업의 내부에서 발생하는 각종의 경영위험을 경영자가 적절히 통제하지 못함으로써 야기된 벌칙"으로 정의하였다. 경영자는 기업 내외에 존재하는 위험을 사전에 발견하여 그 정체를 밝히고 적극적으로 위험을 방지하는 역할을 담당해야 한다는 것이다. 따

그림 13-2 기업부실의 원인

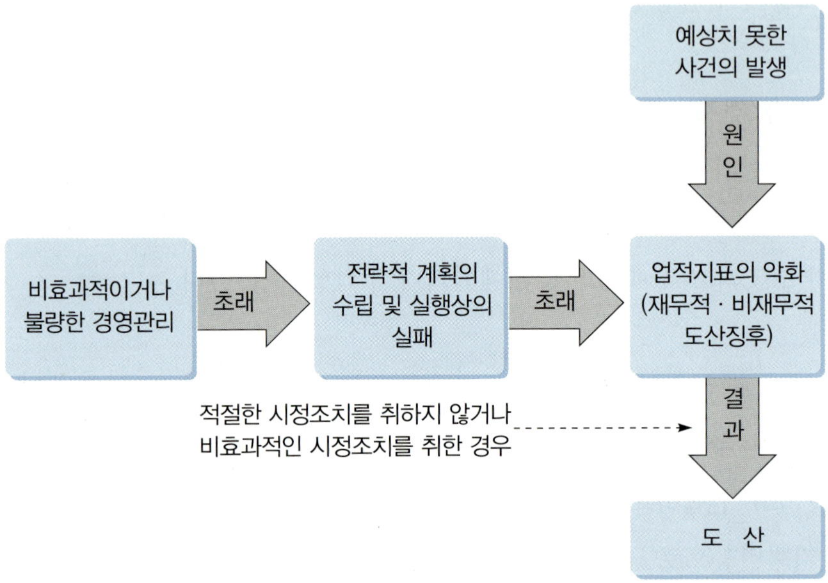

자료: S. Sharma and V. Mahajan, "Early Warning Indicators of Business Failure," *Journal of Marketing*. (Fall 1980), p. 8.1

라서 부실에 대한 최종적인 책임은 경영자가 져야 한다는 논리이다.

[그림 13-2]에서 보듯이 부실화 과정에서 나타나는 부실징후는 지급불능과 자본잠식이다. 기업의 지급불능과 자본잠식은 수익성 악화의 결과이다. 수익성 악화는 생산과 판매활동의 비효율과 부진으로 발생한다. 기업의 생산과 판매활동의 부진은 가격, 상품관리, 제품의 질 등의 요인으로부터 발생하는데 이것을 2차 원인이라고 부른다. 기업부실의 2차 원인을 발생시키는 근본적인 요인은 경영자의 경영정책과 시장정책인데, 이것들을 기업부실의 제1차 원인이라고 한다.

외부 환경요인과 기업 내부요인

외부 환경요인: 기업부실의 원인이 외부 환경요인에 의해서 발생할 수도 있다. 경영자는 외부 환경요인에 대해서는 그 변화의 방향과 영향력을 예측하여 그에 대응할 수 있는 경영전략을 수립하여야 한다. 기업의 부실화를 초래할 수 있는 외부 환경요인에는 다음과 같은 것들이 있다.

① **시장요인**: 시장수요와 수익성을 감소시키는 요인들이 시장에 존재한다. 제품의 수요가 유행이나 관습의 변화에 따라 감소될 수 있으며, 성능이 향상된 신제품이나 대체품의 등장, 경쟁의 격화나 과당경쟁 등이 시장수요를 감소시키는 요인이 될 수 있다.

② **경기 및 금융 요인**: 경기침체는 내수산업 전반에 상당한 영향을 미친다. 원자재 가격의 급등, 금융긴축, 금리상승, 환율의 급변동도 기업부실을 가져올 수 있다. 우리나라가 외환위기시에 많은 기업들이 경기 및 금융 요인에 의해서 부실화된 사례가 많다.

③ **정치 및 국제 요인**: 정권의 교체에 따라 산업정책의 방향이나 규제의 변화에 따라 기업부실이 가능하다. 국제요인으로는 전쟁이나 테러위협에 의해서 기업이 곤경에 빠질 수도 있다.

④ **지역 및 환경 요인**: 환경에 대한 규제의 강화나 공해발생업체의 경우 공해발생에 대한 기준의 강화 등은 기업의 곤경을 가져올 수 있다.

⑤ **노동요인**: 노조의 설립, 노조의 강성화, 그리고 소위 3D 업종의 경우 노동력 수급 곤란 등의 문제들이 기업부실의 원인이 될 수 있다.

기업 내부요인: 기업의 부실화를 가져오는 내부요인으로는 경영자 문제, 조직 전반의 문제, 그리고 부문별 문제들이 포함된다. 여기서는 몇 가지 요소들에 대해

서 살펴보고자 한다.

① **경영자 요인**: 경영자의 태도와 능력이 기업에 중요한 영향을 미친다. 기업의 경영에 대한 전반적인 책임은 경영자에게 있다고 해도 과언이 아니다.

② **구매 및 재고 요인**: 구매요인의 부실이 전염되어 기업의 부실로 이어지는 경우도 있다. 원부재료의 구입처가 다양하고 경쟁이 존재하는 시장이라면 구매에 문제가 발생하는 경우에 구입처를 바꾸면 되지만, 매입처가 독과점일 경우에는 품질관리, 불량재고 혹은 매입처의 공급거절과 같은 사태가 발생하면 해당 기업은 심각한 곤경에 처할 수 있다.

③ **생산요인**: 생산요인의 문제는 여러 분야에서 나타날 수 있다. 시설의 노후화에 따라 생산성이 떨어질 수도 있다. 현재의 많은 기업들은 대규모의 설비투자를 요구하는데, 시설이 노후화되어 생산성이 떨어지면 핵심적인 생산원가의 취약성 때문에 서서히 부실의 길로 빠져들 가능성이 있는 것이다.
어떤 경우에는 과다 시설투자에 따른 부담 때문에 재무적 곤경에 처하는 경우도 있다. 신기술의 개발이 빠른 분야에서는 연구개발에 대한 투자가 부족하면 장기적인 생존에 어려움을 겪을 가능성도 있는 것이다.

④ **판매요인**: 판매요인으로부터의 어려움은 다양한 양상을 나타낸다. 고객이 일부에 집중되어 있는 경우에는 주요 고객의 이탈이나 대금회수의 문제로 인하여 부실이 발생할 수 있다. 또한 거래처나 불량채권의 누적에 의해서 유동성의 위기에 빠지는 경우도 있을 수 있다. 과대 혹은 과소 광고활동으로 마케팅 전략의 실패로 인한 손실도 있을 수 있다.

⑤ **조직 및 종업원 요인**: 불건전하고 불안정한 노사관계는 기업의 부실을 가져올 수 있는 중요한 요인이 된다. 불건전한 노사관계는 조직의 성과와 인센티브제도의 활용을 어렵게 해서 조직의 능률을 떨어뜨리는 역할을 할 가능성이 있다. 주요 기술을 보유한 종업원의 이탈이나, 종업원에 의한 회사 재산의

피해와 같은 상황은 전반적인 종업원의 사기저하뿐만 아니라 정상적인 경영 활동을 방해할 가능성이 있는 것이다.

⑥ **재무 및 경리 요인**: 예산 및 자금계획 능력의 부족으로 재무적 곤경에 빠지는 기업이 있다. 과대한 차입에 따른 금융비용이 문제가 되는 경우도 있고, 기업의 신용등급 변화에 따라 금융기관들이 대출기간을 연장해주지 않고 대출상환을 요구한다면 일시적 유동성의 압박을 피하기 어려울 것이다. 기업이 재무적 신용을 유지하지 못하면 추가적인 차입이 어려워지고 주주들의 추가적인 투자 기피도 발생할 것이기 때문에 기업은 부실에 빠질 가능성이 있다.

각국의 기업 부실원인

미국기업의 부실원인: 미국에서는 세계적으로 유명한 신용평가기관인 Dun and Bradstreet Inc.에 의해서 기업부실의 원인들이 정기적으로 조사 · 발표되고 있다. Dun and Bradstreet Inc.가 작성한 부실원인은 다음의 〈표 13-1〉과 같다.

〈표 13-1〉을 보면 산업 전체의 기업부실 원인은 45.7%가 경영자의 무능력, 그리고 경영자의 업종 경험부족, 경험 불균형, 관리 경험의 부족 등 경험과 관련된 비율이 각각 13.3%, 15.6%, 18.4%가 되어 전체적으로 47.3%가 경영자의 경험 문제를 지적하고 있다. 경영자의 무능력과 경영자의 경험의 문제를 경영자 문제로 합산해 본다면 기업부실의 93%가 경영자의 문제에서 기인하는 것으로 분석되고 있다.

표에서 알 수 있는 것은 미국기업의 부실원인이 주로 경영자 무능력이나 경험부족으로 나타났다. 미국의 경우 기업경영에 대한 책임을 많은 부분 경영자의 것으로 여기는 전문경영인 제도가 발달한 나라이다. 그러므로 경영의 성과나 결과에 대해서도 주로 경영자에게 책임이 지워지는 경향을 보이는 것으로 보인다.

일본기업의 부실원인: 일본의 경우는 기업부실의 원인이 미국과는 차이가

표 13-1 미국기업의 부실원인

(단위: %)

부실원인	제조업	도매업	소매업	건설업	서비스업	산업 전체
1. 태 만	1.3	2.6	1.9	1.7	1.6	1.7
2. 부 정	1.3	2.0	1.2	0.8	1.1	1.2
3. 당해업종에서의 경험부족	9.8	9.1	16.1	10.1	15.5	13.3
4. 관리경험의 부족	11.2	13.4	15.9	20.8	16.3	15.6
5. 경험의 불균형[1]	18.6	14.1	19.3	19.5	17.1	18.4
6. 무 능 력	54.6	55.0	41.3	43.0	44.3	45.7
7. 천 재 지 변	1.1	1.6	1.6	0.8	0.6	1.3
8. 원 인 불 명	2.1	2.2	2.7	3.3	3.5	2.8
합 계	100.0	100.0	100.0	100.0	100.0	100.0

주: 1) 개인기업의 경우에는 기업주, 조합이나 회사의 경우에는 경영진을 구성하는 파트너나 중역들이 판매 · 구매 및 제조 등 각 분야에서 골고루 경험을 쌓지 못함을 뜻함.

자료: *The Failure Record through* 1971(New York: Dun & Bradstreet, Inc., 1972), p. 11.

있다. 일본의 경우에도 방만한 경영이나 경영계획의 실패와 같은 경영자에 기인하는 요인들이 상당한 부분을 차지하지만, 미국과는 달리 경영자 개인의 문제로 인식하기보다는 외부 환경의 변화로 인식하는 비중이 높다. 1970년대의 조사에서는 방만한 경영이나 경영계획의 실패와 같은 경영자에게 책임을 돌리는 비중은 각각 31.7%와 11.9%로서 총 43%에 달하는 수준이다. 1980년대에 들어서면 경영자 요인은 약 33%로 오히려 떨어지고 있다. 미국의 경우에 경영자의 문제로 보는 비중이 93%인 것을 비교해 보면 기업경영에 대한 인식에 상당한 차이가 있는 것을 알 수 있다.

우리나라 기업의 부실원인: 다음의 〈표 13-3〉은 중소기업은행이 우리나라 중소기업 300여 개를 대상으로 부실원인을 분석한 자료이다. 〈표 13-3〉에서는 복수응답을 허용했기 때문에 앞에서의 표들과는 약간 다른 모양을 나타낸다. 중소기업의

표 13-2 일본기업의 부실원인과 추이

(단위: %)

기업도산의 원인	서비스업	산업 전체
경기변동에 의한 판매부진	29.2	42.5
수출부진	1.4	0.2
매출채권의 회수곤란	13.1	7.9
과당경쟁	2.9	3.0
업계부진	7.8	8.1
방만한 경영	31.7	22.8
경영계획실패	11.9	10.1
경영자의 질병 또는 사망	1.0	2.0
화재 등 각종 재해	0.3	0.3
기 타	0.7	3.2
합 계	100.0	100.0

자료: 清水龍瑩,『現代企業評價論』(東京: 中央經濟社, 1980), 및 帝國데이터뱅크,『帝國情報』(1984.11).

표 13-3 우리나라 중소기업의 부실원인

도 산 원 인[1]	전체에 대한 비율(%)[2]
1. 거래기업의 도산 또는 경영부진	46.6
2. 판매대금의 회수부진	38.3
3. 경영자의 자질 및 경험부족	36.7
4. 사채 차입의 과다	29.6
5. 기술력의 미약	29.0
6. 마케팅의 부족	28.0
7. 제품의 진부화 및 대체품 출현	23.0
8. 대기업과의 경쟁	22.3
9. 소비자 수요의 변화	17.7
10. 과도한 비유동자산 투자	15.7

주: 1) 도산원인별 업체수의 구성비임.
2) 300개 업체에 대한 복수응답임.

자료: 중소기업은행 조사부, 1984.

경우에 부실원인 중에서 가장 큰 비중을 차지하는 부분은 거래기업의 도산 또는 경영부진을 꼽고 있다. 즉 거래기업의 부실이 중소기업의 부실로 전염되는 경우가 많다는 것이다. 이러한 현상은 중소기업의 경우에 판매업체가 소수의 업체에 집중되어 있다는 사실을 의미하기도 한다. 또한 두 번째의 부실원인으로 판매대금의 회수부진을 꼽고 있는데, 이것도 거래처의 부실이 중소기업의 부실로 연결되는 현상을 나타내는 것이다.

중소기업 부실의 세 번째 요인으로는 경영자의 문제를 꼽고 있다. 그 외의 원인으로서 사채차입의 과다, 기술력의 미약, 마케팅의 부족, 제품의 진부화 및 대체품 출현, 대기업과의 경쟁, 소비자 수요의 변화, 그리고 과도한 비유동자산 투자 등을 꼽고 있다.

전체적으로 우리나라 중소기업의 도산원인으로서 특히 주목할 만한 것은 많은 기업들이 도산원인으로서 거래처의 도산 혹은 경영부진, 그리고 판매대금의 회수부진을 꼽고 있는 것이다. 다양한 기업의 부실에는 물론 다양한 이유들이 존재한다. 그런데 대부분의 경우에 시장상황의 악화가 기업부실의 원인이 되는 경우가 많았다.

대부분의 기업들이 생산하는 제품은 낮은 기술수준에서 부가가치가 높지 않은 상품들로서 소위 사양산업에 속하는 것들이다. 동종의 업종에 속한 기업들 중에서 새로운 기술을 개발하여 신제품을 생산하는 기업은 경쟁력을 유지하지만, 기술개발을 게을리하고 단순생산 만을 계속한 기업들은 도산의 운명을 맞게 된 것으로 여겨진다. 그 외에 일부 기업들은 무리한 사업 확장이나 다각화가 기업부실의 원인으로 분석된다.

대기업의 도산사례: 최근 우리나라에서 일부의 대기업들마저 부실화된 데는 외견상으로는 외환위기 이후의 수출 부진과 국내 경기의 침체가 그 원인으로 지적되고 있다. 그러나 WTO체제가 시작되어 지구촌 기업간의 본격적인 무한경쟁 시대가 도래함에 따라, 그간 수익성보다는 외형 위주의 경영을 해온 한국기업들이 그 취약

점을 드러냈다는 점과 차입에 의한 기업의 성장전략이 그 한계에 이른 것이 근본원인이라고 할 수 있다. 기업마다 도산한 이유가 다르겠지만, 그 원인을 다음 몇 가지로 정리하여 볼 수 있다.

첫째는 방만한 경영에 의한 **사업다각화**를 들 수 있다. 국내의 많은 기업들이 1980년대 후반 이후 주력 사업 자체의 경쟁력도 취약한 상황에서 전자, 금융, 정보통신, 리조트 개발, 건설, 유통업 등으로 사업을 확장한 바 있다. 예를 들어, 기아그룹은 건설과 특수강, 진로그룹은 맥주와 건설, 해태그룹은 중공업 및 전자와 유통, 쌍방울그룹은 리조트 사업 등으로 진출하였으나, 신규사업은 대규모 투자에도 불구하고 매출이나 수익성이 좋지 않은 경우가 대부분이었다. 또 재벌그룹의 경우 상호출자와 지급보증으로 연결됨으로써 흑자회사가 적자회사를 보전하게 되어 일부 회사의 부실이 전체 그룹의 도산을 초래하는 결과를 빚었다.

둘째는 차입 위주의 경영과 수익성 악화로 인한 **재무구조의 취약성**이다. 예를 들어 과거 기아그룹의 부실에 일조한 기아특수강의 자기자본비율은 3.5%, 뉴코아의 자기자본비율은 6.0%에 불과하였다. 또한 대우그룹이나 진로그룹, 쌍방울그룹 및 대농그룹의 부실에 기여한 (주)대우와 진로쿠어스맥주, 쌍방울개발 및 대농은 자본잠식 상태였다. 이들 기업은 부족한 자금을 은행에서의 차입 위주로 조달함으로써 과다한 금융비용을 부담한 데다 해당 사업에서의 경영성과가 저조하다 보니 수익성이 악화될 수밖에 없었다.

셋째는 자금조달과 사용에 대한 **무리한 의사결정**이다. 누구나 아는 초보적인 내용이지만, 장기투자는 장기자금으로, 단기투자는 단기자금으로 조달함으로써 투자기간과 조달자금을 가급적 대응시키는 것이 재무관리의 원칙이다. 그러나 일부 기업의 경우 설비투자에 소요되는 자금을 상당 부분 장기자금이 아닌 단기자금으로 충당하고 있다. 예를 들어 과거 뉴코아, 쌍방울개발, 진로쿠어스맥주, 기아특수강의 경우에는 매입채무를 제외한 단기차입금 등 유동부채의 규모가 연간 매출액을 상회하고 있을 정도이다.

넷째는 **최고경영자**의 의사결정의 전횡이다. 우리나라 대부분의 기업에서 주요 의사결정이 최고경영자의 뜻에 따라 이루어짐으로써, 그룹 전체 나아가서는 경제 전체에 영향을 미치는 주요 의사결정이 한 사람의 생각에 따라 좌우되고 있다. 이러한 최고경영자 혹은 대주주의 의사결정에 대하여 그 문제점을 지적하고 견제할 수 있는 장치가 부족했던 것이 기업도산의 한 원인이 되었다.

다섯째는 **구조조정**의 실기를 들 수 있다. 도산의 징후가 나타나고 실제 도산에 이르기까지 상당한 기간이 걸리는 것이 보통이나, 많은 기업의 경우 도산이 현실로 나타나서야 본격적인 인원감축이나 경비절감, 한계사업으로부터의 철수나 보유 부동산 처분 등의 조치를 시도한다. 그러나 구조조정을 일찍 시작한 기업들은 어려운 시기를 잘 견뎌낸 경우도 많다.

여섯째는 엄격한 **신용평가**의 실종이다. 국내의 시중은행을 비롯한 많은 금융기관은 한보철강이나 대우그룹의 부실화 예에서 드러났듯이, 해당 기업의 대출요청에 대하여 기본적인 신용평가조차 무시해 버린 것으로 나타나고 있다. 이는 관치금융으로 인하여 금융기관의 자율경영이 확보되지 못한 것에도 문제가 있지만, 최고경영자의 독단적인 의사결정을 제어할 수 없는 제도 및 경영풍토에도 문제점이 있다. 또한 주요 신용평가기관들도 해당 기업의 신용위험을 제대로 파악하지 못한 채 평가의뢰기업에 대하여 지나치게 후한 신용등급을 부여하는 문제가 있었다.

기업부실의 과정

기업의 파산은 순간적으로 일어나는 것이 아니다. 정상적인 기업이 파산에 이르기까지는 **연속적인 부실화 과정**을 밟게 된다. 건전기업이 부실기업으로 전락하는 과정은 **수익성 저하**, **지급능력 저하**, **법률적 파산**의 3단계로 진행된다고 볼 수 있다.

건전기업의 경우에는 총수익이 총비용보다 크고 투자수익률(*ROI*)이 자본비용보다 높다. 그러나 총비용이 총수익보다 크거나 자본비용이 투자수익률을 넘는 결손

그림 13-3 기업부실화 과정

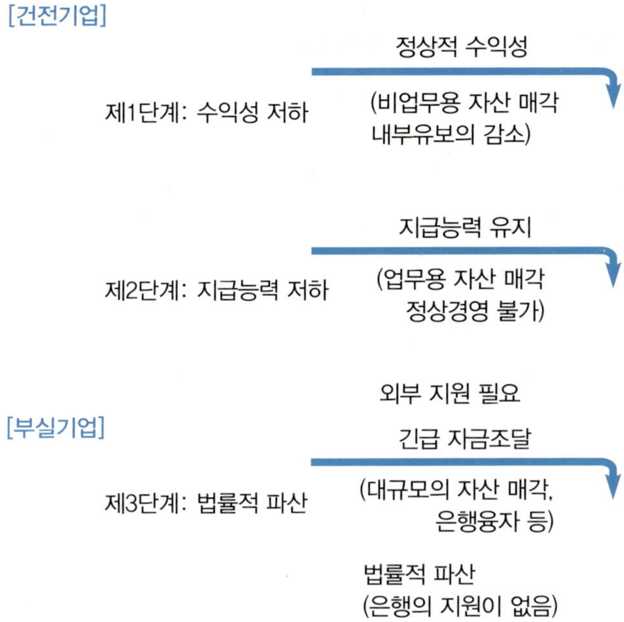

기간이 계속되어 수익성이 나빠지면, 기업은 내부유보를 줄이고 비업무용 부동산 등 실제로 업무에 사용되지 않는 자산을 팔아 지급능력의 유지를 꾀하게 된다. 기업부실화의 첫 번째 과정이다.

결손 기간이 더욱 길어지면 사용할 수 있는 내부유보나 매각할 비업무용 자산도 바닥이 나게 되어 지급능력은 극도로 나빠지며 정상적 경영이 아주 어렵게 된다. 즉 지급능력의 저하가 계속되는 단계이다. 결손이 더 누적되면 기업은 공장이나 건물 등 업무용 자산의 상당 부분까지도 처분하여야 하므로, 외부의 금융지원을 받지 않는 한 기업의 존속이 사실상 불가능하게 되는 실질적 도산이 발생한다. 지급능력의 저하가 계속되면 파산 가능성이 높아지게 된다.

이 단계에서는 설사 법률적으로는 기업이 존속한다고 해도 기업의 본래 기능인

효율적인 생산기능이나 자주적인 의사결정기능은 상실되고 만다. 이와 같은 상황이 계속될 경우 기업은 대규모의 자산매각이나 금융지원이 없으면, 부도를 내고 법정관리 등을 신청함으로써 완전한 파산상태에 이르게 된다. 이것이 법률적 파산의 단계이다.

여기서 한 가지 주의해야 할 것은 현실에서 발생하는 기업도산은 주로 경영능력의 부족이나 자금조달능력의 저하와 관련된 것이지만 특정 산업이나 기업을 지원하는 정부의 경제정책 및 금융기관의 융자가 중단될 경우 건전기업이라도 흑자도산하는 경우가 있고, 정부의 정책적 배려에 의해 구제금융이 지원되면 실질적으로 도산한 부실기업이 그대로 존속하는 경우도 있다.

기업부실의 징후

기업의 부실화는 상당한 기간에 걸쳐서 나타나는 것이 일반적인데, 그 과정에서 여러 가지 부실징후(symptoms of failures)들이 나타나게 된다. 기업부실의 징후에는 재무적 혹은 비재무적 징후들이 있는데, **재무적 징후**들은 통상 재무제표 분석을 통하여 파악할 수 있을 것이다. 재무제표를 이용한 부실징후의 판단은 객관적인 분석 자료로 많이 이용된다.

하지만 재무제표는 화폐단위로 측정할 수 없는 정보를 반영할 수 없고, 또한 부실 발생과 재무제표의 기록 및 발표에는 시차가 있을 수 있기 때문에 재무제표를 이용한 징후의 파악은 한계가 있다. 그러므로 부실기업의 징후들을 공식적으로 파악하는 데는 재무제표 자료들이 유용하기는 하지만, 비재무적 징후들을 관찰하고 분석하여 재무제표 분석을 보완할 필요가 있다.

재무적 부실징후들을 주요 재무제표를 중심으로 살펴보기로 하자. 포괄손익계산서에서 우선 관찰할 수 있는 것은 **매출액의 감소**이다. 매출은 기업의 활동에서 가장 핵심이 되는 활동이다. 매출액이 감소한다는 것은 기업의 성과에 심각한 영향을 미

표 13-4 재무적 부실징후

포괄손익계산서	재무상태표	현금흐름표
• 매출액의 지속적 감소 • 매출원가 및 판매비, 일반관리비의 급증 • 과다한 금융비용 • 이익률의 현저한 감소 • 결손의 지속	• 현금·예금의 절대적 부족 • 매출채권 및 재고자산의 급증 • 비유동자산에 대한 과대투자 • 단기차입금 및 기타유동부채의 급증 • 자본잠식의 심화 • 이월결손금의 누적 • 타인자본의존도의 심화 • 차입조건이나 금리면에서 불리한 신규 차입금의 증가	• 현금·예금의 감소 • 영업활동으로 인한 현금흐름의 부족 • 단기차입금의 조달에 의해 장기부채를 상환하는 사례의 빈발 • 이자지급을 위한 차입금 발생

칠 가능성이 높다. 만약 매출액의 감소가 특이한 이상현상에 의한 것이 아니고 점진적이고 지속적인 현상이라면, 해당 기업의 수익성이 지속적으로 악화되고 있는 것이므로 주의해서 살펴보아야 할 것이다.

또한 비용의 과다한 증가도 기업부실의 원인이 된다. **매출원가의 비중**이 증가했다면 그 원인이 지속적인 것인지, 그 규모는 어느 정도인지를 분석해야 한다. 레버리지에 의한 과다한 **금융비용**도 기업경영을 심각하게 압박할 가능성이 있다. 기업의 금융비용이 성장을 위한 재원조달의 개념이라면 괜찮겠으나, 성장이 뒷받침되지 않는 과다한 금융비용은 기업을 부실화시킬 수 있다.

재무상태표에 나타나는 부실의 징후들을 살펴보기로 하자. 재무상태표에서 볼 수 있는 부실의 징후들은 유동성의 측면에서 살펴볼 수 있다. 현금 · 예금이 고갈된다든지, 단기차입금이나 유동부채가 갑자기 증가하는 것은 기업의 **유동성 문제**가 심각한 수준이라는 징후이다. 기업이 비유동자산에 과다하게 투자하고, 불리한 조건의 차입금이 증가하거나 결손이 누적되어 자본이 잠식되는 상황이 계속되면, 기업부실이 지속되고 있는 것으로 판단할 수 있다.

현금흐름표를 통해서도 기업의 현금 유동성 문제를 살펴볼 수 있다. 기업이 영업활동을 통해서 현금을 발생시키지 못하게 되면 기업부실이 진행되고 있다는 징후로 볼 수 있다. 또한 장기부채의 상환을 단기차입금에 의해서 자금을 조달하거나, 이자지급을 위해서 차입금을 발생시키는 등의 활동은 기업부실의 징후라고 볼 수 있다.

비재무적 징후는 기업의 성격에 따라 다양하게 나타나기 때문에 일반적으로 언급한다는 것은 어렵지만, 기업의 부실징후를 나타내는 사례들을 항목별로 나열하면 다음과 같다.

① **경영자**: 도박, 자사주의 처분, 외출 급증, 행선지 불명, 가정 불화, 약속위반, 언행불일치, 경영자 사이의 다툼 등

② **구매 및 재고**: 구매활동의 지연, 긴급한 구입의 빈발, 지급조건의 변경, 재고의 급증, 납품처의 거래중단 등

③ **생 산**: 유휴인력과 시설의 급증, 제품불량률의 급증, 시설보수의 지연, 공장 및 자산의 처분 등

④ **판 매**: 광고활동의 급감, 자회사에 대한 판매증가, 직원에 대한 강제판매, 정상적인 경로를 통하지 않은 판매증가, 시장점유율의 급격한 감소, 출혈 판매 등

⑤ **조직 · 종업원**: 자사주의 처분, 자사에 대한 공공연한 비방, 이직률 증가, 노사분규의 빈발, 회계담당자의 이직 등

⑥ **재무 · 경리**: 불량한 장부정리, 분식 결산, 가수금 · 가지급금의 급증, 잡손실의 급증, 장기 미회수채권의 증가, 부적정 감사의견, 임금의 체불, 세금의 체납 등

⑦ **금융기관 관계**: 예금잔고의 급감, 차입금 상환의 연기, 주거래은행의 변경, 돌발적인 융자 신청 등

⑧ **기 타**: 회사에 대한 평판 악화, 소송의 빈발, 주가의 급락 등

앞에서도 살펴보았듯이 우리나라 기업의 부실과 도산에는 거래처와 연결된 연쇄도산의 경우가 상당한 수에 달한다. 그러므로 주요 거래처의 경영실태를 눈여겨볼 필요가 있다. 다음에 소개되는 상황들은 정확한 통계에 의한 것은 아니지만, 여러 가지 경험상 기업부실의 징후로 볼 수 있는 것들이다. 만약 다음에 소개되는 11개의 징후 중에서 4~5개 이상이 발견되면 거래처의 신용상황을 본격적으로 조사할 필요가 있다.

① 융통어음을 이용한다는 소문이 나돈다. 융통어음은 상거래에서 발생한 진성어음이 아니고 자금의 차입을 위한 어음이다.
② 어음의 결제 기간이 비정상적으로 연장되고 있다.
③ 최근에 중요 자산을 매각한 사실이 있다.
④ 주거래은행과 거래를 중단했거나 이를 변경한 사실이 있다.
⑤ 최고경영자의 신용도 및 평판에 문제가 있다.
⑥ 중역들간의 파벌이 조성되고 대립이 격화되고 있다.
⑦ 유능한 인재가 퇴사한 사실이 있다.
⑧ 강제판매, 출혈판매가 행해지고 있다.
⑨ 종업원의 사기가 뚝 떨어져 있다.
⑩ 노사간의 대립이 첨예화되어 있다.
⑪ 대주주나 경영자가 보유지분을 대량으로 매각하고 있다.

13.4 부실기업의 구조조정

여기에서는 부실기업의 구조조정 활동에 대하여 살펴보기로 하자. 도산기업이 취할 수 있는 대표적인 방법들은 다음과 같이 정리될 수 있다.

사업구조조정	• 주요 자산의 매각 • 다른 기업과의 합병 • 자본적 지출과 R&D비용의 감축
재무구조조정	• 새로운 증권발행을 통한 자금조달 • 채권자와의 협상을 통한 채무상환 시기 · 방법 조정 • 부채의 자기자본으로의 출자전환
파산신청	

위에서 열거한 항목들 중에 처음 세 항목은 기업의 **사업구조조정**(asset restructuring)에 관한 것이다. 즉 기존의 사업부분을 매각하거나 다른 사업을 영위하는 회사와 합병을 하여 사업구조 자체를 변경시키거나 새로 바꾸는 것이다. 네 번째 이후의 항목들은 기업의 **재무구조조정**(financial restructuring)에 관한 것이다. 주식이나 채권의 신규발행을 통해 자금을 새로 조달하여 지급능력을 향상시키거나 채권자와의 협상을 통해 채무상환 시기와 방법을 재조정하고 부채의 출자 전환을 통해 재무구조를 개선하는 것이다.

기업의 구조조정은 경영자와 주주가 채권자와 협의하여 구조조정을 추진하는 사적 구조조정(private restructuring)과, 파산법이나 회사법 등의 법률에 의해 이루어지는 법적 구조조정(legal restructuring)으로 나눌 수 있다. 사적 구조조정이 채권자와 채무자라는 관계 당사자를 중심으로 이루어지는 데 비해, 법적 구조조정은 법원을 중심으로 하여 재판 형식으로 추진된다.

우리나라의 경우 사적 구조조정은 채권금융기관들이 일시적인 자금난을 겪는 부실기업의 정상화를 촉진하고 부실채권의 효율적 정리를 위해 채무구성과 상환 일정을 재조정하여 기업회생을 도모하는 기업개선작업(workout)을 통해 이루어진다. 법적 구조조정은 크게 회사청산, 화의결정, 그리고 회사정리의 세 가지로 나눌 수 있다. 이러한 부실기업의 처리 과정을 그림으로 나타내면 [그림 13-4]와 같다.

그림 13-4 부실기업 구조조정

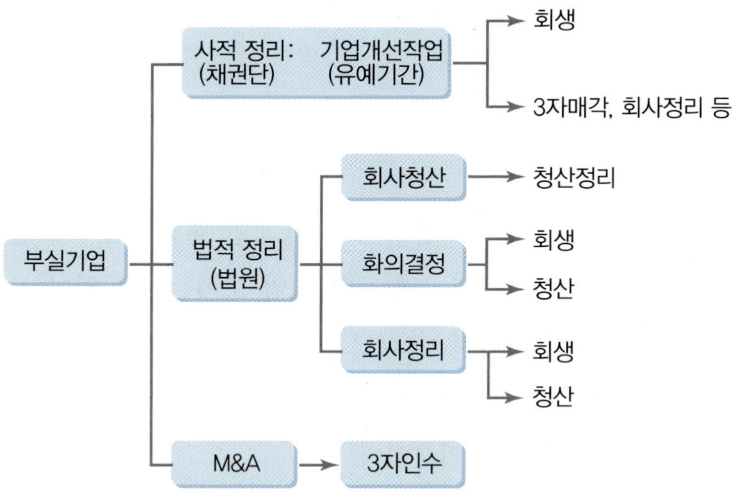

13.5 기업부실 예측

기업부실 예측은 다양한 이해관계자의 관심사항이다. 금융기관은 기업부실 예측을 대출에 대한 결정이나 기존 대출의 사후관리에 이용하고, 채권자는 이자와 원금의 상환능력을 평가할 때 활용한다. 경영자는 부실예측을 통하여 미리 다른 기업과의 합병을 모색하거나 기업의 재구축을 통하여 기업부실화에 따른 불필요한 비용을 막을 수 있다. 기업부실을 예측하는 데 있어서 다음 방법을 상호보완적으로 이용하면 비교적 정확한 예측결과를 얻을 수 있게 될 것이다.

재무제표 분석

기업부실 예측에 있어서 가장 흔히 사용되는 방법으로서 기업들의 재무제표를 비교 · 분석함으로써 부실기업과 건전기업을 구별하고 분석 대상기업의 부실 가능성을 예측하는 방법이다. 물론 기업의 재무제표가 해당 기업의 경영성과와 재무상태를 정확하게 반영한다는 가정하에서 유용한 방법이다.

현금흐름 분석

현금흐름 분석을 통하여 부실기업이 갖는 특성인 현금부족이나 현금창출 능력의 문제를 찾아내는 방법이다. 부도가 발생한 기업 중에는 순이익이 흑자인 상태에서 부도처리되는 경우도 종종 있다. 그러므로 현금흐름에 의한 부실예측은 중요한 의미를 지닌다. 현금흐름 분석은 실제 현금의 유출입에 초점을 두고 있어 자금 사정이 악화되었는지에 대하여 파악이 가능하다.

경영전략 분석

기업부실의 근본적인 원인으로 경쟁력의 열세, 원가구조의 열등, 경영자 자질의 부족, 기업이 속한 산업의 경쟁력 저하, 그리고 국내외 경제환경의 악화 등을 들 수 있다. 이러한 환경 변화에 대응하는 경영전략의 내용을 분석함으로써 기업부실의 가능성을 예측할 수 있다. 다만 경영전략에 대한 정보는 획득하기 어려운 측면이 있고 주관적인 판단이 필요한 부분이므로 면밀하게 검토할 필요가 있다.

자본시장 분석

증권시장이 효율적일수록 기업에 관한 모든 정보는 신속하게 주가나 채권가격에 반영될 것이다. 그러므로 주가나 채권가격에 관한 지표의 변화를 분석함으로써 기업부실의 가능성을 예측할 수 있다. 부실화가 진행되고 있거나 예상되는 상장기업은 부실에 관한 정보가 주가에 즉시 반영되기 때문에 도산발생 수개월 전에 이미 주가가 하락하는 경우가 많다.

또한 신용평가기관은 채무불이행 위험이 큰 기업이 발행하는 회사채나 CP에 대하여는 낮은 등급을 부여하고, 부실화가 예상되면 그만큼 채권등급을 낮추어 발표하게 된다. 이와 같은 자본시장 정보는 재무제표 정보에 비하여 적절한 시점에 정보를 제공하므로 재무제표 정보를 보완해 주는 역할을 한다.

산업구조 및 동향 분석

기업이 속한 산업의 경쟁력은 기업 환경의 하나로서 기업의 성장성, 수익성, 그리고 위험에 크게 영향을 미친다. 따라서 산업의 경쟁력을 결정짓는 구조적 요인분석이 중요하다. 이를 통하여 기업의 부실징후를 사전에 포착할 수 있다.

기존 기업들 간의 경쟁: 산업 내에서의 경쟁 양상과 산업 전체의 수익률을 결정하는 가장 중요한 요인은 기존 기업들 사이의 경쟁관계이다. 업체간의 경쟁은 산업의 성숙에 따라 성장률이 변화하고 경쟁 강도가 달라지는 것을 흔히 볼 수 있다. 어떤 산업이 성숙기에 들어가면 성장성이 떨어지고 경쟁이 가열되어, 수익률이 떨어지며 산업 자체가 재편성되기도 한다.

진입장벽: 진입장벽이 있는 산업에 진출한 기업은 그 독점력으로 수익성이 높으나, 진입장벽이 없는 산업에 진출한 기업은 수익성이 낮고 위험이 높다고 할 수 있다. 대표적인 진입장벽은 규모의 경제에 따른 과다한 자본 소요량, 브랜드 인지도에 따른 제품 차별화, 정부규제 등이다.

대체재와의 경쟁상태: 산업의 수익률은 대체재의 유무에 따라 크게 달라진다. 대체재는 기업이 가격을 결정하는 상한선을 제시하며, 이로 인해 그 기업이 속한

산업의 이익 잠재력을 제한한다. 대체재의 품질이 우수할수록 그 산업에 가해지는 가격 압력이 더욱 강해진다.

구매자의 교섭력: 구매자의 교섭력으로 인해 당해 산업의 수익성은 구조적으로 영향을 받게 된다. 구매자의 교섭력이 강해지면 결국 그 산업의 수익성은 감소되는 결과를 초래한다. 구매자의 교섭력을 결정하는 두 가지 요소는 첫째 구매자의 가격에 대한 민감성이고, 둘째 공급자에 대한 구매자의 교섭능력이다.

13.6 기업부실의 예측: 단일변량예측모형

단일변량예측모형(univariate analysis)에 의한 부실예측은 하나의 재무비율을 이용하여 기업부실을 예측하고자 하는 방법이다. 단일변수에 의한 부실예측모형은 두 가지 가정을 전제로 하고 있다. 첫째, 부실기업의 비율분포는 건전기업의 비율분포와 큰 차이가 있다. 둘째, 비율분포의 차이가 부실기업에 대한 예측력이 있다. 단일변량예측모형에서는 부실기업과 건전기업의 재무비율을 관찰하고 어떤 비율이 차이가 있으며 예측력이 있는지를 점검하는 것이다.

재무비율의 차이분석

재무비율의 차이분석이란 어떤 재무비율이 부실기업과 건전기업간에 뚜렷한 차이를 나타내는가를 분석하는 것이다. 예를 들어 재무비율 중 매출액순이익률이 건전기업과 부실기업 사이에 현저한 차이를 보이고 있다면, 이 비율은 기업부실 예측에 활용할 수 있다고 판단된다.

재무비율의 차이분석은 건전기업과 부실기업의 표본이 되는 기업을 선택하고,

부실과 건전 판정에 활용하기 위하여 선정된 재무비율이 두 표본의 평균간에 통계적으로 유의성 있는 차이를 나타내는가를 분석한다.

이 분석방법을 살펴보면 어떤 재무비율 X의 평균이 부실기업과 건전기업 사이에 현저한 차이를 보이고 있다면 이 재무비율의 차이는 다음 식으로 간단히 계산된다.

$$d = X_N - X_F$$

d: 재무비율 X의 평균의 차이
X_F: 부실기업군에 대한 재무비율 X의 평균
X_N: 건전기업군에 대한 재무비율 X의 평균

여기서 계산된 각각의 재무비율 평균의 차이가 '0'과 의미 있는 차이가 있는가를 검증하기 위하여 평균차이에 대한 통계적 유의성 검증이 이루어져야 한다. 평균차이에 대한 통계적 검증은 통상 t-검증에 의해서 이루어진다.

차이분석을 위해서는 우선 대응표본을 추출해야 한다. 10개의 부실기업과 대응되는 10개의 건전기업을 표본으로 추출한다. 대응되는 10개의 건전기업은 부실기업 표본과 업종, 기업 규모, 기업 연령 등의 면에서 비슷한 기업들을 선정해야 차이분석의 의의가 있다. 이와 같이 대응표본을 선정하는 방법을 짝짓기 표본설계방법(paired sampling technique)이라고 한다.

예를 들어 다음의 〈표 13-5〉는 건전기업과 부실기업의 비율을 검토한 결과라고 하자. 자기자본비율, 매출액순이익률, 그리고 유동비율은 기업의 재무구조, 수익성,

표 13-5 차이분석

(단위: %)

	건전기업평균(10사)	부실기업평균(10사)	평균의 차이
자기자본비율	30.5	3.5	27.0
매출액순이익률	3.2	−15.5	18.7
유동비율	105.3	67.2	38.1

유동성을 나타내는 비율들인데, 이것들이 건전기업과 부실기업 사이에 현저한 차이가 있는 것으로 보인다.

프로파일분석

프로파일분석(profile analysis)이란 기업의 부실을 판별 예측할 수 있는 재무비율을 발견하기 위하여 부실화 과정의 진전에 따라 부실기업과 건전기업의 재무비율이 각각 어떻게 변화하는가를 조사하는 것이다. 즉 기업의 부실은 점진적으로 진행된다는 점에 착안하여 두 집단간의 재무비율의 평균차이분석을 활용하여 기업부실을 예측하는 분석방법이다. 프로파일분석의 결과를 그림으로 나타낼 경우에는 시각적으로 부실화의 추이를 관찰할 수 있다는 효과가 있다.

비버(W. H. Beaver)는 1954년부터 1964년 기간 중 부실기업과 건전기업을 대상으로 프로파일분석을 수행하였다. 다음 [그림 13-5]에서 볼 수 있듯이 부실기업과 건전기업의 재무비율 중 6개가 현저한 차이를 보이고 있으며 부실기업의 재무비율은 도산시점이 가까워짐에 따라 급속하게 악화되고 있음을 알 수 있다.

예측력의 검정: 이원분류검정

건전기업군과 부실기업군의 재무비율의 평균차이분석만으로도 어느 비율이 부실기업과 건전기업을 판별하고 예측하는 데 유용한가 여부를 어느 정도는 알 수가 있다. 그런데 특정 재무비율을 이용하여 부실 여부를 결정할 수 있으려면 일정한 기준을 설정하여야 한다. 하나의 재무비율을 이용하여 기업의 부실 여부를 예측하려고 할 때 잘못 예측할 오류를 최소화할 수 있는 기준치인 절삭점(cut-off point)을 결정하는 방법이 이원분류검정(dichotomous classification test)이다.

그림 13-5 프로파일분석: 부실기업과 건전기업의 재무비율

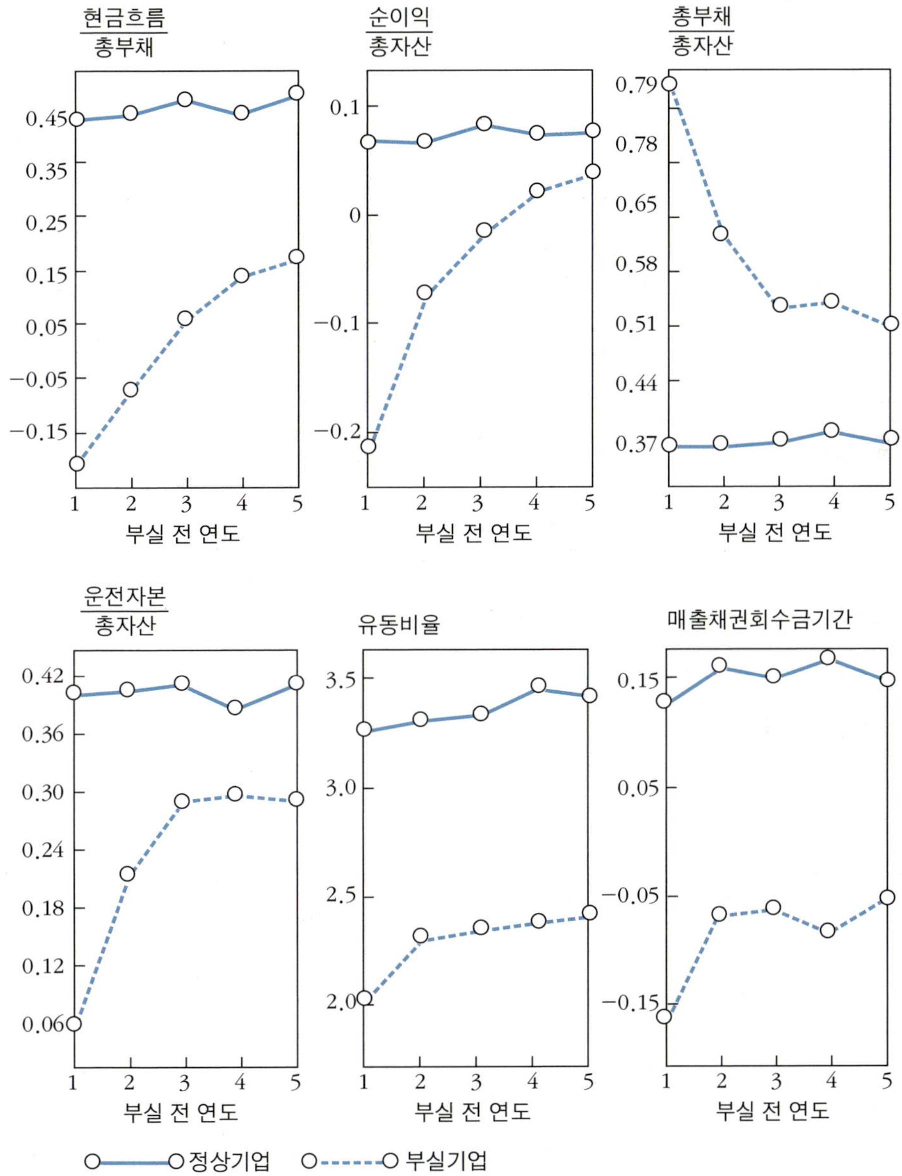

이원분류의 검정순서는 다음과 같다.

① 각 재무비율을 크기의 순으로 배열한다.

② 각 재무비율에 있어서 부실기업과 건전기업을 판별하는 데 발생하는 오류를 최소화할 수 있는 절삭점을 각 재무비율로 결정한다.

절삭점을 결정하는 방법 중 간단한 방법은 각 재무비율에 대하여 인접한 순위의 두 값을 더해 2로 나눈 중간점을 취하여 분류오류를 조사하고 분류오류의 수를 최소화하는 중간 값을 찾는 것이다. 분류오류에는 두 가지 유형이 있는데 〈표 13-7〉에서 보는 바와 같이 하나는 1종 오류로서 부실기업을 건전기업으로 잘못 판별하는 오류이고, 다른 하나는 2종 오류로서 건전기업을 부실기업으로 잘못 분류한 오류를 말한다.

〈표 13-6〉의 예를 보고 설명하기로 하자. 표에 포함된 기업들은 5개의 건전기업과 5개의 부실기업으로 구성되어 있다. 만약에 C기업과 D기업의 중간[(30.8+28.5)/2=31.65]으로 절삭점을 삼으면, 실제로 건전한 기업 3곳이 부실기업으로 분류되고 실제로 부실인 기업 1곳이 건전기업으로 분류된다.

만약 F기업과 G기업의 중간점[(20.4+11.9)/2=16.15]을 절삭점으로 삼으면 분류표는 다음과 같이 나타날 것이다.

구 분		실제 기업상태	
		건전기업	부실기업
절삭점에 의한 분류	건전기업	5	1
	부실기업	0	4

분류오류는 어떠한 경우에도 발생할 수 있다. 왜냐하면 통계적 방법이라는 것이 확률적 분포에 의존하는 것인데, 미래의 발생 가능한 사건에 대하여 100%로 정확히 분류할 수는 없기 때문이다. 그런데 2가지의 분류오류 중에서 더욱 심각한 오류는 **제2종 분류오류**이다. 제2종 분류오류는 실제로는 건전한 기업을 부실기업으로 분류하

표 13-6 부실기업과 건전기업의 분류오류

기 업	자기자본비율	실제 결과
A	34.3	건전
B	32.5	건전
C	30.8	부실
D	28.5	건전
E	21.1	건전
F	20.4	건전
G	11.9	부실
H	8.1	부실
I	−3.3	부실
J	−23.0	부실

구 분		실제 기업상태	
		건전기업	부실기업
절삭점에 의한 분류	건전기업	정확한 분류	제1종 분류오류
	부실기업	제2종 분류오류	정확한 분류

는 것을 말하는데, 그런 경우에 실제로 건전한 기업이라도 부실기업으로 분류됨으로서 여러 가지 재무적 곤경에 처하거나 실제로 부실화되는 과정에 빠질 가능성이 있기 때문이다.

13.7 기업부실의 예측: 판별분석

다변량부실예측모형

다변량부실예측모형이란 부실예측에 유용하다고 판단되는 여러 개의 재무비율들을 결합하여 작성한 모형을 말한다. 앞에서 살펴본 단일변량예측모형이 지니는 문제점 중의 하나는 같은 기업이라고 하더라도 어떤 재무비율을 사용하느냐에 따라서 분류가 달라질 수 있다는 것이다. 예를 들어 실제의 건전기업이 매출액순이익률에 의하면 건전기업으로 분류되고, 유동비율을 가지고 평가하면 부실기업으로 분류될 수도 있는 것이다.

이와 같은 모순성을 해결하기 위해서 다변량부실예측모형(multivariate model of distress prediction)이 필요하다. 다변량모형을 작성하기 위해서는 ① 부실예측력이 있는 재무비율의 선택, ② 선택된 비율들에 대한 가중치 부여와 같은 과정이 필요하다. 이러한 문제를 가장 잘 다룰 수 있는 통계적 기법의 하나가 바로 판별분석이다. 여기서는 다변량부실예측모형 중에서 판별분석을 중심으로 살펴보고자 한다.

판별분석의 의의와 절차

판별분석(multiple discriminant analysis)은 관찰치가 지니는 특성에 따라 관찰치를 어느 한 그룹으로 분류하는 데 많이 사용되는 통계적 기법이다. 예를 들면 어떤 특성을 가진 고객에게 신용카드의 발급을 허용할 것인가 하는 문제를 판단하는 방법으로 판별분석을 이용할 수 있다. 고객의 연간소득, 재산세 등이 관찰되는 특성이 될 것이며 그룹의 분류는 신용의 건전그룹과 신용불량그룹으로 나눌 수 있을 것이다.

판별분석은 원래 생물학이나 행동과학 등에서 질적 특성을 갖는 변수들의 분류에 많이 이용되었으나, 요즈음에는 경영분석에 많이 적용되고 있다. 예를 들어 기업의 부실예측, 개인의 신용평가, 기업의 신용평가, 그리고 기업의 인수합병과 같은 분야에 널리 응용되고 있다.

판별분석의 절차를 살펴보기로 하자. 판별분석의 목적은 그룹의 분류를 위한 것이기 때문에, 표본을 가지고 모형을 설정하는 경우에도 그룹분류를 명확히 할 필요가 있다. 부실기업의 예측의 경우에는 건전기업과 부실기업의 두 그룹으로 분류하면

그림 13-6 판별분석의 예

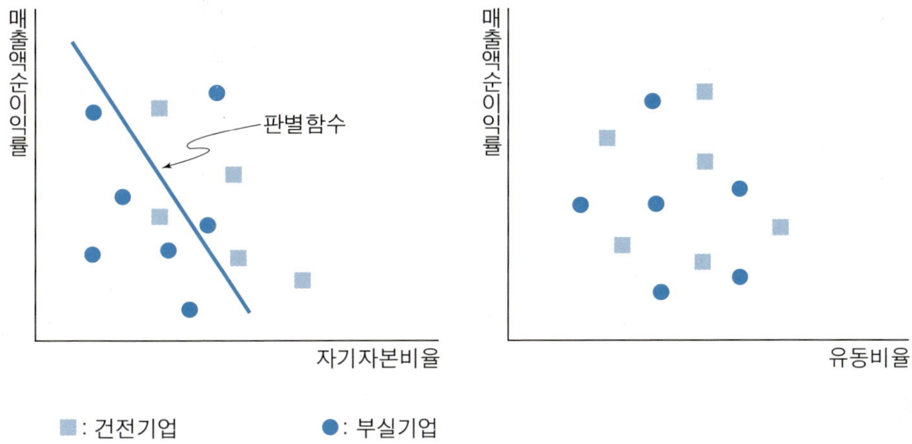

되지만, 그룹의 분류가 2개로 한정될 필요는 없고 다수 그룹으로의 분류도 가능하다.

그룹을 분류한 다음에는 관찰치의 특성과 관련된 자료를 수집하는 절차가 필요하다. 관찰치의 특성에 관한 자료들을 이용하여 그룹을 가장 잘 판별할 수 있는 판별함수(discriminant function)를 추정한다. 판별함수의 추정은 판별분석의 핵심이다. 예를 들어 관찰치의 특성인 매출액순이익률, 자기자본비율, 그리고 유동비율들을 이용하여 건전그룹과 부실그룹으로 분류하는 판별함수를 추정하는 것이다.

기업의 부실예측을 위한 판별모형을 도출하고자 할 때에는 예측하고자 하는 목적에 맞게 관찰 집단을 몇 개의 대조적 집단으로 구분할 수 있는 재무변수들이 존재하여야 한다. 즉 판별분석으로 부실기업을 예측하고자 하는 경우에는 부실기업과 건전기업을 잘 구분할 수 있는 재무비율들을 선택하여, 이 재무비율들로 부실기업과 건전기업을 구분할 수 있는 부실기업 예측모형인 판별함수식을 도출할 수 있다.

여기서는 판별모형의 기본형태를 이해한 다음 부실예측모형을 활용하는 방법을 중심으로 설명하려 한다. 부실예측을 위한 판별함수의 일반적인 형태는 다음과 같다. 여기서 종속변수인 판별점수는 독립변수인 판별재무변수들의 선형적 결합으로 표현된다.

$$Z_i = \alpha_1 X_1 + \alpha_2 X_2 + \alpha_3 X_3 + \cdots + \alpha_p X_p$$

Z_i: 기업 i의 판별점수
$X_1, X_2, X_3, \cdots, X_p$: 독립변수
$\alpha_1, \alpha_2, \alpha_3, \cdots, \alpha_p$: 판별함수계수

판별분석은 통상 통계패키지를 이용하여 수행된다. 판별함수 추정에 이용할 수 있는 통계패키지로는 SPSS(Statistical Package for Social Science)나 SAS(Statistical Analysis System) 등이 있는데 요즈음에는 PC를 이용해서도 쉽게 이러한 프로그램을 이용할 수 있다.

적용사례

알트만의 Z-Score모형: 알트만(E. I. Altman)은 판별분석을 이용한 기업부실 예측 연구를 시도하였다. 그는 1968년의 연구에서 초기 표본으로서 33개의 도산기업과 33개의 건전기업을 선정하여 쌍표본기법(paired sampling technique)을 사용하였다.

판별분석에 일차적으로 사용된 재무비율들은 기존의 관련 연구 문헌에서 많이 사용되고 있던 22개가 선정되었다. 이들 재무비율들을 유동성, 수익성, 레버리지, 지급능력, 그리고 활동성 등 다섯 가지 범주로 나누고, 각 범주에서 가장 대표적인 하나의 재무비율이 각각 선정되었다. 최종적으로 선정된 재무비율은 5개로서 판별모형은 Z-Score모형이라 불리는데 다음과 같다.

$$Z_i = 1.22X_{1i} + 1.4X_{2i} + 3.3X_{3i} + 0.6X_{4i} + 1.0X_{5i}$$

Z_i: 기업 i의 판별점수
X_{1i}: (유동자산 − 유동부채)/총자산비율
X_{2i}: 이익잉여금/총자산비율

X_{3i}: 영업이익/총자산비율
X_{4i}: 자기자본 시장가치/총부채 장부가치 비율
X_{5i}: 매출액/총자산비율(총자산회전율)

이 판별모형은 판별점수 Z_i를 이용하여 부실기업인지 아니면 건전기업인지를 판정하는 기준은 다음과 같다.

① $Z_i < 1.81$: 부실기업
② $Z_i \geq 2.99$: 건전기업
③ $1.81 \leq Z_i < 2.99$: 판정 유보

여기서 Z-Score모형을 이용하여 평가대상기업을 판별분석하는 과정을 살펴보자.
① 분석대상기업의 다섯 가지 재무비율의 값을 구한다. 이때 주의할 점은 재무비율 중에서 X_1, X_2, X_3, X_4의 값이 %로 표시된 것이 아니고 소수단위이며, 회전율변수 X_5의 단위는 회(배)라는 점이다.
② 재무비율 값을 모형에 대입하여 판별점수를 구한다.
③ 판정기준에 따라 판정한다.

1968년의 알트만 판별모형인 Z-Score모형은 변수 X_{4i}(자기자본 시장가치/총부채 장부가치) 때문에 시장가치 자료를 필요로 하므로 비상장회사에는 적용할 수 없다는 문제점이 있다. 이에 알트만은 1983년 변수 X_{4i}를 자기자본 장부가치/총부채 장부가치로 대체하여 다음과 같은 새로운 Z'-Score모형을 제시하였다.

$$Z'_i = 0.7X_{1i} + 0.8X_{2i} + 3.1X_{3i} + 0.4X_{4i} + 0.1X_{5i}$$

Z'_i: 기업 i의 판별점수
X_{1i}: (유동자산−유동부채)/총자산비율

X_{2i}: 이익잉여금/총자산비율
X_{3i}: 영업이익/총자산비율
X_{4i}: 자기자본 장부가치/총부채 장부가치 비율
X_{5i}: 매출액/총자산비율(총자산회전율)

이 판별모형을 이용하여 부실기업인지 아니면 건전기업인지를 판정하는 기준은 다음과 같이 수정 제시되었다.

① $Z'_i < 1.23$: 부실기업 판정
② $1.23 \leq Z'_i < 2.90$: 판정 유보
③ $2.90 \leq Z'_i$: 건전기업 판정

알트만의 부실예측모형은 다음과 같은 시사점을 주고 있다.

첫째, 부채비율보다도 수익성 비율이 기업부실에 더 영향을 미친다는 것이다. 이는 판별함수의 계수들을 보면 알 수 있는데 X_{3i}(영업이익/총자산비율) 변수가 X_{4i}(자기자본 장부가치/총부채 장부가치) 변수보다 판별점수에 더 크게 영향을 미치고 있다.

둘째, 도산에 직면한 기업이 건전기업으로 회복되기 위해서는 부실예측모형에서 판별점수를 높이는 방안이 필요하다. 예를 들어 각 재무비율의 분모를 이루는 총자산이나 총부채를 줄이는 방안을 고려할 수 있다. 즉 기업의 구조조정이 부실을 예방하는 수단으로 사용될 수 있음을 말하는 것이다.

판별분석의 유용성과 한계

판별분석은 부실기업 예측은 물론 신용평가, 주식평가, 채권의 등급평가 등으로 그 적용 범위가 점점 확대되고 있다. 판별분석의 적용 범위가 점점 확대되는 이유는 한계점에도 불구하고 다음과 같은 판별분석의 유용성 때문이다.

첫째, 판별분석은 분석대상기업의 재무변수를 개별적으로 검토하는 것이 아니라, 여러 재무변수를 동시에 고려하는 종합적인 재무분석 기법이다.

둘째, 판별분석은 동일한 기준으로 많은 기업에 대하여 동시적인 평가를 가능하게 하며, 분석자의 주관이 개입할 여지가 없기 때문에 객관적인 기준을 제공한다.

셋째, 판별분석은 미래에 대한 예측을 가능하게 함으로 재무의사결정자에게 유용한 정보를 제공한다.

그러나 판별분석은 다음과 같은 한계점을 지니고 있다.

첫째, 판별분석은 이미 발표된 과거의 재무자료에 의하여 사후적으로 판별함수를 추정하고 이에 의하여 미래를 예측하는 기법이기 때문에, 전체적인 기업환경이 변화하거나 또는 기업의 경영패턴이 변화하면 모형의 예측력이 떨어질 수 있다.

둘째, 판별함수를 추정하는 데 사용되는 재무비율의 선정에 있어서 객관적 기준과 이론적 근거가 제시되지 못하고 있다.

셋째, 판별분석은 기업가치에 영향을 미치는 비회계적 질적 자료를 고려하지 못하며, 또한 재무제표 자료가 지니고 있는 한계점을 그대로 지닌다. 특히 표본기업들 사이에 회계처리 방법이 상이할 경우에는 판별함수의 예측력은 심각한 손상을 입을 것이다.

13.8 요약 및 정리

기업부실은 다양한 의미를 지닌다. 경제적 부실이라는 것은 기업이 적자운영이 되고 있다는 의미이고, 지급불능은 유동성 부족이나 자본잠식의 경우를 의미한다. 파산이란 부채에 대한 지급불능이다. 법적인 파산선고의 경우를 의미한다.

기업부실은 다양한 이해관계자에게 악영향을 끼치게 된다. 부실기업은 경영자, 주주, 채권자 및 거래처, 종업원 및 소비자 등에게 심각한 손해를 입힌다. 정부와 국민경제 전체에도 기업부실은 나쁜 영향을 미친다. 만약 기업부실에 따라서 이익을 보는 집단이 있다면 그것은 아마도 경쟁기업 정도가 아닐까 한다.

부실기업의 원인과 징후도 다양하다. 기업부실은 외부환경요인과 기업내부요인으로 나누어 볼 수 있을 것이다. 외부환경요인에는 시장요인, 경기 및 금융요인, 정치 및 국제요인, 지역 및 환경요인, 그리고 노동요인들을 생각해 볼 수 있다. 기업내부요인으로는 경영자요인, 구매 및 재고요인, 생산요인, 판매요인, 조직 및 종업원요인, 재무 및 경리요인 등을 생각해 볼 수 있다. 다시 말하면 기업부실의 원인은 매우 다양한 것이다.

기업부실의 과정과 징후에 대해서 살펴보았다. 기업부실의 과정은 순간적으로 나타나는 현상이 아니고 지속적으로 수익성 저하, 지급능력 저하, 그리고 법률적 파산의 단계를 밟는다. 기업에 결손이 발생하면 기업의 내부유보가 감소하고 비업무용 자산을 처분하는 일이 발생할 것이다. 결손이 계속되면 업무용 자산도 처분되고 기업은 실질적인 도산에 처하게 될 것이다.

기업부실의 징후는 재무적 · 비재무적 측면에서 관찰할 수 있다. 재무제표를 이용한 기업부실의 징후를 살펴보면 매출액의 감소, 비용의 급격한 증가, 유동성 자산들의 격감, 현금흐름의 건전성 훼손 등이 나타날 것이다. 비재무적 징후는 여러 분야에서 나타날 것이다. 또한 우리나라의 경우 거래업체의 도산이 기업에 심각한 타격을 끼치는 경우가 많으므로 거래업체에 관해서도 몇 가지 관점을 가지고 부실징후들을 관찰할 필요가 있다.

다음에는 부실기업의 구조조정에 대해서 살펴보았다. 부실기업의 구조조정은 사업구조조정과 재무구조조정을 중심으로 진행하고, 그러한 과정이 성공적이지 못하면 파산에 이르게 되는 것이다. 사업구조조정은 주요 자산의 매각, 기업합병, 지출과 비용의 감축 등이 포함될 것이다. 재무구조조정에는 새로운 증권발행을 통한 자금조달, 채무상환 시기조정, 부채의 자기자본으로의 출자전환 등이 포함될 수 있다.

기업부실 분석은 재무제표 분석, 현금흐름 분석, 경영전략 분석, 시장정보 분석,

그리고 산업구조 및 동향 분석을 통해서 행해진다. 기업부실의 예측모형 중에서 다변량 예측모형인 판별분석은 부실기업의 예측에 많이 이용되는 통계적 기법이다. 부실기업을 예측하고 판별하는 데는 분류오류의 가능성이 항상 있는데, 분류오류 중에서도 제2종 오류, 즉 건전기업을 부실기업으로 예측하는 오류를 줄이도록 노력해야 한다.

연습문제

1. 기업부실의 의미를 세 가지로 구분해서 설명하시오.
2. 부실기업이 발생하면 많은 이해관계자들이 피해를 입는다. 부실기업의 발생으로부터 이득을 보는 사람이 있는지 설명하시오.
3. 기업의 부실을 경영자의 책임으로 보는 나라는 어디인지 설명하시오.
4. 우리나라 중소기업의 부실원인 중에서 특징적인 것 두 가지만 설명하시오.
5. 거래업체의 부실징후를 관찰할 수 있는 상황들을 5개만 열거하시오.
6. 부실기업의 사업구조조정에 대해서 설명하시오.
7. 부실기업의 재무구조조정에 대해서 설명하시오.
8. 판별분석에 의한 부실예측의 의의와 절차, 그리고 방법을 설명하시오.
9. 부실기업 예측모형에서 많이 이용되고 있는 재무변수들에 대해서 토론하시오.
10. 판별분석 모형의 유용성과 한계점을 논하시오.

제 14 장

기업인수 및 합병

기업재무에 있어서 기업인수와 같이 극적이고 논란의 대상이 되는 활동도 별로 없다. 기업의 인수는 기업이 다른 기업을 매입하는 투자행위이며, 이러한 투자행위는 상당히 큰 불확실성을 동반한다. 물론 기업의 인수와 합병도 일종의 투자행위이기 때문에 가치평가의 기본적인 원칙은 적용된다. 그러나 기업의 인수와 합병에 있어서 가치평가의 문제를 계산하는 것이 현실적으로 간단한 문제는 아니므로 인수와 합병은 특별히 취급된다.

14.1 기업인수 및 합병의 개념

기업인수 및 합병(M&A: mergers and acquisitions)은 합병 및 매수를 포함한다. 합병은 독립적인 두 기업이 하나의 기업으로 통합되는 경우이며, 매수는 어떤 기업이 다른 기업을 매입하는 경우이다. 합병과 매수가 형태에 있어 다르긴 하지만 과거의 경영진이 새로운 경영진으로 교체된다는 데에는 공통점이 있다.

따라서 기업인수 및 합병은 "한 기업의 경영진이 다른 주체(principal)의 이익을 대리하는 새로운 경영진에 의해 교체되는 행위"로 정의될 수도 있다. 또한 이같은 행위가 일어나기 위해서는 기업의 인적, 물적 자원의 배분에 대한 최종 결정권, 즉 경영권이 다른 경제주체에 이전되어야 하므로 기업인수 및 합병을 단순히 "경영권의 거래"라고도 정의한다.

재무관리 분야에서 기업의 인수와 합병은 일반적인 **현금흐름을 통한 분석**으로 해결되는 분야가 아니다. 물론 기업의 가치는 재무적 개념이 의미하는 대로 현금흐름이 구성하는 것이지만, 인수 및 합병은 좀더 복잡한 양상을 띤다.

① 기업인수의 이익은 전략적인 적합성에 따라서 달라지는 경향을 보인다. 전략적 적합성(strategic fits)은 엄밀히 정의하기가 어려울 뿐만 아니라, 현금흐름의 계산에 의해서 계량화하기가 쉽지 않다.

② 기업의 인수는 상당히 복잡한 법률적 · 회계적 문제를 동반하는 경우가 많다. 이러한 문제들이 기업인수에 대한 계량적인 결론을 난해하게 한다.

③ 기업인수는 경영권에 대한 조절기능을 수행한다. 왜냐하면 기업인수는 자산의 인수뿐만 아니라 경영권의 교체를 수반하는 경우가 많기 때문이다.

④ 기업의 인수와 합병은 비우호적인 거래를 동반하는 경우도 있다. 비우호적인 거래가 발생하는 경우에는 신사적인 협상에 의해서 거래가 형성되기보다는 공격과 방어의 전략들이 동원되는 경우가 많다.

본 장에서는 기업의 합병 및 인수와 관련된 전반적인 이유 등에 대하여 살펴보기로 한다.

기업인수

기업인수(takeover)는 기업인수 및 합병을 총괄하는 일반적인 용어로서 경영권의 이전과 관련된 모든 행위를 포함한다. 그러므로 광의의 기업인수는 기업의 합병과 매수를 포함하는 광범위한 활동을 의미한다. 기업인수를 폭넓게 정의하면 다음과 같

그림 14-1 인수 및 합병의 분류

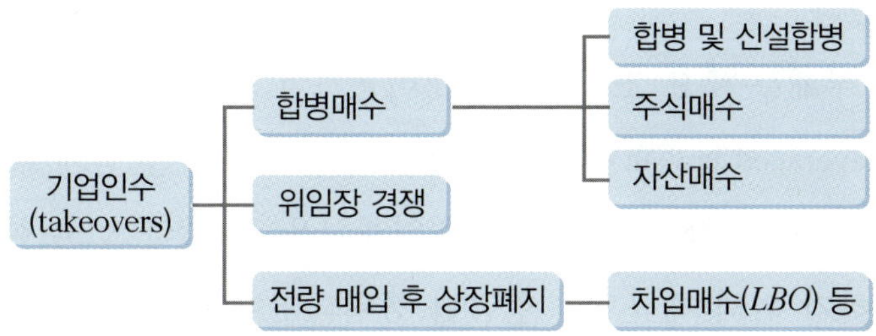

은 세 가지 형태로 분류할 수 있다.

기업인수는 합병매수, 위임장 경쟁(proxy contest), 전량매입 후 상장폐지(buyout & going private)로 나눌 수 있다. **합병**은 일반적으로 큰 기업이 작은 기업을 흡수하여 그 결과 작은 기업의 존재는 사라지는 흡수합병을 주로 지칭한다. 이러한 협의의 정의 아래서는 비슷한 크기의 두 기업이 합병 후 새로운 기업으로 창립되는 경우를 달리 표현하기도 하는데 이를 신설합병(consolidation)이라고 하기도 한다. 또한 흡수합병의 경우 합병 당하는 대상 기업이 합병기업의 자회사의 형태로 또는 자회사의 일개 사업부문으로 바뀌는 경우를 자회사합병(subsidiary mergers)이라고 한다.

매수(acquisitions)는 주식의 상당 부분을 인수함으로써 경영권을 취득하는 주식매수(acquisitions of stock)와 대부분의 자산을 매입하여 실제적인 기업인수를 행하는 자산매수(acquisitions of assets)로 분류할 수 있다. 주식매수의 경우 대상 기업 경영진의 반발정도에 따라 우호적 매수(friendly acquisition)와 적대적 매수(hostile acquisitions)로 분류된다. 주식매수와 자산매수는 공히 기업인수라는 관점에서는 유사하나 세금 측면과 매도자의 채무(seller liability)에 대한 매수자의 책임면에서 다른 효과를 가진다.

합병매수와는 다른 형태의 기업인수로는 주주총회에서 소액주주들의 위임장을 받아 다수 지분으로 경영권을 취득하는 **위임장 경쟁**(proxy contest)이 있다. 위임장 경쟁은 대주주가 없는 상황에서 경영진 교체나 압력의 수단으로 널리 사용된다. 합병매수의 경우와는 달리 거대한 자금이 필요하지 않은 장점이 있으나 성공률이 매우 낮다는 단점도 있다.

다음으로는 부채를 주요 조달원천으로 이용하여 기업을 완전히 매수한 후 상장폐지하는 *LBO*(leveraged buyout)가 있다. 대상 기업의 주식을 공개매수나 경매 등을 통해 전량 매입하여 비상장사로 만든 후 경영개선을 적극적으로 취한다. 이 경우 주식을 전량 매입하기 위해 대규모의 현금이 동원되어야 하는데 이 현금의 대부분은 합병사의 신용으로 대출 또는 회사채를 발행하여 조달한다.

*LBO*의 경우 발행된 채권은 대출 후 어떤 자산에 의해서도 보호되지 않는 하위채권으로서 신용등급이 낮은 것이 보통이다. 이같이 위험도가 높으나 수익률이 매우 높은 채권을 정크본드(junk bond)라 한다. *LBO*도 엄밀히 말하면 매수의 한 방식에 불과하지만 매수측이 자신들의 소규모 자본과 대규모 부채로 엄청난 규모의 회사를 인수한 후 비상장사로 만든 다음 경영개선으로 높은 수익을 꾀해 자신들의 투자자금에 대비하여 엄청난 수익률을 추구하는 특수한 매수방법이므로 따로 분류하였다.

합병매수

합병매수는 그 과정에 따라 다음의 세 가지 형태로 분류할 수 있다.

① 합병 및 신설합병

② 주식매수

③ 자산매수

이러한 세 가지 형태의 기업인수 및 합병은 과정에 있어서 서로 다른 측면이 있지만 일반적으로는 기업합병의 범주로 구분없이 사용되는 경우도 많다. 기업의 합병 및 인수에는 기업을 매입하는 인수회사(bidder)와 인수대상회사(target firm)가 포함된다. 인수회사는 다른 기업의 주식이나 자산을 매수하고자 하는 기업을 의미하며, 인수대상회사는 기업매수의 목표가 되는 회사를 의미한다.

합병 및 신설합병: 합병(merger)은 특정 기업이 다른 기업에 완전히 흡수되는 경우를 의미한다. 기업을 매수하는 인수기업은 회사명과 실체가 존재하며 피인수기업의 모든 자산과 부채를 매입하는 것이다. 합병 후에는 피인수기업은 독립적인 기업으로서 존재가 사라진다.

신설합병(consolidation)이 합병과 다른 점은 인수기업과 피인수기업이 모두 사라지고 두 기업이 합친 새로운 기업이 탄생하는 것이다. 그러므로 신설합병의 경우는 어느 기업이 인수기업이고 어느 기업이 피인수기업인지의 구분이 중요하지 않다. 예를 들어 상업은행과 한일은행, 그리고 평화은행 등이 합병하여 우리은행이 탄생한 경우가 이에 해당된다.

합병과 신설합병의 과정은 기본적으로 마찬가지이다. 합병과 신설합병은 모두 인수기업과 피인수기업의 자산과 부채가 합쳐진다는 점에서는 같고 단지 새로운 기업이 생기느냐 아니냐의 차이만 있을 뿐이다. 그러므로 합병을 설명하는 데 있어서 두 가지를 구분하지 않는 것이 일반적이다.

합병을 이용한 기업의 인수방식은 다음과 같은 주요 장단점을 가지고 있다.

① 합병을 통한 기업 인수방식의 주요 이점은 그것이 법적으로 간단하며 다른 형태의 인수방식보다 비용이 적게 든다는 것이다. 그 이유는 합병은 기업의 전체 운영을 단지 결합하는 것이기 때문이다. 그러므로 기업이 소유한 개별 자산들에 대하여 법적인 등록을 다시 할 필요가 없는 것이다.

② 합병의 주요 단점은 합병이 성사되기 위해서는 주주들의 동의가 필요하다는 점이다. 주주들의 동의를 얻는다는 것은 상당한 시간이 필요할 뿐만 아니라 그렇게 용이한 일도 아니다. 그리고 합병의 경우에는 경영진의 협력이 거의 절대적으로 필요하다. 경영진의 협력을 얻는 것이 간단한 일이 아닐 가능성도 있는 것이다.

주식매수: 기업을 인수하는 다른 방법 중의 하나는 의결권이 있는 보통주를 매입하는 방법이다. 주식매수는 현금으로만 가능한 것은 아니고 다른 회사의 주식이나 채권을 이용하는 방법도 사용된다. 통상 주식매수 방식은 인수기업의 경영자가 피인수기업의 경영자에게 개별적인 접촉을 통해서 시작되는 경우가 많다.

어떻게 시작되든 주식매수 방식은 피인수기업의 주식인수에 대한 의사는 주주들에게 전달되게 된다. 이러한 주식양도(tender offer)에 대한 제안은 주식매수에 대한 공개매수를 포함하는 것이다. 공개매수는 인수기업이 피인수기업의 주주에게 직접적으로 주식양도를 권유하는 행위이다.

피인수기업의 주주가 공개매수에 응하면 인수기업은 주식매수를 위하여 현금이나 다른 기업의 주식을 사용하는 것이 일반적이다. 공개매수는 통상 매수를 원하는 주식의 규모를 지정하는데, 만약 주주들의 양도 규모가 의도한 규모보다 적으면 공개매수를 취소하거나 새로운 대안을 제시할 수 있다.

주식매수를 위한 공개매수는 신문 등을 통한 공개적 방법으로 행해진다. 어떤 경우에는 모든 주주들에게 우편 방식을 통해서 공개매수가 이루어지기도 하지만, 주주 명부에 대한 접근이 쉽지 않은 경우가 있기 때문에 우편 방식은 흔히 사용되는 방법은 아니다.

다음의 몇 가지 요인들은 합병을 하기 위해서 주식매수를 방법으로 선택하는 경우에 고려해 보아야 할 항목들이다.

① 주식매수의 경우에는 주주총회나 투표가 필요하지 않다. 피인수기업의 주주들은 공개매수에 응해야 하는 의무는 없으며 원하지 않으면 주식양도에 응하지 않아도 된다.

② 주식매수의 경우 인수기업은 공개매수에 의해서 피인수기업의 주주들과 직접적으로 거래할 수 있다. 그러므로 피인수기업의 경영자나 이사회를 거치지 않고 기업인수가 가능하다.

③ 주식매수 방법은 비우호적인 합병 및 인수에 사용되는 경우가 일반적이다.

비우호적인 기업인수의 경우에 주식매수 방법은 기존 경영자의 저항을 무산시키는 방법으로 사용되기도 한다. 이때 피인수기업 경영자의 저항은 주식매수의 비용을 증가시키는 역할을 하기도 한다.

④ 주식매수의 경우에 상당수의 소액주주들이 참여하지 않는 경우가 종종 발생하는데, 그런 경우에는 피인수기업이 완전히 흡수되지 않으며 합병에 따른 이익의 실현이 지연되기도 한다. 예를 들어 인수기업이 피인수기업을 완전히 흡수하지 못하는 경우에 인수자금이 투자자산으로 묶이는 경우가 발생할 수 있다.

⑤ 기업이 다른 기업을 완전히 흡수한다는 것은 결국 합병을 의미하는 것이다. 그러므로 주식매수는 대부분의 경우에 결과적으로 합병으로 처리되는 경우가 많다.

자산매수: 기업인수의 방법에는 자산매수(acquisition of assets)의 방법도 있다. 특정 기업의 자산을 매입하는 것은 기업을 매입하는 것과 같은 것이다. 이 경우에는 피인수기업의 존재가 없어지는 것은 아니고 단지 자산을 판매한 것에 지나지 않는다. 주주들이 기업의 해체를 결정하기 전에는 기업의 명칭과 존재가 그대로 남게 된다.

자산매수의 경우에는 피인수기업의 주주들이 공식적인 의결을 해야 한다. 자산매수 방식의 이점 중의 하나는 소액주주들이 반대하는 경우에도 문제가 없다는 것이다. 그러나 자산매수 방식은 개별자산들에 대한 소유권의 법적 이전이 필요한데 그 과정에서 상당한 비용이 발생할 수 있다.

사업의 성격과 합병

합병은 합병하는 기업들의 사업성격에 따라서도 분류될 수 있다. **수직적 합병**(vertical mergers)은 원료와 최종재, 생산과 유통 등 상업행위가 수직관계(buyer-seller relationships)에 있는 두 회사가 합병하는 경우로서 공정거래 측면에서 큰 우려가 없는 합병이다. 다만 우리나라와 같이 경제력 집중이 심화될 경우 문제시될 수 있으나, 미국에서는 수직적 합병이 도리어 경쟁을 촉진했으며 그 결과 제품 및 서비스의 가격이 낮아졌다고 보고하고 있다.

수평적 합병(horizontal mergers)은 경쟁관계에 있는 두 회사가 합병하는 경우로서 독과점을 창출할 수 있다는 점에서 공정거래위원회로부터 제한을 받을 수 있다. 그러나 최근 시장의 개념이 국내시장에서 세계시장으로 그 정의가 바뀌면서 이에 대한 제한도 크게 완화되고 있는 추세에 있다.

다각적 합병(conglomerate mergers)은 사업상 관련성이 없는 두 회사가 합병하는 경우이다. 독점금지법이 초강경할 때인 60년대에 미국의 기업들은 이 방법에 의해 성장을 도모한 적이 있다. 우리나라 기업집단들도 이 방법에 의해 비관련다각화를 이루어왔다. 우리나라의 경우 공정거래법에 의해 경제력집중 측면에서 규제하고 있는데 기업여신, 비업무용 부동산 매입, 지급보증 등에 제한을 가하면서 다각적 합병을 제한하고 있다.

14.2 기업매수의 회계처리

기업이 다른 기업을 매수하는 경우에는, 인수기업은 매수방법(purchase)으로 처리할 것인지 지분통합(pooling of interests)으로 처리할 것인지를 결정해야 한다. 다음에 각각의 방법에 대하여 살펴보겠지만, 주목할 것은 회계적 처리방법 자체는 현금흐름과는 연관되지 않는다는 사실이다.

매수처리법: 매수처리법에 의한 회계처리는 피인수기업의 자산가치가 적정한 시장가치로 평가되어 인수기업의 장부가치에 반영되는 방식이다. 이 경우 영업권

이 계상될 수 있는데, 영업권은 매입가격에서 장부가격을 차감한 금액이다.

예를 들어 갑기업이 을기업을 매수하여 갑을기업이 생긴다고 가정해 보자. 아래의 표는 기업인수 시점에서의 두 기업의 재무상태표를 나타내고 있다. 예를 들어 갑기업이 을기업을 매수하기 위해서 부채를 동원하여 18억원을 지불하였다고 가정해 보자. 운전자본은 현행대로 평가된다고 가정하면 자산의 총가치는 10억원이 된다. 매수가격은 자산가치보다 8억원을 초과하기 때문에 이것이 영업권으로 계상된다.

매수처리법에 의한 기업 갑을의 재무상태표는 아래에 나타나 있다. 기업 갑을의 총자산은 갑의 자산과 을의 자산을 합한 것에서 영업권에 해당하는 만큼 증가한 것으로 나타난다.

매수처리법

기업 갑

운전자본	₩ 4억	자기자본	₩20억
비유동자산	16억		
합　계	₩20억	합　계	₩20억

기업 을

운전자본	₩ 2억	자기자본	₩10억
비유동자산	8억		
합　계	₩10억	합　계	₩10억

기업 갑을

운전자본	₩ 6억	부　채	₩ 8억
비유동자산	24억	자기자본	30억
영 업 권	8억		
합　계	₩38억	합　계	₩38억

지분통합법: 지분통합법에 따른 회계처리는 두 기업의 장부에 기재된 자산과 부채를 단순합계하여 재무상태표를 작성하는 것이다. 그 결과 영업권이 발생하지 않는다. 우리나라 세법은 지분통합법을 원칙으로 매수법의 부분적인 적용을 허용하나, 미국의 경우는 매수처리법을 원칙으로 지분통합법을 제한적으로 허용한다.

두 가지 방법의 비교: 매수처리법과 지분통합법의 중요한 차이는 영업권의 처리에 관한 방식이다. 기업들은 영업권을 포함하지 않는 지분통합법을 선호할 가능성이 있다. 왜냐하면 영업권은 일정 기간 동안 상각되어야 하기 때문이다.

영업권의 상각은 영업이익에서 공제되는데 영업권 상각은 현금을 동반하지 않는 비용이지만, 세금의 측면에서는 공제되지 않는 비용이다. 그러므로 매수처리법의 경우가 지분통합법에 비해서 낮은 순이익을 보고하게 된다.

또한 매수처리법의 경우에는 총자산의 규모가 크게 나타날 가능성이 높다. 그러므로 매수처리법은 자산의 규모가 크고 순이익은 낮게 나타나기 때문에 총자산이익률이나 자기자본이익률 등의 이익지표 계산에 불리할 가능성이 있다.

현금흐름의 관점에서는 두 가지 방식이 마찬가지이다. 왜냐하면 매수처리법의 경우에 영업권의 상각이 세금처리를 위한 비용으로 공제되지 않기 때문이다. 결론적으로는 두 가지 방법은 실질적인 면에서 차이가 없는 것으로 생각된다.

14.3 기업합병의 이익과 동기

시너지 효과

기업 갑과 을이 합병을 고려중이라고 가정해 보자. 합병은 합병 후의 기업가치가 각각의 기업가치의 합계보다 큰 경우에 이익이 된다. 즉 시너지 효과는 2+2=5

라는 논리로 합병의 이익을 설명하는 것이다.

M&A가 경제주체의 합리적인 의사결정의 결과라면 M&A가 일어나는 동기는 M&A로 인한 가치창출이 가능하다고 믿기 때문이다. 기업을 인수하는 입장에서는, 피인수기업을 합병하면 현재 상태보다 기업가치가 증대되어야 의미 있는 합병이 될 것이다. 기업합병의 이익이 발생할 수 있는 가능성은 여러 가지가 있는데 그것들에 대해 살펴보기로 하자.

$V_{갑}$과 $V_{을}$을 합병 전의 갑, 을 기업의 가치라고 하고 $V_{갑을}$을 갑과 을기업이 합병된 후의 기업가치라고 하면, 기업의 합병은 다음과 같은 경우에만 이익이 발생하는 것이다. 즉,

$$V_{갑을} > V_{갑} + V_{을}$$

그러므로 성공적인 합병이 되기 위해서는 전체의 가치가 부분적인 가치의 합계보다 크다는 시너지 효과(synergy effect)가 존재해야 한다. 즉 합병 후의 가치에서 각각의 기업가치를 차감한 부분이 기업합병에 의한 추가적인 이득인 것이다.

$$\Delta V = V_{갑을} - (V_{갑} + V_{을})$$

위의 식에서 ΔV가 양(+)의 경우에 M&A는 시너지 효과가 있다고 말할 수 있다.

기업 갑이 을을 매입하는 경우에 을의 기업가치보다 추가적인 이득인 ΔV를 얻게 되는 것이다. 그러므로 인수기업인 갑의 입장에서는 을기업의 가치는 독립적인 형태로 존재할 경우의 $V_{을}$가 아니라 $V_{을}+\Delta V$가 되는 것이다.

$$\text{갑기업 입장에서의 을기업} = V^{*}_{을} = V_{을} + \Delta V$$

$V^{*}_{을}$은 두 가지 단계로 산출될 수 있다. 즉 ① $V_{을}$을 우선 계산하고, ② ΔV를 계산하는 단계이다. 만약 을이 공개기업인 경우에는 $V_{을}$은 공개시장에서 직접적으로 관찰

이 가능할 것이다. 을기업이 공개기업이 아닌 경우에는 유사한 공개기업을 대상으로 추정이 가능할 것이다. 문제는 $V^*_{을}$을 결정하기 위해서는 어쨌든 ΔV의 추정이 필요하다는 점이다.

기업합병에 따른 추가적인 가치인 ΔV를 추정하기 위해서는 합병에 따른 추가적인 이익인 현금흐름을 추정할 필요가 있다. 여기서 추가적인 현금흐름은 각각의 독립적인 기업의 운영보다 합병된 후에 증가하는 현금흐름을 의미한다. 다시 말하면 추가적인 현금흐름은 합병 후에 예측되는 현금흐름에서 독자적인 갑, 을기업의 현금흐름을 차감한 부분을 의미한다.

예제 시너지 효과

기업 갑과 을은 유사한 자산과 영업위험을 가진 경쟁기업들이다. 갑기업과 을기업은 모두 100% 자기자본으로 운영되며 세후 현금흐름이 영속적인 10원이며 자본비용은 10%이다. 기업 갑은 기업 을을 매입할 것을 고려중인데, 결합 후의 현금흐름은 21원이 될 것으로 예상된다. 이 경우 시너지 효과는 있는가? 갑의 입장에서 본 을기업의 가치인 $V^*_{을}$은 얼마인가? 시너지 효과인 ΔV는 얼마인가?

위의 합병은 시너지 효과가 있다. 왜냐하면 결합 후의 현금흐름이 21원으로서 결합 전의 각각의 합인 20원보다 크기 때문이다. 기업합병에 따라 위험수준이 변하지 않는다면 합병 후의 기업가치는 ₩21/0.1=₩210이 된다. 합병 전의 갑과 을의 기업가치는 각각 ₩10/0.1=₩100으로서 전체적으로 200원에 해당하는 것이다. 그러므로 합병에 따른 추가적인 이익은 ΔV=210−200=₩10이 된다. 그러므로 갑의 입장에서 평가한 기업 을의 가치는 $V^*_{을}$=100+10=₩110이 되는 것이다.

그러면 추가적인 이익의 근거는 무엇인가? 추가적인 이익의 근거는 추가적인 현금흐름으로부터 발생하는 것이다. 추가적인 현금흐름은 다음의 네 가지 요소로 구별될 수 있을 것이다.

$$\Delta현금흐름 = \Delta수입 - \Delta비용 - \Delta세금 - \Delta투자자본$$

위의 식에서 Δ수입은 수입의 차이, Δ비용은 비용의 차이, Δ세금은 세금의 차이, Δ투자자본은 추가적인 투자자본을 의미한다.

앞에서 살펴보았듯이 기업합병은 위에서 열거한 네 가지 요소들이 합병에 의해서 개선될 경우에만 의미 있는 것이다. 그러므로 기업인수 및 합병에 따른 이익은 네 가지 부문으로 나누어 볼 수 있는데, 수입의 제고, 비용의 감소, 세금의 절감, 그리고 투자자본의 효율성 등이 그것이다.

수입의 증대

기업인수 및 합병의 중요한 이유 중의 하나는 기업의 합병이 각각의 기업보다 많은 수입을 얻을 수 있다는 것이다. 수입의 증가는 세 가지 요소에 의해서 가능한데, 마케팅의 이익, 전략적 이점, 그리고 시장 지배력의 강화에 의해서 발생할 수 있다.

마케팅 이익: 기업인수 및 합병의 경우에 마케팅의 개선을 통해서 수입을 증가시킬 수 있다는 사실이 강조되는 경우가 종종 있다. 예를 들어 기업합병은 마케팅 부문의 개선을 통하여 이득을 얻을 가능성이 있다.

① 비효율적인 언론매체의 이용 및 광고의 개선

② 취약한 유통망의 개선

③ 불균형적인 상품 구성의 개선

전략적 이점: 어떤 경우의 기업합병은 전략적 이점을 제공한다. 경쟁적인 환경에서 기업의 합병은 경영자가 선택할 수 있는 신축성을 제공하기 때문에 기업의 미래 경영에 전략적으로 대처할 여지를 넓힌다. 즉 전략적 이점은 투자기회에 선택의 권리를 부여하는 옵션과 같은 기능을 하는 것이다.

그림 14-2

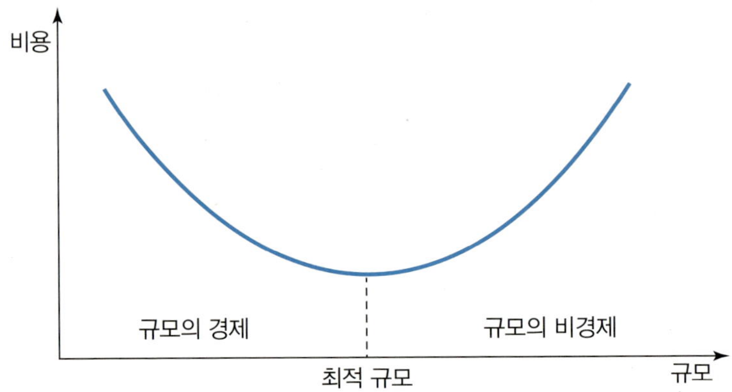

예를 들어 재봉틀을 생산하는 기업은 기존의 기술을 추가적인 영역에 진입하는 도구로 사용할 수 있다. 즉 재봉틀을 생산하면서 보유하는 작은 모터의 생산기술을 가전제품에 이용할 수도 있는 것이며, 가전제품에 대한 경험은 나중에 전자제품의 생산에도 사용될 수 있을 것이다. 이처럼 기업합병은 전략적 선택의 폭을 확장시키는 이점이 있다.

시장 지배력: 기업의 합병은 시장 점유율과 시장 지배력을 향상시킬 것이다. 시장 지배력의 향상은 가격 결정력을 향상시키고 격심한 경쟁을 완화시켜서 이익을 제고시킬 수 있다. 경쟁을 심각하게 제약하는 독과점적 합병은 법적인 규제를 받는 경우가 많으므로 법률적인 문제도 물론 검토되어야 한다.

비용의 절감

기업합병의 기본적인 이점 중의 하나는 기업의 결합이 독자적인 기업들보다 효율적으로 운영될 수 있다는 것이다. 기업합병을 통해서 얻을 수 있는 운영의 효율성을 몇 가지 측면에서 살펴볼 수 있다.

규모의 경제: 규모의 경제는 재화와 용역의 생산에 있어서 평균비용과 관련된 문제이다. 생산규모가 증가함에 따라서 단위당의 비용이 감소한다면 규모의 경제(economies of scale)가 존재한다고 말할 수 있다. 규모의 경제는 수평적 결합의 경우에 종종 발생한다.

규모의 경제는 간접비의 분산(spreading overhead)이라는 용어로 사용되기도 한다. 간접비의 분산은 기업본부나 온라인서비스처럼 고정적으로 소요되는 비용이 규모가 커짐에 따라 단위당 비용의 측면에서는 감소하는 현상을 말한다.

수직적 결합의 경제: 운영상의 이점은 수평적 결합의 경우에도 발생하지만 수직적 결합의 경우에도 발생한다. 수직적 결합의 주요한 목적은 운영상의 연결고리를 긴밀하게 하는 것이다. 예를 들어 산림 벌목을 하는 회사가 목재를 제재하거나 운반하는 업무를 동시에 보유한다면 상호간의 협조체제를 긴밀히 할 수 있을 것이다. 항공사가 호텔을 구입한다든지 자동차를 렌트하는 회사를 합병하는 경우가 수직결합의 이익을 목표로 하는 경우이다.

기술의 이전도 수직결합의 이유 중의 하나이다. 자동차 회사와 전자회사가 합병하는 경우에 자동차 회사는 전자회사에서 개발된 기술을 이용하여 자동차 고급화에 이용할 수 있는 것이다.

자원의 보완: 어떤 기업들은 기존의 자원을 좀더 잘 활용하기 위해서 합병하는 경우도 있으며, 부족한 자원을 보충하기 위해서 참여하는 경우도 있다. 예를 들어 스키 장비를 판매하는 회사가 테니스 장비를 판매하는 회사를 합병하면, 겨울에는 스키를, 여름에는 테니스 장비를 판매하여 기존의 자원을 효율적으로 활용하게 되는 것이다.

세금의 혜택

세금의 혜택을 고려한 합병도 있을 수 있다. 세금혜택은 여러 차원에서 발생할 수 있다. 영업이익이 있는 기업이 영업손실이 있는 기업을 합병하면 영업손실에 해당하는 만큼 이익이 줄어들게 되고 세금을 절약하게 되는 것이다.

어떤 기업은 충분한 채무부담 능력이 있는 데도 불구하고 채무능력을 완전히 활용하지 않는 경우가 있다. 이러한 기업은 피인수기업으로 선정될 가능성이 있다. 부채를 추가하면 지급이자에 대한 세금공제효과 때문에 세금절감 효과가 발생하고, 이것을 이용하기 위한 합병이 가능한 것이다.

또한 기업이 자유현금흐름(free cash flow)을 갖는 경우에 기업합병이 고려될 수 있다. 자유현금흐름은 기업이 가치 있는 모든 투자대안에 투자하고 남은 현금흐름을 의미한다. 자유현금흐름을 배당금으로 지급하면 주주들은 추가적인 세금부담이 있으나, 그것을 기업의 합병에 이용하면 세금부담 없이 사용할 수 있는 것이다.

투자자본의 효율성

모든 기업은 효율적인 운영을 위하여 어느 정도의 운전자본과 비유동자산에 투자하여야 한다. 기업합병은 독자적인 2개 기업이 필요한 것보다 적은 투자를 필요로 할 가능성이 있다. 예를 들어 갑기업은 생산시설이 부족하고 을기업은 생산시설이 남는 경우에 두 기업이 결합하면 효율적인 생산설비를 운영할 수 있게 된다. 갑기업이 을기업을 인수하면 새로운 생산설비를 구입하는 것보다 싼 가격으로 생산설비를 확장할 수 있는 것이다.

또한 인수기업은 기존의 자산을 좀더 효과적으로 관리하는 방식을 사용할지도 모른다. 기업을 합병하면 현금관리, 매출채권 관리, 그리고 재고자산의 관리 등과 같은 운전자본을 효율적으로 이용하는 방법을 고안할 수 있을 것이다. 어떤 경우에는 기업의 결합에 의해서 불필요하게 된 자산들을 매각하는 방식도 이용할 수 있을 것이다.

기업의 합병에 있어서 통상 기업들은 상당히 다양한 이유들을 열거하게 된다. 기업들이 합병하는 경우에 합병협정(agreement of merger)을 맺는 것이 일반적인데, 합병협정에는 물론 다른 것도 포함되지만 합병의 경제적 이득에 대하여 열거하는 것이 보통이다. 다음의 예는 U.S Steel과 Marathon Oil의 합병협정에 나타난 합병의 이득에 대한 설명이다.

> U.S Steel은 Marathon을 인수하는 것이 에너지 산업에 분산투자(diversify)할 수 있는 매력적인 기회라고 믿는다. 합병에 대한 이유들을 생각하면 소득세에 대한 혜택, 효율성의 증대, 그리고 양 기업간의 현금 교류에 의한 자본관리 능력의 제고를 들 수 있다. 또한 합병은 소액주주와 대주주의 이해대립의 가능성을 제거하여 경영의 신축성을 제고할 것이다. 또한 Marathon의 피인수는 Marathon 주주들에게 과거의 주식가격보다 상당히 높은 가격을 제공할 것이다.

기업인수 및 합병의 주의점

기업인수 및 합병에 대한 이익을 평가하는 것은 통상적인 자본예산을 평가하는 것보다 어려운 작업이다. 왜냐하면 합병의 가치 중에는 비가시적이고 계량화하기 어려운 부분이 많이 포함되기 때문이다. 그러므로 기업인수 및 합병 결정에 있어서 오류를 범할 가능성이 높은 것이다. 여기서는 그러한 오류를 예방하기 위한 일반적인 법칙을 제시하고자 한다.

① **시장가치를 무시하지 말라.** 공개된 기업의 가치는 시장에서 직접 관찰이 가능한 것이므로 다른 평가방법을 동원하여 가치를 평가하는 것은 큰 의미가 없다. 현재의 시장가치는 시장에 참여하는 투자자들의 총체적 의견을 반영하

는 것이다. 그러므로 시장가치를 기준점으로 사용하는 것이 유리하다. 피인수 기업이 공개된 시장에서 거래되는 것이 아니라면 공개시장에서 거래되는 유사한 기업을 분석의 시발점으로 삼는 것이 좋을 것이다.

② **추가적인 현금흐름만을 추정하라.** 기업인수에 있어서 분석의 대상이 되는 현금흐름은 추가적인 것이어야 한다. 왜냐하면 추가적인 현금흐름만이 인수기업에 기여하는 것이기 때문이다. 그러므로 기업인수의 분석은 새로이 창출되는 추가적인 현금흐름에만 초점을 맞추어야 한다.

③ **정확한 할인율을 사용하라.** 현금흐름을 할인하는 경우에는 기업인수와 관련된 추가적인 현금흐름에 대한 요구수익률을 이용하여야 한다. 할인율의 결정은 자금의 운용에 관한 것이어야 하고, 자금의 원천에 대한 것을 이용해서는 안 된다. 특히 갑기업이 을기업을 인수하는 경우에 갑기업의 자본비용을 이용하는 것은 적절하지 않다. 을기업의 현금흐름을 분석하는 것이기 때문에 오히려 을기업의 자본비용을 이용하는 것이 적절할 것이다.

④ **거래비용을 감안하라.** 기업인수는 복잡한 과정을 거치기 때문에 경우에 따라서는 상상 이상의 거래비용이 소요되는 경우가 있다. 이러한 비용들은 투자은행에 대한 비용, 법률적 비용, 그리고 자료의 준비과정에서 비용이 발생하는데 이러한 비용들이 무시못할 경우가 많기 때문이다.

14.4 기업합병의 부수적 효과

재무시너지

기업은 합병을 통하여 기업 자체에 분산투자를 하게 된다. 이는 자금조달에 있어서 자본비용의 감소 내지는 자금 조달상의 이익을 가져온다. 이러한 혜택을 재무시너지 효과라 부른다. 재무적 편익은 다음과 같은 여러 가지 형태로 나타날 수 있다.

첫째, 외부자금 조달에 따르는 **거래비용**과 배당소득에 대한 과세부담이 큰 두 기업이 있다고 가정하자. 한 기업은 투자수요를 초과하는 현금흐름을 가진 기업이고 다른 한 기업은 투자수요에 미달하는 현금흐름을 가진 기업이 있다면 이들 기업간의 합병은 합리적일 것이다. 특히 여러 종류의 사업을 영위하는 복합기업은 한계투자수익률이 낮은 사업부문에서 높은 사업부문으로 자금을 배분함으로써 보다 효율적으로 자본시장의 이점을 얻을 수 있다.

둘째, 기업은 합병으로 인하여 기업의 채무부담능력 또는 **차입능력**을 증가시킬 수 있다. 타인자본 사용의 증가가 총자본비용을 감소시킨다면 합병 후의 자본비용은 감소될 것이다. 또 차입능력의 증가는 자본구조의 변동없이도 파산위험을 낮추게 되어 자본비용을 감소시킬 수 있게 된다.

셋째, 합병은 **자본시장**을 통한 자금 조달에 있어서 거래비용 또는 발행비용을 감소시키는 재무적 편익을 가져올 수 있다. 합병회사의 대규모 자금 조달은 단위당 발행비용을 감소시킬 것이다.

마지막으로 대기업에 의한 대규모의 증권발행은 증권의 유동성을 증가시켜 자본비용을 낮출 수 있다. 이러한 현상은 우리나라 증권시장에 있어서 소규모 기업이 발행한 상장주식은 거래가 부진하며 극히 낮은 주가수익률을 보이고 있다는 사실에서도 나타나고 있다. 유동성 증가 효과 또는 자본조달능력 제고 효과는 피합병기업이 비공개기업으로서 주식이 증권시장에서 유통되고 있지 않을 경우에 더욱 중요하게 된다.

경영다각화

경영다각화는 합병 및 매수에 있어서 중요한 동기 중의 하나이다. 기업의 외부적 확장 전략은 재무적 기술로 가능할 수 있고 일시적인 주가 상승을 가져올 수 있다. 이러한 형태의 합병 및 매수는 기업 경영의 다각화를 가능하게 하였다. 경영다각화를 통한 이점이 존재한다고 생각하는 기업들은 이러한 형태의 합병 및 매수를 선택할 수 있다.

경영진이 다각화를 통한 확장을 시도하는 이유는 현재의 사업분야보다 수익성이 있는 사업으로 진출하기 위해서이다. 그러나 현재의 수익성이 미래에도 지속적인 수익성을 제공할 것인가 하는 문제는 재고할 필요가 있다. 경제적 이론에서 보면 장기적으로 평균 이상의 수익률을 얻고 있는 산업에는 진입장벽이 존재한다. 수익성은 있지만 낮은 진입장벽의 산업에 들어간다면 낮은 **진입장벽**에 이끌린 또 다른 기업들과 경쟁을 하여야 할 것이다. 진입장벽이 낮은 산업의 경우에 경영다각화를 통한 진입은 증가하는 경쟁자들로 인해 수익성이 떨어진다면 다각화 전략은 실패할 가능성이 있다.

그럼에도 불구하고 경영다각화가 기업합병의 동기가 될 수 있는 이유는 다각화를 통한 **재무적 이득** 때문이다. 경영다각화를 위한 복합적 합병의 경우 해당 기업간 현금흐름은 상관성이 적기 때문에 현금흐름을 보다 원활히 하고 산업 및 제품 라이프사이클에도 적응력이 제고됨으로써 경영위험이 감소될 수 있다. 즉 현금흐름의 상관관계가 적은 기업간 결합으로 공동보험 효과를 갖게 됨을 의미한다. 예를 들어 주기적인 판매형태를 가지는 철강회사는 주기적인 판매형태를 가지지 않은 제약회사를 인수함으로써 공동보험효과를 얻을 수 있다.

일반적으로 효율적인 증권시장에서는 투자자 자신들이 투자를 분산시킬 수 있기 때문에 기업 자체가 실물을 분산투자할 필요가 없다는 이론이 있다. 그러나 이것은 투자포트폴리오의 분산효과에 한정된 이론이며 기업 자체에 의한 분산투자의 전략적 이익을 고려하지 않은 것이다. 기업 자체의 분산투자, 즉 경영다각화는 장기 경영전략적 측면에서 고려되며 재무적 측면 외에 다음과 같은 경우에도 그 필요성이 인정된다.

첫째, 증권시장에서 분산투자할 수 있는 주주들의 입장과는 달리 기업의 경영자 및 여타 종업원들은 그들의 노동소득을 분산시키기 어렵다. 일반적으로 기업의 종업원들은 점차적으로 그 기업에 필요한 지식을 축적하게 되어 현재의 직장에서의 생산성이 다른 직장에서의 생산성보다 높은 경향이 있다. 종업원의 보수는 생산성의 차이를 반영할 것이며 따라서 그들은 현 직장의 안정성을 희구한다. 기업의 분산투자는 경영자와 기타 종업원들에게 직업의 안정성을 제공하게 되며, 따라서 다른 조건들이 같다면 상대적으로 낮은 인건비 지출의 결과를 가져오게 될 것이다.

둘째, 이러한 분산투자 이론은 재산의 대부분을 해당 기업에 투자하고 있는 소유경영자에게도 해당된다. 소유경영자는 경영권의 확보를 위해서 지분의 매각을 원하지 않을 것이며, 따라서 분산투자가 미흡한 소유주는 투자에 대하여 높은 위험프리미엄을 적용하게 되고 그 결과로 적정수준 이하의 투자를 하게 된다. 따라서 소유경영자에게는 기업 자체의 분산투자가 바람직하다.

셋째, 기업이론에서 지적하고 있는 것과 같이 기업은 축적된 정보를 이용하여 기업 내에 효율적인 생산 및 경영팀을 형성하게 되지만, 기업의 해체는 이러한 조직을 파괴하는 결과를 가져온다. 그러나 분산투자는 기업 입장에서 수익성이 낮은 사업에서 성장산업으로 이러한 팀들을 보다 원활하게 그리고 효율적으로 이전시킴으로써 이들 팀들과의 계속성을 유지할 수 있다. 또한 분산투자는 기업의 신용자본을 계속 유지하는 데 기여할 수 있을 것이다. 분산투자는 합병뿐 아니라 내부자본에 의한 성장을 통해서도 달성할 수 있다. 그러나 내부 성장 기회는 한계가 있을 수 있고 새로 진출하는 업종에 과잉설비의 문제를 초래할 수도 있다. 또한 사업 진출 시기가 매우 중요한데 합병을 통해 이러한 시기를 선택적으로 취할 수 있는 것이다.

14.5 기업합병의 비용

이제까지는 합병의 이익에 대하여 살펴보았다. 이제 합병의 비용에 대하여 살펴

보기로 하자. 앞에서 살펴보았듯이 합병에 따른 추가적인 이득은 ΔV이다. 즉,

$$\Delta V = V_{갑을} - (V_{갑} + V_{을})$$

기업 갑의 입장에서 본 기업 을의 가치는 $V^*_{을} = V_{을} + \Delta V$라는 것을 살펴보았다. 그러므로 합병에 따른 이익인 순현재가치는 $V^*_{을}$에서 기업 갑이 지불한 비용을 제한 부분이다.

$$NPV = V^*_{을} - \text{기업 갑이 지불한 비용}$$

예를 들어 살펴보기로 하자. 기업 갑과 을은 합병 전에 다음과 같은 가치로 평가되고 있다.

	기업 갑	기업 을
주당가격	₩ 20	₩ 10
주 식 수	25	10
총시장사치	₩500	₩100

설명의 편의를 위하여 갑과 을이 모두 100% 자기자본으로 운영된다고 가정하자. 추정한 결과에 의하면 합병의 추가적인 가치, 즉 ΔV가 100원이라고 한다.

기업 갑은 합병을 위해서 접촉한 결과로 기업 을이 150원이면 기업을 양도할 의사가 있다는 것을 알았다. 기업 을의 가격은 두 가지 부분으로 나누어 볼 수 있다. 첫째 부분은 100원으로서 을기업 자체의 가치이고, 을기업을 평가하는 최소한의 가치이다. 나머지 부분은 50원인데 이것을 합병프리미엄이라고 하고, 이것은 기업 을의 가치에 추가적으로 지불하는 부분이다.

갑기업이 을기업을 인수하는 것이 좋은가? 인수하는 경우에 현금을 지불하는 것이 좋은가 아니면 주식을 지불하는 것이 좋은가? 이러한 질문에 대답하기 위해서는 각각의 경우에 해당하는 순현재가치(*NPV*)를 계산하여야 한다.

우선 갑기업의 입장에서 평가한 을기업의 가치를 계산하여야 한다.

$$V^*_{을} = V_{을} + \Delta V$$
$$= 100 + 100 = ₩200$$

즉 기업 갑이 기업 을을 인수하는 경우에 얻는 가치는 200원이다. 그러면 문제는 갑의 입장에서 얼마까지 지불해야 하는가? 그에 대한 대답은 지불의 수단으로 어떤 것을 사용하느냐에 따라서 달라질 것이다.

현금지불: 현금을 사용하여 합병의 대가를 지불하는 경우에는 합병의 비용은 현금지불 금액이다. 그러므로 갑이 150원을 현금으로 지불한다면 합병비용은 150원이고, 현금인수에 따른 *NPV*는 다음과 같다.

$$NPV = V^*_{을} - \text{비용}$$
$$= 200 - 150 = ₩50$$

그러므로 갑의 기업인수는 가치 있는 것이다.

기업을 합병한 후에 기업 갑을의 주식수는 25로 계속 남아 있게 되고, 기업합병 후의 갑기업의 가치는

$$V_{갑을} = V_{갑} + (V^*_{을} - \text{비용})$$
$$= 500 + 200 - 150$$
$$= ₩550$$

즉 합병 후의 기업가치는 순현가 50원만큼이 증가한 것이다. 이 경우 주당가치는 550/25 = 22원이 된다.

주식매수: 주식을 이용하여 매수하는 경우에는 약간 복잡해진다. 현금합병의 경우에는 을기업의 주주는 자신들이 소유한 주식에 대하여 현금을 받고 합병기업에는 참여하지 않는다. 그러므로 기업인수의 비용은 을기업의 주주들에게 지불한 금액이 되는 것이다.

기업인수에 있어서 주식을 지불하는 경우에는 실질적으로 현금의 교환은 일어나지 않는다. 대신에 을기업의 주주는 합병된 기업의 주주로 남게 될 것이다. 이 경우에 합병 후 갑을기업의 가치는 갑, 을의 가치와 추가적인 가치 ΔV를 합친 것이다.

$$
\begin{aligned}
V_{\text{갑을}} &= V_{\text{갑}} + V_{\text{을}} + \Delta V \\
&= 500 + 100 + 100 \\
&= ₩700
\end{aligned}
$$

을기업에게 150원을 지불하기 위해서는 갑기업은 150원/20=7.5 주식을 지불하여야 한다. 합병 후에는 25+7.5=32.5주식이 남게 되고 주당 가치는 700/32.5=21.54원이 될 것이다.

이 경우에는 현금을 지불하는 경우보다 주당 가치가 떨어진다. 왜냐하면 을기업의 주주들이 합병된 기업의 주식을 보유하기 때문이다. 갑기업은 을기업에게 150원을 지불한 것처럼 보이지만, 실제로는 그 이상을 지불한 것이다. 모든 것이 완결되고 나면 을기업의 주주들은 합병된 기업의 7.5주를 소유하게 되는데, 그것의 가치는 21.54×7.5주=161.55원이다.

그러므로 합병에 있어서 실제로 지불한 금액은 161.55원이고 결과적으로 기업합병의 *NPV*는 다음과 같다.

$$
\begin{aligned}
NPV &= V^{*}_{\text{을}} - \text{비용} \\
&= 200 - 161.55 = ₩38.45
\end{aligned}
$$

현금매수와 주식매수를 비교하면 이 경우에는 현금매수가 주식매수보다 유리한 것으로 나타난다. 갑기업이 현금을 지불하는 경우에는 기업합병에 따른 이익을 모두 갖게 되지만, 주식을 지불하는 경우에는 을기업의 주주들이 합병된 기업의 이익에 참여하기 때문에 이러한 현상이 발생하는 것이다.

현금지급과 주식매수: 기업의 합병과 인수에 있어서 현금으로 지급하느냐, 주식으로 지급하느냐는 중요한 문제이다. 현금지급을 하는 경우에의 인수비용은 인수로부터 발생하는 현금지급과 같다. 다른 조건이 동일하다면 주식을 지급하는 경우에 을기업의 주주들도 합병의 이득에 참여하기 때문에 비용이 높아지는 경향을 보인다. 그러나 합병에 따른 순현가가 음(−)인 경우에는 주식을 지급하면 손실을 분담하는 효과가 있다.

기업의 인수에 있어서 현금을 지급할 것인지 아니면 주식을 지급할 것인지를 결정하기 위해서는 몇 가지 요인들을 검토하여야 한다.

① **이익의 분배**: 기업의 인수에 있어서 현금을 지급하는 경우에는 피인수기업의 주주들은 합병에 따른 잠재적인 이익에 참여하지 못한다. 물론 기업합병이 성공적인 것이 아닐 경우에는 합병에 따른 손실도 분담하지 않는다.

② **세금요인**: 현금을 이용한 기업인수는 통상 세금을 지불하는 거래이다. 주식을 이용한 거래는 통상 세금부담이 없는 거래로 취급된다.

③ **기업지배**: 현금을 이용한 기업인수는 인수기업의 기업지배에 영향을 미치지 않는다. 그러나 주식교환을 이용한 기업인수는 피인수기업의 주주들이 참여하기 때문에 합병된 기업의 기업지배력에 영향을 미칠 가능성이 있다.

14.6 M&A에 대한 방어수단

기업인수의 경우에 피인수기업이 저항하는 경우가 종종 있다. 기업인수에 대한 저항은 언론매체나 주주들에 대한 서신의 형식으로 기존 경영진의 의견을 피력하면서 시작된다. 나중에는 법률적인 분쟁의 대상이 되기도 하고, 경우에 따라서는 높은 가격을 받기 위한 전략으로 사용되기도 한다.

M&A에 대한 피인수기업의 방어수단은 거래 기법의 발달과 함께 지속적으로 개발되어 왔다. M&A에 대한 방어수단은 어느 하나의 수단만으로 효과를 볼 수가 없는 경우도 있으므로 피인수기업은 변호사나 투자은행의 자문을 얻어 거래의 성격, 매수방법 등을 고려하여 적당한 방어수단을 이용하게 된다. 본 절에서는 미국에서 실제로 사용되거나 논의되고 있는 M&A 방어수단을 살펴보고자 한다.

여론형성: M&A의 대상이 된 기업이 기존 경영진의 경영실적을 열거하면서 주주들을 설득하고 공격기업에 대한 불리한 여론형성 및 선전(publicity & propaganda)을 행하는 것이다. 이 방법의 본질적인 문제는 인수기업이 주주에게 막대한 이익을 제공하는 경우 기존 경영진의 주장은 한낱 허무한 주장에 그칠 수밖에 없다는 점이다.

그러나 적대적 기업매수에 대한 국민 감정이 우호적이지 못한 우리나라에서는 신문광고 등 언론매체를 이용하여 적대적 기업매수의 비윤리성, 국민경제의 해악 등을 홍보함으로써 주주 및 일반 국민들을 상대로 공격기업에 불리한 여론을 형성하는 것이 효과적일 경우가 있다. 삼성생명의 기아자동차 주식매수파문이 그 대표적인 사례라 하겠다.

소송 등의 제기: 기업매수의 결과가 공정거래법에 위배된다거나, 공개매수 등 적대적 M&A의 실행절차가 증권관련규정에 위배된다든가 하는 점을 찾아내어 소송을 제기하거나 가처분 신청을 할 수 있다. 이런 소송제기를 통해 시간을 벌고 다른 방어전략을 수립하는 데 도움을 얻을 수 있다.

기타의 방법들:

① 극약법

매수가 실현되는 경우에 대비하여 피인수기업이 사전에 인수기업측에 불리한 조치를 취해 놓음으로써 인수기업 측의 부담을 크게 제고시켜 인수를 단념케 하려는 방법이다. 예를 들어 기존 주주의 소유주식에 특정한 권리를 부여하는 경우 인수기업은 M&A의 결과 기존 주주에 대해 그 특정 권리에 관한 부담을 인수비용의 일부로 승계하여야 한다. 이러한 방법은 인수기업 측의 주주로부터 인수 자체에 대한 반대를 유도함으로써 인수 의도를 포기하게 하는 효과를 기대할 수 있다.

② 백기사

기업의 경영진이 가능한 모든 방법을 다 동원하여 강제적 기업매수 공격을 퇴치하려고 하였으나 결국 실패하고 기업을 넘겨주게 되었을 때 최종적으로 취할 수 있는 수단이다. 기업은 넘겨주되 경영자가 선택하는 제3의 투자자에게 넘겨줌으로써 원래의 인수자로 하여금 실패를 맛보게 하는 전술이다. 이는 엄밀한 의미에서 방어전략이라고 말하기는 어렵지만 피인수기업이 인수기업을 스스로가 정한다는 효과는 있다.

백기사는 새로운 인수기업이 원래의 인수기업보다 조금이라도 높은 가격을 제시하는 경우에만 성공하는 것은 물론이다. 회사를 넘긴다는 최종 결정이 나면 경영층이 백기사를 적극적으로 찾아 나서는 경우도 많지만 최고경영자와 친분관계가 있는 다른 회사의 경영 총수에게 부탁하는 예가 흔하다.

③ 팩 맨

두 편이 서로 잡아먹기 하는 전자 비디오 게임의 이름으로 알려져 있지만 전문적 용어로는 역매수 제의(counter tender offer)라고 한다. 피인수기업이 인수하려는 기업에 역매수 제의를 함으로써 공개매수 제의를 취소하도록 유도하는 전술이다. 미국에서 Bendix Martin Marietta사에 대한 매수공격시 시도되었는데 양측은 모두 많은 법률적 문제만을 남겨 놓은채 제3의 백기사에게 넘어가는 결과를 낳았다. 그 이후 팩맨 작전이 시도된 사례는 미국에서도 불과 몇 건에 불과하다.

④ 금 낙하산

이 명칭은 비꼬는 의미가 있는 별명으로 더 잘 알려져 있지만 전문적 용어로는 '기업경영진에 대한 과도한 퇴직위로금 지급협약(excessive severance agreement)'이라 한다. 강제적 기업매수로 인하여 경영진이 사직 또는 강등당할 때 일반적으로 지급되는 퇴직금 이외에 현금 및 주식매수 선택권(stock option) 등 상당액의 추가적 보상을 해 줄 것을 규정화시켜 놓는 방법이다. 이렇게 되면 매수측이 성공하여 실제로 경영권을 장악하게 되더라도 퇴직하는 임원들에 대한 엄청난 퇴직금 지급부담을 안게 되어 기업인수의 실질가치가 하락하도록 규정을 개정하는 방법이다.

⑤ 초토화 전략

초토화 전략은 인수를 희망하는 기업이 가장 절실히 원한다고 판단되는 자산이나 사업부문을 피인수기업 스스로 제3자에게 매각함으로써 인수대상으로서의 유인을 제거하는 방법이다.

이 밖에도 적대적 매수에 대한 방어전략으로서 예상되는 매수행위에 대하여 사전에 정관 변경을 행함으로써 매수에 의한 지배권의 획득을 곤란하게 하는 상어격퇴법(shark repellent), 기업인수 · 합병 및 기타 주요 안건에 대해서는 주주총회 결의시 일반 안건보다 많은 찬성이 필요하도록 정관에 규정하는 절대다수 조항(supermajority provision) 등 다양한 방법이 있다.

14.7 피인수기업 선정

피인수기업의 선정은 기업인수 및 합병의 동기와 연관되어 결정되는데, 일반적으로 인수대상으로 적합한 기업은 경영전략상 매력이 있고, 주가가 저평가되어 있으며 주식취득이 용이한 회사들이다.

경영전략상 매력이 있는 회사:

① 채산성이 있는 회사

경영다각화나 신시장 개척을 목적으로 진출하고자 하는 사업부문을 가진 회사는 투자리스크상 진입에 이점이 있고 경영노하우를 취득할 수 있다.

② 경쟁관계에 있는 회사

기업간의 격심한 경쟁에 의한 비능률을 제거하고 시장점유율의 제고, 연구개발비, 판매비 등의 중복투자 회피 및 사업의 규모확대를 통한 금융적 이점을 누릴 수 있는데, 수평적 매수의 경우 흔히 발생한다.

③ 자산상황이 좋은 회사

현금 또는 현금화되기 쉬운 유동자산을 많이 보유하고 있는 회사나, 차입금이 자산에 비해 작은 회사를 매수하면 자금원이 풍부해져 매수자는 이 자산을 경영전략에 이용하는 한편 매수자금으로도 이용할 수 있다.

주가에 매력이 있는 회사:

① 주가수익률이 낮은 회사

PER가 낮은 기업은 저평가되어 있을 가능성이 높아, 특히 회사의 자산가치에 주목하는 매수자의 표적이 된다.

② **숨겨진 자산이 있는 회사**

저평가된 자산이 많은 회사는 매수 후 자산을 처분하여 회사의 이익을 실현할 수 있어서 주가상승을 노린 매수자의 이익실현이 용이하다.

③ **경영실적이 나쁜 회사**

특히 일시적 원인으로 경영실적이 갑자기 나빠진 회사 그리고 무배당, 감자 발표 등으로 주가가 하락한 회사 등이 대상이 된다.

주식취득이 용이한 회사:

① **시가총액이 작은 회사**

시가총액이 큰 회사는 매수자금 조달이 힘들 뿐 아니라 실패할 경우 손실이 큰 반면, 시가총액이 작은 회사는 매수자금의 조달이 용이하다.

② **유동주식이 많은 회사**

유동주식이 많고 안정주주 기반이 철저하지 못한 회사로서 특히 경영층의 주주비율이 낮은 회사, 대주주의 이탈이 예상되는 회사, 증권회사와 신탁회사의 주주비율이 높은 회사 등은 외부의 매수공작에 조직적으로 대응할 능력이 부족하여 매수가 용이하다.

③ **계열화되어 있지 않은 회사**

계열화가 되어 있지 않은 단독 기업에 대한 매수가 보다 성공할 가능성이 높은데 이러한 기업은 특히 공개매수, 주식매집을 통한 비우호적 매수의 경우에 주요 대상이 되며 우호적 매수의 경우에는 구조조정 과정에 있는 계열화된 기업의 매수가 오히려 용이할 수 있다.

④ **내분이 있는 회사**

회사 내에 경영권의 다툼, 노사간의 대립이 있는 회사 등은 매수 시도가 있을 때 대항력이 약하다.

위에서 피인수기업이 될 가능성이 있는 기업들에 대하여 여러 가지로 열거하였는데, 실질적으로 기업의 인수는 인수기업과 피인수기업의 쌍방간의 관계에 의해서 이루어진다. 을이라는 기업이 갑기업에게는 추가적인 $\Delta V=100$원이 있는 것으로 인식될 수 있지만 병기업에게는 오히려 ΔV가 음(−)으로 생각될 수도 있는 것이다. 결국 기업인수는 인수기업과 피인수기업의 결합이 어떤 결과를 가져오느냐에 따라 달라진다. 즉 '제 눈에 안경'이라는 표현이 적절할 것이다.

14.8 요약 및 정리

기업인수 및 합병은 한 기업의 경영진이 다른 주체(principal)의 이익을 대리하는 새로운 경영진에 의해 교체되는 행위로 정의될 수 있다. 기업인수(takeover)는 M&A를 총괄하는 일반적인 용어로서 경영권의 이전과 관련된 모든 행위를 포함한다. 그러므로 광의의 기업인수는 기업의 합병과 매수를 포함하는 광범위한 활동을 의미한다. 기업인수를 폭넓게 정의하면 기업의 매수와 합병, 위임장 경쟁 그리고 *LBO*이다.

기업합병의 회계적 처리는 매수처리법과 지분통합법이 있는데, 두 방법의 중요한 차이는 영업권의 처리에 관한 방식이다. 기업들은 영업권을 포함하지 않는 지분통합법을 선호할 가능성이 있다. 왜냐하면 영업권은 일정 기간 동안 상각되어야 하기 때문이다.

기업합병의 동기는 합병 후의 기업의 가치가 각각의 기업가치의 합계보다 크다는 시너지 효과이다. 시너지 효과는 $2+2=5$라는 논리로 합병의 이익을 설명하는 것이다. 기업인수 및 합병이 경제주체의 합리적인 의사결정의 결과라면 기업인수 및 합병이 일어나는 동기는 기업인수 및 합병이 이로 인한 가치창출이 가능하다고 믿기 때문이다.

기업합병에 따른 시너지 효과는 수입의 제고, 비용의 감소, 세금의 절감, 그리고 투자자본의 효율성이다. 수입의 제고는 마케팅 이득, 전략적 혜택, 시장지배력의 강화에 의해서 가능한 것이다. 비용의 절감은 규모의 경제, 수직결합의 경제, 자원의 보완에 의해서 가능하다. 모든 재무적 결정은 세후 현금흐름을 중심으로 하기 때문에 세금은 모든 재무적 결정에 있어서 빼놓을 수 없는 요소이다. 또한 합병은 생산설비를 포함한 투자자본의 효율적인 이용을 가능하게 한다.

기업인수 및 합병은 상당히 복잡한 과정을 통해서 이루어지기 때문에 계량화가 어려운 부분이 등장하는 경우가 종종 있다. 그러나 몇 가지 요점은 어느 경우에도 적용될 수 있는 것이다. 즉, ① 시장가치를 무시하지 말라. ② 추가적인 현금흐름만을 추정하라. ③ 정확한 할인율을 사용하라. ④ 거래비용을 감안하라.

본 장에서는 기업합병의 비용과 방어수단에 대하여도 언급하였다. 기업합병에 따른 방법들이 계속 개발되고 있으므로 비용의 계산과 방어수단도 점점 복잡한 양상을 띠는 경향이 있다. 기업의 인수와 합병은 기본적으로 양자간의 거래이며, 모든 결정은 기업의 가치를 증가시키는 원칙을 지켜야 할 것이다.

연습문제

1. 기업인수는 세 가지 부문으로 나누어진다. 각각의 경우에 대한 개념을 정의하고 설명하시오.

2. *LBO*는 기업인수의 한 가지 형태이다. *LBO*는 독특한 자금조달 방식에 의해서 한 동안 유행한 적이 있다. *LBO*의 자금조달 방식과 매력에 대해서 설명하시오.

3. 기업합병의 이익은 시너지 효과에 의해서 결정된다고 볼 수 있다. 시너지 효과의 의미를 간단히 설명하시오.

4. 기업매수의 회계처리 방법에는 매수처리법과 지분통합법이 있다. 매수처리법과 지분통합법을 비교 · 설명하라. 또한 각각의 선택이 현금흐름과 주당순이익에 미치는 영향을 논하시오.

5. 기업인수의 순현가(*NPV*)는 합병에 따른 시너지 효과에서 인수에 따른 프리미엄을 제외한 부분이라는 것을 설명하시오.

6. 기업인수의 대가로 현금을 지급하는 경우와 주식을 지급하는 경우는 실질적인 순현가에 영향을 미친다. 기업인수가 전략적으로 선택되기는 하였으나, 기업합병의 이익이 매우 불확실한 경우에는 어느 방법을 택하는 것이 인수기업의 주주들에게 유리한 선택인가 설명하시오.

7. 통일기업은 *F*기업을 인수하기 위해서 주식 전량을 10억에 매수할 것을 제시하였다. *F*기업을 독립적으로 평가하면 8억의 가치가 있는 것으로 시장은 평가하고 있다. 통일기업의 인수가 의미가 있기 위해서는 적어도 어느 정도 이상의 시너지 효과가 있어야 하는가?

8. 갑, 을 기업은 모두 100% 자기자본으로 운영되고 있는 회사들이다. 각 기업에 대한 자본시장의 평가는 다음과 같다.

	기업 갑	기업 을
발행주식수	100	50
주 당 가 격	₩ 50	₩30

갑기업은 을기업을 인수하는 경우에 시너지 효과가 ₩200이 된다고 추정하고 있다. 갑기업은 을기업이 주당 ₩35을 지불하면 기업인수에 응하겠다는 반응을 보이고 있다. 갑기업이 기업인수를 추진하는 것이 옳은가 설명하시오.

9. 갑, 을 기업에 대한 다음의 정보를 가지고 물음에 답하라. 갑, 을 기업은 모두 100%의 자기자본을 갖고 있는 회사들이다.

	기업 갑	기업 을
순 이 익	₩1,000	₩400
발행주식수	100	80
주 당 가 격	₩ 80	₩ 25

기업 갑은 자신의 주식 25주를 지급하여 기업 을을 인수하려고 한다. 피인수기업의 가치가 ₩11,000이라면 합병의 비용은 얼마인가? 기업 갑의 주당순이익은 얼마가 될 것인가? 또한 주가수익률은 얼마가 될 것인가?

찾아보기

ㄱ

ㅂ

ㅅ

ㅇ

ㅊ

[저자 약력]

서울대학교 졸업(경제학 학사)
뉴욕주립대 졸업(경영학 석사)
텍사스주립대 졸업(경영학 박사)
루이지애나주립대 조교수
제일경제연구소 연구위원
현재, 한성대학교 경영학부 교수

[저 서]

Asymmetric Information and Shareholers' Wealth, Garland Publishing Inc., USA
재무관리원론(제6판), 창민사.

[주요 논문]

"Sources of Wealth Loss in New Equity Issues"
"Speculative Efficiency and Foreign Currency Futures"
"The Effects of Asymmetric Information on Management Leveraged Buyouts"
"주가지수선물거래와 증권시장"
"베이시스를 이용한 株價指數先物에서의 去來規則의 成果 분석"

경영분석(제2판)

2016년 2월 1일 초판 발행
2020년 2월 1일 2판 발행

저 자 민 성 기
발행인 윤 동 구
발행처 **창 민 사**
주 소 서울시 마포구 창전로 46 4층 401호
등 록 1999. 10. 28/제10-1846호
전 화 3272-1243~4
팩 스 3272-1245
e-mail cmbooks@hanmail.net

정가 29,000원

ISBN 978-89-90359-13-1 93320